W0053888

EDELSÜSSE
WEINE

EDELSÜSSE WEINE

August F. Winkler

UMSCHAU

Vorwort

Wie alle Liebesgeschichten begann auch meine zu edelsüßem Wein mit einem sinnlichen Erlebnis. Auf dem Teller lag eine Scheibe Gänseleberterrine, rosa in der Mitte und umgeben von einem zarten Fettrand in jenem wundersamen Goldgelb, mit dem gotische Maler die Heiligenscheine verklärten. Dazu schenkte mir, dem damals 14-jährigen Gymnasiasten, Onkel Franz, ein erhabener Kulturtrinker, Gott hab' ihn selig, ein Glas 1937 Tokaj Aszú Eszencia ein – mit Verschwörerpose, denn meine Mutter erlaubte mir Alkohol erst ab 16 Jahren. Der Wein, eine Faszination mit seiner ziselierten Süße und den reichen Aromen à la Honig, Walnuss, getrockneten Früchten, Sommerblumen und etwas Karamell, hatte meinen Sinn für edelsüße Gewächse geweckt, eine Passion, der ich nun seit rund einem halben Jahrhundert huldige.

Die Idee, ein Buch über die edelsüßen Weine zu schreiben, basiert auf zwei Erfahrungen. Erstens: In der zweiten Hälfte des 20. Jahrhunderts schwappte eine Welle von lieblich geschminkten Weinen durchs Land, dass einem übel wurde. Das waren Gewächse von klebriger, einfach peinlicher Süße. Na und? Gewiss, solche Erbärmlichkeiten konnte man lächelnd ignorieren, aber fatal an dieser Schwemme war, dass sie die Weine von feiner Süße sozusagen verleumderisch mit sich riss. Eine mit billiger Süßreserve zur Auslese hochgepanschte Liebfrauenmilch stigmatisierte hochfein gekelterte Auslesen, und viele Weinfreunde scheuten fortan edelsüße Kreszenzen.

Das zweite Motiv ist, dass die kulinarische Kraft edelsüßer Weine als Tischpartner viel zu wenig erkannt und vor allem praktiziert wird, ob zu Hause oder in Restaurants, wo nur wenige Sommeliers das Speise-Wein-Spiel in allen Facetten beherrschen. Tatsächlich vermögen Sauternes, Tokajer, Ruster Ausbruch, Port sowie deutsche Auslesen & Co. weit mehr Gerichte gleichermaßen geschmackvoll wie spannend zu begleiten als die üblichen Verdächtigen à la Gänseleber und Blauschimmelkäse. Große Köche haben sich des Themas angenommen und öffnen mit ihren Rezepten die Türe zu wahrhaft originären Genusskombinationen. Ich danke den Meistern des gastronomischen Seins!

Das Buch ist keine wissenschaftliche Arbeit und erhebt schon gar nicht den Anspruch auf Vollkommenheit – angesichts des weiten Kosmos an edelsüßen Weinen sowieso eine Unmöglichkeit. Aber es will informieren und vor allem auch ein genüsslicher Schlüssel in die Welt der großen edelsüßen Gewächse sein. Ich widme es Gabriele, meiner Frau, die mich zu Winzern begleitete und deren feine Sinne mir eine wertvolle Hilfe bei vielen Verkostungen waren, abgesehen davon, dass sie auf so manches private Vergnügen verzichten musste,

während ich in Marbella, auf unserer obersteirischen Alm oder in Bonn an den Texten schrieb.

Und so werde ich jetzt in den Keller gehen und uns eine adäquate Flasche öffnen – aus der Küche duftet es nach Geschmortem. Ein 1976er Château des Fargues aus Sauternes könnte passen, auch der grandiose 1992er Eiswein von Weil aus dem Rheingau wäre angemessen. Oder doch ein 40jähriger Tawny-Port von Ramos Pinto oder 1953er Vouvray? Einer von denen wird es sein, denn ich habe Sehnsucht nach einem nicht geklonten Wein, nach einem unverwechselbaren Original, das wie ein Kuss der Sonne schmecken und uns einen Schock bescheren wird: den Schock des edelsüßen Glücks.

August F. Winkler

Inhalt

Die Welt der edelsüßen Weine 10

Eine Hommage an die Süße	16
Das Mostgewicht	18
Edelsüße Oechslerekorde	19
Botrytis – Die edlen Folgen des Faulens	20
Das Phänomen des edelfaulen Prozesses	20
Zusammenspiel von Morgennebel und Sonnenschein	22
Ernte als Geduldspiel	23
Geschichte der Botrytis	23
Stile und Typen – der edelsüße Kosmos	24
Die getrocknete Süße	26
Die edelfaule Süße	28
Die gefrorene Süße	28
Die künstliche und die technische Süße	31
Die Süßreserve	32
Die Rebsorten – Vielfalt der edelsüßen Weine	34
Chardonnay	34
Chenin blanc	35
Furmint	35
Grauburgunder	36
Grüner Veltliner	36
Gutedel	36
Harslevelü	36
Kerner	36
Malvasia	36
Muscadelle	39
Muskateller	39
Muskat-Ottonel	39
Rieslaner	39
Riesling	39
Rosenmuskateller	39
Sauvignon blanc	40
Scheurebe	40
Sémillon	40
Traminer/Gewürztraminer	40
Welschriesling	40
Zierfandel	40

Tour d'Horizon durch die Welt der süßen Weine 42

Deutschland	46
Mosel, Saar, Ruwer	48
Weingut Joh. Jos. Prüm	56
Weingut Fritz Haag – Dusemonder Hof	58
Weingut Dr. Loosen	60
Weingut Karthäuserhof	62
Weingut Egon Müller – Scharzhof	64
Weingut Wegeler – Gutshaus Bernkastel	66
Weitere Weingüte	67
Rheingau	70
Weingut Robert Weil	78
Weingüter Wegeler –Gutshaus Oestrich	80
Weingut August Kesseler	82
Weitere Weingüter	84
Weiter Anbaugebiete	88
Ahr, Baden	88
Franken	92
Hessische Bergstraße, Mittelrhein	94
Nahe	96
Pfalz	98
Rheinhessen	101
Saale Unstrut, Sachsen	104
Württemberg	108
Österreich	110
Burgenland	112
Ruster Ausbruch	118
Weingut Feiler-Artinger	120
Neusiedler See und Seewinkel	124
Weinlaubenhof Kracher	126
Steiermark	130
Weingut Lackner Tinnacher	131
Niederösterreich	132
Wachau	134
Weingut Emmerich Knoll	136
Weingut Sepp Moser	138

Frankreich	140
Sauternes	144
Bedeutende Güter und Winzer	152
Der Weinsammler Hardy Rodenstock	156
Buntes Frankreich	158
Bordeaux	160
Elsass	162
Banyuls, Maury	164
Die Muskatsüßen	166
Rivesaltes, Jurançon, Montbazillac	170
Loire	172
Italien	176
Südtirol	178
Trentino, Friaul	180
Piemont, Veneto	182
Toskana	186
Emilia Romagna, Umbrien	188
Apulien	189
Sizilien	192
Osteuropa	196
Ungarn/Tokaj	198
Der Tokaj-Sammler Dr. Peter Baumann	206
Ukraine/Halbinsel Krim	208
Portugal und Spanien	210
Portugal und Portwein	211
Porthaus Niepoort	222
Portugals Spezialitäten	224
Spanien	228
Kanaren	230
Jerez –Xérès – Sherry	230
Málaga, Fondillón, Montilla-Moriles	232
Süßweine abseits traditioneller Süßweinregionen	234
Australien	234
Griechenland, Kanada, Neuseeland	236
Schweiz	238
Südafrika	240
USA, Zypern	242

Kochen mit Süßweinen, edelsüße Weine als Speisenpartner und Rezepte	244
Kochen und Speisenpartner	246
Gute Weine, ein Muss für feine Saucen	249
Edelsüße und Käse	250
Edelsüße und Desserts	251
Edelsüße und Schokolade	252
Rezepte	254
Wissenswertes	274
Wichtige Tipps zum Umgang mit Auslesen & Co	276
Lexikon	286
Jahrgangsbeurteilungen	292
Adressen	294

Umfangreiche Degustationsnotizen, sämtliche Adressen und viele aktuelle Informationen finden Sie auf www.edelsuesseweine.de.

Die Welt der edelsüßen Weine

Die Welt des Weins ist groß und jeder zu bedauern, der diese Vielfalt nicht nutzt. Selbst wer geschmacklich auf eine Region, einen Stil oder gar nur einen Winzer abonniert ist, sollte wenigstens zwischendurch was Neues probieren. Das erweitert den Horizont. Nichts ist langweiliger als jeden Tag der gleiche Lieblingswein und sei der noch so extravagant. Derartige Einfalt erinnert an Giraudoux' „Irre von Chaillot", die jeden Morgen dieselbe Zeitung liest, um sich, wie sie sagt, den Tag nicht durch Neuigkeiten verderben zu lassen. Wer so lebt, erspart sich Aufregungen, aber es entgeht ihm auch die Spannung, die in der Begegnung mit bislang Unbekanntem liegt. Beim Wein ist Monogamie sowieso unangebracht, Fremdgehen hingegen eine Tugend, weil es uns genüssliche Erlebnisse und Erfahrungen erschließt. Das Leitmotiv kann also nur lauten: offen und neugierig sein im besten Sinne.

Dies gilt insbesondere für edelsüße Weine. In der Belle Epoque, dieser faszinierenden und zugleich verderbten Zeit um die Wende vom 19. ins 20. Jahrhundert, als auch der Champagner überwiegend zuckrig schmeckte wie eine Beerenauslese, waren süße Weine das bevorzugte Getränk der reichen Gesellschaft. Man berauschte sich an den großen Auslesen vom Rhein, die damals teurer waren als die berühmtesten Médoc-Châteaux à la Latour, Margaux und Rothschild. Sauternes & Co. wurden augenzwinkernd als amouröse Verzauberer gerühmt und quer durchs Menü getrunken von der Auster bis zum Braten. Die russischen Großfürsten ließen sich den Château d'Yquem aus goldverzierten Karaffen einschenken, und als Österreichs Kaiser Franz Josef seinen deutschen Kollegen Wilhelm am 21. September 1910 im Wiener Schloss Schönbrunn zum Mahle lud, gab es neben einem 1895er Château Haut-Brion die drei besten Süßen der damaligen Welt: 1883er Yquem, 1893er Steinberger Trockenbeerenauslese und 1901er Essence de Tokaj.

Faszination des Edelsüßen

Edelsüße sind Weine, die das Auge schon durch ihre goldene Farbe entzücken, gleich darauf die Nase durch das suggestive Bukett, schließlich den Gaumen durch ihre unendliche Großzügigkeit. Weine von nobler Natursüße sind etwas Einmaliges, sie vereinen Brillanz mit Esprit in eleganter Harmonie. Mit Worten lässt sich die Faszination eines edelsüßen Weins nur unzulänglich beschreiben. Wer jedoch jemals einen großen Tokajer getrunken hat, einen alten Yquem oder eine reife Trockenbeerenauslese von Rhein und Mosel, der weiß um den Zauber der Edelsüßen und spürt sein Leben lang diesen reichen und vielschichtigen Akkord an Aromen von Honig, Pfirsich, Aprikose, Quitte und Apfel, von Blüten, Rosinen, tropischen Früchten und Orangenzesten, von Früchtebrot, Kokosnuss, Malz, Mandeln, Biskuit, Brioche, Schokolade, Karamell und Bienenwachs, von Rosenholz, Gewürzen, Kräutern und tausend weiteren Spezereien. Und er hat staunend die hohe Lebenserwartung registriert: Speziell Altweine aus

Tokaj, dem Sauternes sowie die Trockenbeerenauslesen von Rhein und Mosel sind hundertjährig und älter noch quicklebendig. Alle Kanten und Unebenheiten, das Ungestüme und Törichte der Jugend wandelt sich in Weichheit und Tiefe – das Essenzielle des Weins tritt in den Vordergrund. Diese Edelsüßen haben sich in Vollendung gerundet, sie bestechen durch Anmut und ihre ziselierte Grazie. Dank der sublim gereiften Süße und der sanft geläuterten Säure gewinnen sie eine Raffinesse, wie sie einzig solchen Naturwundern zu Eigen ist, und wie man sie nie in jungen Flaschen findet. In diesen würdig gereiften Methusalems ist nicht nur Poesie, sie sind Poesie!

Jeder halbwegs gebildete Weinfreund hat die Magie einer feinen Auslese erlebt, ist vielleicht schon tiefer in den Kosmos der Edelsüße vorgedrungen und hat von Trockenbeerenauslesen genascht, mit einem Tokajer, Port oder einem Ruster Ausbruch meditiert, sich sogar von der rassigen Finesse eines Vouvray moelleux begeistern lassen. Edelsüße Weine gehören zum Feinsten der Trinkkultur. Dennoch sind sie eine große Unbekannte, ja saturnringgleich von Scheu und Missverständnissen umgeben.

Vor allem vier Missverständnisse sind aus dem Weg zu räumen. Erstens: Lieblich hat nichts mit edelsüß gemein. Lieblich etikettierte Gewächse sind harmloses Naschwerk mit Wischiwaschisüße. Zweitens: Pappige, undifferenzierte, einschichtige Süße darf nicht mit Edelsüße verwechselt werden. Drittens: Bereits der Begriff vom Dessertwein weckt die falsche Assoziation, dass Edelsüße vorzugsweise zu Desserts getrunken werden sollten. Doch Süße kontra Süße ist problematisch und führt leicht zu Überdruss. Richtig ist, dass eine edelsüße Kreszenz ein Dessert zu ersetzen vermag. Und viertens: Edelsüß ist nicht gleich edelsüß.

Verheißungsvolle Süße

Ein Sauternes mit Yquem als Platzhirsch ist sozusagen edelsüß der Premiumklasse. Den gleichen Status nehmen die Trockenbeerenauslesen (TBA) von Rhein und Mosel sowie alte Tokajer ein. Das Trio verbindet die edelfaule Botrytis als ihre Erzeugerin. Und doch gibt es gehörige stilistische Unterschiede, ist eine rheinische Trockenbeerenauslese eine andere Welt als ein Sauternes. Ein grundsätzlich in kleinen Holzfässern, den Barriques, ausgebauter Sauternes ist gekennzeichnet durch einen mittelhohen Gehalt an Restzucker, niedrige Säure und hohen Alkoholgehalt. Unter dem klassischen deutschen edelsüßen Stil versteht man sehr hohen Zuckergehalt und hohe Säure bei niedrigem Alkohol. Bei hochklassigem Tokajer sind die durchschnittlichen Eckdaten hoher Restzuckergehalt, hohe Säure, mittlerer bis hoher Alkohol. Ausnahme bilden die Essenzen, die extrem hoch im Zucker sind und extrem niedrig im Alkohol.

Ein aus roten Trauben gekelterter und mittels einer Brandyzugabe während des Gärprozesses süß gehaltener Portwein hat andere geschmackliche Talente als eine aus Botrytistrauben gewonnene burgenländische Trockenbeerenauslese. Eine Elsässer Sélection de grains nobles (mittlere Süße, niedrige Säure, hoch im Alkohol) ist anders süß als ein Vouvray moelleux von der Loire. Der rosinenartig getrocknete Vin Santo ist geschmacklich eine eigene Welt, ebenso der filigran gewirkte Rosenmuskateller aus Südtirol, der Late Harvest aus Südafrika, die Botrytisgewächse aus Kalifornien, ein Samos, Marsala, Madeira oder der köstlich schokoladig infizierte Banyuls aus dem französischen Südwesten.

Hunderte edelsüße Weine haben die gleiche chemische Grundstruktur. Bis aufs Tüpferl genau lassen sich mit Hilfe moderner Technik die im Wein enthaltenen Stoffe analysieren: Alkohol, Glyzerin, Zucker, Säuren, Vitamine, Stickstoffen, Farben, Schwefel, Mineralien sowie Tausende von Aromen. Das Stoffliche ist bestimmbar, nicht jedoch das geschmacklich Entscheidende. Das erfasst nicht der Computer, sondern nur der Mensch mit seinen Sinnesorganen. Ein Tokajer mag den gleichen Gehalt an Alkohol, Zucker, Säure sowie Fruchtextrakten aufweisen wie ein Sauternes, doch jeder dieser Weine riecht und schmeckt ganz unterschiedlich. Jeder hat seine spezifischen Eigenschaften, seinen individuellen genetischen Duft- und Geschmackscode. Und er hat sein eigenes Profil, seinen eigenen Charakter. Es gibt unter den Weinen starke Persönlichkeiten ebenso wie Blender, Matronen und Ballerinen. In dieser Vielfalt liegt das alte und neue Mysterium des Weins. Und sie ist zugleich die Erklärung, weshalb das Weintrinken in einer ansonsten rational verwalteten Welt nach wie vor ein sinnliches Abenteuer ist, eine stets faszinierende Begegnung mit Farben, Düften und Aromen.

Welten abseits des Alltags

Bei allen Unterschiedlichkeiten, ob stilistisch, in den analytischen Werten (Alkohol, Säure, Restzucker etc.) oder im Geschmack, haben Edelsüße doch einen gemeinsamen Nenner: Es sind, beste Herkunft vorausgesetzt, Klassiker, deren Süße nicht träge und fade fließt, sondern verheißungsvoll. Die großen Tropfen verfügen wie ein Kunstwerk über eine innere Spannung, ja Charisma. Sie haben Tiefe, Vielschichtigkeit, Dichte, Eleganz und Länge, kurzum jene Tugenden, die einen großen Wein ausmachen. Es wurden schon scheue Naturen gesehen, die nach dem Genuss einer feinen Rieslingauslese, eines eleganten Sauternes, mächtigen Ports oder sinnlichen Tokajers keck, ja geradezu temperamentvoll und geistreich wurden, während Wirtschaftsdynamiker, die sonst nur Zahlen im Kopf haben, plötzlich einen Zug ins Lyrische bekamen.

In den berühmten, immer wieder lesenswerten Diwan-Liedern des auch von Goethe hoch geschätzten Hafis, eines altpersischen Dichters und Genießers, findet sich eine Passage, die wie gemalt ist für das Faszinosum edelsüßer Preziosen: „Gib mir jenen Wein, den alten, der mir Kraft verleiht. Denn ich will mit neuem Saume zieren

Ähnlichkeiten sind nur äußerlich: Süßweine haben alle ihren eigenen Stil.

mir des Lebens Kleid. Mach mich trunken und entfremde mich der Welt, auf dass ich dann dieser Welt verborg'ne Dinge dir berichte, edler Mann."

Große Edelsüße entführen in solche wunderbare Welten abseits des Alltags. Sie begeistern als Solitäre, sie lassen sich aber auch zu vielen Speisen trinken. Sie eignen sich als Meditationsweine am Sonntagvormittag, nachmittags zum High Tea oder abends am Kamin. Oder einfach grundlos, weil man Lust auf einen außergewöhnlichen Genuss hat. In den letzten Jahren unter der absoluten Diktatur der trockenen Weine waren sie allerdings etwas ins Abseits geraten. „Likörchen" haben die gusseisernen Trockenfans, denen kein Wein zu sauer sein konnte, arrogant genäselt.

Ein weiterer Grund für den zeitweiligen Niedergang edelsüßer Gewächse war wohl auch die im Gefolge der globalen Weinindustrialisierung ausgelöste Schwemme von lieblich gehaltenen Billigweinen. Hemmungslos aufgezuckerte, mit Süßreserve oder Traubenkonzentrat künstlich süß gehaltene Liebfrauenmilchverschnitte oder unter mediterraner Sonne geerntete Massenware, die im Keller mittels Schwefel ihre klebrige Halbsüße erhielt, haben viele Konsumenten abgestoßen und deren Suche nach Weinen von edler Süße frühzeitig erstickt. Es muss gar nicht weiter belegt werden, dass sich feine Süßweine nie billig herstellen lassen, und solche Süße ohne Genie ist schlichtweg erbärmlich. Inzwischen gibt es jedoch unterhalb der Hochebene von Sauternes und deutschen Trockenbeerenauslesen

Der Abschluss der Ernte war schon immer ein Grund zu feiern, wie diese Lithografie aus dem Jahr 1860 zeigt.

anständige, ja charaktervolle Süßweine zu fairen Preisen, die sich genüsslich trinken lassen und als Einstieg in die Welt der großen Edelsüßen dienen.

Jede Zeit hat ihre Moden

Umso schöner ist es, dass die Edelsüßen heute wieder im Trend liegen. Es gab Leute, die bis vor Kurzem ihre Auslese verschämt nur unter der Bettdecke getrunken haben, weil sie üble Nachrede fürchteten. Solche Mimikry ist nicht mehr nötig, seit die Edelsüßen ihre gloriose Renaissance als Genuss- und Kulturgut feiern. Ja, es ist sogar wieder trendy, edelsüß zu trinken. Alles fließt, sagt der Philosoph, und so ist es auch in der Welt des Weins, die zwischen Tradition und Moderne, zwischen Altbewährtem und Experimentellem einem steten Wandel unterworfen ist, bei dem sich Perioden der müden Beharrung mit solchen des belebenden Fortschritts abwechseln.

Jede Zeit hat ihre Moden. Was gestern schick war, ist heute vergessen, der letzte Schrei von heute gerinnt über Nacht zum heiseren Flüstern. In und Out, das sind Totems, die teilweise auf geheimnisvolle Weise entstehen und ebenso rätselhaft wieder verschwinden. In der Gotik, wo immer alles himmelwärts streben musste und die Madonnen schmal gemeißelt waren, mit abfallenden Schultern nebst kleinen Brüstchen, hatte man die griechischen Statuen auf den Müll geworfen. Später in der Renaissance wurde die Antike en vogue,

gleichzeitig mochte man die Frauen üppiger. Im Rokoko war wiederum das Zierliche gefragt, verbunden mit koketter Lust am Spiel. Sittlich hochgeschlossen gab sich das Biedermeier, bubenhafte Grazie plus je einen Spritzer sportlich sowie verrucht war im Art déco gefragt. In den Fünfzigern trumpften die Kurvenreichen auf, denen wiederum die Gertenschlanken folgten. Inzwischen darf Eva wieder Rundungen haben, dem Zeitgeist sei Dank. Moden kommen und gehen, Bestand über den Tag hinaus hat, was wirklich gut, was unverwechselbar ist.

Bei der Bewertung, was als edelsüß im Sinne von wertvoll zu gelten hat, was modern ist oder nur modisch, spielen naturgemäß persönliche Vorlieben eine Rolle. Ein Körpertrinker, dem kein Wein zu mächtig sein kann, wird anders urteilen als ein auf Finesse abonnierter Eleganztrinker. Von der Stimmung hängt es ab und vom Anlass, wann man welche Flasche entkorkt. Mal wird es eine filigrane Auslese sein, dann wieder ein starker Sauternes, wuchtiger Port, duftiger Rosenmuskateller oder schokoladiger Banyuls.

Wichtig ist, dass der Wein authentisch ist, typisch für Jahrgang und regionale Herkunft, dass es sich um Gewächse handelt, bei denen der Schein nicht über das Sein triumphiert. Nach solchen Bilderbuchkreszenzen ist man als Weinfreund wie ein Don Juan ständig auf der Suche, wobei das Schöne daran ist, dass man im Unterschied zu Don Juan, dem Jäger und Gejagten der Liebe, im Wein auch jederzeit seine genussvolle Erfüllung findet.

Eine Hommage an die Süße

Es beginnt mit einer plötzlichen Erregung im ganzen Körper, wie ein Verlangen nach Liebe. Ganz klar: Du brauchst einen edelsüßen Wein und zwar sofort. Mit öliger Gemächlichkeit und jenem wunderbar tiefen Goldgelb, mit dem die Ikonenmaler einst die Heiligenscheine verklärten, soll er ins Glas fließen, dort im Nu seinen herrlichen Duft verströmen und schließlich im Sinne des Psalmisten des Menschen Herz erfreuen. Die Sinne erschauern angemessen, und jeder Schluck wird einen Schock des Glücks auslösen.

Kein Wein ist sinnlicher als eine edelsüße Kreszenz, wobei die Betonung auf edel liegt. Mittelmäßige Süße ist erbärmlich, feine Süße hingegen charmiert das Gemüt. Große Edelsüße sind amouröse Verführer, auch Meditationsweine. Sie schmecken jederzeit, ob nach der Liebe am Nachmittag, sonntags anstelle des Kirchgangs, grundlos, zu dick mit Kalbsleberstreichwurst bestrichenem Brot als Jause oder abends zur Musik von Mozart oder den Klavierläufen von Errol Garner. Sie passen zur Zigarre, zur Melancholie der blauen Stunde, zu weit mehr Speisen als den bekannten biederen Partnerschaften mit Gänseleber oder Schimmelkäse und insbesondere dann, wenn man einen Stöpsel in der Seele hat, der herausgezogen werden muss.

Mein Gott, gegen die Schöpfung lassen sich gewiss einige Einwände vorbringen. Sie ist nicht immer vollkommen, aber andererseits gibt es auch viel Schönes wie ein selbst gebautes Luftschloss, die zuneigende Geste einer Frau, einen Waldspaziergang oder ein edelsüßes Gewächs. So schrumpft der Alltag bei einer 1959er feinen Auslese der Lage Kronenberg vom Karthäuserhof aus Trier-Eitelsbach auf ein winziges Maß, als schaue man verkehrt herum durch ein Fernglas. Der nach Honig, Quitte, getrockneten Früchten und Karamell duftende Wein hatte Tiefe mit Rasse und begeisterte durch seine heitere Eleganz. Unbeschreibliche Wonne bereitete auch eine 1893er Erbacher Marcobrunn Beerenauslese von Schloss Reinhartshausen aus dem Rheingau mit ihrer raffinierten, alterslosen Süße, die wie Honig und Kräuter sowie einem aparten Hauch von Kakao über die Zunge floss. Ein wahres Wunder ist die Tokajer 1937er Aszú Eszencia gewesen: Ein Wein gänzlich ohne Runzeln, die dichte und zugleich auch fein ziselierte Süße ist unsterblich.

Im Gegensatz zum banalen Durst, der alltäglich auftritt und gleichsam vollautomatisch mit Wasser, Tee, Kaffee, Milch, Bier und derlei Getränken gelöscht wird, befriedigt man den edlen oder heiligen Durst in der Form einer Kür ebenso kultiviert wie genüsslich mit Wein und Verwandtem à la Champagner. Das ist die Hohe Schule der Trinkkultur. Und es gibt melancholisch durchwobene Gemütslagen, in denen einem ein edelsüßer Wein wie ein Herzensfreund willkommen ist. Der darf auch trunken machen, doch diese Form der Trunkenheit hat nichts mit Betrunkensein zu tun – sie gleicht einem Zustand kosmischer Heiterkeit, in dem die Seele glücklich schwingt und du näher als jemals sonst den Göttern bist.

Hunger und Durst sind schließlich die getreuesten Begleiter des Menschen. Das Duo überlebt jede Sättigung und regiert gerecht, denn es verschont keinen, nicht den Reichen und nicht den Armen, nicht den Gescheiten und nicht den Dummen. Beide, Hunger wie Durst, haben stets das letzte Wort, und das ist auch gut so, weil ewige Sattheit stets das Ende aller Hoffnung bedeuten und uns faszinierender Erlebnisse berauben würde. Der Hunger hat nicht nur Kriege angezettelt, sondern auch die Kochkunst erschaffen – also jene Disziplin, die das Essen über das existenzielle Muss hinaus zu einem Genuss macht. Und ohne den Durst gäbe es weder eine Weinkultur noch die großen Edelsüßen.

Die Macht des Süßen ist nicht nur in der Literatur dutzendfach belegt wie beispielsweise eindringlich im „Leoparden", wo Lampedusas Fürstin ihrem träge gewordenen Gatten ein exquisites, mit Früchten durchsetztes Dessert bereitete, bei dessen Genuss der Fürst spontan den Entschluss fasste, ins Dorf zu fahren und die Nacht bei seiner Geliebten zu verbringen.

Süßes animiert, steht für Genus und ist ein diskreter Diener der Venus. Das war unseren Altvorderen bekannt, und mittlerweile hat die Wissenschaft dienend nachgewiesen, dass Süßes gute Laune schafft, sogar euphorische Gefühle auszulösen vermag. Es hebt, wie Beobachtungen von Testpersonen ergaben, spontan die Stimmung und fördert das Wohlbefinden.

Dieser physiologische Effekt wird, bewusst oder unbewusst, ein Grund für die neue Lust am Süßen sein. Von Psychologen und Soziologen ist zu hören, dass sie eine immer stärker werdende Sehnsucht des hochzivilisiert lebenden Menschen nach Wärme, Zärtlichkeit und Liebe inmitten einer technologisch geprägten und cool sich gebärdenden Welt registrieren. Kurzum, die von Stress frikassierte Seele will gestreichelt werden. Wenn edelsüße Weine in diesem Kontext unterstützend wirken, soll es dem Weinfreund und Liebhaber recht sein. Im Vordergrund steht für ihn freilich nicht das Therapeutische, sondern der Genuss.

Süßes ist schließlich keine Sünde. Wenn Puritaner meinen, Zucker sei nicht gut für Zähne und Figur, so ist das kurz gedacht. Erstens gibt es die Hygiene, zweitens die Erkenntnis, wonach es auch beim Essen wie dem Trinken auf das richtige Maß ankommt. Drittens hat man bei den Entsagungspredigern sowieso das Gefühl, dass sie nur von einem einzigen ehrlichen Impuls geleitet werden, nämlich vom Wunsch, diejenigen zu bestrafen, die eine größere Fähigkeit zum Genießen und somit zum Glücklichsein haben.

Weine von nobler Natursüße sind etwas ganz Besonderes. Sie sind von der Sonne geküsst und stärken auf natürliche Weise Herz und Seele, was Goethe, der legendäre Feintrinker, ungefähr so interpretiert hat: „Gott ist auch in einem schönen Wein." Wie wahr und dennoch bedarf eine Trockenbeerenauslese nicht des Zeremoniells, wie es in Spätlesenromantik gerne praktiziert wird: Kerze an und Helm ab zum Gebet. Was für ein Missverständnis! Altäre sind unangebracht. Respekt ist gegenüber einem großen Edelsüßen durchaus sinnvoll, man würdigt im Wein die Generosität der Natur und das Können des Winzers. Aber selbst der beste, schönste, teuerste Wein ist nicht fürs Anbeten gemacht, sondern dient letztlich nur einem Zweck, nämlich dem, getrunken zu werden. Also schlabber, schlabber und dann weg damit.

Ein arbeitsintensiver Prozess: Edelfaule Trauben werden bei der Lese mit der Hand einzeln von den Rebstöcken gepflückt.

Das Mostgewicht

Größe wird beim deutschen Wein gerne in Grad Oechsle (abgekürzt °Oechsle oder °Oe) gemessen. Ob ein magerer Säuerling an den Rebstöcken hängt oder ein sonnenverwöhntes Fruchtpaket zu erwarten ist, das lässt sich entweder mit der guten alten Oechslewaage messen oder mit dem sogenannten Refraktometer. Ersteres ist die Erfindung des im Schwarzwald geborenen Christian Ferdinand Oechsle (1774–1852), Sohn des Bleiglasers Israel Oechsle. C. F. Oechsle lebte in Pforzheim als Apotheker und Goldschmied und war ein begnadeter Tüftler, der die erste Spiritusbrennerei errichtete, die „Rotfärbung" des Glases, eine Mundharmonika sowie als eine Art Vorläufer des Kinematographen ein „Lebensrad" erfand und, weil dem Wein zugetan, quasi nebenbei die nach ihm benannte Mostwaage, mittels der sich der Zuckergehalt im frischen Traubensaft bestimmen lässt.

Allein dieses Gerät hat ihn vor dem Vergessen bewahrt, sein Name wurde in Deutschland, Luxemburg und der Schweiz zur Maßeinheit. Die Österreicher haben als Einheit die Klosterneuburger Mostwaage, die Franzosen und andere europäische Länder messen in Beaumé, in Übersee wird das Mostgewicht vorwiegend in Brix beziehungsweise in Balling angegeben.

Beim Refraktometer, einem modernen, zylindrisch geformten optischen Messgerät, das man mit einem Tropfen vom frisch gepressten Most oder dem Saft einer Weinbeere füllt und dann gegen das Licht hält, wird der Zuckerwert zwar in Brix-Prozenten berechnet, aber mittels eines eingebauten Umrechnungssystems in Oechsle angezeigt. Oechsle ist in deutschen Landen während der Weinlese das meistgehörte Wort. Indem die Oechslegrade den Zuckergehalt anzeigen, signalisieren sie dem Winzer richtungweisend auch den Reifegrad der Trauben. Darüber hinaus sind sie ein wichtiges Indiz für die Güte des künftigen Weins.

Hohe Zuckerwerte sind willkommen, weil sie vollmundige Weine mit raffiniertem Bukett und reichem Geschmack erwarten lassen. Allerdings sind die Oechsle für sich allein noch keine Garantie für einen Spitzenwein. So einfach macht es die Natur dem Menschen nicht. Sonst wären die in südlichen Ländern wachsenden Weine dank der dort mächtig scheinenden Sonne vollautomatisch große Kreszenzen. Süße allein wirkt leicht pappig. Erst das harmonische Zusammenspiel mit anderen, für das Duftspiel und die Geschmacksnuancen verantwortlichen Stoffen ergibt das Rezept für sehr guten Wein. Ein bedeutender Partner ist die Säure. In mageren Jahren erschreckt sie Winzer wie Trinker, aber sie ist unverzichtbar für Temperament und Rasse, zumal beim Weißwein.

Erheblichen Einfluss auf den Charakter des Weins hat neben der Rebsorte und dem Mikroklima auch die geologische Zusammensetzung des Bodens, aus dem der Rebstock über seine Wurzeln lagentypische Aromen saugt. Und natürlich hängt die Weinklasse vom Können sowie von der Moral des Winzers ab. Ist er ein Gerechter des Weins oder ist er ein Schlamper, wie pflegt er den Weingarten, wann erntet er, wie ist die Kellerkultur beschaffen und so weiter. Der Zucker wiederum ist, bündig formuliert, wichtig, weil er zu Alkohol vergärt, also zu jenem Geist, der dem Wein seine Fülle gibt, ihn geschmeidig macht und obendrein als Geschmacksträger die Aromen schöner erblühen lässt.

Edelsüße Oechslerekorde

Superlative gibt es nicht nur im Sport, sondern auch beim Wein und hier speziell im Bereich der Oechsle. Jedes Jahr aufs Neue registrieren Statistiker, in welchem Anbaugebiet welcher Winzer mit welcher Rebsorte den zuckerdicksten Traubenmost eingefahren hat. Für Oechslewerte war 2003 ein besonderes Rekordjahr. In diesem extrem heißen und trockenen Jahr erzielten die Winzer reihenweise Traubenmoste mit hohen Zuckergraden. In der Bestenliste liegt der Moselwinzer Markus Molitor weit vorne mit 331 Grad Oechsle für eine Trockenbeerenauslese der Lage Zeltinger Sonnenuhr. Das war in jenem Herbst das höchste in deutschen Weinbergen gemessene Mostgewicht. Ihm dicht auf den Fersen folgte dann Clemens Busch aus Pünderich an der Mosel, der im selben Jahr 329 Grad Oechsle erzielte. Molitor gelangen 2003 weitere Spitzen-TBA's mit 323 Grad Oechsle aus der Lage Domprobst sowie 327 Grad Oechsle für eine zweite Trockenbeerenauslese aus der Zeltinger Sonnenuhr.

In der Oechslerekordliste seit 1921 liegt auch das pfälzische Weingut Emil Bauer im Spitzenbereich mit einem erzielten Oechslewert von 326 Grad für einen 1971 geernteten Most von der Siegerrebe, einer Neuzüchtung. Knapp dahinter rangiert die Winzergenossenschaft Flein-Thalheim aus Württemberg mit einem Traminer von 324 Grad Oechsle im Jahre 1983. 2009 konnte das Weingut J. Wegeler im Rheingau einen Riesling mit 291 Grad Oechsle präsentieren und als Draufgabe einen weiteren Riesling mit 255 Grad. Das auf edelsüße Weine abonnierte Weingut Robert Weil (Rheingau) reüssierte 2009 mit zwei Topwerten für Rieslinge von 241 und 232 Grad Oechsle.

Den unglaublich hohen personellen Aufwand bei der Ernte solcher hochgradiger Beeren beschreibt ein Bericht vom Rheingauer Schloss Vollrads am Beispiel seiner zwei im Jahr 2003 gelesenen Trockenbeerenauslesen mit 302 sowie 240 Grad Oechsle: „Am 25. September schwärmten 40 Lesehelfer in die Weingärten aus, um per Hand selektiv die rosinenartig eingetrockneten Beeren einzeln von den Rebstöcken zu pflücken. Vom 302-gradigen Traubenmost wird es maximal 50 bis 100 Liter fertigen Wein geben, die 240-gradige TBA wird um die 100 Liter erbringen."

Der Winzer ermittelt mit dem Refraktometer den Oechslegrad der Trauben.

Betrachtet man sich die Oechslestatisik der letzten Jahrzehnte mal genauer, kann man in den vergangenen Jahren steigende Oechslewerte beobachten. Das liegt zum einen – wie nicht anders zu erwarten – am Klimawandel und der damit einhergehenden Erwärmung in den Weinbergen. Zum anderen spielt aber natürlich auch die Erntepolitik der Winzer eine Rolle, die auf besonders hochwertige Auslesen spekulieren und ihre Trauben bewusst und mutig länger am Stock hängen lassen.

Botrytis
Die edlen Folgen des Faulens

Wenn die Herbstnebel durch die Weinberge wabern, werden die Winzer unruhig und beginnen zu beten. Auf den Trauben nistet sich dann gerne ein gefräßiger Schmarotzer ein, Botrytis cinerea genannt, eine griechisch-lateinische Wortkombination, die sich auf Deutsch einfach mit „aschfarbene Traube" übersetzen ließe.

Für den Weinbauern verkörpert dieser Pilz entweder Segen oder Fluch, Göttliches und Teuflisches in einem, je nachdem, wann er auftritt und wie er sein Werk vollbringt. Zur Unzeit schädigt er die Trauben irreparabel mit Graufäule, einer Krankheit, die, wenn sie überhand nimmt, jeder Hoffnung auf große edelsüße Gewächse den Garaus macht. Verursacht der Schimmelpilz jedoch die sogenannte Edelfäule – in Frankreich „pourriture noble" genannt („la pourriture" steht schlicht für Moder) und „muffa" in Italien, dann ist der Pilz, der die Beeren zu Rosinen schrumpfen und aussehen lässt, als wären sie in Asche getaucht, willkommen, ja sehnlichst erwartet. Er schafft die Voraussetzung für edelsüße Weine von dichter Struktur, tiefer Vielschichtigkeit und langem Leben.

Das Phänomen des edelfaulen Prozesses

Im Weingarten fühlt sich der Pilz wie im Schlaraffenland. Mit seinen Sporen haftet der Eindringling an der Beerenhaut, die er dann unter großem Druck durchstößt, um sich im Inneren der Beere epidemisch auszubreiten. Untersuchungen haben ergeben, dass sich die Pilzfäden bis zu 0,2 Millimeter in der Stunde voran fressen. Binnen kurzem – optimale Bedingungen vorausgesetzt – wird ein dichtes, pilziges Flechtwerk namens Myzel aufgebaut, der Pilz hat die Beerenhaut gleichsam perforiert. Diese bleibt dennoch widerstandsfähig gegenüber schädlichen Mikroorganismen, die es nur auf die Frucht abgesehen haben. Das Phänomen des edelfaulen Prozesses beginnt: Wasser verdunstet, die Beere trocknet ein, sie schrumpft runzelig, es verdichten sich die Aromen bei gleichzeitigem extrem starkem Ansteigen des Zuckerwertes, verschiedener Enzyme, des Tannins sowie einer nicht entschlüsselten antibiotischen Verbindung, sinnig Botryticin genannt.

Das Mostgewicht kann leicht 200 Grad Oechsle und weit mehr erreichen. Außerdem nimmt der Gehalt an Glycerin deutlich zu. Letzteres verleiht dem Wein eine samtene Konsistenz, flankiert von einer öligen Geschmeidigkeit, was beim Schwenken des Glases an den sogenannten Kirchenfenstern auszumachen ist. Der Wein rinnt nicht dünn und harmlos die innere Glaswand entlang, sondern gemächlich, wobei es zur Bildung von schmierig aussehenden wulstartigen Ringen kommt, die sich nur langsam auflösen.

Der rastlos tätige Pilz ernährt sich von Weinsäure und Fruchtzucker, auch Farbpigmente werden nicht verschmäht. Er greift tief in das Beerenleben ein, entnimmt Inhaltsstoffe, baut sie um und bewirkt neben der rapide steigenden Zuckerkonzentration, dass Sauerstoff durch die durchlöcherte Beerenhaut eindringt und die Trauben komplett ihre Farben verändern, von Gelb über Rosa und Rot bis ins Violette und Dunkelbräunliche. Gleichzeitig werden sie mit einem aschgrauen Staub überzogen. Winzer sprechen von „gerösteten" beziehungsweise „gegrillten" Beeren.

Ein völlig neues Traubengefüge entsteht

Was den Winzer erfreut, wirkt auf den Laien alles andere als verheißungsvoll, denn das Äußere einer von Botrytis befallenen Beere ist höchst unansehnlich. Man schaudert und vermag sich nicht vorzustellen, dass aus diesen unappetitlich aussehenden Schrumpelbeeren große edelsüße Kreszenzen wie Trockenbeerenauslesen entstehen. Aber es ist so: Der Botrytispilz löst einen komplex wirkenden

Morgennebel und Tau begünstigen die Entstehung der begehrten Botrytis cinerea.

Molekularprozess aus, der die Beere chemisch wie physikalisch verändert. Es entsteht ein neues Traubengefüge, man kann vereinfacht auch sagen, der Pilz verarbeitet das Fruchtfleisch quasi zu goldener Konfitüre und planiert dadurch den Königsweg zu Gewächsen von nobler Süße und jenem wundersamen, ja magischen Geschmack, der Weinfreunde hymnisch von einem Naturwunder schwärmen lässt.

Zusammenspiel von Morgennebel und Sonnenschein

Aber der Pilz ist launisch, nicht berechenbar. Sein gutes Werk verrichtet er, erstens, nur in bestimmten Regionen mit gemäßigtem Klima und nach Möglichkeit in Sichtweite von Wasser. Zweitens bedarf es idealer Bedingungen, wozu Morgennebel und Tau gehören, deren Feuchtigkeit den Pilz locken. Eine weitere Voraussetzung ist, dass die Trauben gesund, unverletzt und nicht unreif, gar noch grün sind. Dann soll im Laufe des Tages die Sonne durchbrechen und die Beeren trocknen, damit das Wachstum des Pilzes gebremst wird. Diese Wechselwirkung zwischen der Feuchtigkeit am Morgen und der Hitze am Tag ist auch wichtig, weil Sonne und Wind die Trauben zusätzlich austrocknen und damit die Konzentration weiter forcieren. Bei durchgängig feuchter Witterung besteht ansonsten die Gefahr, dass der Pilz sich zu rasch ausbreitet und die gefürchtete Graufäule entsteht. Bei beständig warmer und trockener Wetterlage wiederum wird der Pilz blockiert, und die Edelfäule kann sich nicht entfalten. Zwar würden die Trauben wohl reifen und Zucker bilden, aber ohne die durch den Pilz ausgelöste chemische Umwandlung wären es „normale" Süßweine, denen die raffinierte Komplexität großer Botrytisgewächse fehlt. Gleiches gilt für Weine, die ihre Süße durch einfache Verdunstung (wie beim Strohwein) oder durch Kältekonzentration (wie beim Eiswein) erhalten, auch denen fehlen die mittels der Edelfäule gebildeten Aromastoffe.

Ernte als Geduldspiel

Eine unwägbare Besonderheit der Botrytis ist ihre Unberechenbarkeit. Sie breitet sich nicht gleichflächig und gleichmäßig an allen Rebstöcken aus, sondern willkürlich. Es geschieht eher selten, dass alle Beeren einer Traube zur selben Zeit und auf die gleiche Weise befallen werden. Diese Unregelmäßigkeit macht die Ernte zu einem Geduldspiel. Immer wieder müssen die Leser die Weingärten abgehen, um die Stöcke zu kontrollieren und die bereits edelfaul konzentrierten Beeren selektiv herauszupflücken – oft einzeln, Stück für Stück. Gleichzeitig werden die von der Graufäule befallenen Trauben entfernt. Das erfordert Erfahrung, denn jede Beere soll ja im idealen Stadium ihrer Entwicklung vom Stock genommen werden. Der Erntevorgang kann sich über Wochen hinziehen.

Manchmal spielt die Natur ihr eigenes Solo und lässt die Edelfäule auch ohne die klassische Abfolge zwischen Morgentau und Nachmittagssonne entstehen. Sind die Trauben vollreif, so kann sich auch bei feuchtkühlem Wetter – und begünstigt durch Herbstwinde – eine Botrytis bilden, die zur gewünschten Trocknung der Beeren bei parallel einsetzender Konzentration von Zucker, Säure, Tannin und Glycerin führt, während die schlimme Graufäule unter Kontrolle gehalten wird. Auf Yquem hat beispielsweise der Jahrgang 1980 seine Güte einer solchen klimatischen Konstellation zu verdanken, verbunden mit einer relativ kurzen Erntezeit von einem knappen Monat.

Eine weitere Funktion erfüllt die Botrytis schließlich im Rahmen der Vinifizierung bei der Gärung. Die Hefen haben von vornherein große Mühe, den zuckersüßen Most in Wallung zu bringen. Der Gärprozess setzt in der Regel nur zögerlich ein, er bewegt sich mühsam fort und zieht sich lange hin. Wenn ausreichend Zucker vergoren ist, tritt eine von der Edelfäule ausgeschiedene antibiotische Verbindung namens Botryticin in Aktion. Sie stoppt die Gärung auf natürliche Weise und belässt dem Wein dadurch ein stattliches Maß an Restzucker, der in Verbindung mit den Säuren und den vielfältigen Aromen die reich ziselierte Edelsüße ergibt. In Weinbergen am Rhein, an der Mosel, am Neusiedler See, und im Sauternes bilden sich im Laufe der Zeit durch natürliche Auslese sozusagen regionaltypische Hefepilze, die zum spezifischen Charakter der jeweiligen edelsüßen Weine beitragen.

Die grauen Anfänge: Geschichte der Botrytis

Wann und wo in der Welt unter bewusster Ausnutzung der Botrytis der erste edelsüße Wein gekeltert worden ist, weiß man nicht. Das liegt im Dunkel der Geschichte. Vorstellbar ist, dass Weinbauern angesichts der abstoßend hässlichen Edelfaulbeeren die Trauben weggeworfen oder als unbrauchbar hängen gelassen haben, bevor sie den Wert der Botrytis erkannten. Die immer wieder gerne zitierte Legende, dass die herrliche Kraft der Edelfäule 1847 auf Château d'Yquem entdeckt worden sei, nämlich per Zufall, weil der Schlossherr verspätet von einem Jagdausflug aus Russland zurückgekehrt sei und zuvor Order gegeben habe, mit der Ernte zu warten, die dann allerdings edelfaul an den Stöcken hing, ist wohl nur eine hübsche Anekdote. Sie ähnelt allzu sehr jenen Geschichten, wie sie 1650 für Tokaj und 1775 für Schloss Johannisberg als dem Jahr der angeblichen Erfindung der Spätlese erzählt werden. In Tokaj soll der Krieg gegen die Türken die Ernte verzögert haben, in Johannisberg die durch einen säumigen Reiter spät überbrachte Botschaft des zuständigen Fürstbischofs von Fulda mit der Erlaubnis zum Beginn der Lese.

Derartige Histörchen kokettieren mit der Magie des Wunders und dienen eher der Erhöhung des Weins beziehungsweise der Region oder des Guts als der reinen Wahrheit. Immerhin soll bereits im 5. Jahrhundert vor Christus auf Chios ein Wein erzeugt worden sein, der „Sapros" oder „Saprien" hieß und von dem Dionysos laut Athenaios geschwärmt haben soll, es entströme ihm „der Geruch von Veilchen, Rosen und Hyazinthen". Wenn man weiß, dass „sapros", bündig übersetzt so viel heißt wie „faulig, moderig, zersetzt", dann liegt die Vermutung nahe, dass die ja spontan und ohne menschliche Zutat einsetzende Edelfäule schon sehr früh die Genießer beeindruckt hat. Unabhängig davon, dass der bewusste Umgang mit diesem Phänomen und die Kenntnis vom Nutzen sowie den Gefahren der Botrytis vielleicht erst einige Jahrhunderte alt ist.

Historische Aufzeichnungen lassen jedenfalls keinen Zweifel, dass späte und selektive Ernten beispielsweise im Sauternes bereits im 18. Jahrhundert üblich, wahrscheinlich sogar die Regel waren. Einem Schriftstück vom 4. Oktober 1666 ist zu entnehmen, dass François de Sauvage seine Pächter streng ermahnte, die Weinlese „ungefähr am 15. Oktober zu halten". Das ist mittendrin in der Edelfäule. Im Yquem-Kellerbuch heißt es in einer Eintragung von 1810, dass drei Erntedurchgänge zwischen dem 3. Oktober und dem 3. November durchgeführt worden sind. Und Stil, Geschmack sowie die zarte, von einem aparten Bitterton flankierte Süße von uralten Yquems aus 1750, 1784 und 1787 weisen deutlich in diese Richtung. Botrytisweine verfügen neben der klassischen üppigen Honigwürze oft über einen durchaus angenehmen, leisen bis pikant ausgeprägten Bitterton als charakteristischer Mitgift der wundersamen Edelfäule.

Stile und Typen
Der edelsüße Kosmos

Der Katalog edelsüßer Weine ist ebenso umfassend wie differenziert und im Detail schwer überschaubar. Allein der Versuch, die Welt der Edelsüßen zu ordnen, gleicht einem Gang ohne Ariadnefaden durch ein besonders verschlungen angelegtes Labyrinth der Mannigfaltigkeit. Der edelsüße Kosmos ist unglaublich reich an Stilen, Typen und Formen, an Farben, Düften und Fruchtkörpern von unterschiedlicher Intensität. Man stellt sich die berechtigte Frage: Was ist denn nun edelsüß im Sinne des Wortes, und was ist nur süßlich ohne die Faszination des Außergewöhnlichen zu besitzen? Schon die bloße Suche nach einem alles Edelsüße umfassenden Titel führt direkt zu einer Verwirrung der Begriffe. Der nach wie vor gebräuchliche Gattungsbegriff „Dessertwein" ist ebenso missverständlich wie „Südwein" oder der von Eurokraten etablierte Terminus vom „Likörwein".

Letzterer ist besonders unglücklich gewählt, weil darunter in erster Linie gespritete Weine wie Port, Madeira, Sherry, Marsala & Co. zu verstehen sind. Das ist zu eng gebündelt, dadurch werden klassische Natursüße à la Sauternes, Tokajer, deutsche Trockenbeerenauslesen, der Ruster Ausbruch sowie andere österreichische Trockenbeerenauslesen und auch Eisweine außen vor gehalten – ein Unding schon deshalb, weil gerade diese Fraktion zu den Juwelen unter den Edelsüßen gehört. „Dessertwein" wiederum weist, nomen est omen, allzu einseitig in Richtung Nachtisch – insofern auch unzulänglich, in dieser Absolutheit sogar unsinnig, denn große edelsüße Weine sind trinkkulturelle Solitäre, die sich souverän jeglicher kleinkarierter Zuordnung entziehen. Hingegen trifft edelsüß den Kern und grenzt gleichzeitig ab von Weinen halbherziger, meist klebriger Lieblichkeit wie beispielsweise jenen, die lediglich mittels Süßmost aufgepäppelt werden.

Die Vielfalt ist enorm und das kompliziert eine Kategorisierung. Grob gerastert gibt es zwei große Hauptgruppen: die natürliche und die gespritete Süße. Bei den mit Alkohol verstärkten Süßweinen wird dem Most vor oder während des Gärprozesses ein hochprozentiges Weindestillat (Brandy, Weingeist, Trester etc.) zugesetzt, sodass die Hefen in ihrer Tätigkeit gebremst oder gänzlich abgestoppt werden und der Fruchtzucker nur bis zu einem bestimmten, vom Kellermeister gewünschten Grad vergärt. Dadurch behält der Wein einen Teil seiner natürlichen Süße, während gleichzeitig der Alkoholgehalt auf gesetzlich erlaubte 15 bis maximal 22 Prozent erhöht wird. Diese Gewächse rangieren unter dem Sammelbegriff Likörwein und werden, je nach Art ihrer Zubereitung und regionalen Herkunft, in Frankreich auch als „Vin doux naturel" geführt, in Portugal und Spanien als „Vino generoso", in Italien auch als „Vino liquoroso". Prominente Vertreter dieser Gruppe sind Port, Sherry, Marsala, Madeira, Banyuls.

Weine mit Natursüße beziehen ihren Fruchtzucker als Mitgift der Sonne. Das ist die Basissüße, die der Mensch belassen oder auf die er mittels diverser Verfahren einwirken kann. Die Methoden zur weiteren Entwicklung der Grundsüße im Sinne einer forcierten Erhöhung – und zwar ohne Zusatz von Süßreserve oder Alkohol –, lassen sich schwerpunktmäßig in drei Hauptgruppen gliedern: die Getrockneten, die Edelfaulen, die Gefrorenen. Alle diese Weine verfügen über eine derart hohe natürliche Zuckerkonzentration, dass die für die Gärung verantwortlichen Hefen ihrer Arbeit in der Regel nur teilweise gewachsen sind, was heißt, dass die Aufspaltung des Zuckers in Alkohol und Kohlendioxid nicht bis zum letzten Gramm gelingt und eine gewisse Natursüße im Wein verbleibt. Der Kellermeister hat für den Fall, dass die Gärung zu ungestüm verläuft, jederzeit die Möglichkeit, den Prozess zu verlangsamen oder durch Kälte sowie andere Mittel ganz zu stoppen, um dem Wein die begehrte Süße zu erhalten.

Die getrocknete Süße

Der unerschöpfliche Homer beschreibt in seiner Odyssee einen Weinberg, den Alkinoos, der König der Phäaken, Odysseus zeigt: „Einige Trauben dorren schon auf weiter Fläche des Gartens, an der Sonne verbreitet, und andere schneidet der Winzer." Auch bei Hesiod findet sich um 700 vor Christus eine Passage über rosinierte Trauben, die „zehn Tage und Nächte lang an der Sonne trockneten" und dann weitere fünf Tage im Schatten lagen, bevor sie in Krügen zu Wein vergoren wurden. Historiker nehmen an, dass die antiken Griechen bereits mit der Methode vertraut waren, die Trauben an ihrem Stiel in einer Art Würgegriff zu verdrehen, um sie dann zum Trocknen weiter am Stock zu hängen zu lassen. Die legendären, von Homer und seinen Jüngern hoch gepriesenen Süßweine der Inseln Chios, Lesbos und Thasos sind auf diese Weise entstanden.

Diese früheste bekannte Konzentrationstechnik bewirkte, dass die Beeren von der Saftzufuhr abgeschnitten waren, das Wasser verdunstete, die Beeren schrumpften und der Zuckergehalt nahm zu. Das Trocknen am Stock und/oder danach auf Matten sowie an Gestellen brachte Weine von besonders süßer Intensität hervor, wie sie seit alters her geschätzt und von den Reichen auch entsprechend honoriert wurden. Einen zusätzlichen positiven Effekt hatte die Methode, weil die aus getrockneten Trauben gewonnenen Weine kräftiger waren, robuster und deshalb auch für den Handel besser geeignet. Damals war die Methode des Aufspritens ebenso wenig bekannt wie das Phänomen der Edelfäule noch nicht erforscht – um 500 vor Christus schrieb der Agrarökonom Mago noch, dass nur die von der Sonne sehr reifen, verbrannten oder eingeschrumpften Trauben auf Schilf getrocknet, die schlechten und fehlerhaften jedoch wieder entfernt werden sollten.

An dieser Vorgabe hat sich im Kern bis heute nichts geändert. Nur vollreife, gesunde, unverletzte Trauben eignen sich für das Trocknen. Faule Beeren müssen aussortiert werden, um Infektionen oder den schlimmen Essigstich zu verhindern. In einigen Regionen wie beispielsweise auf Sizilien und der griechischen Insel Santorin bevorzugen Winzer das Trocknen an der Sonne, weil die Trauben deutlich schneller zu Rosinen schrumpften als beim Trocknen unter dem Dach oder in Scheunen. Die überdachte Produktion, bei der die Trauben luftig an Haken, Schnüren oder Netzen hängen, hat sich weitgehend durchgesetzt. An der Sonne getrocknete Beeren weisen neben einer starken Färbung oft eine karamellisierte, ja verbrannt wirkende Note auf, die von Puristen abgelehnt wird. Aus gleichem Grund gelten Trockenöfen als verpönt. Stroh wird selten benutzt, weil es Mäuse anzieht. Wichtig ist, dass ein Durchzug für frische Luft gegen Schimmel und Fäulnis sorgt.

Wie lange die Trauben getrocknet werden, hängt vom jeweiligen Mikroklima ab, von der Rebsorte, auch vom gewünschten Weintyp. Der Most ist naturgemäß hoch konzentriert und beginnt nur schwer-

Die Beeren trocknen ein, der Zuckergehalt nimmt zu.

fällig zu gären. In kühleren Regionen tritt dieses Problem verstärkt auf, zumal die Trauben oft erst im Winter gekeltert werden und die Hefen, platt gesagt, frieren, weshalb der Most entweder erwärmt oder durch spezielle Hefen belebt wird, um die Gärung zu forcieren. Es gibt auch Kellermeister, die den Gärprozess über Jahre hinweg in einer Art Standby-Stadium laufen lassen und es der Natur überlassen, wie weit der Zucker vergärt oder als Süße im Wein verbleibt. Im Gegensatz dazu greifen andere Winzer ein und stoppen die Gärung, sobald der Alkoholgehalt eine bestimmte Schwelle erreicht hat, um dem Gewächs möglichst viel Süße mitzugeben.

Dass Weine mit getrockneter Süße bis heute insbesondere in mediterranen Ländern kultiviert werden, ist kein Zufall, denn dort hat

Es gibt unterschiedliche Arten, Trauben zu trocknen. Eine davon ist die Lagerung auf Stroh- oder Schilfmatten.

das Rosinieren seinen Ursprung. Die griechische Insel Kreta wird übrigens als Quelle vermutet. Der international geläufigste Typ ist der sonnengetrocknete griechische Samos mit dem Zusatz „Nectar". Ein weiteres Beispiel für hochsüßen Wein aus sehr spät gelesenen, am Stock getrockneten Trauben ist der „Vinsanto" von der griechischen Insel Santorin. In Frankreich werden rosinierte Trauben als „Vin de paille" bezeichnet (im Jura, an der Rhône, teils im Elsass), die Italiener sprechen vom Passito-Verfahren (Recioto, Vin Santo), im schweizerischen Wallis etikettiert man Weine aus getrockneten Trauben als „flétri". In Deutschland war der Strohwein seit 1971 verboten, seit kurzem ist die Rosinierung allerdings wieder zugelassen, angestoßen übrigens durch den eigenwilligen Winzer Ulrich Stein aus Alf an der Mosel.

Am burgenländischen Neusiedler See hatte die Trocknung auf Schilfmatten bis zum Zweiten Weltkrieg eine lange Tradition, die danach allerdings brach lag und erst 1982 durch den Golser Winzer Georg Stiglmar erneut belebt wurde. Reife, nicht gefaulte Beeren werden sorgfältig gelesen und mindestens drei Monate lang auf Stroh oder Schilf gebettet und somit luftgetrocknet. Als Stroh- oder Schilfweine spielen diese getrockneten Edelsüßen heute eine qualitativ beachtliche, mengenmäßig gegenüber den Botrytisweinen jedoch eine kleine Rolle. Geschmacklich gesehen liegen die Schilfweine zwischen den Botrytisweinen und Eisweinen: Sie verfügen über eine fruchtige Finesse, besitzen aber nicht die Aromenvielfalt der edelfaul gelesenen Trockenbeerenauslesen und auch nicht die pikante Säurebrillanz der Eisweine.

Die edelfaule Süße

Der alleredelste Sinn ist sehen, sagte Albrecht Dürer. So spricht der Maler und man kann es nachempfinden. Sehen, wo etwas geschieht, ist immer spannend. Natürlich ist der Mensch ein Augenwesen. Aber wenn es um Wein geht, speziell eine aus edelfaulen Trauben gewonnene Trockenbeerenauslese feinster Herkunft, sind das Schmecken und vor allem das Riechen die wertvolleren Sinne. Gewiss, das goldene Glitzern einer Auslese, dieses brillante Funkeln fasziniert. Aber erst die Nase und danach der Gaumen öffnen vollends die Sinne für die Größe eines solchen Weins, den der Volksmund immer noch einen Hammer nennt. Diese exquisiten Weine machen einem jedenfalls bewusst, was der Satz bedeutet: Alles Gute ist leicht, alles Göttliche läuft auf zarten Füßen!

Trockenbeerenauslesen sind die Creme unter den edelsüßen Kreszenzen – und sie führen auch die Ranglisten der teuersten Weißweine an, gipfelnd in rund 100.000 Mark, die 1986 bei einer Auktion für einen 1784er Château d'Yquem erzielt worden sind. Ein Jahr später brachte es ein 1735er der Lage Schönborner vom Rheingauer Schloss Schönborn auf immerhin 53.000 Mark. Und Wilhelm Weil heimste 1997 für eine Flasche seiner 1995er Trockenbeerenauslese der Paradelage Kiedricher Gräfenberg stolze 3.300 Mark ein – Rekord für einen so blutjungen Wein.

Große Trockenbeerenauslesen zählen zu den Rarissima der Weinkultur. Ein Vergleich mag dienlich sein: Vom Château Mouton-Rothschild, einem der roten Granden aus dem Bordelais, werden pro Jahr

Das Äußere einer von Botrytis befallenen Beere wirkt wenig ansprechend.

im Schnitt um die 300.000 und mehr Flaschen produziert. Auf Yquem füllt man im Jahr, sofern die Natur mitspielt und die unersetzliche Edelfäule liefert, gerade mal um die 100.000 Bouteillen. Und gar nur 60 halbe Flaschen à 0,375 Liter gibt es vom – übrigens unverkäuflichen – 2005er TBA Geisenheimer Rothenberg aus dem Weingut Wegeler in Oestrich-Winkel, der mit sagenhaften 309 Grad Oechsle gelesen worden ist und bei einem Alkoholgehalt von gerade mal sechs Prozent über eine Restsüße von 400 Gramm pro Liter verfügt.

Der niedrige Alkoholgehalt deutscher Trockenbeerenauslesen widerlegt die oft mit angeblicher Schwere begründete Scheu vor diesen edelsüßen Fruchtmonstern. Ein Sauternes ist mit einem Alkoholgehalt um die 13 Prozent weit schwerer als deutsche Trockenbeerenauslesen, die in der Regel deutlich unter zehn Prozent liegen – ganz zu schweigen von gespriteten Edelsüßen wie einem Port mit regelmäßig 20 Prozent Alkohol. Das ist eine andere Welt. Was an einer deutschen TBA als „schwer" oder „wuchtig" empfunden wird, betrifft den Extraktgehalt des Weins, also dessen stoffliche Dichte als Summe aus Fruchtzucker, Glycerin, Säuren, Mineralien, Tanninen, Farbe, Stickstoffverbindungen. Der Extrakt ist ein Indikator für die Güte eines Weins und bei kapitalen Edelsüßen entsprechend hoch. Der niedrige Alkohol resultiert aus dem hohen Gehalt an Traubenzucker, der von den Hefen nur zum Teil vergoren werden kann; mitunter, bei extrem hohen Zuckerwerten, muss die Gärung noch durch Wärme unterstützt werden.

Die Gewinnung edelfauler Weine ist alles andere als ein lässiger Spaziergang. Vor den keineswegs nicht immer einfach zu regelnden kellertechnischen Handlungen stehen die Unwägbarkeiten im Weinberg und bei der Ernte. Die Botrytis ist nicht abonnierbar, sie kommt, wann und wie sie will und in manchen Jahren gar nicht. So ist auf Yquem in Jahren wie 1951, 1952, 1964, 1972 und 1974 offiziell aus Mangel an Botrytis kein edelsüßer Wein gefüllt worden. Selbst ungläubige Winzer lernen im späten Herbst, wenn die für edelsüßen Wein reservierten Trauben noch reifen, das Beten. Der erste morgendliche Blick gilt dem Himmel. Unausgesprochen liegt ein Satz über dem Weingut: Wird's was, wann und wie?! Eine edelsüße Trockenbeerenauslese gelingt nur, wenn jede Beere im idealen Stadium ihrer Entwicklung gepflückt wird. Aber das Wetter kann perfide sein, so mancher Jahrgang endete nicht edelfaul, sondern im Verlust der Trauben, die durch pausenlosen Regen unedel an den Stöcken verfaulten.

Die gefrorene Süße

Im Grunde ist Eiswein ein gepresster Traubenfruchtextrakt. Der Frost lässt das Wasser in den Beeren zu Eiskristallen gefrieren. Normalerweise macht das Wasser etwa 85 Prozent des Beereninhalts aus, je weniger Wasser, desto höher ist die Verdichtung von Zucker, Säuren und Mineralien. Die Ausbeute liegt zwar nur bei 10 bis 15

Prozent einer normalen Ernte, doch die Zuckerkonzentration kann leicht um 100 Grad Oechsle steigen. Die vereisten Beeren sind dann hart wie Glasmurmeln und machen schon am Stock, wenn der Wind sie aneinander schlägt, später dann auch bei der Ernte, sobald sie in den Eimer purzeln, das charakteristische „Klackklack". In diesem Zustand müssen sie rasch verarbeitet werden, damit das Eis nicht auftaut. Beim eiligst noch nachts oder in den frühen Morgenstunden eingeleiteten Pressvorgang bleiben die gefrosteten Wasserkristalle zusammen mit Schalen und Kernen als harter Eisgrieß in der Kelter zurück, während der hochkonzentrierte zuckerreiche Most nektargleich in die Fässer fließt.

Die Botschaft klang nach Hosianna. Man habe, jubelte Annegret Reh-Gartner, die Chefin des Weinguts Reichsgraf von Kesselstatt, „in den frühen Morgenstunden des 22. Dezember bei minus 8 Grad Celsius in zwei unserer besten Lagen Eiswein ernten können". Freude herrscht auch über die Oechslegrade, mit denen die Höhe des Fruchtzuckers in den Beeren gemessen wird: 145 Grad beim Scharzhofberger, einer Spitzenlage an der Saar, gar 155 Grad im Kaseler Nies'chen, einer Premiumlage an der Ruwer. Mit diesen Mostgewichten lagen beide Eisweine – vom Jahrgang 1999 und somit die letzten des vergangenen Jahrtausends – deutlich über dem gesetzlich vorgeschriebenen Wert von 110 Grad Oechsle, wie sie an Mosel, Saar und Ruwer erforderlich sind.

Laut Gesetzgeber sind zwei Faktoren für die Gewinnung von Eiswein bestimmend: Erstens müssen die Oechslegrade vor der Vereisung mindestens der für eine Beerenauslese nötigen Qualität entsprechen; diese Untergrenze reicht je nach Anbaugebiet von 110 Grad an der Mosel bis 128 Grad im Badischen. Bis 1982 war es erlaubt, auch unterhalb der Beerenauslese gefrostete Trauben als Eiswein zu deklarieren – es gab also Eisweinspätlese und Eisweinauslese, sogar Eisweinkabinett, die allerdings mangels Substanz oft nur dünnen Säuerlingen glichen. Zweitens muss die Temperatur im Weinberg mindestens sieben Grad unter Null liegen (besser noch sind zehn, zwölf Grad). Dann erst klumpt das Wasser in der Beere, wohingegen der süße Saft, dessen Gefrierpunkt tiefer liegt, dem künftigen Eiswein die begehrte kühle Süße verleiht, die ja nie aufdringlich wirkt, weil sich neben dem Zucker auch die Säure bis zu 15 Promille und mehr potenziert und die Süße pikant ausbalanciert.

Gesund und reif sollen die Beeren sein, weil sich ansonsten leicht faulige und bittere bis moderige Töne entwickeln, also genau jene Negativaromen, die dem größten Kapital eines Eisweins konträr sind: Die glockenklar strukturierte Fruchtdichte nach Pfirsich, Aprikose, Stachelbeere, Quitte, Ananas, Honig, schon mal Himbeere und auch frischen Kräutern oder Jasmin. Der Charakter der Rebsorte ist beim Eiswein naturgemäß besser wahrnehmbar als bei edelfaul verarbeiteten Trauben. Sind die Beeren bereits von der Botrytis befallen, schmeckt der Eiswein eher wie eine Trockenbeerenauslese und es entstehen Duft- sowie Geschmacksstoffe, die mehr an Röst-

Minusgrade verhelfen einem Wein zu mehr Süße.

aromen à la Mokka, an leicht getoastetes Brioche und Karamell nebst einer gewissen Bitternis als an die klassischen klaren Noten eines Eisweins erinnern.

Genau das ist der Punkt, an dem sich die Geister scheiden. Eine Fraktion unter den Liebhabern der edelsüßen Weine bevorzugt den von der Edelfäule markierten Eiswein. Sie mögen den öligen Schmelz und die zusätzlichen Rösttöne der Botrytis. Hingegen schwärmen die Befürworter des reinen, nicht von der Edelfäule beeinflussten Stils von der filigranen Struktur, der vertikal anstatt breit angelegten Aromatik. Tatsächlich fasziniert dieser Typus durch eine geradezu transparent wirkende Finesse. Diese klassischen Eisweine unterscheiden sich klar von anderen edelsüßen Kreszenzen, sie sind authentisch, unverwechselbar und keine geschmacklichen Zwitter zwischen zwei Stilen.

Für Wilhelm Weil, den Leiter des Weinguts Robert Weil in Kiedrich im Rheingau, ist der Disput längst entschieden – und zwar zugunsten des klassischen Eisweins ohne Botrytis. Die im Gräfenberg gewonnenen Eisweine zählen zum Feinsten in dieser Kategorie. Auch Christoph Tyrell, der feinsinnige Chef vom „Karthäuserhof" an der Ruwer, ist ein Vertreter des klassischen Stils. Rowald Hepp von Schloss Vollrads hält es gleichfalls mit kerngesunden Trauben.

Einem Vabanque-Spiel ähnelt das Warten auf Eiswein allemal. Mithilfe von feinporigen Plastikfolien, die in den Wochen vor dem erhofften Frost tunnelartig über die Zeilen mit den Rebstöcken gelegt werden, will man das Risiko minimieren, dass Regen die Beeren faulen lässt oder Vögel sich daran gütlich tun. Aber alle Mühen sind

Durch Netze oder Folien werden die Eisweintrauben vor allzu gefräßigen Vögeln geschützt.

umsonst, wenn das Wetter nicht mitspielt und der ersehnte Frost ausbleibt. Entsprechend erlöst reagierten Winzer im Dezember 2009, als das Hoch „Dorothea" kurz vor Weihnachten endlich für winterliche Temperaturen sorgte und die edelsüße Eisweinlese so richtig anschob – mit sehr hohen Oechslewerten bis zu 250 Grad und mehr. Zum Problem kann die Klimaerwärmung werden: Friedrich Rieder, im österreichischen Poysdorf zu Hause und ein erfolgreicher Eisweinproduzent, beklagt bereits, dass die „eisweinfähigen Tage immer seltener werden."

In manchen Überseeländern wie Neuseeland und auch den USA reagieren Winzer gelassen auf die Prognosen der Klimatologen. Sie nutzen die Technologie und lassen die Trauben künstlich vereisen. Im Gegensatz zu Deutschland und Österreich sind technische Eingriffe auch in Frankreich und der Schweiz erlaubt. Ein Verfahren

sieht schlicht so aus, dass Eiswasser durch eine im Tank etablierte Kühlschlange gepumpt wird, wodurch das Wasser im Most gefriert und das Saftkonzentrat separiert wird. Für gehöriges Aufsehen hatte bereits in den 1980er-Jahren die sogenannte Cryo-Extraktion im Sauternais gesorgt. Dabei werden die Trauben in einer Kältekammer stundenlang tiefgefroren und dann gepresst: Eine Methode, die praktisch das natürliche Vereisen nachahmt.

Als Skandal galt, dass selbst ein Vorzeigegut wie Yquem im regenreichen Jahr 1987 die Trauben mittels Cryo-Extraktion vereisen ließ. Der Comte Alexandre de Lur Saluces sah sich als damaliger Yquem-Chef heftiger Kritik ausgesetzt. Er argumentierte, dass die Trauben auch 1987 bereits edelfaul gewesen seien, nur eben durchtränkt vom Dauerregen während der Erntezeit. Und einzig dieses Regenwasser habe man – zu Eiskristallen gefroren – entfernen wollen, um den bis dahin vielversprechenden Jahrgang zu retten. Danach, so heißt es, habe Yquem auf solche Technologie verzichtet. Das mag sein, andere Sauternes-Güter nutzen die künstliche Vereisung in regenreichen Herbsten. Allerdings geht es im Sauternais nicht um die Gewinnung von Eiswein, sondern ausschließlich um Botrytisgewächse.

Dass Minusgrade dem Wein zu mehr Süße verhelfen können, weiß man freilich seit langem. So berichtet Plinius, der römische Schriftsteller und Wissenschaftler, von köstlichem Wein aus Trauben, die „nicht eher gelesen werden, als bis es gefroren hat."
Der Dichter Martial beobachtete im Weingarten eines Freundes: „Nach November, wenn der Winter schon nahe ist, bringt späte Trauben noch der Winzer froststarrend ein."
Überliefert ist ein Eiswein aus Dromersheim bei Bingen vom Jahrgang 1829, der so mager war, dass Winzer die Trauben an den Stöcken hängen ließen, bis am 11. Februar, bei 22 Grad unter Null, ein Weinbauer die Trauben ans Vieh verfüttern wollte und feststellte, dass der Saft ungemein süßlich schmeckte. Die Lokalzeitung lobte damals, der Wein „gliche an Gehalt und Geschmack dem eines guten Herbstes".

Wirklich entwickelt hat sich die deutsche Eisweintradition erst in der zweiten Hälfte des 20. Jahrhunderts. Winzer erkannten zunehmend die Attraktivität eines Eisweins und auch dessen kommerzielle Bedeutung. Sie warteten nicht langer ergeben auf den Zufall, sondern begannen sich auf die Kreszenz aus der Kälte einzustellen und zu spezialisieren. Neben dem Riesling sind auch Scheurebe und Silvaner, bei den roten Rebsorten vor allem der Spätburgunder für Eiswein prädestiniert.

Die künstliche und die technische Süße

Ganz genau weiß man es nicht, aber einigermaßen gesichert ist, dass die Technik, in Gärung befindlichem Traubensaft beziehungsweise Most durch das Hinzufügen von starkem Alkohol die willkommene Süße zu erhalten, im späten 13. Jahrhundert bereits praktiziert worden ist. Das Verdienst, dieses Verfahren präzisert zu haben, gebührt ganz offenbar dem katalanischen Alchimisten Arnaldus de Vilanova, der an der hochberühmten medizinischen Schule der Universität von Montpellier lehrte. Der damals auch über das französische Roussillon herrschende König von Mallorca soll ihm dafür ein Patent übereignet haben.

Ein bisschen romantischer klingt eine andere Version, nach der Arnau de Vilanova ein Mitglied des Templerordens war und 1285 seine von Reisen aus maurischen Landen erworbene Kenntnis von der Kunst des Destillierens anwandte, indem er damit erstmals einen in Gärung befindlichen Traubenmost stoppte.

Klassische Eisweine werden aus Beeren gekeltert, die nicht botrytisiert sind.

Durch die Beimischung von Alkohol – sei es durch Brandy mit seinen 77 Volumenprozent Alkohol wie beim Port oder durch Weingeist mit seinen 95 Volumenprozent wie bei den französischen Vins doux naturels – bleibt dem Wein je nach Zeitpunkt der Zugabe mehr oder weniger Fruchtzucker erhalten und der früher gefürchtete Essigteufel gebannt. Nach dem gleichen Verfahren werden andere Süßweine wie Madeira, Malaga, Marsala und Sherry erzeugt. Wird der Traubensaft früh gespritet, bewahrt der werdende Wein naturgemäß mehr Zucker als bei einer späten Vermählung zwischen Most und Alkohol.

Ein weiterer positiver Effekt ist die Eigenschaft des Hochprozenters, die Extraktion von Farbe, Tanninen und Geschmacksstoffen zu intensivieren. Banyuls, Maury und alle anderen Vins doux naturels wie die zahlreiche Muscatfamilie verdanken ihre Süße dem Wirken des destillierten Weins.

Beim Schwenken von Weingläsern bilden sich die sogenannten Kirchenfenster, die wie Tränen an der Glasinnenseite herunterlaufen.

Dieses in Frankreich als „Mutage" bekannte Verfahren dient also, salopp interpretiert, der künstlichen Konservierung natürlicher Traubensüße. Der je nach gewünschtem Weintyp früher oder später dem in Gärung befindlichen Traubenmost zugesetzte Alkohol betäubt die Hefen und stoppt deren Fähigkeit, weiterhin Zucker zu vergären. Das Ergebnis ist ein süßer, stabiler und alkoholreicher Wein, der in seinen jungen Jahren portweinartig ziemlich direkt und eher eindimensional nach Trauben und Zucker schmeckt. Entsprechend weniger komplex ist gegenüber Weinen mit natürlich verlaufener Gärung das Aromenspektrum geschichtet. Da jedoch bereits ein gewisser Gärprozess stattgefunden hat, weisen die Weine eine, wenn auch schwach ausgeformte Geschmacksdimension auf. Bei Spitzenweinen erfolgt freilich eine Verfeinerung durch die Reifung im Holzfass oder auch in der Flasche – vergleichbar einem Tawny-Port im Fass oder einem Vintage in der Flasche.

Bei den „Vin de Liqueur" wiederum, denen der Alkohol in der Regel bereits vor Beginn der Gärung beigemischt wird, bleibt die Suche nach komplexen Aromen erfolglos. Hier dominiert die Süße in der Kombination mit ziemlich deutlich schmeckbarem Alkohol. Populäre Vertreter dieser auch „Mistelles" genannten Fraktion unter den süßen französischen Weinen sind der Pineau des Charentes in der Cognacregion sowie dessen Pendant aus Armagnac, der Floc de Gascogne. Der Macvin aus dem Jura erhält seine Süße durch das Beimischen des vor Ort gebrannten Tresterschnapses namens Marc. Zu den zahlreichen Versionen dieses Süßweintyps gehören auch der Ratafia in der Champagne, der Cartagène im Languedoc sowie der Rinquinquin an der Rhône.

Die Süßreserve

Man nannte es in schelmischer Verachtung das „süße Geheimnis der Winzer" und meinte damit die Süßreserve. Darunter ist, bündig formuliert, ein unvergorener, hochsüßer und steril gemachter Traubenmost zu verstehen, mit dem der Kellermeister auch jenen Wein, der von der Sonne nicht mit reichlich Fruchtzucker gesegnet worden ist, süßen kann – und dies problemlos sowie präzise bis aufs Gramm genau dem Konsumentenbegehr süffig angepasst. Solche Süßreserve war beim Händler – auch für Auslesen – zu bekommen, oder der Winzer bereitete sie selber zu, indem er vom frisch abgepressten traubigsüßen Most ein Quantum abzweigte, sterilisierte und aufbewahrte, um den nach wie vor picksüßen Saft später dem inzwischen durchgegorenen, also geschmacklich trockenen Wein zuzusetzen und so das Gewächs in die gewünschte Süßkategorie zu hieven. Motto: Was der Herrgott versäumt hat, holt der raffinierte Winzer im Keller nach!

Die Süßreserve hatte vor allem in den 1960ern, 1970ern und 1980ern eine große Bedeutung, nur wenige Spitzenwinzer verzichteten damals auf diese von Weinbaufunktionären gerne „dienende Süße" titulierte Methode. Dem Verkauf dienend war die Süßreserve allemal, denn sie kaschiert Fehler und Unartigkeiten, die beim durchgegorenen Wein, der quasi nackt über die Zunge fließt, sofort zutage treten würden. Zudem lässt sie grobe Säuren milder erscheinen und suggeriert eine höhere Gütestufe. Der Wunsch nach Süße auch im Wein – egal ob natürlich oder künstlich, das konnten sowieso nur Kenner mit feiner Zunge unterscheiden – wurzelte zum einen im Nachkriegsdeutschland in der Sehnsucht nach Geborgenheit, Genuss, Luxus und dergleichen. Zum anderen hatten sonnenreiche Jahrgänge wie 1947, 1949 und vor allem später der 1959er mit ihren natursüßen Kreszenzen den deutschen Gaumen entzückt, Begehrlichkeiten geweckt und die Welle der lieblichen Weine massig anschwellen lassen.

Wer damals gute trockene Weine aus deutschen Landen suchte, war aufgeschmissen. Nur wenige Winzer kelterten „nach Art der Väter" und ließen die Weine konsequent durchgären, ohne sie hinterher zu süßen. Zu diesen Gerechten des Weins gehörten beispielsweise Franz Keller am Kaiserstuhl, Emil Marget im Markgräfler Land, Leo Kappes in Zeltingen an der Mosel, Robert Bauer in Flein, Hermann Schäffer im fränkischen Escherndorf oder der katholische Pfarrer Friedrich Morschhäuser in Rüdesheim. Herbe oder trockene Gewächse, ob Kabinett oder Spätlese, waren eine Rarität. Die „Neue Zürcher Zeitung" spottete im November 1976 in einem umfangreichen Beitrag „Vom süßen deutschen Wein" beziehungsreich, dass Liebhaber trockener Weine das Gewünschte in einem Riesling aus dem Elsass fänden, ansonsten um die Weine vom Rhein einen Bogen machen, jenen von der Mosel mit Vorsicht begegnen sollten.

Um Missverständnissen vorzubeugen: Winzer, die ihre aus eigener Weinbergslage selbst gemachte Süßreserve behutsam einsetzten, erzielten durchaus passable Süßweine, die nach längerer Reife, sobald sich die beiden Elemente durchgegorener Wein und Süßmost harmonisch vermählt hatten, kaum von natursüßen Weinen zu unterscheiden waren. Die Mehrzahl der Süßweine war freilich mehr oder weniger gepanscht. Kritiker sprachen von „Traubi-Cola" und „Saccharieslingen". Vollends unten durch war der Ruf deutscher Weine im Ausland. „Sweet and cheap" höhnten die Amerikaner angesichts der Fluten von Billigheimern mit so illustren Namen wie „Black Tower", „Blue Nun" und der berüchtigten „Liebfrauenmilch".

Erst seit etwas mehr als zehn Jahren befindet sich deutscher Wein, trocken wie süß, international im Aufwind. Der Umschwung hat wohl bereits in den 1990er-Jahren eingesetzt, war anfänglich jedoch homöopathisch dosiert. Inzwischen gibt es keinen Weinautor von internationalem Rang, der nicht den Riesling als „weltweit aristokratischste weiße Rebsorte" (Londoner Times) rühmte. Die Elogen zielen speziell auf edelsüße Weine, aber auch der trockene Riesling ist inzwischen zum globalen Star avanciert. Ursächlich für den Wandel vom „Aschenbottle" zur Diva ist eine ehrgeizige junge Winzergeneration, deren hohes Qualitätsbewusstsein bereits in der Weinbergspflege ansetzt, sich in einer selektiven Ernte fortsetzt und im Keller in einer zurückhaltenden Kellerkultur (Stichwort: kontrolliertes Nichtstun) ihre Erfüllung findet. Die Süßreserve spielt bei Topgütern längst keine Rolle mehr, was übrigens auch mit der Klimaerwärmung und einer kaum unterbrochenen Serie von guten bis exzellenten Jahrgängen seit 1989 zusammen hängt. Man kann auch sagen: Nach dem Wirtschafts-, dem Fräulein- und dem Küchenwunder gibt es auch ein deutsches Weinwunder.

Die Rebsorten
Vielfalt der edelsüßen Weine

Die Rebe ist die Mutter des Weins und hauptbestimmend für Geschmack sowie Charakter. Auch die Zusammensetzung des Bodens hat in Kombination mit dem Mikroklima, bündig als Terroir bezeichnet, gehörigen Einfluss auf das Werden des Weins. Schließlich sorgt der Mensch mit der Pflege des Weinbergs, der Ernte sowie der Arbeit im Keller für den Stil. Aber seine natürlichen Hauptmerkmale, das Herzblut, gewinnt der Wein aus der Traube.

Fachleute gehen davon aus, dass seit schätzungsweise 5.000 Jahren durch Züchtung aus ehedem wilden Weinreben um die 8.000 bis 10.000 Rebsorten entstanden sind, wovon heute etwa 2.500 weltweit mehr oder weniger intensiv für die Weinproduktion genutzt werden. Von Bedeutung sind freilich nur wenige hundert – und diese Zahl reduziert sich stark in Bezug auf ihre internationale Wertigkeit: Lediglich eine Handvoll wird zum elitären Kreis der Edelreben („Cépages nobles") gezählt wie beispielsweise Cabernet Sauvignon, Pinot noir, Syrah, Nebbiolo und Sangiovese bei den Roten, Riesling,

Chardonnay, Sauvignon blanc, Chenin blanc sowie Nischensorten à la Traminer, Muskateller und Grüner Veltliner unter den Weißen.

Gut zwei Dutzend Rebsorten spielen die Hauptrolle für die Erzeugung edelsüßer Gewächse. Zu den besten und bekanntesten Sorten gehören vor allem weiße Trauben, doch gibt es auch Edelsüße aus roten Sorten.

Chardonnay – weltweit populär

Er ist ein Klassiker und hat zugleich das neureiche Gehabe eines Yuppies. In Burgund (kühl und mineralisch als Chablis, reich und mächtig an der Côte d'Or als Montrachet, Meursault, Corton-Charlemagne) ist er ein trocken ausgebauter Grandseigneur, aber man begegnet ihm, herausgeputzt und oft überparfümiert,weltweit, sodass man schon etwas verächtlich von einer „Chardonnitis" spricht. In Österreich liefert die Traube vorzügliche edelsüße Weine von betont würzig konzentriertem Körper. In der Südsteiermark wird die Rebsorte auch als Morillon geführt.

Chardonnay

Chenin blanc

Furmint

Chenin blanc – genial und banal

Die Rebe, in Südafrika als Steen, in Südamerika als Pinot blanco geführt, gebiert zumal in Übersee blumige Massenware von überwiegend anspruchsloser Art, doch an der mittleren Loire ist sie die Basis für großartige trockene, schäumende und auch edelsüße Weine mit einem vielschichtigem Aromenspektrum zwischen Honig, Quitte und Gewürzen. Die Rebsorte ist für die Edelfäule anfällig. Dank der von Hause aus temperamentvollen Säure verfügen die Süßweine über rassige Finesse, betörende Frucht und hohe Langlebigkeit.

Furmint – leitende Sorte in Tokaj

Die Rebsorte Furmint ist neben Muscat sowie Harslevelü die Hauptrebe für den edelsüßen Tokajer namens Aszú. Im 19. Jahrhundert war die Rebe auch im burgenländischen Rust in Österreich angesiedelt, doch von der Reblaus vernichtet worden. Heute wird der Furmint am Neusiedler See erneut kultiviert, und auch in Südafrika oder Algerien gibt es einige Vorkommen. Die Weine weisen eine ins Cremige gehende schmelzige Dichte mit Aromen nach Apfel, Birne und Quitte auf.

Grauburgunder – barocke Opulenz

Ein Wein mit vielen populären Synonymen wie Ruländer, Pinot gris und Pinot grigio. Das Pinot kennzeichnet ihn als Mitglied der großen Burgunderfamilie. Der Wein kann vieles sein, die Palette reicht von zartgliedrig bis schwerblütig, von fein bis grob, von trocken bis lieblich. Nicht fruchtige Finesse, sondern Körper und Fülle, gepaart mit milder Säure und einem verlockenden Bukett sind die Attribute des Grauburgunders. In seiner edelsüßen Ausprägung ist er von barocker Opulenz. Obwohl die Haut seiner Beeren rötlich bis rot gefärbt sind, wird die Rebsorte, den weißen Sorten zugeordnet.

Grüner Veltliner – vom Aschenbrödel zur Prinzessin

So lässt sich die Karriere des Grünen Veltliner in der Tat betiteln. Die Rebsorte ist so österreichisch wie die Habsburger und ähnlich widersprüchlich, ja schizophren in ihrer qualitativen Bandbreite von klein bis groß und in ihren Spielarten von leicht bis schwer, trocken bis süß. International war der Wein lange unbekannt, und so dümpelte er im Seichten. Der Grüne Veltliner galt als braver, unaufregender Kumpelwein, biedermeierlich wie das Land, gerade gut genug zu einer Brotzeit beim Heurigen.

Doch auf einmal und ohne dass es dafür ein herausragendes Ereignis oder überhaupt einen klar greifbaren Zeitpunkt gibt, begann die wundersame Karriere des Grünen Veltliners. Die Wende setzte vor rund zwanzig Jahren ein, forciert von idealisierten Winzern in Niederösterreich und speziell in der Wachau, die mehr und mehr den Grünen Veltliner als originäres Pfund ansahen und ihn nicht länger stiefmütterlich, sondern mit dem gleichen Respekt behandelten wie beispielsweise den Riesling. Kurzum, man erkannte zunehmend die vorzüglichen Eigenschaften dieser Sorte, beste Herkunft vorausgesetzt: kraftvolle, geschmeidig verwobene Struktur, burgundisch reiche Aromatik, würzige Finesse, Langlebigkeit. Die edelsüßen Ausgaben sind rar, doch von hoher Klasse.

Gutedel – zweigeteiltes Image

In der Schweiz als Chasselas und auch Fendant der Platzhirsch, in Deutschland konzentriert als Leitrebe im Markgräflerland. Sein Image ist zweigeteilt: Die einen sehen in ihm einen süffig-fröhlichen, bekömmlichen Tischwein ohne nennenswerten Charakter, wohingegen andere an ihm seine Fähigkeit rühmen, das jeweilige Terroir widerzuspiegeln. Winzer, die den Gutedel ernst nehmen und entsprechend pflegen, erzielen jedenfalls Weine von filigraner Komplexität bis hin zu sanften Trockenbeerenauslesen und Eisweinen.

Harslevelü – die etwas andere ungarische Weißweinsorte

Auch als Lindenblättriger und Lämmerschwanz bekannt. Nach dem Furmint ist diese Rebsorte die wichtigste Traube im Weinanbaugebiet Tokaj. Die Trauben sind fruchtreich und haben eine dünne Schale. Feines Lindenblütenaroma, ausgewogene Mineralik. Die Rebsorte bietet extrakt- und bukettreiche Weine.

Kerner – robuster Nischenwein

Eine robuste, 1929 eingeführte Züchtung aus Riesling und Trollinger, benannt nach dem schwäbischen Romantiker und Arzt Justinus Kerner, der den Wein als Heilkraft rühmte und Kranken zur Stärkung „ein Ripple mit zwei Viertele" empfahl. Es ist ein Nischenwein mit dezentem Muskataroma, als schlichter Kabinett herb ausgebaut, aber auch zu hohen Prädikaten bis zur Trockenbeerenauslese fähig.

Malvasia – vielseitiger Südländer

Ihre Geschichte wurzelt im antiken Griechenland, präziser auf Kreta. Unter diesem Titel rangieren viele Weine in unterschiedlichen Formen und Farben von trocken bis süß und von weiß bis rot. In Italien wird der daraus gewonnene Süßwein als rosinenartiger „Passito" kultiviert, die Engländer tauften die Rebe kurzerhand zu „Malmsey" für den süßen Madeira um. In Deutschland und Österreich spielt die Rebe als Malvasier eine sehr bescheidene Nebenrolle.

Grauburgunder

Grüner Veltliner

Gutedel

Harslevelü

Kerner

Malvasia

Muscadelle

Muskateller, Gelber

Muskat-Ottonel

Rieslaner

Riesling

Rosenmuskateller

Muscadelle – raffinierte Fruchtfülle

Die Rebe ist trotz des Namens mit der weitverzweigten Muskateller-familie nicht verwandt. Im Bordelais wird sie in kleiner Dosierung den berühmten Sauternes-Weinen zugesetzt, im Verschnitt mit Sauvignon blanc und vor allem Sémillon. In Australien liefert sie tiefgoldene likörähnliche Süßweine, auch im französischen Südwesten wird sie als Süßweintraube hoch geschätzt. Ihre Haupttugend ist eine raffinierte Fruchtfülle.

Muskateller – Ahnherrin aller Weinstöcke

Gehört zu den ältesten Rebsorten, manchen Forschern gilt sie sogar als Ahnherrin aller Weinstöcke, der Legende zufolge von Noah in der Arche vor der Sintflut gerettet und am Ararat neu angepflanzt. Von ihr stammen um die 200 Sorten ab, verbunden durch das köstliche, würzige Muskataroma. In ihrer herben Variante besticht die Rebe als Gelber Muskateller durch traubige Duftigkeit und Frucht, edelsüß ist sie ein internationaler Star vom iberischen Moscatel über den Pink oder Black Muscat vom ehemaligen Zarenweingut Massandra auf der Krim und verführerische Trockenbeerenauslesen aus Baden sowie dem Burgenland bis hin zum piemontesischen, schäumen-den Moscato d'Asti, dem heißblütigen Nectar aus Samos, dunklen australischen Liqueurs Muscats und den feinsinnigen französischen Süßweinen à la Muscat de Rivesaltes, Muscat de Beaumes-de-Venise, Muscat de Frontignan, gekeltert aus der Muscat blanc, auch Muscat à petits grains genannt.

Muskat-Ottonel – unklare Herkunft

Über die Herkunft herrscht Unklarheit. Vermutet wird, dass vor über 150 Jahren ein Züchter an der Loire aus einer nicht mehr zu identifi-zierenden Muskatsorte und wahrscheinlich dem Chasselas (Gutedel) den Muskat-Ottonel schuf. Der Rebe haftet eine gewisse Blässe und ein Mangel an Körper an, doch in warmen Klimazonen wie im Badi-schen und der Gegend um den Neusiedler See vermag sie als edelsü-ße Kreszenz durchaus mit einem subtilen Muskataroma und Finesse zu begeistern. In hohen Prädikatsstufen entwickelt die Rebsorte ausgeprägte, sehr feine Zitrusaromen.

Rieslaner – variationsreiches Bukett

Der Name deutet es an: Der Rieslaner ist eine Kreuzung aus Silvaner und Riesling, 1921 erstmals vorgestellt. Der Wein hat ein variations-reiches Bukett, er ist gehaltvoll und verfügt als Mitgift des Rieslings über eine markante Säure. Die typischen Aromen erinnern an

Pfirsich, Aprikose, Feige und Mango. In schwachen Jahren leidet der Wein unter starker Säure, doch in guten Jahren dient die rassige Säu-re bei edelsüßen Prädikaten als Jungbrunnen.

Riesling – bestes deutsches Kulturgut

Beim Riesling falten deutsche Weinfreunde ihre Hände zum Gebet. Keine andere Rebe wird hymnischer besungen: seine Majestät, der Riesling! Im Gegensatz zum Chardonnay, der ein Klassiker ist, aber auch modisch, ist der Riesling ein Erzklassiker und modern, doch nicht modisch. Der Wein ist bestes deutsches Kulturgut. Natürlich hängt es auch bei dieser Edelrebsorte, die übrigens nirgendwo bes-ser gedeiht als in den gemäßigten Klimazonen an Rhein, Mosel, Main und Donau, von der jeweils aktuellen Stimmung und dem Anlass ab, welcher Typ entkorkt wird. Der Rheingauer hat rassige Eleganz, auch Statur. Der Badener kommt gewichtig daher wie ein Großbauer mit Brokatweste, wohingegen die Rieslinge von Mosel, Saar und Ruwer einer Filigranarbeit der Natur gleichen mit ihrer blumigen Finesse. Selbstbewusst tritt der Pfälzer auf, mitunter auch wuchtig. Erdig gepolt ist der Franke. Die Wachauer und Langenloiser bestechen wie-derum wie die besten Elsässer durch fruchtige Tiefe in Verbindung mit weltmännischer Eleganz.

Die Macht eines Rieslings zeigt sich darin, dass er in seiner her-ben Version ebenso durch vielschichtige, rassig gewobene Finesse brilliert und fasziniert wie als edelsüße Preziose. Man wird nicht der Deutschtümelei verdächtigt mit der Behauptung, dass kein anderer edelsüßer Wein bei aller dichten und tiefen Süße über diese mitunter nahezu schwerelose Eleganz verfügt, manche Vouvrays von der Loire vielleicht ausgenommen.

Rosenmuskateller – überaus charmante Weindiva

Die vor allem in Südtirol und dem Trentino beheimatete Rebe gilt als zickig und somit als Herausforderung für den Winzer. Wenn eine gute Ernte gelang, ist die kleinbeerige Moscato Rosa, wie sie auch genannt wird, eine überaus charmante Weindiva mit verführerischen Aromen nach Rosenblüten und Muskat (changierend zwischen zart und kräftig), Zimt, Mandeln, Feigen, Orangen und Kuchen. Jedoch nicht alles auf einmal, jeder Jahrgang hat sein individuelles Duftspek-trum, doch das ist stets intensiv, raffiniert und vielschichtig. Sofern es erlaubt ist, einen Wein als feminin zu bezeichnen: Der Rosenmus-kateller ist es in schönster Weise, ob er nun zartsüß oder dichtsüß gerundet ist.

Sauvignon blanc – internationaler Tausendsassa

Der Wein hat Karriere gemacht. Die Rebsorte ist seit Jahrhunderten in Bordeaux ebenso geschätzt wie an der Loire, wo sie in Gemeinden wie Sancerre und Pouilly-Fumé zu Hause ist. Und jeder Sancerre ist wie jeder Pouilly-Fumé ein hundertprozentiger Sauvignon blanc. Auch in Österreich und hier speziell in der Südsteiermark sowie im Burgenland, zunehmend in Niederösterreich, hat die Traube, früher Muskat-Sylvaner oder auch Feigentraube genannt, Tradition. Aber zum internationalen Tausendsassa ist der Wein erst in den letzten Jahren geworden.

Zwar hat die Rebe weder die blumige Finesse eines Rieslings noch die rosenhafte Delikatesse des Traminers oder die geschmeidige Fülle des Weißburgunders. Ihre Stärke liegt in der einmaligen Kombination von würzigen Aromen mit rassiger Säure – und sie geizt nicht mit Früchten und kräuterigen sowie floralen Aromen von der schwarzen Johannisbeere über Holunder, Jasmin und gelbem Paprika bis hin zu Brennnessel, grünem Spargel, Stachelbeere und frisch geschnittenem Gras. Und es ist das reich nuancierte Geschmacksbild, das den Sauvignon blanc auszeichnet: Er hat viele Gesichter, je nach regionaler Herkunft und Ausbaustil. Im Burgenland, wo die Rebe hochwertige Trockenbeerenauslesen ergibt, rühmen Kellermeister, dass selbst in der Süße noch der Sortencharakter erkennbar sei. Diese Eigenschaft schätzt man auch im Bordelais, wo sich der Wein dank seiner rassigen Säure mit der milderen Sémillon zum hocheleganten edelsüßen Sauternes vereint. In Australien sowie Kalifornien (Fumé blanc) werden gleichfalls edelsüße Sauvignons von teils beachtlicher Noblesse gekeltert.

Scheurebe – schöne Frucht

Die 1916 von Dr. Georg Scheu erzielte, aber erst 1956 für den Anbau frei gegebene Kreuzung aus Silvaner mit Riesling eignet sich hervorragend für den edelsüßen Ausbau. Charakteristisch für den Wein ist ihre schöne Frucht und ein diskreter Duft nach schwarzer Johannisbeere, flankiert von Grapefruit, Mango, Limone, auch Pfirsich und Rose. Edelsüße aus Rheinhessen, von der Nahe und der Pfalz brillieren mit rassiger Finesse, und am Neusiedler See, wo der Wein mitunter noch nach der Zuchtnummer „Sämling 88" betitelt wird, gebiert die Rebe exzellente Trockenbeerenauslesen.

Sémillon – Klasse und Stil

Die Rebe hat Klasse und Stil, ist weich und reich strukturiert, in warmen Klimazonen fehlt es ihr allerdings etwas an Fruchtsäure, weshalb sie im Bordelais gerne mit dem säurefrischeren Sauvignon blanc verschnitten wird. Die großen trockenen Graves-Weine und die edelsüßen Elegants aus dem Sauternes sind in der Regel Mischungen aus diesen beiden Rebsorten, wobei der Standardmix bei ungefähr 80 Prozent Sémillon und 20 Prozent Sauvignon blanc liegt, ergänzt um einem Spritzer der einheimischen Muscadelle. Sémillon (in Übersee auch „Semillon" geschrieben) bringt neben der Farbe die nussig geprägte Fülle ein, vom Sauvignon kommt die feine Säure. Über eine eigene, durchaus ansprechende Identität bei eher geringer Lebensdauer verfügen die in Australien und Kalifornien auch reinsortig oder nach Sauternes-Vorbild gewonnenen Süßweine.

Traminer/Gewürztraminer – betörende Rosentöne

Forscher sind noch uneins, ob die Rebe aus dem antiken Griechenland stammt oder doch aus Tramin in Südtirol. Egal, Traminer sind geborene Körper- und Duftweine. Vor allem der leicht rötlich gefärbte Gewürztraminer schwelgt in dunklen Aromen. Das Aromenspektrum bei den edelsüßen Vertretern reicht von Rosen über Gewürznelken, Schokolade, Honig, Litschi und Rosenblüten bis zu getrockneten Früchten plus einer Ahnung von Rauch. So muss es geduftet haben, als Scheherezade in 1001 Nächten ihre Märchen erzählte. Man träumt sich trinkend weg. Schon der Duft ist betörend. Die Rosentöne – wie eine Gloria Dei, die kurz vor dem Verblühen noch einmal alles hergibt – signalisieren klassisch das Triumvirat: Roter Traminer, Gelber Traminer, Gewürztraminer. Stendhal, der geistreiche Romancier, Essayist und Weinkenner, hat solche Kreszenzen als „Wunder der heiligen Flasche" gepriesen.

Welschriesling – Kombination von Frucht, Würze und Rasse

Man kann nicht sagen, dass der Welschriesling ein eleganter Wein ist. Diese klassische österreichische Rebsorte umgibt nicht die Aura des Seidigen, er ist in seiner trockenen Ausführung das, was man einen Kumpelwein nennt: Ein Gewächs, das man duzt und freundlich bei sich willkommen heißt, wenn man den ersten Durst löschen will oder einen anständigen Begleiter für die Jause, den Business-Lunch oder das rustikale Abendessen sucht. Mit dem Rheinriesling ist der Welschriesling nicht verwandt. Er ist eine Rebsorte mit eigenen Charakterzügen. Die Ampelographen, die Rebkundler, orten den Ursprung in der Champagne. Von dort soll die Sorte über Heidelberg nach Österreich-Ungarn transportiert worden sein. Andere Rebkundler zweifeln die Champagne als Urheimat an, sodass die tatsächliche Herkunft ungewiss ist. Das „Welsche" deutet jedenfalls auf eine außerdeutsche Quelle hin, eventuell auch Italien, wo der Welschriesling sinnigerweise „Riesling italico" genannt wird. Alles, was über den herben Welschriesling gesagt wird, kann man bei den edelsüßen Vertretern sofort vergessen. Da spielt der Welschriesling nämlich seinen Trumpf voll aus: Die Kombination von Frucht, Würze und Rasse. In großen Jahren zählen Welschrieslinge aus Österreich zu den feinsten Trockenbeerenauslesen.

Zierfandler – opulentes Gewächs

In der österreichischen Thermenregion um Baden beheimatete, auch Spätrot genannte Sorte. Sie verfügt über einen opulenten Körper, wobei die fruchtige Wucht durch eine rassige Säure in guter Balance gehalten wird. Reinsortig oder im Verein mit dem ihr ebenbürtigen Partner Rotgipfler entstehen hochwertige edelsüße Gewächse von tiefer dichter Aromatik, als Spätrot-Rotgipfler bezeichnet.

Sauvignon blanc

Scheurebe

Sémillon

Traminer

Welschriesling

Zierfandler

Tour d'Horizon durch die Welt der süßen Weine

Süßer Wein wächst auf natürliche Weise überall oder wird von Menschenhand dazu gemacht. Der globale Süßweingürtel umfasst zwischen Australien und Südafrika, Europa und Amerika, Kalifornien, Kanada, Georgien und Zypern alle Kontinente und Länder, in denen Reben gedeihen. Darunter gibt es Großmächte wie vor allem Deutschland mit seinen Trockenbeerenauslesen von Rhein und Mosel sowie Frankreich mit Sauternes, Vouvray, Muscats, Banyuls und den Grains Nobles aus dem Elsass, gefolgt von Ungarn mit dem Tokajer, Österreich mit dem Burgenland und Portugal mit Portwein, Madeira und Moscatel. Den Status von Süßwein produzierenden Mittelmächten nehmen Spanien mit Malaga und Sherry sowie Italien mit Vin Santo, Marsala, Amarone und dem Rosenmuskateller aus Südtirol ein.

Die Griechen steuern neben dem roten Maphrodaphne den berühmteren – wenn auch umstrittenen – weißen Samos bei, aus Zypern kommt der Commandaria, die Schweizer spielen mit eingetrockneten Flétry-Kreszenzen und Strohweinen aus dem Wallis sowie Graubünden mit. Kanada hat sich einen Ruf mit Ice-wines geschaffen, Südafrika knüpft an seine Tradition der Edelbeerenauslesen an. Kalifornien mischt kräftig mit auf der Basis von Eisweinen aus der Kühltruhe bis hin zu edelfaul gelesenen Botrytisgewächsen. Auf der Krim verteidigt die ehemalige Zarenkellerei Massandra ihren aus dem 19. Jahrhundert stammenden Ruf als Hüterin süßer Dessertweine aus der Muskattraube. Und es gibt mehr und weniger talentierte Süßweine aus Asien, speziell China.

Was ist nun der beste Edelsüße? In expressiven Zeiten wie den heutigen ist der Superlativ das geliebte Kind des Zeitgeists. Man veranstaltet Weinolympiaden, vergibt Punkte und vergewaltigt selbst hochsensible edelsüße Kreszenzen in sogenannten Ranking-Listen. Aber das sind Fragen von hollywoodeskem Format: oft gestellt, niemals wahrhaftig zu beantworten und deshalb ermüdend.

Gewiss ist die erhabene Süße einer rheinischen Trockenbeerenauslese von weltweit einzigartiger Ästhetik. Gleiches gilt für eine Trockenbeerenauslese von der Mosel – die wird vielleicht um eine Nuance weniger üppig sein, dafür leichter das hohe C singen. Wer will das Eine gegen das Andere aufrechnen? Ebenso wenig lässt sich ein Sauternes mit einem Tokajer in den Wettbewerb schicken, sofern beide aus bestem Haus und einem erstklassigen Jahrgang stammen. Selbst innerhalb der Sauternes-Hierachie muss behutsam geurteilt werden. Dem Yquem gebührt wohl zu Recht die Königskrone, doch hat es schon Jahrgänge gegeben, in denen sich der Fürst einem Nachbarn beugen musste. Genuss kommt aus des Weines Tiefe, nicht von ultimativ propagierten Ergebnissen irgendwelcher Vergleichsproben.

Schopenhauer sah im Vergleich die Quelle allen Übels. Recht hat der geistreiche Philosoph. Aber Vergleiche sind auch und gerade beim Wein gerechtfertig, ja notwendig, um sich geschmacklich zu schulen und seine Favoriten sozusagen mit dem Glas in der Hand herauszuschmecken. Fatal sind solche Gegenüberstellungen nur, wenn hinterher im Tone von Kriegsberichterstattern verkündet wird, dieser Edelsüße sei der Sieger, jener der Verlierer. Das sind Kategorien aus dem Sport, wo Leistung in Hundertstel einer Sekunde präzise messbar ist. Weintrinken ist – wie alles, was mit Kultur zu tun hat – auch eine Frage des persönlichen Geschmacks. Der eine ist ein Körpertrinker, der andere liebt die kraftvollen Gewächse, kein Wein kann ihm mächtig genug sein. Hingegen schätzt ein Eleganztrinker die zarten Töne. So individuell wie die Weine sind eben auch die Trinker, und allein schon diese Vielfalt macht Bestenlisten mit dem Anspruch aufs Absolute unmöglich.

Im Gegensatz zum Etikettentrinker, der in der Regel nur das bestellt, was als edel und teuer gepriesen wird, möglichst modisch noch abgesegnet ist, nutzt der Kulturtrinker das gesamte Spektrum. Er wird die intellektuelle Eleganz eines Sauternes schätzen, die unendlich tiefe und zugleich zarte Aromatik einer ausgereiften rheinischen Auslese lieben, die rassige Finesse eines Vouvrays mögen und sich von der Opulenz eines Ruster Ausbruchs schier berauschen lassen. Dann wiederum sehnt er sich vielleicht nach einem schmeichlerischen Rosenmuskateller, der fruchtigen Dichte eines Portweins, der Naturgewalt eines Banyuls oder dem glockenklaren Fruchtkörper eines Eisweins. Der Kenner weiß, dass es unter den edelsüßen Gewächsen Kathedralen von derart grandioser Schönheit gibt, dass man den Atem anhält und den Wein am liebsten siezen möchte. Dieses Gefühl von Größe strengt freilich auch an, es beengt, und so sucht man nach Entspannung – vielleicht in einer Weinkapelle von schlichter Würde.

Natürlich ist es ein Vergnügen, sogenannte große Weine zu trinken, aber es gibt eben auch die Andacht zum Kleinen. So wie man keinen edelsüßen Wein gegen den Durst trinkt, so zeugt es von angewandter Trinkkultur, sich je nach Anlass und Stimmung den ideal passenden Wein auszusuchen. Über Wein wird gesprochen, seit der Mensch sich Hütten gebaut und als Bauer sesshaft geworden ist. Athenäus hat die Vorzüge des Falerners im antiken Rom gerühmt, und über die geistesbelebende Wirkung griechischen Weins sang schon Plato sein Lied. Aber noch nie zuvor war die Menschheit so eng vernetzt wie im 21. Jahrhundert und noch nie zuvor war die Möglichkeit so groß wie nah, sich dank engagierter Fachhändler und mithilfe des Internets selbst auf dem plattesten Land die weite Welt der süßen Weine ins Haus zu holen.

Deutschland

Für die Liebhaber fein ziselierter Edelsüße ist Deutschland das Paradies. Nirgendwo sonst auf der Welt wachsen Weine von dieser exquisiten Finesse. Dass neben Gerechten des Weins auch Schlamper arbeiten, die das, was sie dreißig Jahr lang falsch gemacht haben, für Erfahrung halten, muss hier nicht ausgebreitet werden. Die misslungenen Weine, jene von klebriger Lieblichkeit ohne Rasse und Eleganz, können barmherzig weggelassen werden angesichts der vielen großartigen Filigranarbeiten der Natur wie Auslese, Beerenauslese, Trockenbeerenauslese und dem Eiswein als Extra. Bemerkenswert ist zudem, dass die Elite der Weingüter regelmäßig Auslesen anbietet, die eigentlich dem Wert einer Beerenauslese entsprechen, doch graduell heruntergestuft werden, weil der Anspruch des Winzers höher ist als der des Gesetzgebers. Von dieser Tiefstapelei profitiert der Konsument, der vergleichsweise preisgünstig in den Genuss eines veritablen edelsüßen Weins kommt.

Die aus der Kombination von Rasse und Finesse resultierende Einzigartigkeit deutscher edelsüßer Spitzenweine ist eine Folge des gemäßigten Klimas in Kombination mit der Bereitschaft engagierter Winzer, die teils extrem steilen Hanglagen in aufwendiger Handarbeit bis hin zur selektiven, viele Tage dauernden Lese zu bewirtschaften. Die deutlichen Unterschiede zwischen einer Rieslingauslese von der Mosel und einer Auslese aus dem Badischen oder der Pfalz sind durch die Natur vorprogrammiert: Die Sonne heizt nicht so stark auf die nördlich gelegenen Weingärten. Warme Tage und kühle Nächte sorgen für die Entwicklung einer besonderen Duftigkeit. Die Reifephase dauert länger und bewirkt eine gleichermaßen intensive wie grazile Aromenbildung.

Um nun kein Missverständnis aufkommen zu lassen, sei sofort angemerkt, dass auch in Anbaugebieten wie dem Badischen, in der Pfalz, Rheinhessen, Württemberg, dem Frankenland sowie vereinzelt am Mittelrhein vorzügliche edelsüße Qualitäten bis hin zu Trockenbeerenauslese und Eiswein geerntet werden. Die verfügen in der Regel über kraftvollere Körper und fülligere Aromen als ihre Verwandten von Mosel, Saar und Ruwer sowie aus dem Rheingau. Auch an der Ahr und im Sächsischen gibt es jahrgangsbedingt hochwertige Auslesen sowie Eisweine. Aber nur der Rheingau und die Mosel nebst Saar und Ruwer genießen tatsächlich Weltruf mit ihren edelsüßen Preziosen von einzigartiger Substanz, Ausstrahlung und auch Langlebigkeit. Ein Anbaugebiet, das qualitativ noch am ehesten mit den Großen mithalten kann, doch nicht über die gleiche Tradition und noch nicht ganz über die internationale Reputation seiner direkten Nachbarn verfügt, ist die Nahe.

Unter den Rebsorten spielt der Riesling als sozusagen deutsches Kulturgut am wirkungsvollsten sein großes Potenzial an Rhein, Mosel und Nahe aus. Scheurebe, Rieslaner, Grauburgunder, Silvaner, Gewürztraminer, Muskateller und Weißburgunder bringen es ebenfalls zu edelsüßen Ehren, speziell in den südlicheren Anbaugebieten. Und Rotweinwinzer an der Ahr, im Rheingau und Baden reüssieren immer wieder mit imposanten Beerenauslesen und Trockenbeerenauslesen sowie Eisweinen, gewonnen aus dem Spätburgunder, einer ebenso divenhaft sich gebärdenden wie Gewächse von sinnlicher Pracht ergebende Rebsorte. Bei aller Genussmacht einer Auslese von Grauburgunder, Silvaner, Gewürztraminer oder Scheurebe: Der Riesling ist in seiner Eleganz nicht zu übertreffen, er ist, beste Bedingungen vorausgesetzt, eben einzigartig.

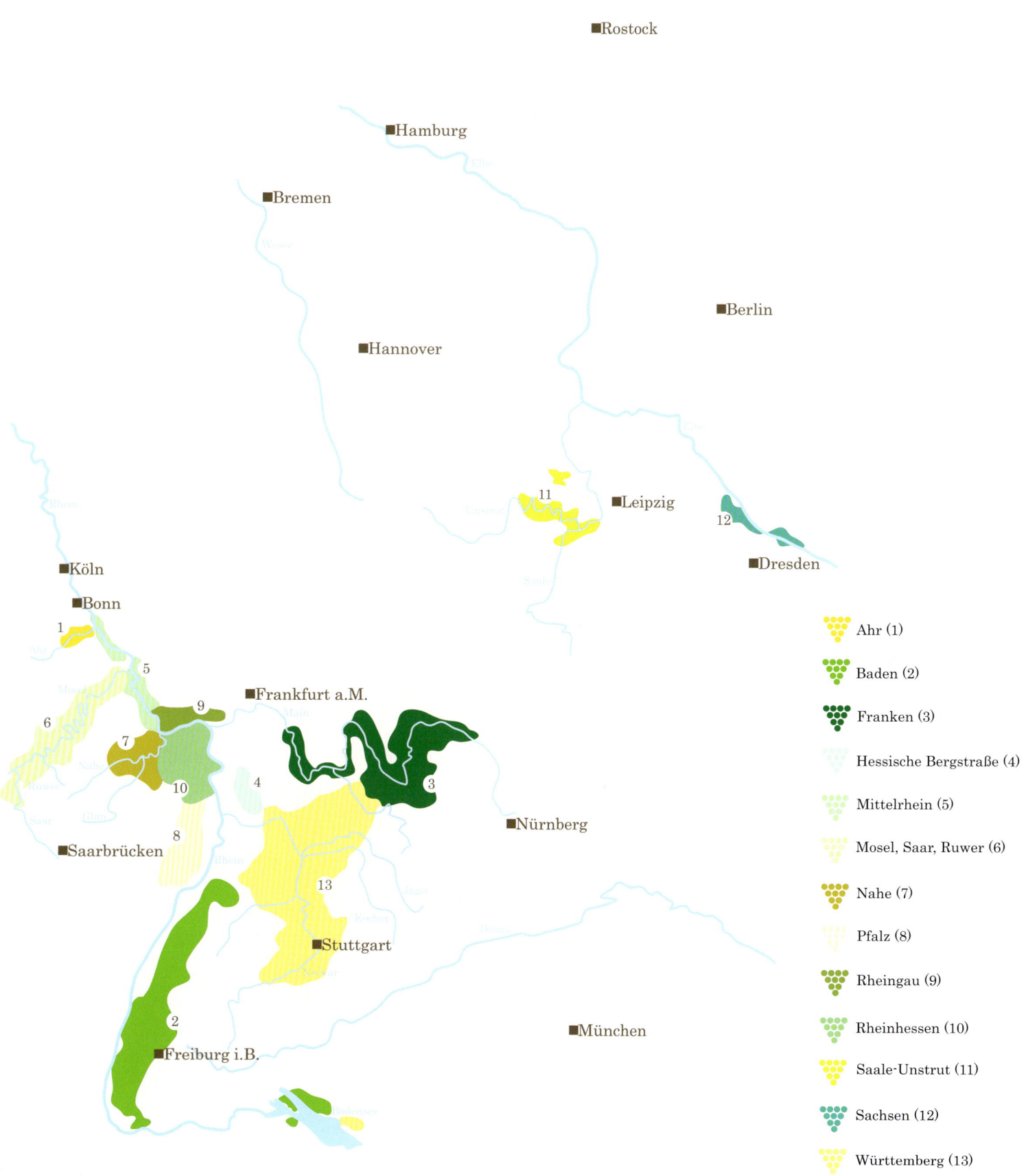

Rostock

Hamburg

Bremen

Berlin

Hannover

Leipzig

11

12

Dresden

Köln

Bonn

1

5

9

Frankfurt a.M.

6

7

3

10

4

Nürnberg

8

Saarbrücken

13

Stuttgart

2

München

Freiburg i.B.

🍇 Ahr (1)

🍇 Baden (2)

🍇 Franken (3)

🍇 Hessische Bergstraße (4)

🍇 Mittelrhein (5)

🍇 Mosel, Saar, Ruwer (6)

🍇 Nahe (7)

🍇 Pfalz (8)

🍇 Rheingau (9)

🍇 Rheinhessen (10)

🍇 Saale-Unstrut (11)

🍇 Sachsen (12)

🍇 Württemberg (13)

Mosel, Saar, Ruwer
Morgenstimmung im Weinkulturland

Legenden sterben nicht und deshalb wird das Möselchen immer wieder neu geboren, wobei mit jeder Erneuerung auch ein neuer Geist einhergeht. Nach langen Jahren der ziemlichen Bedeutungslosigkeit, in denen die Weine von Mosel, Saar und Ruwer, ausgenommen ein Dutzend Spitzengüter, überwiegend lieblich in die Flasche gefüllt worden sind, unnatürlich aufgebläht, plump und parfümiert, kann man heute sagen: Der feine, der an Finesse weltweit unerreichbare Moselwein hat nicht nur seine Auferstehung gefeiert, sondern sich auch international die ihm angemessene Reputation zurückerobert, die er insbesondere in der ersten Hälfte des 20. Jahrhunderts genossen hat.

Gewiss hat es über alle Epochen hinweg Winzer gegeben, die hochwertige Gewächse erzeugt haben, Rieslinge, die das einmalige Moselterroir nuanciert reflektieren. Zu diesen Gerechten des Weins zählen Dr. Manfred Prüm, Egon Müller, Wilhelm Haag, Carl-Ferdinand von Schubert, auch Christoph Tyrell, der den Karthäuserhof an der Ruwer nach den väterlichen Weinverfehlungen wieder nach oben geführt hat. Während Haag, Schubert und Tyrell neben der Edelsüße auch den herben Stil in Form von Weinen mit Rasse und pointierter Mineralität pflegten und pflegen, kultivieren Prüm und noch konsequenter Müller traditionell die fruchtsüße Version bis hoch zu Trockenbeerenauslesen von gnadenvoller Brillanz. Auf dem Müller'schen Scharzhof hat es 1989 die letzte trockene Spätlese gegeben, man hat schlicht „keinen Spaß" an durchgegorenen Weinen.

Die Sünde des übermäßigen Süßens

Eine edelsüße Auslese auf Basis penibel selektierter Beeren und behutsam unterbrochener Gärung, um dem Wein eine ziselierte Fruchtsüße zu erhalten, darf selbstverständlich nicht mit einem künstlich rabiat gesüßten Wein verwechselt werden. Der Unterschied zwischen edler und gemeiner Süße ist so groß wie der zwischen einer Eiche und einer Petersilie. Aber die meisten Winzer sind, beginnend in den 1960ern, nachdem der natursüße Jahrgang 1959 im Volk die Begehrlichkeit nach lieblichen Weinen geweckt hatte, der Sünde des übermäßigen Süßens erlegen. Um die Weine lieblicher zu machen als die Natur zuließ, bediente man sich vor allem der Süßreserve, einem steril gehaltenen süßen Traubenmost, der literweise in die Fässer geschüttet wurde. Zu den damals wenigen standhaften Winzern, die ihre Trauben auf klassische Art kelterten, nämlich herb wie im Weinberg gewachsen, zählte Leo Kappes in Zeltingen mit dem großen Theatermann August Everding als Stammkunden.

Parallel wurden weite, vorwiegend ebene Flächen neu mit Reben bepflanzt. Aus früherem Ackerboden wurden über Nacht Weingärten, doch muss man kein Experte sein, um zu wissen, dass in solcher Erde – der Begriff des Terroirs verbietet sich – Kartoffel und Kohl gedeihen, auch eine plumpe Neuzuchtrebe, aber niemals ein moseltypischer finessenreicher Riesling. Den Skandal vollkommen machten schließlich große Kellereien, die tankzugweise qualitativ dürftige Massenweinchen in der Pfalz, in Rheinhessen, in Österreich und selbst in mediterranen Ländern aufkauften, klammheimlich germanisierten, süßten und als „feine Moseltröpfchen" in Supermärkten sowie an der Haustüre billig verscherbelten. Das war die Zeit, als Kellner auf die Frage nach einem lieblichen Wein automatisch nach der grünen Moselflasche griffen. Gnadenloser und zugleich treffender konnte der Ruf einer ganzen Region nicht karikiert werden, das Image des Moselweins war ramponiert, international reduziert auf „sweet and cheap".

Blick auf die Moselschleife bei Bremm.

Direkt über dem historischen Ortskern von Bernkastel-Kues an der Mittelmosel erstreckt sich die berühmte Lage „Bernkasteler Doctor".

Schiefergestein dominiert die Weinbergslagen an Mosel, Saar und Ruwer.

Die Basis edelsüßer Preziosen.

Die großen Prädikate aus dem Scharzhofberg erzielen Höchstpreise.

Morgenstimmung an der Mosel

Aber Legenden sterben nicht. An Mosel, Saar und Ruwer herrscht Morgenstimmung. Der heilsame Ruck begann in den 1990er-Jahren und setzt sich fulminant seit der Jahrtausendwende fort. Eine Region befindet sich im Aufbruch, personalisiert durch Winzer, wie sie unterschiedlicher nicht sein könnten, vereint in ihrem Ehrgeiz und dem Willen, große Weine zu machen. Oliver Haag tut das mit seinem Vater, dem grandiosen Wilhelm Haag vom Weingut Fritz Haag – Dusemonder Hof, während Thomas Haag als zweiter Sohn das ihm gehörende Weingut Schloss Lieser an die Spitze führte. Katharina Prüm arbeitet ambitioniert an der Seite ihres längst zum Kultwinzer avancierten Vaters. Ernst F. „Ernie" Loosen ist ein Klassewinzer wie Hans-Joachim Zilliken, Willi Schäfer und Johannes Selbach. Zu Aufsteigern gehören beispielsweise Markus Molitor, Nik Weis, Clemens Busch oder Quereinsteiger wie Daniel Vollenweider sowie Roman Niewodniczanski (van Volxem).

Jeder gute Winzer ist ein Individualist, jeder hat seinen Stil. Und doch ist es das Mosel-Saar-Ruwer-Gen, das unabhängig von der persönlichen Handschrift des Winzers den Weinen in Duft wie Geschmack einen spezifischen Charakter verleiht. Der wird mit blumig, rassig, finessenreich, leicht und charmant beschrieben, flankiert von immer wiederkehrenden Hauptaromen wie Pfirsich, Aprikose, Blüten, Apfel, Rose, auch kräuterigen Tönen, Rauch, Mineralien und dem berühmtberüchtigten Petrolton bei älteren Kreszenzen. Das stimmt alles, nur die letzte und doch entscheidende Ingredienz, die aus einem Riesling ein Möselchen macht, entzieht sich jeglicher Definition. Das lässt sich nicht beschreiben, man muss es fühlen.

Und das ist das Besondere an den Mosel-Saar-Ruwer-Weinen: Rieslinge aus dem Rheingau, von der Nahe, der Pfalz, aus dem Elsass und der Wachau können einander ähneln. Ein Riesling von Mosel, Saar und Ruwer ist unverwechselbar, im ersten Nasenzug erkennbar, ein Unikat, egal, ob er herb ausgebaut worden ist oder edelsüß. Das liegt an den Schieferböden, an den extrem steilen Lagen, vor allem jedoch am nördlichen Klima, das in minder guten Jahren wie 1984 oder 1980 wahrhaftige Säuerlinge gebiert, doch in sonnigen Jahren auch Rieslinge erblühen lässt, deren fruchtige Finesse und mineralischblumiges Bukett einmalig in der Weinwelt ist. Den Weinen von der Mittelmosel ist eine aparte Blumigkeit zu eigen, jenen von der Ruwer eine leise bis markante Würze und eine stahlig anmutende Rasse denen von der Saar.

Zwar sind durch den Klimawandel bereits gewisse Einflüsse erkennbar. Die längere und wärmere Reifephase der Trauben könnte den trocken angelegten Gewächsen künftig mehr Volumen mitgeben, sie stattlicher machen. Mancher Winzer präsentiert schon Weine von ge-

radezu barocker Fülle, auch schwer im Alkohol. Aber noch sind das Ausnahmen, ist das Möselchen gotisch geprägt, ist der Fruchtkörper vertikal anstelle von horizontal strukturiert. Kein anderer Wein tänzelt mit solcher beschwingten Eleganz über den Gaumen. Ein Moselriesling ist heiter, leicht an Alkohol, dabei beileibe nicht seicht, sondern auch dann von aromatischer Vielfalt, wenn man meint, er sei so zart und müsse deshalb beschützt werden. Das gilt für den herben Typus, der empfindsame Naturen freilich leicht von sauer sprechen lässt, wie für den Wein mit diskreter bis deutlich wahrnehmbarer Süße, die sich in den Beeren bildet, aber im Regelfall erst durch den manipulativen Eingriff des Kellermeisters in Form von Gärungsstopp erhalten bleibt.

Naturwunder Trockenbeerenauslese

Wenn es um moselanische Pracht und Herrlichkeit geht, dann ist ganz klar die Rede von feinsten Auslesen und Eisweinen von präzise gemeißelter traubiger Fruchtsüße bis hin zum wertvollsten Weingeschmeide, das an Mosel, Saar und Ruwer gewonnen werden kann: die Trockenbeerenauslese. Diese edelsüßen Preziosen haben die Region bereits an der Wende vom 19. ins 20. Jahrhundert weltweit berühmt gemacht. Hierin ähneln sich Mosel und Rheingau, die wohl den Riesling als Leitrebsorte gemeinsam haben, sich ansonsten in ihrer Soziologie unterscheiden. Konträr zum historisch aristokratisch geprägten Rheingau war die Mosel überwiegend bürgerlich und bäuerlich strukturiert, die Güter der Herren von Schorlemer und Reichsgrafen von Kesselstatt sind längst verbürgerlicht, das einzige adelig geführte Spitzengut ist Maximin Grünhaus an der Ruwer.

Die 1959er TBA dieses Hauses gleicht immer noch einem Naturwunder. Manfred Prüm hütet seine – mit über 250 Oechsle gelesene – 1959er TBA von der Wehlener Sonnenuhr mit schatzmeisterlicher Zucht, was auch für weitere Schmuckstücke aus großen Jahren wie 1937 und 1949, ja auch für 1938 gilt. Die 1959er TBA vom Eitelsbacher Karthäuserhof, gelesen mit 241 Oechsle und 15 Promille Säure, erstrahlt fünfzig Jahre danach noch in Frische. Fantastisch gehalten hat sich die 1961er Kanzemer Altenberg Auslese von den Vereinigten Hospitien: duftend nach getrockneten Aprikosen, herbwürzig schmeckend. Völlig alterslos wirken auch die mit starkem Rückgrat gesegneten Scharzhofberger Trockenbeerenauslesen 1959, 1971 und 1976 von Egon Müller – 1999 sowie 2003 sind absolut würdige Nachfolger.

Noch völlig munter fließt die 1964er hochfeine Maximin Grünhäuser Herrenberg Auslese des Ruwerguts von Schubert ins Glas. Die ursprünglich kräftige Süße hat sich geläutert, der Wein gewinnt an der Luft zunehmend an Frische und Esprit. Ein Hauch von Firne ist zu spüren, doch kein Petrolton. Gleichen Hochgenuss vermitteln die

Die beeindruckende Burg Eltz wurde an einem Weg erbaut, der die Mosel mit der Eifel und dem fruchtbaren Maifeld verband.

1976er Wehlener Sonnenuhr Auslese aus dem Hause J. J. Prüm sowie die 1969er feinste Auslese Karthäuserhof Kronenberg von Rautenstrauch: würzig-fruchtiger Duft, delikate Süße, ungebeugt. Und ein geradezu privates Weltgenussereignis erlebt, wer je an der 1959er „hochfeinste Auslese" – das durfte man damals aufs Etikett schreiben – vom Maximin Grünhäuser Herrenberg naschte: hellgolden, zarte Süße, nuancierte und dicht gewobene Rieslingaromatik, frisch, eine Ikone des Rieslings.

Von besonderer geschichtsträchtiger Bedeutung ist das Jahr 1921. In diesem Jahr wurde an der Mosel die erste offiziell deklarierte Trockenbeerenauslese geerntet, als deren berühmteste Vertreterin die vom Bernkasteler Doctor und Graben des Weinguts Witwe Hugo Thanisch Erben gilt. Bei drei Verkostungen in der Vergangenheit hat sich die Glorie dieses Jahrhundertweins bestätigt: dunkelrot-goldene Far-

be, reicher, fest gefügter Duft nach getrockneten Aprikosen, Honig, kandierten Orangenschalen sowie leicht angerösteten Haselnüssen. Am Gaumen brilliert der Wein mit seiner kräftigen, zugleich auch elegant geschliffenen Süße. Die Säure forciert ein leises Prickeln am Gaumen und sorgt abschließend für einen rassigen, lang anhaltenden Nachgeschmack.

Heitere Weinlaune an der Mosel

La Mosella! So beginnt das berühmte Liebesgedicht über den Fluss, geschrieben von einem in Bordeaux geborenen Römer namens Decimus Magnus Ausonius, Lyriker und Konsul von Gallien, der die zum römischen Imperium gehörende Mosel um 365 nach Christus entlang reiste, vom finsteren Hunsrück kommend und auf dem Weg nach Trier – an den „goldenen Kaiserhofe" –, um dort auf Wunsch von Kaiser Valentinian I. dessen Sohn Gratianus in allen schönen und wissensreichen Künsten zu unterrichten. Zwanzig Jahre wirkte Ausonius in Trier, bevor er, 379 zum Konsul ernannt, sich in seine alte Heimat zurückzog, wo er in einer von seinem Vater geerbten Villa das „Nest des Alters" fand – das berühmte Château Ausone in St. Emilion ist nach ihm benannt.

Der Kriminalschriftsteller Rex Stout wird solche Weingrößen von der Mosel nie getrunken haben, wie sonst könnte er seinen Detektiv-Helden, den kulinarisch erfahrenen Nero Wolfe, sagen lassen: „Für Frauen wird der Moselriesling gut genug sein. Ich bin froh, eine Verwendung dafür zu haben." Welch' eine Ignoranz! Hingegen untermalt den Wert der Mosel-Saar-Ruwer-Gewächse nichts besser als die Freude von Rheingauer Winzern, wenn man deren Rieslingen die Finesse eines Möselchens bescheinigt.

In seinem Moselhymnus, der etwa 500 Verse (Hexameter) umfasst, schreibt Ausonius von einem „glücklichen Fluss" mit „eilenden Wogen", der „fröhlichen Laufes grünende Fluren durchströmt". Seine Mosella „schlängelt, windet und biegt" sich, sie lässt über „besonnte Hügel, Biegung und Bucht, mit Reben bepflanzte Landschaften" wie „Naturtheater" entstehen. Der spätantike Dichter rühmt die waghalsigen Schleifen, die der Fluss zieht und schwärmt sogleich: „Welch reizender Anblick hier, wenn der blaugrüne Strom den dunklen Hügel spiegelt, scheinen die Wasser des Flusses belaubt und der Strom mit Reben bepflanzt."

So poetisch wird kein zeitgenössischer Dichter die Worte flechten, und abgesehen davon, dass die durch Staustufen gezähmte Mosel eher phlegmatisch strömt und nicht mehr in Form „lieblicher Fluten murmelnd dahin fließt", hat sich in die Moselidylle von einst die Zivilisation mit scheußlichen Zweckbauten hineingedrängt. Schleusenwerke, banale Einfamilienarchitektur und von Großkellereien brutal errichtete Betonklötze künden von „modern times", von sogenanntem Fortschritt. Der tut dem Auge weh, aber letztlich wirkt er nur lächerlich, und man ignoriert ihn barmherzig, was umso leichter fällt angesichts einer Kulturlandschaft mit Burgen und Herrenhäusern, Kirchenromantik, Fachwerkkunstbau, Sandsteinbrücken, gotischen Kapellen, Bürgerbarock, verwinkelten Dorfgassen, verschachtelten Giebeln und romantischen Gewölben.

Verheißungsvolle Jahreszeiten

Der Fluss wirkt heiterer als der schwere Rhein, lieblicher als die schrundige Ahr. Das spürt man auf bestrickende Weise im Frühsommer, wenn der Wein blüht – in der Regel zwischen Mitte und Ende Juni – und die Luft erfüllt ist von diesem unbeschreiblich zarten Parfüm, das duftmäßig schon von der floralen Finesse des nächsten Jahrgangs kündet. Der Herbst wiederum ist weit mehr als nur der große Malermeister, als den die Poeten der Romantik ihn ergriffen porträtiert haben. Zu seiner ungenierten Farbenpracht gehört ein großer Korb voll mit köstlichen Produkten wie Weintrauben und Nüsse, Motto: Erntedank. Die Sonne kann zwar schon etwas müde sein, aber deswegen schläft sie noch lange nicht ein. In ihrer moderaten, behaglichen Wärme glüht der Sommer noch ein letztes Mal auf, ehe er sich fröstelnd zurückzieht. Und aus den Kellerluken duftet es dann verheißungsvoll nach dem Federweißen, dem gärenden Most auf dem Weg zum neuen Wein.

Natürlich ist es die Anmut der Landschaft und sind es die baulichen Denkmäler, die bezaubern, aber am Anfang und Ende jeder Moseltour steht schließlich doch der Wein. An der Untermosel, die weingeografisch kurz hinter Koblenz in Güls beginnt und bei Zell endet, haben die Weine eine kernige Note. Blumig und besonders

finessenreich strahlen die Rieslinge von der Mittelmosel, deren paradiesischer Kern zwischen Pünderich und Leiwen liegt mit Lagen, die jeden Weinfreund entzücken: Zeltinger Schlossberg, Wehlener Sonnenuhr, Graacher Himmelreich, Erdener Prälat, Brauneberger Juffer, Piesporter Goldtröpfchen, Bernkasteler Doctor. Würzige Rasse ist ein Merkmal der Ruwerweine in Eitelsbach und in Kasel, während die Gewächse von der Saar aus Wiltingen, Ayl, Ockfen, Saarburg und Kanzem mit ihren Weingärten namens Kupp, Bockstein, Rausch sowie dem heiligen Scharzhofberg durch ihre Brillanz entzücken. Für alle Mosel-Saar-Ruwer-Weine, ob herb oder edelsüß, gilt, dass sie über ein weltweit einzigartiges Aromengewebe verfügen, das sie zu Unikaten macht.

Wie man die Moselfahrt anlegt und wo man die Autobahn verlässt, um ins Tal einzutauchen, hängt von der verfügbaren Zeit und den persönlichen Neigungen ab. Plant man Erbauungsspaziergänge nach einem Mahl oder will man mit dem Rucksack vielleicht den Moselhöhenweg erkunden? Wem es in erster Linie um Baudenkmäler geht, wird die Tour anders planen als der Genusstrinker, den es in die Weinstuben zieht und zu den tausend Winzern, wo sich in der guten Stube oder direkt im Kellergewölbe die geschmacklichen Tiefen des Weins erleben lassen. Bei vielen Weinbauern kann man unangemeldet anklopfen, hingegen empfiehlt sich bei Spitzengütern eine vorherige Terminabsprache. Gespräche mit Winzern sind über das Weinige hinaus auch menschlich erbauliche Begegnungen.

Alles ist machbar zwischen Koblenz und Trier. In der Luftlinie liegen diese beiden moselanischen Eckpunkte etwa hundert Kilometer voneinander entfernt, aber auf der Uferstraße verdoppelt sich die Strecke infolge zahlreicher Schleifen und Kehren fast auf ungefähr 190 Kilometer. Die lassen sich kommod in einem Rutsch durchfahren, abwechselnd links und rechts der Mosel entlang. Der Fluss ist gesäumt von einem einzigen Weinberg. An sanft gebogenen Hügeln, vor allem jedoch an beängstigend steilen Hängen stehen, stramm ausgerichtet wie Kadetten einer Militärschule, die Rebstöcke: qualitativ vernachlässigenswerte Neuzuchtreben in flachen Uferlagen, an den Steilhängen die wahre Moselexzellenz, der Riesling. Anfänglich war es der Rotwein, der hier gedieh, bis man erkannte, dass die steilen Schieferhänge der ideale Mutterboden für den Riesling sind.

Alpine Gefühle an der Untermosel

Wie steil diese Hänge sind, merkt man am besten bei einer Wanderung durch die Weinberge. Geradezu alpine Gefühle entwickeln sich an der Untermosel während eines etwa dreistündigen Gangs zum Calmont oberhalb von Bremm: Der Calmont gilt mit seiner 65-prozentigen Steigung als steilster Weinberg Europas. Der mit Klettersteigen gezähmte Weg eröffnet einen herrlichen Blick auf die tief unten fließende Mosel. Retour gibt es eine Variante über das Gipfelkreuz

Ohne Steighilfen wäre manchen Steillagen kaum bezwingbar.

auf der obersten Etage mit noch eindrucksvollerer Sicht auf den Fluss. Von Moselkern aus führt ein Wanderweg durch das Elzbachtal hinauf zur malerisch gelegenen Burg Eltz, deren Türmchen, Erker und Giebeln früher einmal den 500-Mark-Schein zierten – ein Schloss wie aus dem Märchenbuch mit Führungen, die Einblick in ritterliche Wohnformen des 15. und 16. Jahrhunderts vermitteln.

Beeindruckende Zeugen vergangener Zeiten sind auch die 30 anderen Burgen, Schlösser und Herrensitze, die sich beiderseits der Mosel auf Anhöhen und Felsrippen erheben. Einige sind nur noch Ruinen, andere bewohnt und teils auch der Öffentlichkeit zugänglich. Wenige Kilometer von der Burg Eltz entfernt steht auf einem Schieferfelsen die 1123 erstmals urkundlich erwähnte Burg Pyrmont mit dem Rundturm, die, privat restauriert und mit schönen Antiquitäten stilvoll eingerichtet, besichtigt werden kann, Ritterspiele nebst einem mittelalterlich stilisierten Mahl inklusive. „Ein gar lustig Gelage mit allerley Schabernack, mit gut Speyss und fürtrefflich Humpen Wein" wird auch auf der Burg Cochem geboten, einem großartigen Bau aus dem 19. Jahrhundert, wo einst die aus dem 11. Jahrhundert stammende und 1689 zerstörte Reichsburg gestanden hat.

Römische Spuren gilt es zu entdecken

Einer gemächlichen Wanderung gleicht der Weg von Traben-Trarbach mit seiner attraktiven Jugendstilarchitektur über den Bergrücken nach Bernkastel. Zurück geht es mit dem Schiff, entlang der berühmten Weinlagen, die sich wie Perlen aneinanderreihen. In Bernkastel-Kues, dem lokalen Herzstück der Mosel, stehen farbenreiche Giebelfachwerkhäuser auf dem Marktplatz, gibt es den Michelsbrunnen, das Rathaus aus der Spätrenaissance und alte Weinhöfe. Lohnenswert ist ein Besuch im licht und modern gestalteten Weinmuseum mit Aromabar und einem Computer, der auf Fingerdruck zu den besten Weinlagen führt. Nebenan ergänzt eine Vinothek das zuvor nur virtuell erlebte. Beilstein wird wegen seiner putzigen Architektur das „Dornröschen von der Mosel" genannt. Beeindruckend ist die 800 Jahre alte Pfarrkirche St. Castor in Karden, auch als „Moseldom" bekannt: eine spannungsreiche Mischung aus romanisch, frühgotisch und barock. Wunderschön sind die Fachwerke aus dem 16., 17. und 18. Jahrhundert in Alt-Ediger, prächtig ist der Rundblick von der Marienburg in Pünderich.

Eine Impression von römischen Imponierbauten bietet Trier, im Jahre 16 vor Christus gegründet und sich als älteste Stadt in Deutschland fühlend. In der Mitte des ersten Jahrhunderts wurde sie als „urbs opulentissima" bewundert, die prächtige Stadt. Von früher Blüte und Herrlichkeit künden die beeindruckenden Ruinen der Barbarathermen und der Kaiserthermen, die Aula Palatina, das Amphitheater für 25.000 Besucher, die Römerbrücke und die Porta Nigra, das mächtige Stadttor. Eine kulinarische Hommage an Rom bieten Restaurants mit rekonstruierten Speisen nach Rezepten aus dem legendären Kochbuch des Marcus Gavius Apicius.

Genussvoll reformierte Regionalküche

Im Gegensatz zu früheren Jahren, als die Mosel gastronomisch nicht gerade zu den begnadeten Landstrichen zählte, hat sich einiges getan, wird zwischen gutbürgerlicher und gehobener französischer Küche viel geboten, um begehrlich schnurrende Magensäfte auf hohem Niveau zu befrieden. Eigentlich sollte man meinen, dass Wein und Küche einander nicht nur bedingen, sondern auch zueinanderfinden. Seltsamerweise war dies an der Mosel lange nicht der Fall, musste, wer gut essen wollte, ins benachbarte Frankreich oder Luxemburg ausweichen. Inzwischen ist es umgekehrt, reisen Franzosen zu Helmut Thieltges, dem fabelhaften Dreisternekoch im „Waldhotel Sonnora", oder ins „Landhaus St. Urban", wo Harald Rüssel mit seiner feinsinnigen Darstellung einer neuen deutschen Küche brilliert.

Thieltges und Rüssel sind so etwas wie kulinarische Antipoden. Die Küche von Thieltges basiert auf der Grande Cuisine, die er freilich individuell und zeitgemäß interpretiert, was heißt, dass die Gerichte bei aller ästhetischen Tellerschönheit und ihrer von Originalität und Raffinesse geprägten Geschmackstiefe weder schwer noch verziert oder gar pompös angelegt sind. Das Gefühl des Außerordentlichen stellt sich auch ein, wenn der Meister sich an gratinierten Bauch nebst geschmorten Bäckchen vom Jungschwein heranwagt und die Speise mit einem Honig-Kümmel-Jus derart köstlich flankiert, dass eine an sich rustikale Vulgarität ins Elegante erhöht wird.

Der Restaurantführer „Michelin" würdigt die Leistung von Thieltges mit drei Sternen und befördert ihn damit zu einem der weltbesten Kochkünstler. Über Harald Rüssel glänzt der Sternenhimmel noch nicht so hell. Der Mann hat sich in seinem an der Dhron gelegenen Landhaus – nomen est omen – einer anderen Stilrichtung verschrieben. Die ist nicht weniger individuell oder geringer wertig, sondern anders. Rüssel hat am Herd keine Scheu vor internationalen Einsprengseln, aber im Zentrum seiner Arbeit steht eine ebenso präzise wie genussvoll reformierte Regionalküche.

Weitere Köche, die aus der Mosel eine Genussregion machen, sind Wolfgang Becker in Trier und Alexander Oos in Trittenheim. Becker, der es in seinem gleichnamigen Restaurant auf zwei Michelinsterne gebracht hat, begeistert mit seiner französisch inspirierten Küche. Oos ist ein Mal besternt, seine handwerklich fundierte Küche im „Wein- und Tafelhaus" umfasst Klassiker und raffiniert kombinierte Gerichte regionaler sowie mediterraner Stilrichtung. Seine Küche besticht durch klare Struktur und akzentuierten Geschmack.

Erwischt man den Patron bei guter Weinlaune, was eigentlich immer der Fall ist, wird ein Besuch bei Hubert Scheid im Trierer Schloss Monaise leicht zu einem Genusserlebnis. Der quirlige und redefreudige Moselaner beherrscht alle Facetten der französischen Küche. Über Weine weiß Scheid alles, von Bordeaux über Burgund bis zur Mosel. Und wenn dann eine ältere Auslese von J. J. Prüm, Egon Müller oder Wilhelm Haag im Glas funkelt, man daran schnuppert und davon trinkt, stellt sich das wohlige Gefühl ein, dem Lärm der Welt weit entrückt zu sein.

Weingüter mit edelsüßen Weinen

Weingut Clemens Busch, Pünderich; Weingut Ansgar Clüsserath, Trittenheim; Weingut Clüsserath-Weiler, Trittenheim; Weingut Joh. Jos. Christoffel Erben, Ürzig; Weingut Jos. Christoffel Jun., Ürzig; Weingut Erben von Beulwitz, Mertesdorf; Weingut Karl Erbes, Ürzig; Weingut Forstmeister Geltz-Zilliken, Saarburg (siehe Seite 67); Weingut Grans-Fassian, Leiwen (siehe Seite 67); Weingut Fritz Haag – Dusemonder Hof, Brauneberg (siehe Seite 58); Weingut Reinhold Haart, Piesport (siehe Seite 67); Weingut Heymann-Löwenstein, Winningen; Weingut Dr. Hermann, Erden; Weingut Karthäuserhof, Trier-Eitelsbach (siehe Seite 62); Weingut Reinhard und Beate Knebel, Winningen; Weingut Dr. Loosen, Bernkastel (siehe Seite 60); Weingut Maximin Grünhaus – Schlosskelerei C. von Schubert, Mertesdorf (siehe Seite 67); Weingut Markus Molitor, Bernkastel-Wehlen; Weingut Egon Müller – Scharzhof, Wiltingen (siehe Seite 64); Weingut von Othegraven, Kanzem; Weingut Dr. Pauly-Bergweiler, Bernkastel-Kues; Weingut Joh. Jos. Prüm, Bernkastel-Wehlen (siehe Seite 56); Weingut Rebenhof Johannes Schmitz, Ürzig; Weingut Reichsgraf von Kesselstatt, Morscheid, Schlossgut Marienlay; Weingut Sankt Urbans-Hof, Nik Weis, Leiwen; Weingut Willi Schaefer, Graach; Weingut Schloss Lieser, Thomas Haag, Lieser; Weingut Schloss Saarstein, Serrig; Weingut Andreas Schmitges, Erden; Weingut Selbach-Oster, Zeltingen; Weingut Vollenweider, Traben-Trarbach; Weingüter Wegeler – Gutshaus Bernkastel, Bernkastel-Kues (siehe Seite 66)

Ausführliche Jahrgangstabellen zu den Weinen von Mosel, Saar und Ruwer finden Sie im Anhang dieses Buches.

Weingut Joh. Jos. Prüm
Bernkastel-Wehlen

„Eine pikante und reife Säure im Zusammenspiel mit mineralischen Schiefernoten und reichhaltigen, differenzierten Fruchtaromen sind die besonderen Talente eines Rieslings für edelsüße Qualitäten."
Dr. Manfred Prüm

Durch erbpolitisch bedingte Zellteilungen gibt es viele Güter mit „Prüm" im Titel, aber das einzige mit Weltgeltung nennt sich schlicht „J. J. Prüm" und entstand 1911, als Matthias Prüm den Stammbesitz, damals der bedeutendste bürgerliche Weinbaubetrieb an der Mittelmosel, unter seinen sieben Kindern aufteilte. Johann Josef (1873–1944) formte seinen Erbteil zusammen mit Weingärten seiner Frau zum heutigen Gut, das 22 Hektar in besten Lagen umfasst, exklusiv mit Riesling bestockt – über 90 Prozent davon sind wurzelechte Stöcke, die im späten 19. Jahrhundert der Reblaus widerstanden haben und nicht, wie nahezu alle anderen deutschen Reben, danach auf reblausresistente amerikanische Träger aufgepfropft worden sind. Diese Erz-Rieslinge erlauben die Wahrnehmung

eines sozusagen unverfälschten Aromas und könnten ein wesentlicher Faktor zum Verständnis des einzigartigen Prüm'schen Weinstils sein.

Manfred Prüm, Dr. juris, im Mai 1934 geboren, übernahm 1969 nach dem Tod des Vaters und Gründersohnes den Besitz und mehrte den Ruf des Gutes, das er mit edelsüßen Gewächsen von einmaliger Delikatesse und unverwechselbarer Stilistik zu Weltruhm führte. Der Großvater und der Vater hatten bereits mit einer superben 1921er Auslese und 1937 mit der ersten Prüm'schen Trockenbeerenauslese das Potenzial der Wehlener Sonnenuhr aufgezeigt, die der Moselhistoriker Christian von Stromberg vor 200 Jahren als „eine der herrlichsten Weinlagen" gerühmt hatte. Weitere

Spitzenlagen sind Graacher Himmelreich, Zeltinger Sonnenuhr sowie in Bernkastel Lay und Badstube. Insgesamt werden jährlich um die 180.000 Flaschen gefüllt. Die nächste Generation steht schon bereit: Katharina Prüm, promovierte Juristin wie ihr Vater und exzellente Weinkennerin, ist bereits aktiv in die Gutsführung eingebunden.

Ein immer wieder und auch kontrovers diskutiertes Spezifikum blutjunger Prüm'scher Weine ist ein unartiges, einem Böckser ähnliches Düftchen. Unerfahrene Kritiker sprechen deshalb von Fehltönen, was Unsinn ist. Im Hause Prüm wird dieser Ton als Folge der spontan, langsam und kühl ablaufenden Gärung mit den natürlich wilden Weingartenhefen interpretiert (Reinzuchthefen werden nur ausnahmsweise und bei Eisweinen eingesetzt). Tatsache ist, dass der irritierende Ton sich nach kurzer Zeit in der Flasche verflüchtigt, spätestens im Glas nach dem ersten innigeren Kontakt mit der Luft. Dr. Manfred Prüm sagt dazu: „Man muss nur Geduld haben."

Dr. Manfred Prüm im Porträt

Von Boris Pasternak stammt die These, dass „die Kunst eine der extremsten Erscheinungen der Epoche sein muss und nicht ihre mittlere Resultante". Es ist anzunehmen, dass der Literaturnobelpreisträger dabei nicht an Wein dachte, aber das Zitat ist wie nach Maß formuliert für die schöpferische Arbeit von Dr. Manfred Prüm, dem Mittelmaß zumal bei seinen edelsüßen Juwelen so zuwider ist wie ein Tomatenfleck auf weißer Hemdbrust. Prüm, kultiviert, gebildet, wissbegierig, lebt mit seinem Wein. Er interpretiert ihn auch gerne und tut dies auf eine vornehme, nicht frömmelnde, mitunter rhetorisch etwas verschlungene Art, die zuweilen an die altsophistischen Weisen erinnert. Hinter seiner lächelnden Bonhomie steckt freilich ein gleichermaßen wacher wie auch kritischer Geist, der nichts unreflektiert lässt. Besucher, die das nicht

wahrnehmen und in Prüm nur einen liebenswürdigen Wein-Buddha mit weißem Haupthaar sehen, haben schon verloren.

Die Verbindung von Wein mit Kultur macht eine Weinprobe mit dem Hausherrn zu einem Vergnügen, das sinnlichen Genuss ebenso umfasst wie intellektuellen Gewinn. Zunächst wird man mit der Gründerzeit konfrontiert: Die Villa an der Uferstraße, eine zwischen 1900 und 1903 erbaute bürgerliche Burg aus dunklem Eifeler Sandstein, wirkt ernst, irgendwie protestantisch streng. Lichter ist die jugendstilartige Halle mit den Jagdtrophäen, und drinnen ist eine Geborgenheit zu spüren, wie sie nur Menschen ausstrahlen, die mit sich im Reinen sind. Schon schenkt Manfred Prüm das erste Glas ein – in der Regel die Weine des jeweils aktuellen Jahrgangs, fröhlich „die Vorhut" genannt.

Man kann das auch ein Anschleichen nennen, denn auf die Pflicht folgt die Kür in Form einer grandiosen Inszenierung edelsüßer Gewächse aus mehreren Jahrzehnten. Dabei gilt es vier Punkte zu beachten: Erstens ist spucken verpönt. Zweitens wird neuer Wein erst eingeschenkt, wenn die vorangegangene Flasche geleert ist. Drittens lässt der Hausherr gerne Jahr und eventuell die Lage raten – ein Spiel, das ihm vor allem dann diebische Freude bereitet, wenn selbst weinkundige Gäste sich gewaltig vertun, indem sie beispielsweise einen 1959er für einen 1971er halten oder eine 1983er Auslese für eine 1995er. Und viertens hat es keinen Sinn, den Weinkeller sehen zu wollen – der ist tabu, was naturgemäß zu teils obskuren Gerüchten über alchemistische Apparaturen als Geheimnis der Prüm-Weine führt.

Die Wirklichkeit ist profaner. Dr. Manfred Prüm spricht von einem reinen „Funktionskeller" unter Verzicht auf inszenatorische Darstellung. Und das Geheimnis der Unwiderstehlichkeit? Das ist keines, die Prüm-Weine leben vom Primat des Terroirs, verbunden mit dem gelebten Credo des Mannes, die Vorgabe der Natur aufs Beste und Gerechteste mit Respekt und Feinfühligkeit zu erfüllen.

Der älteste Edelsüße in Prüms Keller ist die 1938er Wehlener Sonnenuhr Trockenbeerenauslese, über die Dr. Manfred Prüm sagt: „Mich hat ihre Frische und Lebendigkeit nachhaltig beeindruckt, insbesondere das spannende Wechselspiel zwischen pikanter und reifer Säure, dem Schieferton und den reichhaltigen, vielschichtigen Fruchtaromen."
Dr. Manfred Prüm

Edelsüße Weine eignen sich hervorragend als Speisenbegleiter, sind aber auch ohne Essen ein Genuss.
Dr. Manfred Prüm

Weingut Fritz Haag
Dusemonder Hof
Brauneberg

„Der Riesling hat,
wie nur ganz wenige
Traubensorten, eine
lange Reifezeit auf-
zuweisen. Dadurch ist
die Rebe in der Lage,
alle Eigenschaften
wie Mineralstoffe,
Schiefernoten und
Angebote des gege-
benen Mikroklimas
aufzunehmen."
Wilhelm Haag

Das im Kern der Mittelmosel gelegene Gut ist berühmt
für seine Rieslinge von klarer Brillanz. Wilhelm Haag,
eigentlich Friedrich Wilhelm getauft, war zwanzig
Jahre alt, als ihm der Vater 1957 die Verantwortung
für die Kellerwirtschaft übertragen hatte – acht Jahre
später folgte die Übereignung des Besitzes, der heute
14 Hektar in den besten Lagen umfasst: Brauneberger
Juffer und Juffer Sonnenuhr, malerisch und verheißungsvoll vis-à-vis des Winzerhauses gelegen. Das
„Dusemond" im Gutstitel (aus dem lateinischen Mons
dulcis, süßer Berg, gebildet) ist übrigens eine Remi-
niszenz an den früheren Namen des Ortes, der 1925
in Brauneberg umbenannt worden ist. Die Sonnenuhr
heißt nicht zufällig so, der Weinberg wird dank seiner
speziellen, einem Hohlspiegel ähnelnden Hangkrüm-
mung, den ganzen Tag über von der Sonne beschienen.

Es passt zum Senior Wilhelm Haag, dass er, wiewohl
noch agil wie ein Junger, die Nachfolge bereits geregelt und Sohn Oliver zum Inhaber und Betriebsleiter
ernannt hat, der die Partnerschaft mit dem Vater ganz
leger auf diese Weise interpretiert: „Wir sind zwei
Dickköpfe, aber dafür klappt es erstaunlich gut." Die
von Wilhelm Haag von Anfang an gesetzten Qualitäts-
prämissen werden auch von seinem Nachfolger aufs
Beste erfüllt: ertragsreduzierte und streng selektive
Handlese der Trauben, strikter Verzicht auf Süßreserve („Die raubt dem Wein jegliche Individualität"),
behutsamer Ausbau sämtlicher Weine, Pflege des
persönlichen Stils. Das Ergebnis dieses arbeitsinten-
siven Weinbaus sind klar akzentuierte und langlebige Tropfen mit Rasse, Eleganz und signaturhaftem
Lagencharakter.

Das „Filetstück" der Weinlage Brauneberger Juffer sind die Rebhänge um die Felsen der Sonnenuhr.

„Eine TBA von der Mosel wird immer wieder durch eine (fast widersprüchliche) Filigranität trotz Komplexität getragen. Dadurch wirkt sie etwas leichter und eleganter."
Wilhelm Haag

Wie präzise der Winzer auf die Details einer Lage eingeht, erklärt er an der gerade mal zehn Hektar großen Juffer Sonnenuhr: Im linken Drittel, von der Mosel aus gesehen, wachsen stark schieferbetonte Weine mit spürbarer Bildung von Kohlensäure, aus der Mitte kommen vollmundige Weine mit fruchtiger Kraft (die Stöcke wurzeln in Verwitterungsböden), und das rechte Drittel bringt eher leichte, säure- und schieferbetonte Weine hervor.

Der Hof ist seit 1605 im Familienbesitz. Es wird nur Riesling kultiviert. Die Jahresproduktion liegt bei 98.000 Flaschen.

Wilhelm Haag im Porträt

Es muss nicht erst das kleine Einmaleins der Psychologie bemüht werden, um den schraubstockartigen Händedruck, mit dem Wilhelm Haag begrüßt, als Ausweis eines starken Charakters zu deuten. Auch wenn der Winzer die Wirkung seiner Kraft mit gespielter Unschuldsmiene genau registriert und man vermuten darf, dass er auf diese eigenwillige und ritualisierte Weise sein Gegenüber prüft, so bestätigen ein Blick in die betont wachen und lebhaften Augen sowie der kraftvolle Schritt, dass Haag schon so ist wie

sein Wein: geradlinig, klar akzentuiert, fern jeglichen falschen Scheins.

„Wein ist mein Leben", bekennt er, der, wenn es im Spätherbst nottut, sobald die brandjungen Weine in den Fässern gärungsfroh gluckern, auch drei Tage und Nächte fast ununterbrochen im Keller verbringt, um seine Kinder, die werdenden Gewächse, zu beaufsichtigen. Ja, Wilhelm Haag ist ein Besessener, ein geborener Weinbauer, der zum Frommen seiner Klientel das Beste will, das Höchste anstrebt: Weine, die originär von ihrer Herkunft künden, der Lage, dem Terroir, dem Jahrgang. Er lacht, wenn er von seinen Anfängen erzählt, vom 1957er, seinem Premierenjahr – „gottlob habe ich davon nichts mehr im Keller". Auch 1958 sei ihm nicht gut gelungen, 1959 habe er falsch eingeschätzt, aber ab 1960 erkannt, was Mosel bedeutet: „Ich liebe das Zerbrechliche, das Filigrane, diese geschliffene Brillanz des Moselrieslings."

Im Keller setzt Haag strikt auf reduktiven Ausbau, beschränkt den Sauerstoff aufs Minimalste, realisiert mit ebenso viel Gefühl wie Verstand, was ihm die Natur bietet: „Wir können nur das entwickeln, was die Natur vorgibt. Da werden Grenzen gesetzt. Die Grundlage jedes Winzers ist halt die Werkstatt unter freiem Himmel."

Weingut Dr. Loosen
Bernkastel

*Ich liebe die komplexe Aromenvielfalt älterer edelsüßer
Weine. Ich habe oft festgestellt, dass in der Verkostungs-
gruppe die einen diese Weine entweder extrem mochten oder
die anderen damit nicht viel anfangen konnten. Alte edelsüße Weine sind Weine, in die man sich verlieben will und
es zulassen muss.*
Ernst F. Loosen

Die Sonnenuhr in der Lage Wehlener Sonnenuhr wurde 1842 von dem Weinbergsbesitzer Jodocus Prüm errichtet.

Die 200-jährige Weingeschichte der Familie liest sich so abwechslungsreich wie spannend. Über Jahrzehnte hinweg, bis Ernst F. „Ernie" Loosen 1988 notgedrungen wegen des erkrankten Vaters den Betrieb übernahm, war das Gut mit linker Hand geführt worden. Der Großvater kam aus der Industrie und war politisch tätig wie der als Richter aktive Vater. Loosen jun. liebäugelte ursprünglich mit der Archäologie und hatte eher dem Vater zuliebe als aus Neigung ein weinbauliches Studium in Geisenheim absolviert. Seine Geschwister waren desinteressiert, also musste Ernie, wie ihn seine Freunde rufen, allein in die Vollen, als er das Gut übernahm und feststellte, dass es in ziemlich desolatem Zustand war und er zu allem Überdruss eine Belegschaft vorfand, die seinem hohen Anspruch an Qualität nicht folgte.

Der vielgereiste und weit über den Moselrand hinaus schauende Loosen setzte sich durch, kräftig unterstützt vom neu eingesetzten Kellermeister Bernhard „Bernie" Schug, dem er bis heute blind vertraut. In den 1990er-Jahren gab es die allerersten Auszeichnungen. Nun kannte der Winzer nur mehr ein Ziel: noch weiter nach oben zu streben, bis hin zur Spitze. Das Potenzial dafür war glücklicherweise bereits vorhanden. Zum Gut gehören beste Lagen wie Erdener Prälat und Erdener Treppchen, Wehlener Sonnenuhr, Ürziger Würzgarten, Graacher Himmelreich oder Bernkasteler Lay, zu 98 Prozent mit Riesling bestockt, viele Rebstöcke davon sehr alt und wurzelecht – ein Pfund, mit dem Ernie bestens zu wuchern versteht: „Mein Ding ist Riesling." Auf zwei Prozent der insgesamt 18 Hektar steht Weißburgunder, die Jahresproduktion beträgt 130.000 Flaschen, wovon zirka zwei Drittel für den Export bestimmt sind.

Die wirtschaftliche Kraft des Winzers zeigt sich auch darin, dass er 1996 das pfälzische Weingut J. L. Wolf übernahm und 1999 ein Joint Venture mit dem auf Riesling spezialisierten amerikanischen Weingut Château St. Michelle in Form eines gemeinsamen Rieslings mit dem stolzen Namen „Eroica" startete.

Ernst F. Loosen im Porträt

Ernst F. Loosen wirkt mit dem selten frisierten Lockenkopf immer ein bisschen unaufgeräumt. Aber man täusche sich nicht. Hinter dem leisen, Distanz wie Ironie signalisierenden Lächeln und der betont lässigen Art, die wirkt, als ließe sich der Mann durch nichts aus dem Gleichgewicht bringen, steckt ein wacher und geschäftstüchtiger Geist. „Sie müssen Power haben", fordert er von seinen Rieslingen.

Loosen weiß, wovon er spricht, wenn er als seine Philosophie dekretiert: „Die großen Weinmacher, denen ich begegnet bin, haben ausnahmslos eine klare Vision, wie ihr Wein sein sollte. Das Terroir soll über der Kellertechnologie stehen, die Traubengüte über der Quantität. Dies ist genau die Art der Weinherstellung, die ich anstrebe. Mein Ziel besteht darin, Weine zu produzieren, die konzentriert sind und komplex und ihren Ursprung widerspiegeln." Er weiß aber auch, welcher Kenntnis es sonst noch bedarf, um großen Wein in die Flasche zu bringen, nämlich "viel Trinkerfahrung". Sagt's und geht mit seinem geliebten roten Burgunder in die Küche, wo im Rohr des begabten Hobbykochs eine Lammschulter schmort.

„Ich mag edelsüße Weine am liebsten für sich allein genießen, als großen Abschluss eines schönen Abends oder als Abschluss eines Essens. Es ist für mich das zweite Dessert oder vor dem Dessert eine Einstimmung darauf."
Ernst F. Loosen

Weingut Karthäuserhof
Trier-Eitelsbach

Der erste edelsüße Wein wurde im Weingut Karthäuserhof mit Sicherheit im 19. Jahrhundert gefüllt, vermutlich 1892 oder 1893.

Man muss es wohl ein Debakel nennen, um das Wort vom Skandal barmherzig zu vermeiden, als 1985 Werner Tyrell als Panscher verurteilt wurde, weil er das angesichts seiner Position als deutscher Weinbaupräsident eigentlich Undenkbare getan und über Jahre hinweg seine Weine mit Zucker hochgedopt hatte. Also tat Christoph Tyrell, als er im April 1987 von seiner Mutter, einer geborenen Rautenstrauch, den Karthäuserhof übertragen bekam, das einzig Richtige: Er ließ mit exzellenten, dem einmaligen Terroir angemessenen Weinen von glasklarer Typizität die Schmach vergessen und führte das Gut mit Bravour zurück in die Hautevolee der deutschen Winzer. Der studierte Jurist, der parallel auch eine Winzerlehre absolviert hatte, war damals bereits wohlbestallter Anwalt. Das mütterliche Erbe war ihm Verpflichtung und Heraus-

forderung in einem. Der Aufstieg begann mit dem 1986er-Jahrgang, kompetent unterstützt von Kellermeister Ludwig Breiling.

Der Karthäuserhof ist ja nicht irgendein Gut an der Ruwer. Das stattliche Anwesen, umgeben von einer ländlichen Idylle mit 19 Hektar Weinreben, die lagenmäßig als Eitelsbacher Karthäuserhofberg im Alleinbesitz geführt werden, ist seit 1335 urkundlich mit den Karthäusermönchen und somit auch mit Weinkultur verbunden. Im Rahmen der Säkularisation kam das Gut 1811 in den Besitz von Valentin Leonardy, einem französischen General, dessen Tochter 1824 den aus Straßburg stammenden Johann Wilhelm Rautenstrauch geheiratet hat, einen Großkaufmann, der auch politisch als Stadtrat in Trier angesehen war.

„Die älteste Edel-
süße im Haus Tyrell
ist zeine 1921er
Eitelsbacher Karthäu-
serhofberg Kronen-
berg feinste Auslese
Riesling. Ihre Farbe:
bräunlich-orange
Reflexe, Fruchtnoten
wie Ananas, Erdbeere,
Cassis, edelreifes
Fruchtspiel. Immer
noch pikante Säure,
leicht sherrysiert."
Christoph Tyrell

Sein Enkel Hans Wilhelm Rautenstrauch (1878–1951) führte das Gut gemeinsam mit dem legendären Verwalter Paul Dierolf zur Hochblüte. Die Tochter Maria Rautenstrauch hatte 1947 den Berliner Werner Tyrell geheiratet, ein Jahr später wurde die Geburt von Christoph angezeigt.

Sehenswert sind neben der mit Delfter Kacheln ausgestatteten Probierstube und dem alten Speisesaal im Gutshaus die Wasserburg aus dem 13. Jahrhundert sowie der Park mit dem alten Baumbestand. Der Weinberg ist mit 93 Prozent Riesling und sieben Prozent Weißburgunder bepflanzt; die Jahresproduktion liegt bei 140.000 Flaschen.

Christoph Tyrell im Porträt

Es gibt Leute, die kamen von einer Weinprobe im Karthäuserhof und sagten – nicht ohne Respekt –, Herr Tyrell habe etwas kauzig gewirkt, sei dann angesichts der an seinen Gästen entdeckten Weinleidenschaft jedoch aufgetaut und habe von da an munter drauf-

los geplaudert. Dieses kleine Psychogramm ist gut gezeichnet, Christoph Tyrell pflegt eine höchstpersönliche Art der Konversation. Er ist studierter Jurist, berufener Winzer und begabter Poet, wobei sich letzteres in seinen feinsinnigen Weinkommentaren spiegelt, aber auch in einem Satz wie diesem: „Ich will mit der alkoholischen Gärung eigentlich nur den Geschmack der Trauben verewigen, die ich in meinem Weinberg probiert habe."

Dass der Mann mit dem oft nachdenklich bis leicht elegisch wirkenden Gesichtsausdruck auch spontan und tatkräftig zupacken kann, hat er vor seiner Herkulestat im Weingut schon mal als Zwölfjähriger bewiesen, als er sich in Abwesenheit des Vaters eine Büchse schnappte und im Weinberg ein Wildschwein erlegte. Hingegen gilt im Keller „das Prinzip: so intelligent und faul wie möglich. Der Wein soll, wenn es irgend geht, nicht bewegt werden." Das nennt man kontrolliertes Nichtstun, das im herben wie im edelsüßen Bereich betont rassige und filigran ziselierte Gewächse von schöner Reinheit gebiert. Dazu passt auch das eigenwillige Etikett, das anders als alle anderen sich nur als schmale Schleife um den Flaschenhals windet – geschützt vor Nachahmung seit 1892.

Weingut Egon Müller –
Scharzhof, Wiltingen

„Ich verlange von einem edelsüßen Wein, dass er trinkbar ist. Das klingt vielleicht erst einmal banal, aber Zucker macht satt und viele edelsüße Weine sind sehr sättigend. Das zweite Glas muss auch noch schmecken, und die zweite Flasche …"
Egon Müller IV.

Die Männer auf dem Scharzhof heißen seit über 150 Jahren Egon Müller und gestatten sich zur Unterscheidung die majestätische Verwendung römischer Ziffern. Zurzeit regiert Egon Müller IV. Die Historie des für seine edelsüßen Kreszenzen weltberühmten Hauses begann allerdings mit einem Koch, Jean-Jaques, der das Anwesen 1797 ersteigerte, damals Altscharzberg genannt. Seine 1810 geborene Tochter Elisabeth heiratete im Frühjahr 1831 den Witwer Felix Müller, aus dem Schwarzwald stammend und Polizeipräfekt in Trier. So kam der Müller in die Geschichte des Hauses, doch die Egon-Serie begann erst 1852 mit Müller I. Egon Müller V. ist etwas über zehn Jahre alt, dennoch hält es Egon IV. „für gut möglich, dass die jüngere Schwester die Nachfolge antritt", sie nippe schon mal genüsslich an einer Auslese.

Kontinuität gehört zum Scharzhof, Tradition ist in dem 200 Jahre alten Herrenhaus, das einem schmucken barocken Schlösschen gleicht, ein Wert, wenngleich der nicht starr im Anbeten der Asche zu begreifen ist, sondern laut Gustav Mahler lebendig im Schüren des Feuers. Zur Tradition gehört in diesem Sinne das Ignorieren von Weinmoden ebenso wie das ultimative Bekenntnis zu Gewächsen mit Restsüße. Und wenn Egon Müller IV. von Trockenbeerenauslesen spricht, dem Nonplusultra der Edelsüße, die es seit 1959 auf dem Gut in allen dafür passenden Jahrgängen gibt, bekommt seine Stimme einen innigen Schmelz. Der letzte trockene Wein ist 1989 als Spätlese gefüllt worden, halt so, nicht aus Überzeugung, denn auch Egon Müller III., 2001 verstorben, ein Grandseigneur, belesen und kultiviert, goutierte die Auslese „als

idyllisch und etwas versteckt am Fuße des Scharz-
hofes gelegen, weist kein Schild, es gibt prinzipiell
keinen Weinverkauf ab Hof.

Egon Müller IV. im Porträt

Der hochgewachsene Mann wirkt in Gesellschaft
wie die wandelnde Distinktion. Die ist nicht von
jener spröden Starrheit, die Politiker bei feierlichen
Anlässen mühsam wie coole Posen zur Schau stellen. Egon Müller IV. ist schon vornehm von Haus aus,
aber ein schwer definierbarer Zug um den Mund, so
ein leises, nicht herzlich, sondern vom Kopf bestimm-
tes Lächeln, so unergründlich wie das der Mona Lisa,
verstärkt den Eindruck, dass der Herr vom Scharzberg
auf Distanz achtet. Dazu passt auch, dass er Fragen
nach dem Oechslegehalt einer Auslese mit einem
ironisch verbrämten „ausreichend" abwehrt – genauso
wird bei Rolls Royce die Frage nach der PS-Leistung
konterkariert.

Und doch, bei aller Ruhe und Gelassenheit, mit der
sich Egon Müller fast kokonhaft umgibt, muss in ihm
das „feu sacré" brennen, das heilige Feuer der Ins-
piration, das den Künstler antreibt und seine Arbeit
unverkennbar werden lässt. Für Müller heißt das,
dass mit Begeisterung allein noch keine großen Weine
geschaffen werden. Dazu gehört neben Leidenschaft
auch harte Arbeit: „Der Winzer muss sich gegen die
Natur durchsetzen, Trockenbeerenauslesen werden
nicht einfach verschenkt. Das gibt die Natur nicht von
allein. Und immer bleibt auch ein bisschen Bangen, ob
der Wein auch nach dem Berg schmeckt."

einzigartige Kombination aus Süße mit Eleganz, die
der Natur abgerungen werden muss".

Die Hymnen der Weinkritiker gelten denn auch den
edelsüßen Weinen. Man entdeckt in den Scharzhofberger Gewächsen zu Recht die perfekte Harmonie
von Frucht, Süße, Säure und Alkohol, rühmt die Gold-
kapselauslesen, Eisweine und Trockenbeerenauslesen als Meisterstücke der Kellerkunst. Hugh Johnson
schrieb mit Blick auf den Scharzhof von „deutscher
Winzerkunst auf ihrem höchsten Niveau". Den Müllers
hat das natürlich gefallen, man ist ja nicht resistent gegen Lob aus berufenem Mund. Andererseits hat sie das
auch nicht übermütig, gar hoffärtig gemacht. Demut
ist nämlich auch eine traditionell zu nennende Egon-
Müller-Tugend – freilich eine, die mit selbstbewusster
Würde einher geht.

Zum Scharzhof gehören acht Hektar Rebfläche (sieben
davon in bester Scharzhofberger Lage, darunter sind
uralte wurzelechte Stöcke), ergänzt um weitere vier
Hektar in Wiltinger Lagen wie der Monopollage Braune Kupp. Die Weine dieser Gärten werden unter dem
Namen des zweiten Gutes „Le Gallais" gefüllt. Die
Jahresproduktion liegt bei 70.000 Flaschen. Zum Haus,

Wie sein Vater ist auch Egon Müller IV. der festen
Überzeugung, dass die Qualität zu 100 Prozent im
Weinberg entsteht und „es nicht möglich ist, im Keller
auch nur 101 Prozent daraus zu machen". Entsprechend viel Zeit verbringt er im Weinberg, und wenn
er im Sommer braun gebrannt durch die Flure radelt,
schallt ihm schon mal der Spitzname „fliegender
Hummer" hinterher. Da lebt sich Egon Müller aus, ist
er ganz er selbst. Seine zweite, nicht weniger effektive
Seite wird offenbar, wenn er im Salon mit dem Mar-
morkamin von 1900, der Pendeluhr, den Stichen mit
Jagdszenen und den vielen enzyklopädischen Büchern
eine Weinprobe inszeniert, flüssig parlierend in Englisch, Französisch und neuerdings auch Japanisch.

„Große Weine sind
immer ein Erlebnis,
das über das rein
sensorische hinaus-
geht. Deshalb gestehe
ich mir zu, dass der
Stolz über die eigene
Leistung das Urteil
ein klein wenig
beeinflusst, und
dann ist es die
erste Probe unserer
„großen" 2005er
Scharzhofberger
Trockenbeerenauslese,
die für mich ein
Erlebnis einer neuen
Qualität war."
Egon Müller IV.

Weingüter Wegeler
Gutshaus Bernkastel
Bernkastel-Kues

Die Wegeler-Weingüter werden zentral von Oestrich im Rheingau aus verwaltet (siehe das entsprechende Kapitel „Rheingau"), aber der Doctorberg, diese Ikone deutscher Weingeschichte, bedarf selbstverständlich seines eigenen Tempels, den ihm die Familie Wegeler-Drieseberg auch errichten ließ. Für sagenhafte 100 Goldmark pro Rebstock hatte Julius Wegeler im Jahr 1900 den größten Teil des berühmten Bernkasteler Doctor-Weinbergs vom Bürgermeister Peter Wilhelm Kunz erworben. Der Kaufvertrag ging damals als teuerste Weinbergstransaktion in die deutsche Weingeschichte ein. Doch Julius Wegeler wusste ganz genau, was er tat, denn der Doctorberg ist seit dem Anfang des 18. Jahrhunderts für seine Ausnahmerieslinge von Weltruf bekannt.

Konrad Adenauer hatte 1955 eine 1949er Doctor Beerenauslese im Gepäck, als er nach Moskau reiste, um mit Nikolaj Bulganin über die Rückkehr der deutschen Kriegsgefangenen zu verhandeln. Der Wein vermag heute noch mit zart ziselierter Süße und einer apart von Küchenkräutern und etwas Bitterschokolade umspielten Honigmalznote zu entzücken.

Der in Lebensart versierte Thomas Mann hat Felix Krull einen Doctor trinken lassen, und in den Sagen um den Wein heißt es, dass er Sieche gesund mache – wie den Bischof Balduin von Trier, dem keine Medizin geholfen hatte, bis ein Winzer mit einem Fässchen vom Doctorberg antrat und rief: „Herr Erzbischof, werfet alle Mixturen zum Teufel und Eure Doctoren hintennach, trinket von diesem Wein und Ihr werdet wieder gesund."

Das Gutshaus in Bernkastel ist 1903 gebaut worden, hochmodern errichtet nach den Regeln der Gravitation, indem das Gefälle im Kelterhaus ganz bewusst ausgenutzt wird, um den Wein ohne Pumpen fließen zu lassen. Die historischen Keller mit Tonnen- und Kreuzgewölben sind der ganze Stolz der Familie. Im Gutshaus mit seinem zünftigen Probierzimmer werden regelmäßig Verkostungen durchgeführt. Und wenn der Doctor bei diesen Gelegenheiten ins Glas kommt, sind sich laut Dr. Tom Drieseberg alle einig: Dieser Wein ist ein Geschenk des Himmels. Die 1959er Trockenbeerenauslese ist so ein Denkmal, ebenbürtig begleitet von der reichen TBA aus 1994.

Die 14 Hektar in Bernkastel und Wehlen (Sonnenuhr) sind ausschließlich mit Riesling bepflanzt. Die Jahresproduktion umfasst rund 100.000 Flaschen.

Gutshaus des Weinguts Maximin Grünhaus – Schlosskellerei C. von Schubert an der Ruwer.

Weitere Weingüter

Weingut Reinhold Haart, Piesport

Das reine Rieslinggut kann auf erste urkundliche Hinweise aus dem Jahr 1337 verweisen. Theo Haart führt seit 1971 das Gut, ambitioniert unterstützt von Sohn Johannes. Von den insgesamt acht Hektar Rebfläche entfallen immerhin 4,5 auf die Spitzenlage Piesporter Goldtröpfchen, die ihrem Namen und Ruf vor allem bei den edelsüßen Gewächsen gerecht wird. Die Jahresproduktion liegt bei 50.000 Flaschen.

Weingut Forstmeister Geltz-Zilliken, Saarburg

Das Forstmeisterliche im Titel geht auf Ferdinand Geltz zurück, den preußisch-königlichen Forstmeister (1851–1925), der sich auch weinpolitisch verdient gemacht hat. Seit 1742 lässt sich der Weinbau in der Familie von Hans-Joachim Zilliken, dem heutigen Eigner und Urenkel von Geltz, nachweisen. Der studierte Geisenheimer hat 1976 vom Vater die Regie über den Keller erhalten und 1981 schließlich die Gutsführung. Ihm zur Seite steht Tochter Dorothee. Die Signaturweine des Guts sind die edelsüßen Auslesen sowie prachtvolle Eisweine, wie sie in dieser expliziten rassigen Klarheit nur an der Saar gewonnen werden. Die Rebfläche umfasst elf Hektar reine Rieslingsteillagen im Saarburger Rausch und Ockfener Bockstein. Die Jahresproduktion liegt bei 65.000 Flaschen.

Weingut Grans-Fassian, Leiwen

Das Gutshaus mit der familiären Weinbaugeschichte zurück bis 1624 liegt malerisch an der großen Moselschleife von Leiwen und Trittenheim. Gerhard Grans ist der Winzermeister, dem mit feiner Hand gleichermaßen filigran strukturierte wie ausdrucksstarke edelsüße Rieslinge aus seinen Spitzenlagen wie Trittenheimer Apotheke, Piesporter Goldtröpfchen und Leiwener Laurentiuslay gelingen. Die Rebfläche umfasst 9,6 Hektar und ist mit 90 Prozent Riesling bestockt, nebst zehn Prozent Weiß- und Grauburgunder. Die Jahresproduktion liegt bei 90.000 Flaschen.

Weingut Maximin Grünhaus – Schlosskellerei C. von Schubert, Mertesdorf

Weinfreunde kennen und mögen das üppig verzierte jugendstilähnliche Etikett, mit dem Dr. Carl-Ferdinand von Schubert seine Weine von den Ruwerlagen Abtsberg und Herrenberg schmückt. „Ich will sehr reintönige und langlebige Weine erzeugen", sagt der für seine Noblesse geschätzte Herr des Weinguts und kann diesbezüglich auf eine Serie großer edelsüßer Kreszenzen verweisen, für die der Betrieb international berühmt ist. Sein Vater, von dem er im Herbst 1980 das Anwesen mit 31 Hektar Rebfläche übernommen hat, war bereits geachtet für einen feinsinnigen Umgang mit der Rieslingfrucht. Die Jahresproduktion liegt bei 150.000 Flaschen.

In den Weinbergen oberhalb von Rüdesheim liegt die Benediktinerinnen-Abtei St. Hildegard.

Rheingau
Wunderbares Kulturland

Von berühmten Schauspielern wie Gustav Gründgens heißt es, sie hätten bei Proben auf der Bühne gesagt: „Alles Licht auf mich!" Das ist wohl das Recht des Stars. Bei den Weißweinen nimmt der Riesling eine solche Sonderstellung ein, und über den Rheingau zu schreiben, heißt mit dem Riesling zu beginnen und mit ihm auch zu enden. Zwar gibt es in Assmannshausen eine bemerkenswerte Nische für Spätburgunder, aber an internationaler Reputation ist der Riesling nicht zu überbieten – von den insgesamt 3.100 Hektar Weingärten im Rheingau sind 2.500 mit Riesling bestockt. Fokussiert man das Thema auf edelsüße Weine, so sind alle Scheinwerfer sowieso automatisch auf diese deutscheste aller Rebsorten gerichtet und speziell auf die Objekte höchster Winzerkunst: die Trockenbeerenauslesen (TBA).

Höchste Winzerkunst

Seltsamerweise hapert es an präzisen historischen Daten über süße Weine. Dass im Rheingau zwischen Walluf und Lorchhausen – plus der Enklave in Hochheim – schon sehr früh Weinbau betrieben worden ist, lässt sich weit zurückverfolgen. Für Johannisberg ist durch einen Hinweis von Ludwig dem Frommen das Jahr 817 überliefert, in Walluf verweist man auf 779. Es waren vor allem die Benediktiner in Johannisberg sowie die Zisterzienser auf Kloster Eberbach, die sich nach den Römern um die Weinkultur verdient gemacht hatten. Auch der Adel hat sich früh im Rheingau etabliert – eine Urkunde belegt, dass die Ritter von Greiffenclau bereits im Jahre 1211 Vollradser Wein nach Mainz geliefert haben. Trotz der des Schreibens mächtigen Mönche mangelt es jedoch an Aufzeichnungen, die konkret belegen, wann erstmals und bewusst die natürlich seit jeher auftretende Botrytis für edelsüßen Wein genutzt worden ist.

Mittelalterlichen Weinbauern müssen edelfaul befallene und in allen dunklen Farben glänzende Beeren wie Teufelswerk vorgekommen sein. Von Ästhetik kann bei solchen unappetitlichen und unansehnlich, ja hässlich geschrumpelten Trauben auch keine Rede sein. Niemand weiß, ob damals überhaupt zwischen schlechter Graufäule und guter Edelfäule unterschieden worden ist. Vermutlich nicht, denn es war Usus, die Trauben relativ früh zu ernten, noch bevor

der Botrytispilz sich breitmachte. Aber die Edelfäule lässt sich nicht kommandieren. Sie tritt mal früher, mal später, mal langsamer, mal rascher, mal quasi über Nacht oder auch gar nicht auf und so ist es sehr wahrscheinlich, dass in manchen Jahren trotz zeitiger Lese auch edelfaule Trauben in die Kelter gelangten.

Chronisten berichten jedenfalls schon um 1730, dass mancher Winzer „gern eine kleine Fäulnis abwartet, um zur größeren Süßigkeit der Trauben zu gelangen". Angeblich sind viel früher, nämlich im 16. Jahrhundert, süßliche Weine aus teilweise mit Edelfäule befallenen Beeren gekeltert worden. Dass es darüber so wenig aufschlussreiche Nachrichten gibt, mag auch damit zusammenhängen, dass Kellermeister es als Schande angesehen haben, faulige Trauben zu verwenden. Immerhin hat Robert Mondavi, der große Mann des kalifornischen Weinbaus, einmal bekannt, dass er die ersten edelfaulen Trauben für seinen Botrytiswein heimlich lesen ließ, weil er befürchtete, die Lebensmittelbehörde könnte ihm das aus hygienischen Gründen verbieten.

Mythos „Spätlesereiter"

Weil große Ereignisse ihres Heiligenscheins bedürfen, bleibt das historische Indiz der angeblich ersten Rheingauer Spätlese bei jenem Kurier hängen, der alljährlich im Herbst mit einer Kostprobe nach Fulda eilte, um vom Fürstbischof, dem Herrn über Schloss Johannisberg, die amtliche Erlaubnis für den Beginn der Ernte einzuholen. Im Herbst 1775 war es wieder so weit, der Bote ritt nach Fulda, doch seine Rückkehr verspätete sich um eine bis zwei Wochen – so genau ist das nicht überliefert. Der wartende Kellermeister verzweifelte, weil der edelfaule Pilz inzwischen die Trauben mit den bekannten Folgen attackiert hatte. Der Überlieferung nach war der danach als „Spätlesereiter" gefeierte Kurier entweder in die Hände von Räubern gefallen oder, These Nummer zwei, der Bischof war auf der Jagd und konnte erst entsprechend spät sein Plazet geben.

Die Legende ähnelt, zeitlich versetzt, auf kuriose Weise dem Geschichtchen von der ersten Trockenbeerenauslese auf Château d'Yquem

Blick auf Schloss Johannisberg

in Sauternes. Für den Rheingau und den deutschen Riesling überhaupt beansprucht Johannisberg seit 1775 das Recht der ersten Tat,
denn die Trauben wurden damals inklusive der edelfaulen geerntet. Und siehe da, der Wein übertraf an Süße alles, was bis dahin
in den Fässern lag. Man war erstaunt, erfreut und vor allem um die
Erfahrung reicher, welche ungeheure aromatische Kraft die
korrekt Botrytis cinerea genannte Edelfäule in den Trauben zu
entfalten vermag.

Wir werden nie wissen, wie dieser Wein ausgesehen und geschmeckt
hat. Laut einer Notiz des Verwalters Johann Michael Engert vom
10. April 1776 habe er „so einen vorzüglichen Geschmack noch nie
erlebt". Unabhängig davon, ob die Genese des edelsüßen Rhein-
gauers wirklich erst 1775 als Kind des Zufalls beginnt, sind in den
Jahren danach die Spät- und Auslesen selbstverständlich nicht
vollautomatisch erzeugt worden – schlagartig, wie man mit einem
Schalter das Licht anknipst. Aber die alchemistische Magie der
Botrytis war als epochales Ereignis sozusagen offiziell gelüftet und
1779 soll auf Johannisberg eine als „Cabinet" firmierende Auslese
erzeugt worden sein: die erste einer Reihe weiterer, nunmehr sys-
tematisch erzeugter edelsüßer Weine, die heute als Auslesen und
Beerenauslesen eingeordnet werden würden.

Begehrte Rarität: Edelsüße aus dem großen Jahrgang 1911.

Alte Schätze

Von da an verdichten sich die Informationen und lassen sich zunehmend Erkenntnisse über Stil und Statur der im 19. Jahrhundert erzeugten süßen Weine gewinnen. Es muss nicht langatmig eingeräumt
werden, dass ein Wein in seiner Pubertät anders schmeckt als nach
hundert oder hundertfünfzig Jahren. Damals hat es keinen Wein-
journalismus nach heutiger Fasson mit mehr oder weniger genial
beschriebenen Weinporträts gegeben. Doch ein 1862er Schloss Vollrads Riesling Cabinet, der 1893er Schloss Vollrads Cabinet und die
1897er Schloss Vollrads TBA, alle am 10. September 1986 anlässlich
des 775-jährigen Weinbaujubiläums der Familie Matuschka-Greiffenclau im Schloss getrunken, erlauben gewisse Rückschlüsse auf den
Charakter der Methusalems.

Den 1862er umwehte wohl ein Hauch von Liebstöckel nebst dem für
alte Rieslinge typischen Duft nach Petrol, aber der Wein war noch
von klarer Farbe, lebendig und charmierte die Sinne mit einer ungemein grazilen Süße. Markanter in der Struktur, dichter in der Frucht
präsentierte sich der 1893er Cabinet von Vollrads, damals als Auslese
gefüllt. Seine schmelzige Süße hätte ihn bei Blindproben getrost auf
fünfzig Jahre jünger tippen lassen. Hustensaftfarbig floss der 1897er
ins Glas, die erste offiziell deklarierte Trockenbeerenauslese auf
Vollrads. Zwei Flaschen sind entkorkt worden, weil die erste sich
kratzig und mostig gab. Die zweite Flasche erwies sich als ein Traum
von Wein mit fein ziselierter Süße und langem Nachgeschmack, alles
einmal Raue hatte sich ins Seidige geglättet.

Alter ist freilich auch in der Flasche nicht per se ein Verdienst. Da
gibt es verschrumpelte Flaschengreise, die widerwärtig riechen,
nach Moder, verschimmeltem Stroh oder beißend wie Ammoniak
wie beispielsweise der 1893er Schloss Johannisberg: stinkig wie altes
Kraut, scharf, leer, tot. Auch die neu verkorkte 1868er Hattenheimer
Auslese Schloss Schönborn hatte alles Weinige verloren, schmeckte
unharmonisch, hart und kratzig.

Doch gibt es eben auch andere Erlebnisse wie mit der 1893er Schloss
Vollrads Beerenauslese, abgefüllt von H. Sichel Söhne in Mainz: Der
Kork bröselte, doch der bernsteinfarbene Wein war von grandioser
Feinheit mit diskreter Süße, elegant gerundet; ein privater Sammler,
der anonym bleiben möchte, hatte im Herbst 2000 eine besondere
Rarität geöffnet, einen 1846er Steinberger Cabinet. Der braunrot
schimmernde Wein roch nach Champignons, wies jedoch noch
weinige Noten von würziger und kräuteriger Art auf, er hatte seine
Identität verloren, hätte blind verkostet auch als schwacher Madeira
durchgehen können, und doch ist der Wein ein bemerkenswertes
Zeugnis für die Langlebigkeit eines süßen Rieslings.

Bei alten Weinen darf auch nie außer Acht gelassen werden, dass
Flaschen des gleichen Jahrgangs und der nämlichen Herkunft so
unterschiedlich sein können wie Tag und Nacht. Die eine Bouteille
hat vielleicht in einem guten Keller gelegen, die andere ist durch die
Welt vagabundiert. Speziell Raritäten werden oft genug spekulativ
hin und her geschoben. Hinzu kommt, dass der eine Korken lange,
selbst über viele Jahrzehnte hinweg dicht hält, ein anderer früh porös

wird, Sauerstoff an den Wein lässt und somit der Oxidation im Sinne einer frühzeitigen Alterung Tür und Tor öffnet.

Trotz aller Unwägbarkeiten erschließen sich einem durch viele Hunderte von Flaschen erfahren gewordenen Liebhaber einige Merkmale, die sich wie ein roter Faden durch die edelsüßen Rheingauer Weine des 19. und frühen 20. Jahrhunderts ziehen. Zum einen waren selbst Trockenbeerenauslesen, die gegen Ende des 19. Jahrhunderts zunehmend gekeltert worden sind, im Schnitt weniger süß angelegt als die Trockenbeerenauslesen von heute. Das lag an der früher weniger rigoros durchgeführten Selektion der edelfaulen Trauben, aber auch daran, dass die Moste im Schnitt offenbar länger gärten, was den Alkohol erhöhte und den Gehalt an Restzucker reduzierte. Eine der feinsten Trockenbeerenauslesen, die 1937er Schloss Vollrads Gold mit Turmschleife, bestes Fass Nr. 99, abgefüllt am 1. April 1940, hatte nach heutigem Anspruch bescheidene 170 Grad Oechsle.

Die 200-Grad-Oechsle-Mauer ist damals selten überboten worden. Auch im Jahr 1953, in dem viele und einige der elegantesten Edelsüßen des Rheingaus geboren wurden, dürfte die Rauenthaler Baiken TBA der Staatsdomäne mit 193 Grad Oechsle der Spitzenreiter gewesen sein. Nach wie vor Genuss bescheren die 1953er Trockenbeerenauslesen Johannisberger Steinhölle von der Mumm'schen Domäne oder Hattenheimer Nussbrunnen sowie Rauenthaler Herberg von Langwerth von Simmern. Ein weiteres großes Jahr für Trockenbeerenauslesen war 1959, dessen beste Weine muskulöser bis massiver strukturiert sind als die finessenreichen 1953er. Im Weingut Weil ist eine 1959er TBA Kiedricher Gräfenberg mit 306 Grad Oechsle gelesen worden, und die Staatsdomäne freute sich über 248 Oechsle beim Rauenthaler Baiken sowie 232 Oechsle beim Steinberger. Was damals Höchstwerte waren, ist heute nahezu die Norm.

Spielraum für Kraft, Finesse und Eleganz

Generell wird man auch annehmen können, dass die Süßweine früher – im 19. Jahrhundert sowieso, aber auch in den ersten Jahrzehnten des 20. Jahrhunderts – archaischer, ungestümer, ja wilder angelegt waren als ihre Pendants ab der zweiten Hälfte des vorigen Jahrhunderts. Insbesondere ab Ende der 1980er-Jahre werden die edelsüßen Kreszenzen geschliffener angelegt, wird auf Finesse gleichermaßen geachtet wie auf Dichte und Kraft.

Letzteres stellt sich seit zwei Jahrzehnten von Haus aus stärker ein, bedingt durch den Klimawandel, der mehr Zucker in die Trauben treibt, und die Botrytis wird schon mal hasardierend bis zum letzten Oechsle ausgereizt. Eine elegantere Stilistik ermöglicht schließlich die moderne Kellertechnik, die jedes Zufällige weitgehend ausschließt und einem feinfühligen Winzer reichlich Spielraum bietet,

um Weine von der Beerenauslese über die Trockenbeerenauslese bis zum Eiswein individuell zu gestalten.

Die oft gestellte Frage, ob Trockenbeerenauslesen aus großen Jahrgängen wie 1911, 1915, 1920, 1921, 1934, 1937, 1945, 1947, 1953, 1959, 1971 und 1976 mehr Ausdruck und Charakter hatten als ihre Nachfolger, ist allenfalls nach persönlicher Vorliebe zu beantworten. Ansonsten ist es schon deshalb müßig, darüber zu sinnieren und zu richten, weil große Trockenbeerenauslesen wie beispielsweise solche von 1990 oder 2005 erst nach zwanzig, dreißig, ja oft erst nach fünfzig Jahren der stillen Reife am Gipfel ihrer Vollkommenheit angelangt sind – auf einem Höhepunkt, den sie mühelos weitere Jahrzehnte halten, ohne an fruchtiger Süße und Finesse einzubüßen oder gar altersrunzlig zu werden. Was aus aktueller Sicht gefahrlos gesagt werden kann, ist, dass Trockenbeerenauslesen von 1893 (groß: Eltviller Münchhanach von Graf Eltz), 1920 oder 1937 zu Glanzpunkten Rheingauer edelsüßer Kultur gehören.

Man nehme die 1937er Trockenbeerenauslese der Spitzenlage Rauenthaler Baiken vom Weingut Eltz: mahagonifarben, aber noch seidig glänzend. Dem Glas entströmt ein dichter, facettenreicher Duftstrom aus Honig, welken Rosen, kandierten Mandeln, eingelegten Orangen nebst etwas Brioche, Malz und Karamell. Der Wein ist ungebeugt und erblüht dank der luftigen Sauerstoffdusche zu finessenreicher Vollkommenheit. Mächtig und zugleich verführerisch präsentiert sich die 1971er TBA vom Baiken, wohingegen die 1976er Baiken-TBA sich ziselierter gibt mit ihrem Bukett aus Pfirsichgelee, gerösteten Nüssen, getrockneten Südfrüchten und einem aparten Hauch von Edelbitter im Geschmack. Solche und weitere Preziosen liegen nach wie vor im Eltz'schen Weinkeller in Eltville. Das Gut ist 1978 zwar aufgelöst worden, aber die von Karl Graf von und zu Eltz repräsentierte Familie verfügt privat noch über grandiose edelsüße Weine.

Spielfeld des Adels

Dass in den Listen der besten edelsüßen Kreszenzen neben der Staatsdomäne vorzugsweise Adelsgüter aufscheinen, ist kein Zufall, denn der Rheingau war von früh an ein Spielfeld der Barone (Langwerth von Simmern, Knyphausen, Mumm), Grafen (Schönborn, Matuschka, Eltz, Kanitz), Prinzen (Hessen, Preußen in Reinhartshausen) und Fürsten (Johannisberg, Löwenstein). Die Aristokratie hatte sich die besten Lagen gesichert. Mittlerweile haben sich manche Besitzverhältnisse geändert: Schloss Johannisberg und Mumm sind im Besitz des Oetkerkonzerns, Schloss Vollrads (ehedem Matuschka-Greiffenclau) gehört der Nassauischen Sparkasse, Schloss Reinhartshausen (früher Prinz von Preußen) wird von privaten Investoren geführt, Schloss Eltz wie Schloss Groenesteyn haben als Weingüter aufgehört. Den großbürgerlichen Charakter des Rheingaus präsentieren auch Güter wie Weil, Wegeler, Breuer, Ress, Georg-Müller-Stiftung.

Keine andere deutsche Region hat es besser verstanden als der Rheingau, ein an sich leichtlebiges Konsumgut wie den Wein zum international begehrten Objekt einer hohen Genusskultur zu stilisieren. Im Februar 1767 (!) waren „Fine old Hock" im Premierenkatalog des Londoner Auktionshauses „Christie's" gelistet. Hock, abgeleitet von Hochheim, war und ist das englische Synonym für Rheinweine. Am 1. August 1792 versteigerte das Haus unter „Hock Hockheim" eine Serie von mehr als 7.000 Flaschen der Jahrgänge 1726, 1739 und 1748 als Folge der Auflösung deutscher Klöster. Zur Kollektion gehörten Rüdesheimer Weine, die nahezu den doppelten Preis eines Lafite erzielten. Mit Sicherheit hat es sich bei diesen lange gereiften Gewächsen um Weine mit edler Süße von mehr oder weniger großer Intensität gehandelt.

Im Christie's-Katalog vom 13. März 1828 war ein „Johannisberg von 1811, sechs Jahre auf der Flasche", verzeichnet. Im Mai 1887 ist ein „1862 Schloss Johannisberg" als „Fürst Metternichs feinstes Gewächs" offeriert worden. An der Wende vom 19. zum 20. Jahrhundert waren es die Rieslinge von Johannisberg und Co., die weltweit entzückten und die Brieftaschen der Weinfreunde öffnen ließen. Thomas Mann hat seinen Felix Krull wohl nicht einfach so in der gutbürgerlichen Welt des Rheingaues starten lassen. Aber wie das oft so ist mit Mythen: Sie halten nicht ewig. Und so begab es sich auch im Rheingau, dass dessen großes Potenzial über eine weite Zeitstrecke hinweg von etwa 1960 bis Ende 1980 keineswegs von jedem Weingut immer ausgenutzt worden ist, weder bei den trockenen noch bei den edelsüßen Gewächsen.

Etliche Winzer hielten das, was sie seit 30 Jahren falsch gemacht hatten, für Erfahrung. Andere ruhten sich auf der Glorie des Rheingaus aus und merkten nicht, dass die langsam welkte. Sie verrieten den Riesling, indem sie ihn massenweise ernteten und hemmungslos lieblich parfümierten. Namhafte Adelsgüter wie beispielsweise Schloss Schönborn, Langwerth von Simmern, Schloss Reinhartshausen, Prinz von Hessen und Vollrads hatten gegen Schwächephasen zu kämpfen. Nach diesen unvermeidlich kritischen Grausamkeiten darf freilich wieder Hosianna gerufen werden, denn tatsächlich befindet sich der Rheingau längstens im Aufbruch. Der breite Umschwung hat in den 1990er-Jahren begonnen. Was Winzer und Güter von Wilhelm Weil über Peter Jakob Kühn, August Kesseler, die Brüder Spreitzer, Breuer, Jakob Jung, Franz Künstler, Wegeler, August Eser, Johannishof, die Staatsweingüter, Schönborn, Vollrads und Schloss Johannisberg zumal an edelsüßen Weinen kultivieren, ist es wert, in einen Gotha der weltbesten Weine aufgenommen zu werden.

So ein Herbsttag im Rheingau hat neben dem bunten Farbenteppich auch seine eigenen Gerüche. Es duftet nach Morgennebel und Laub, nach Blumen und Melancholie, nach Sonntagsbraten und Trauben, irgendwie auch nach Bettwärme und Weihrauch. Man hat schon eine schwerelose Ahnung vom neuen Wein, der noch als Traube an den Stöcken hängt oder gerade im Fass gärt. Und drunten im Tal fließt

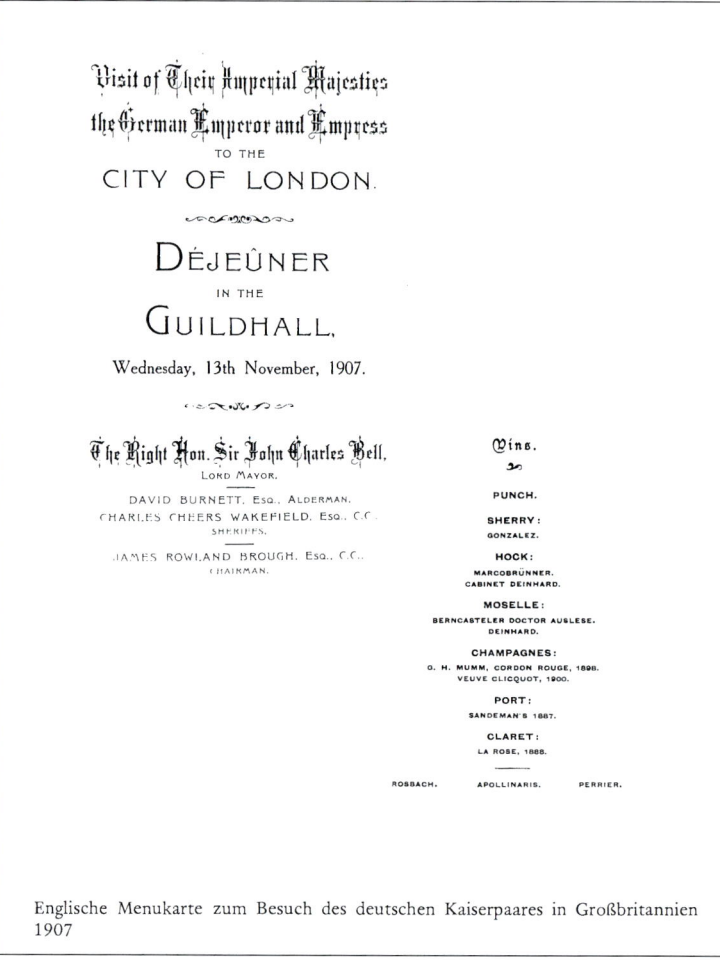

Englische Menukarte zum Besuch des deutschen Kaiserpaares in Großbritannien 1907

der Rhein, majestätisch und gelassen, dieser faszinierende deutsche Schicksalsstrom, den Friedrich Schlegel romantisch verklärte und Clemens Brentano in Sagen hüllte, der Heinrich Heine zur Loreley bewegte und den Ernst Moritz Arndt zum Politikum hochstilisiert hatte – nicht Deutschlands Grenze, sondern Deutschlands Strom solle er sein!

Dem Fluss ist die Politik egal. Er macht, vom Süden kommend, bei Wiesbaden, wie vom Weingott bestellt, einen Knick von 90 Grad und bietet somit der Sonne auf seinem rechten Ufer eine offene Flanke, ehe er bei Lorch seinen angestammten Weg nach Norden fortsetzt und träge durch die Geschichte wie die Dörfer fließt, die sich Perlen gleich an einer Schnur reihen und von Walluf bis Lorch den Rheingau bilden, jene geschlossene Reblandschaft von 36 Kilometer Länge und 3.100 Hektar Weingärten, in denen der Riesling als Leitrebe machtvoll dominiert, gefolgt vom Spätburgunder in der Rotweinenklave rund um Assmannshausen. Aber nur beim Rheinriesling, wie der rassige Wein international genannt wird, falten deutsche Winzer die Hände zum Gebet, denn der ist nationales Kulturgut wie der Wald oder Weihnachten.

Die gute Stube Deutschlands

„Du wirst doch auch einmal den Rhein besuchen, den Garten Deines Vaterlandes", schrieb Bettina von Brentano (die spätere von Arnim) an Johann Wolfgang von Goethe. Der Dichter, geboren in Frankfurt am Main, lebte damals in Weimar, und mit dem Rheingau verband

Blick aus dem Rüdesheimer Berg auf die andere Rheinseite mit der einstigen Zollwache „Burg Pfalzgrafenstein", auch Pfalz bei Kaub genannt, im Rhein.

Goethe außer Sentimentalität vor allem die Liebe zum Wein, speziell zum Riesling, der damals wie heute an anmutig geschwungenen Hügeln sowie atemberaubend steilen Hängen wächst. Zwei, drei Liter waren für den Meister eine normale Tagesration, und er dichtete im Götz: „Wenn ihr Wein getrunken habt, seid ihr alles doppelt, was ihr sein wollt, noch einmal so leicht denkend, noch einmal so unternehmend, noch einmal so leicht ausführend."

Die „Gegend immerfort bewundernd" und die „hochgesegneten Gebreiten" sowie „weingeschmückten Landesweiten" rühmend, hat Goethe im Sommer 1814 im Brentanohaus in Oestrich-Winkel mehrere Wochen verbracht und hier an seiner Gedichtsammlung „West-östlicher Diwan" geschrieben. Das Haus ist Besuchern zeitweilig offen, eingeschlossen die historischen Räume, die dem Dichter zum Arbeiten und Wohnen dienten. Der notorische Morgenmuffel machte es seiner Gastgeberin allerdings nicht leicht, er gab sich bei Tisch „ganz herablassend" und schöpfte sich die Teller mit Speisen voll, um die dann doch kaum zu essen, was in der Hausfrau das ungute Gefühl einer unzulänglichen Gastgeberin weckte. Aber „von unserem guten Rheinwein konnte er ganz fürchterlich viel trinken", notierte Antonia Brentano erstaunt.

Zwar kehrte Goethe danach nicht mehr in den Rheingau zurück, aber die Landschaft – „Erde, Himmel und Menschen sind anders, alles hat einen heiteren Charakter" – blieb für den trinkfreudigen Mann „die gute Stube Deutschlands". Das scheinen auch Tausende von Touristen zu denken, die vor allem an Wochenenden in die Weindörfer einfallen wie ein Schwarm Heuschrecken auf ein grünendes Feld. Rü-

desheim, zu Zeiten unserer Großeltern noch ein malerischer Flecken, ist zum Inbegriff des massierten Frohsinns pervertiert. Zahlreiche Kegelvereine und Holländer, Japaner, Amerikaner, Engländer und Russen drängeln sich entlang der Uferstraße und der Drosselgasse, die, 144 Meter lang und drei Meter breit, mit der billigen Gastronomie und all dem touristischen Devotionalienkitsch wie Strohhüten, Lebkuchenherzen und altölstinkigen Pommes, flankiert von johlenden Hymnen an den Vater Rhein und süßlichen Weinen, zum weltweit berüchtigten Rummelplatz wurde. Dabei hat Rüdesheim durchaus seine stillen Reize. Die alten Gassen um die Pfarrkirche sind dem Lärm entrückt. Ein Muss ist das mechanische Musikkabinett, ein Museum mit einer der weltschönsten Sammlungen selbstspielender Musikinstrumente aus dem 18. bis 20. Jahrhundert. Und man muss nicht Nationalist sein, um den Ausflug per Gondel auf die Bergkuppe schön zu finden, wo die „Germania" steht, jenes 12,38 Meter hohe und 432 Tonnen schwere Riesenweib, das in wilhelminischer Zeit „zum Andenken an die siegreiche Erhebung des deutschen Volkes" gebaut worden ist. Von oben herab hat man jedenfalls einen prächtigen Blick auf den Rhein – wie auch von der anderen Seite, von Bingen aus.

Zwischen Rhein und Taunus eingebettet liegen die Weingärten. Durch die kann man hügelauf und hügelab wandern, solange einen die Füße tragen. Einkehrmöglichkeiten gibt es reichlich, beispielsweise in sogenannten Straußwirtschaften, mit Eigenbauweinen und rustikaler Küche: zum Beispiel der Gutsausschank der Staatsweingüter mit herrlichem Blick über die Weinberge oberhalb von Eltville, Jakob Jung in Erbach, Bibo in Kiedrich, Weingut Hamm (mit schönem Innenhof) in Oestrich-Winkel, Weingut Fritz Allendorf in Winkel. Stets einen Besuch wert ist die Vinothek vom Weingut Breuer in Rüdesheim.

Rieslingweinberge im mittleren Rheingau – mit Blick auf den Rhein.

Nun möchte man ja meinen, dass Wein und gute Küche wie selbstverständlich eine Einheit bilden, dass also dort, wo Wein wächst, auch lecker gekocht wird. Seltsamerweise erfüllte lange Zeit nur Baden dieses Ideal. Im Rheingau – wie in anderen deutschen Weinbaugebieten – begnügte man sich doch eher mit simpler Hausmannsküche plus einigen internationalen Einsprengseln von makelloser Langeweile à la Shrimpscocktail und Chateaubriand auf deutsche Art (reich garniert). Man kann fast sagen: Je süßer die Weine gemacht wurden, desto erbärmlicher stand es um die Kochkunst.

Diese unselige Allianz begann erst in den 1980er-Jahren langsam zu bröckeln. Die Rieslinge wurden immer trockener und prompt erblühte eine kulinarische Kultur. Inzwischen brauchen auch Gourmets nicht mehr zu darben, denn der Rheingau hat sich in den letzten Jahren zu einem kleinen Schlemmergau entwickelt. Sehr gute Adressen sind beispielsweise das „Kronenschlösschen" in Hattenheim und die „Adlerwirtschaft" des famosen Franz Keller im gleichen Ort. Wem der Sinn mehr nach bürgerlicher Küche steht, dem seien Wirtschaften empfohlen wie das Restaurant in Schloss Groensteyn (Kiedrich), die idyllische Gutsschenke von Schloss Vollrads oder der ehrwürdige „Krug" in Hattenheim: Ein urgemütliches, von Josef Laufer jovial geführtes Weinhaus mit ambitionierter Küche zwischen klassisch und gekonnt reformierter Bürgerküche sowie einer großen Weinkarte, die sich auch bei den älteren Jahrgängen spannend liest.

Der gastronomische Platzhirsch ist freilich das Kronenschlösschen. Es steht wie gemalt am Rhein. Von außen gleicht das Haus mit seinen Türmchen, Erkern und spitzen Giebeln einem verträumten Bild aus der guten alten Postkutschenzeit, aber die Zimmer und Suiten sind ein gleichermaßen stilvoll wie sympathisch eingerichtetes Stück Luxus, und das Restaurant mit seiner an Belle Epoque und Jugendstil erinnernden Salonatmosphäre lässt einen augenblicklich spüren: Hier kannst du mit deiner Seele vor Anker gehen. Hinzu kommt, dass Patrik Kimpel eine Küche auf gehobenem Niveau bietet, die der Guide Michelin mit einem Stern würdigte. Seine Gerichte sind originell und ungekünstelt. Ein stilistisches Merkmal der Kimpel-Küche ist eine mediterrane Leichtigkeit, worunter vor allem deren geschmackliche Finesse und die farbliche Gestaltung auf dem Teller zu verstehen ist. Die Küche orientiert sich an der Saison.

Kunst, Kultur und Wein

Wie es sich für eine von der UNESCO zum Weltkulturerbe gekürten Landschaft gehört, ist der seit Jahrhunderten von der Dreifaltigkeit aus Adel, Kirche und Wein geprägte Rheingau angefüllt mit baulichen Attraktionen – sozusagen voll möbliert mit Kirchen, Schlössern und großbürgerlichen Villen. Zu den Sehenswürdigkeiten gehört das 1135 von Zisterziensern gegründete Kloster Eberbach, schlossähnlich an den Waldrand gebettet oberhalb von Hattenheim, heute im Besitz des Landes Hessen und als Museum der Öffentlichkeit zugänglich – ausgenommen die Schatzkammer des Staatsweinguts mit Bouteillen zurück bis ins 19. Jahrhundert. Die Klostergewölbe dienten einst als Drehort für den Mönchs-Krimi „Der Name der Rose" mit Sean Connery in der Hauptrolle. Dem Ex-James Bond ist während der Dreharbeiten eine Flasche aus seinem Geburtsjahr spendiert worden: eine 1930er Rüdesheimer Schlossberg Spätlese, die trotz des mittelmäßigen Jahrgangs noch über eine kräftige Aromafülle verfügte. Unbedingt besuchenswert ist die mächtige gotische Kirche in Kiedrich, wo die Chorbuben an Sonntagen Gregorianik singen. In Rüdesheim steht die Brömserburg mit Weinmuseum, Mittelheim bietet die romantische Basilika St. Ägidius, am Rheinufer in Oestrich steht der alte Kran, das Wahrzeichen des Rheingaus. Einen weiten Blick ins Rheintal hat man von der Terrasse des Schlosses Johannisberg aus, das als ehemaliges Benediktinerkloster auf erhabene Höhe platziert worden ist. Am Rhein bei Erbach steht als Hotel und Weingut das Schloss Reinhartshausen, hoch über den Weinbergen und nahe am Wald thront Schloss Vollrads, trotzig und zugleich verwunschen wirkend. Kunst und Wein, das sind die tragenden Pfeiler, auf denen seit mehr als tausend Jahren die Geschichte des Rheingaus ruht.

Die Verbindung von Kraft und Finesse

So überschaubar die Region ist, so breit gefächert ist die Palette der Weine, je nach Lage, Jahrgang und Weingut. Die stilistische Vielfalt der Rheingauer Rieslinge wurzelt im Sinne des Wortes in den unterschiedlich zusammengesetzten Böden aus Schiefer, Quarzit, Kiesel, Mergel, Sandstein und Löss. Zwei benachbarte Weinberge können bei gleicher Pflege der Rebstöcke und gleicher Ausbaumethode im Keller zwei Rieslinge ergeben, die sich sowohl in Duft als auch in Geschmack merkbar voneinander unterscheiden. Das Terroir, also die Kombination von Boden und Mikroklima, hat im Rheingau eine sehr prägende Wirkung auf den Wein. Besonders deutlich sind die Unterschiede naturgemäß zwischen den einzelnen Ortschaften.

Die spritzigen Weine aus Lorch ähneln mit der eher leichten, feinwürzigen Art ein bisschen den blumigen Gewächsen von der Mittelmosel. Assmannshausen ist Rotweininsel mit zartherben Spätburgundern, auch der Silvaner gedeiht hier gut. Rüdesheim hat die steilsten Weinberge, die besten Kreszenzen kommen von den Berg-Lagen – kraftvoll, zugleich geschmeidig und betont mineralisch. Bei Johannisberg herrschen dichte Frucht und würzige Aromen vor. Winkel produziert kräftige Weine mit kerniger Säure, Hallgarten bezaubert mit herzhaften, fülligen Weinen. Hattenheim und Erbach vereinen Kraft und Eleganz, Kiedrich dagegen Rasse und feine Würze. Die Weine aus Eltville und Walluf sind rund, voll und besitzen eine geschmeidige Fülle. Hochheimer Weine haben zarte, gefasste Körper, sind dabei fruchtdicht und vielleicht eine Spur milder als die kernigeren Rauenthaler, die fruchtbetont und mit kräftiger Würze daherkommen.

Legendär ist die Haltbarkeit der Rheingauer Rieslinge. Selbst Weine aus normalen Jahrgängen benötigen im Schnitt drei bis fünf Jahre, um ihren Höhepunkt zu erreichen. Kapitale Spät- und Auslesen halten sich spielend über zwanzig, dreißig und mehr Jahre, ohne an fruchtiger Rasse einzubüßen; große Trockenbeerenauslesen können mühelos fünfzig und hundert Jahre erreichen. Solche Kreszenzen

waren noch um 1900 teurer als Spitzengewächse aus Bordeaux. Eine Auslese vom Steinberger von der gleichnamigen, mit einer Steinmauer idyllisch eingefassten Premiumlage, zählte – und zählt – wie ein Johannisberger, Gräfenberger, Erbacher oder Hattenheimer weltweit zum Besten der Weinkultur.

Das gloriose Potenzial einer edelsüßen Rheingauer Auslese hat einmal Erwein Graf Matuschka-Greiffenclau vorgeführt. Mit dem rosigen Behagen des Mannes, der sich seiner Sache ziemlich sicher ist, entkorkte er einen 1862er Schloss Vollrads zu einem Essen mit französischen Journalisten. Gleich darauf heimste Matuschka von seinen Gästen artige Komplimente ein, wie frisch der Wein doch für seine 20 Jahre noch schmecke. Der Weingraf wirkte einen Moment irritiert, doch dann überzog ein Leuchten sein Gesicht: „Meine Herren," sagte er, „der Wein ist nicht von 1962, sondern von 1862!" Die Franzosen, stets generös, was die eigenen Weine betrifft, doch mit einer vollautomatisch eingebauten Skepsis gegenüber ausländischen und zumal deutschen Weinen ausgestattet, waren baff. Sie hatten an einen Druckfehler geglaubt, weil sie sich nicht vorstellen konnten, dass ein Riesling sich 120 Jahre lang so prachtvoll halten konnte. Der Wein hatte eine Bernsteinfarbe, aber noch Glanz, er duftete nach Rosen, etwas Quitte mit einem Hauch von Karamell und ein bisschen wie Schiefer. Jeder Schluck war ein ungetrübter Genuss, die bei alten Gewächsen oft verlangte Barmherzigkeit des Liebhabers brauchte nicht bemüht zu werden. Der Wein bezauberte wie der Kuss einer Frau, über deren Lippen nie etwas Böses gekommen ist. Goethe nannte solche Erlebnisse eine „heimatliche Beglückung"!

Ausführliche Jahrgangstabellen zum Rheingau finden Sie im Anhang.

Weingüter mit edelsüßen Weinen

Weingut Fritz Allendorf, Oestrich-Winkel; Weingut Georg Breuer, Rüdesheim; Weingut August Eser, Oestrich-Winkel (siehe S. 87); Weingut Johannishof, Johannisberg (siehe S. 85); Weingut Jakob Jung, Erbach (siehe S. 84); Weingut August Kesseler, Assmannshausen (siehe S. 82); Hessische Staatsweingüter Kloster Eberbach (siehe S. 87); Weingut Peter Jakob Kühn, Oestrich (siehe S. 85); Weingut Franz Künstler, Hochheim; Weingut Hans Lang, Hattenheim (siehe S. 87); Weingut Freiherr Langwerth von Simmern, Eltville; Weingut Heinz Nikolai, Erbach; Weingut Prinz von Hessen, Johannisberg (siehe S. 87); Weingut Balthasar Ress, Hattenheim; Wein- und Sektgut F. B. Schönleber, Oestrich-Winkel; Domäne Schloss Johannisberg, Johannisberg (siehe S. 85); Schloss Reinhartshausen, Erbach (siehe S. 87); Domänenweingut Schloss Schönborn, Hattenheim (siehe S. 84); Weingut Schloss Vollrads, Oestrich-Winkel (siehe S. 84); Weingut Josef Spreitzer, Oestrich; Weingüter Wegeler – Gutshaus Oestrich, Oestrich-Winkel (siehe S. 80); Weingut Robert Weil, Kiedrich (siehe S. 78)

Weingut Robert Weil
Kiedrich

„Ein großer Süßwein
hat ganz einfach alles:
Balance, Authentizität
und Identität!"
Wilhelm Weil

Die Geschichte des Weinguts Robert Weil begann
in den Wirren im Vorfeld des deutsch-französischen
Krieges: Dr. Robert Weil, von seinem Lehrstuhl als
Germanist an der Pariser Sorbonne vertrieben, erwarb
1875 das Weingut in Kiedrich und danach das vom
englischen Baron Sutton im Tudorstil erbaute Herrenhaus in direkter Nachbarschaft zur gotischen Kirche.
Die Winzerei war anfangs das Privatvergnügen eines
Connaisseurs. Doch der Gründer kaufte weitsichtig
nach und nach nahezu den ganzen Gräfenberg und
avancierte zum Hoflieferanten der Kaiserhäuser in
Berlin und Wien. Die heute legendäre 1893er Auslese
ließ Wilhelm II. am 19. Mai 1914 an der „Königlichen
Mittagstafel" zu einer „gefüllten Poularde nach Toulouse" servieren. Auch die Habsburger wussten den
Gräfenberg zu schätzen. Für stattliche 13.000 Gold-

mark hatte das Wiener Hofwirtschaftsamt 1900 bei
Weil 800 Flaschen der 1893er Auslese geordert.

Rheingauer Auslesen hatten auf den Weinkarten der
Grandhotels und bei den Diners von Adel und Groß-
bürgern den gleichen Stellenwert wie die Premiers
Crus aus Bordeaux. Damals erzielte ein edelsüßer
Gräfenberg höhere Preise als selbst die Weine von
Château Margaux und den Rothschilds. Bis heute ist
das Gut weltweit berühmt für seine exquisiten edel-
süßen Kreszenzen der Lage Gräfenberg: Ende des 12.
Jahrhunderts ist dieser Weingarten erstmals als „mons
rhingravii" (Berg des Rheingrafen) erwähnt worden.
Neben dem Gräfenberg widmet sich Weil seit 2005
auch dem Kiedricher Turmberg, einer höher gelegenen
Berglage mit bestem Terroir, die er reaktivierte und

von der zumal in sehr heißen und trockenen Jahren rassige Weine zu erwarten sind. Die 3,8 Hektar sind im Monopolbesitz von Weil.

Eine Zäsur ergab sich für das Weingut 1989, als der Vater von Wilhelm Weil schwer erkrankte und der japanische Konzern Suntory in das Gut einstieg, doch klug genug war, Wilhelm Weil als Verwalter einzusetzen. Die Zusammenarbeit floriert bestens, heute besitzt Weil wieder Anteile am Gut, das seinen Namen trägt, und er fühlt sich als Partner der Japaner, die übrigens kräftig investiert hatten, ohne ihm auch nur ein einziges Mal dreinzureden. Sein Ziel damals lautete: „Wir wollen zu den zehn besten Weingütern in Deutschland gehören." Das Ziel ist seit dem Jahrgang 1992 erreicht, was umso respektabler ist, weil das Gut zwischen 1977 und 1987 nicht gerade auf dem Zenit seiner Möglichkeiten stand.

Die Rebfläche von insgesamt 75 Hektar ist zu 99 Prozent mit Riesling bepflanzt, auf dem Rest steht Spätburgunder. Der Gräfenberg gilt weltweit als einzige Lage, in der seit 1989 jedes Jahr auch höchste Weinprädikate wie Eiswein und Trockenbeerenauslesen geerntet werden konnten. Durchschnittlich dauert die Ernte für die edelsüßen Auslesen von Anfang Oktober bis Mitte Dezember, wobei die erfahrenen Helfer sieben Mal und öfter ausschwärmen, um die edelfaul befallenen Beeren selektiv einzusammeln. Für den Eiswein werden rund zwei Hektar reserviert, mit Folien gegen Regen und Vogelfraß geschützt, dafür werden kerngesund gereifte Trauben geschätzt, denn eine „angefrorene Botrytis" führt leicht zu Bittertönen.

Fragt man Wilhelm Weil nach der besonderen Eigenschaft des Gräfenbergs, wird der Mann poetisch. Der Wein von dieser Spitzenlage ist ihm ein „Tänzer unter den Rheingauern".

Wilhelm Weil im Porträt

Sonnengelb mit altgoldenem Schimmer strömt die 2006er Beerenauslese vom Kiedricher Gräfenberg aus der Karaffe. Im Nu schwillt ein Aromenstrauß aus dem Glas, ein suggestives Bukett aus gelbem Steinobst à la Pfirsich nebst viel Honig, flankiert von etwas Walnuss und tropischen Früchten. Der fein polierte Riesling lässt den Gaumen sanft erzittern und erlaubt seinem

Publikum nur eines: Bewunderung. Große Weine haben wie bedeutende Menschen spezifische, unverwechselbare Merkmale. Das sozusagen genetische Geschmacksbild des Gräfenberg ist seine ziselierte Vielschichtigkeit. Der Wein verbindet fruchtige Kraft mit stilistischer Grazie und der für einen edelsüßen Riesling typischen Finesse. Und er belegt geradezu sinnlich die These von der Wesensverwandtschaft zwischen Winzer und Wein. Der Mann wie das Gut gilt als Synonym für Rieslingnobilität.

Wilhelm Weil, 1963 geboren und seit 1987 Gutsdirektor in vierter Generation des renommierten Weinguts Robert Weil, tritt stets bescheiden auf und ist dennoch unübersehbar. Das nennt man Distinktion. Der hochgewachsene Mann mit dem jungenhaften Lachen, dem lebensbejahenden Optimismus und dem herzerfrischenden Talent zur Selbstironie hat das Gut mit seinem strikt zielorientierten Führungsstil an die deutsche Spitze geführt. Eine andere Seite seines Wesens und nicht die kleinste ist die des Schöngeistes, des Genießers und somit auch vollautomatisch die des Weinliebhabers. Hätte Lubitsch, der große Regisseur, einen Gentlemanwinzer gesucht: der sich gleichermaßen selbstbewusst wie diskret gebende Wilhelm Weil wäre die erste Wahl gewesen.

Worte wie Unmöglichkeit, Bequemlichkeit, gar Ängstlichkeit fehlen komplett im Weil'schen Vokabular, hingegen wird Funktion, gepaart mit gesundem Ehrgeiz und die Lust an der Herausforderung groß geschrieben. In seiner Haltung ist selbst dann, wenn er lecker speist und einen großen Wein genießt, etwas Sehniges, kommt er einem vor wie einer, der auch im Sitzen die Muskeln habtacht stehen lässt. Intellektuelle Haarspaltereien sind ihm sowieso fremd, das rhetorische Lockendrehen auf einer Glatze sogar zuwider, doch liebt er die Diskussion und erfasst er als Geschäftsmann, Winzer und Mensch die Welt durchaus analytisch mit ebenso scharf wie präzise arbeitendem Verstand. Doch traut er auch seiner Intuition eine Menge zu, ohne deshalb wie Parzival mit naiver Einfalt durchs Leben zu gehen.

Kurzum, Wilhelm Weil ist mit der Welt und sich so ziemlich im Reinen, er lebt nach dem Prinzip, wonach das Sein wichtiger ist als der Schein. Das klingt einfach und ist doch der Schlüssel zur Person wie zu den Weinen, zu den Weil'schen Rieslingen, die nicht horizontal, sondern vertikal gegliedert sind: schlank, rassig, elegant, suggestiv.

„Mein eindruckvollstes Erlebnis mit einem edelsüßen Wein war das mit einer Flasche 1921er Château d'Yquem, einem Erbstück. Beim Heraufholen aus dem Keller ist sie mir aus den Händen geglitten ist, hat den Sturz auf den Boden aber schadlos hingenommen. Den Fall habe ich noch eute in Zeitlupe vor Augen." Wilhelm Weil

Weingüter Wegeler
Gutshaus Oestrich
Oestrich-Winkel

Das von der Familie Wegeler-Drieseberg geführte Haus ist bekannt für die Liebe zu den schönen Künsten wie auch zum Riesling mit Profil. In Oestrich steht das Brahmsglas, aus dem der Komponist anlässlich seines Besuchs am 25. Februar 1876 in Koblenz bei Julius Wegeler, dem Musikfreund, Mäzen und Sektproduzent, Rheingauer Wein getrunken haben soll. Das Kompliment des Hausherrn, dieser Wein sei „unter den Weinen, was Brahms ist unter den Komponisten", soll der Maestro artig erwidert haben: „Dann bitte ich doch um ein Glas Beethoven." Das gefiel wiederum Julius Wegeler, dessen Großvater, Franz Gerhard Wegeler (1765-1848), dem gleichfalls aus Bonn stammenden Beethoven zeitlebens als Freund und Arzt eng verbunden war.

Wenig später, 1882, erwarb der in die Deinhard-Dynastie eingeheiratete Julius Wegeler das Weingut in Oestrich nebst weiteren Betrieben in der Pfalz sowie an der Mosel, wo die Familie heute noch über einen erheblichen Besitz am berühmten Bernkasteler Doctorberg verfügt. Dem Gründer ist ein inzwischen zum Kultgewächs erhobener Wein gewidmet, der Geheimrat „J", 1983 vom damaligen Kellermeister Norbert Holderrieth als eine trocken angelegte Cuvée bester Rheingauer Lagen aus der Taufe gehoben. Das war der erste deutsche Châteauwein auf hohem Niveau.

Eine besondere Liebe von Geschäftsführer Dr. Tom Drieseberg gilt freilich den edelsüßen Gewächsen, und in dieser noblen Disziplin hat das Gut viel zu bieten, darunter Trockenbeerenauslesen aus den Jahren 2003, 2005, 2007 von championesquem Format mit sensationellen Oechslewerten zwischen 306 (2003er Geisenheimer Rothenberg TBA), 309 (2005er Geisenheimer Rothenberg TBA) und 312 Grad (2007er Geisenheimer Rothenberg TBA). Auch 2009 zeigte der hinter Geisenheim steil ansteigende Rothenberg sein Talent: 60 Leser haben per Hand die edelfaul geschrumpften Beeren einzeln von den Stöcken gepflückt und über das gemessene Mostgewicht von 291 Grad gejubelt.

Das Weingut verfügt über rund 50 Hektar Weinberge in besten Lagen wie Rüdesheimer Berg Schlossberg und Berg Rottland, Winkeler Jesuitengarten, Geisenheimer Rothenberg, die ausschließlich mit Riesling bepflanzt sind. Die durchschnittliche Jahresproduktion liegt bei 400.000 Flaschen.

Dr. Tom Drieseberg im Porträt

Es ist unmöglich, von Dr. Tom Drieseberg nicht angetan zu sein. Wo der stattlich gewachsene Mann mit den lockig gerollten Haaren auftritt, verbreitet er Fröhlichkeit und Optimismus. Er verfügt über rhetorisches Feuer und mitreißende visionäre Kraft: Eigenschaften, die der 1958 in Neustadt an der Weinstraße geborene und 1993 an der Uni Trier mit einer Doktorarbeit über Lebensstile promovierte Weinfreund erst als Marketingchef bei der Electroluxgruppe einsetzte, bevor er 1998 die Geschäftsführung der Weingüter Wegeler übernahm und dort mit seiner Frau, geborener Anja Wegeler, traditionelle Werte gleichermaßen pflegt wie innovative Weltsicht.

Im Geschäft kann Dr. Drieseberg von benediktinischer Disziplin, ja Härte gegenüber sich selbst sein, wenn es darum geht, ein Ziel zu verfolgen und es auch zu erreichen. Ansonsten ist er eher musisch gepolt, mag den wohlduftenden Sommerflieder, spielt mit seinem Hund, einem Rhodesian Ridgeback, isst glasig gebratene Jakobsmuscheln oder Spinat mit Spiegelei, hört gerne Pink Floyd oder Beethoven und könnte sich vorstellen, mit Hermann Hesse einmal zu Abend zu essen. Kurzum: Er mag eigentlich alles, was schön ist und gut und nobel, von Autos über reife Rieslinge („Dafür stehe ich jederzeit gerne auf!") bis hin zu alten Häusern. Wofür würde er sein letztes Geld ausgeben? „Für ein gutes Essen mit einem ordentlichen Wein."

Das könnte eine Auslese vom Geisenheimer Rothenberg sein. Dieser Lage fühlt sich Dr. Drieseberg besonders verbunden: „Seit 1978 haben wir den größten Teil der Steillagen gepachtet und die Anlagen entsprechend gepflegt, um auch edelsüße Weine ernten zu können. Aber wir steckten in einem Dilemma, da wir nicht Eigentümer, sondern eben nur Pächter dieser Flächen waren. Wir mussten uns mit Berichten über die hohe Güte der Weine zurückhalten, um nicht den Preis für die Lage, deren wahre Klasse nur wenigen geläufig war, dramatisch zu erhöhen." Anfang 2010 war es endlich so weit, konnte Drieseberg den Erwerb des größten und besten Stücks vom Rothenberg feiern.

„Edelsüße Weine sind die ‚Königsweine', die als Elixier außergewöhnlichen Momenten und Personenkreisen vorbehalten sind."
Dr. Tom Drieseberg

„Große Anlässe mit vielen Emotionen verlangen nach edelsüßen Weinen. Damit wird die Bedeutung solcher Momente manifestiert. Oft verlangt aber auch einfach nur eine Speise nach solchen Weinen."
Dr. Tom Drieseberg

Weingut August Kesseler
Assmannshausen

„Zur Gänseleber und
Kuchen trinke ich ganz
besonders gern einen
edelsüßen Wein: Da
kann ich einfach nicht
widerstehen."
August Kesseler

Den Grundstein für das heute 21 Hektar Rebstöcke
umfassende Weingut hat 1924 Josef Kesseler, der
Großvater, mit dem Erwerb der vormaligen Winzergenossenschaft Assmannshausen gelegt. Der Enkel
August Kesseler stieg 1977 nach dem Tod seiner Eltern
in die Winzerei ein, doch so richtig los ging es erst ab
1983, als sich durch den Kauf des Weinguts Valentin
Schlotter die einmalige Chance bot, wertvolle Weingärten zu bekommen. Außerdem war Kesseler, obwohl
erst Mitte zwanzig, damals schon mit viel Erfahrung
gesalbt, denn er hatte außer vier Jahren Weinbaustudium in Geisenheim vor allem intensive Praktika in

Burgund sowie im kalifornischen Napa Valley hinter
sich, dort unter anderem auch bei Robert Mondavi.

Seine Anfänge als unabhängiger Winzer hatten für etliche Kollegen einen irritierenden bis verstörenden Effekt, denn natürlich dachte der selbstbewusste Mann
keinen Augenblick daran, sich brav in die notorische
Traditionslinie des „Das haben wir schon immer so
gemacht" einzufügen. Insbesondere beim Spätburgunder, der entweder lieblich ausgebaut worden ist oder
als seltsam blassfarbenes und eher dünnes Gerinn-
sel, setzte er gleich neue Maßstäbe durch deutliche

Ertragsreduzierung sowie burgundische 228 Liter fassende Pièces aus neuem Holz. Man verrät kein süßes Geheimnis mit der Anmerkung, dass es Kesseler im ersten Überschwang zu gut mit dem neuen und kräftig getoastetem Holz meinte, dass seine Roten nicht genug Struktur hatten, um die Attacken des Eichenparfüms ideal zu integrieren. Er selbst griff alsbald korrigierend ein und forcierte einen stilvolleren Umgang.

Für seine Rotweine heimst August Kesseler nunmehr seit Jahren internationale Auszeichnungen ein. In seinem vinologischen Portefeuille machen sie allerdings nur knapp die Hälfte aus. Gleich viel wert sind ihm die Rieslinge, die überwiegend trocken und als Erstes Gewächs ausgebaut werden. Und oben drüber rangieren die edelsüßen Gewächse, gipfelnd in Trockenbeerenauslesen von feinstem Geblüt.

Das Weingut liegt unmittelbar an der Assmannshausen schroff durchschneidenden Eisenbahntrasse. Besonders sehenswert ist der zweigeschossige Felsenkeller von 1793. Das Rebsortenspektrum umfasst 50 Prozent Riesling, 45 Prozent Spätburgunder und fünf Prozent Silvaner. Beste Lagen: Assmannshäuser Höllenberg (für Spätburgunder), Rüdesheimer Berg Schlossberg, Berg Roseneck, Bischofsberg, Lorcher Schlossberg (für Riesling). Die Jahresproduktion liegt bei durchschnittlich 100.000 Flaschen.

August Kesseler im Porträt

Der Titel sind viele, die August Kesseler im Laufe seines Winzerlebens auf sich bezogen hörte: Er sei ein Avantgardist, ein Romantiker, ein Original, ein Querdenker, ja ein Tausendsassa vom Rheingau und so weiter im Dutzend der psychogrammatischen Etiketten, die man einem Menschen anhängt, von dem man eigentlich nur wenig bis nichts weiß. Besonders unergiebig ist das ihm umgeworfene „Mr. Silvaner", weil er im Rieslingland Rheingau fünf Prozent dieser altfränkischen Rebsorte kultiviert. Er selbst bringt sich am besten auf den Punkt: „Ich bin ein Vollblutwinzer." Basta, stimmt!

Zu den Missverständnissen um seine Person gehört auch die Meinung, er sei nur ein Spezialist für Rotweine. Gewiss erzeugt er einige der besten und auch teuersten deutschen Spätburgunder – die Rebsorte gehört nun mal zu Assmannshausen wie der Korken zur Flasche, aber wer je erlebt hat, mit welchem genüsslichen Gesichtsausdruck August Kesseler die blaue Stunde des Tages mit einem Riesling einleitet, ja zelebriert, ahnt, dass der lebensfreudige Fünfziger viel zu vielschichtig strukturiert ist, um sich weinmäßig nur einer Sorte zu widmen.

Zur besseren Charakterisierung des August Kesseler bedarf es sowieso anderer Worte als solche aus der Weinsprache. Er ist im besten Sinne ein Gentleman. Das deutsche „Herr" klingt zu altväterisch und ungenau. Zudem ist Kesseler anglophil, er liebt Maßanzüge, die er sich bei einem Hamburger Meister und gutem Weinfreund schneidern lässt. Weil gut angezogene Männer in Deutschland rar geworden sind, kann es schon vorkommen, dass sich nicht nur Frauen, sondern auch Männer nach ihm umdrehen, wenn er in perfekt sitzendem Tweed, Cordhose, Maßschuhen und notorisch mit Karoschal sowie Schiebermütze durch Berlin, Düsseldorf oder Köln geht.

„Der älteste bei uns im Haus abgefüllte Wein ist eine 1994er Assmannshäuser Höllenberg Spätburgunder Trockenbeerenauslese Goldkapsel. Ein nach Blüten, Himbeeren und Rosen duftender Wein, dessen ausgeprägte Mineralität und Säure den Gaumen streichelt. Seine feine Süße und der niedrige Alkohol von nur 6,5 Volumenprozent machen diesen Wein beispielsweise zu einem idealen Begleiter der vielen Schokoladenkuchenvariationen meiner Frau."
August Kesseler

Der Sonntagnachmittag ist die beste Zeit für edelsüßen Wein, weil es da bei uns Kuchen gibt und ich dazu weder Kaffee noch Tee möchte. Diese Weinzeit beginne ich entweder mit einem Glas süßen Wein oder Champagner, bevor ich mich in die Küche aufmache, um dann für den Abend zu kochen.   *August Kesseler*

Im Weingut Johannishof in Johannisberg wird seit 1685 Weinbau betrieben.

Weitere Weingüter

Weingut Schloss Vollrads, Oestrich-Winkel

Der Mythos lebt und das ist nicht selbstverständlich. Als sich Erwein Graf Matuschka-Greiffenclau im August 1997, gerade mal 59 Jahre alt, wegen ihm unüberwindlich erscheinender finanzieller Probleme das Leben nahm, war offen, was aus dem 800-jährigen Weingut werden würde. Schon 1975 stand es mit Vollrads, das Matuschka in ziemlich marodem Zustand vom Vater übernommen hatte, nicht zum Besten. Doch der exzellente Sportsmann packte als Jungwinzer an und führte das Weingut in die Höhe – praktisch nebenbei war er weltweit als Prophet für den deutschen Riesling und dessen Bedeutung als Speisenpartner unterwegs, bis ihn berufliche wie private Widrigkeiten in die Knie zwangen.

Dass der Mythos von Schloss Vollrads wieder lebt, dass sich diese seit 1211 urkundlich nachweisbare Ikone des deutschen Rieslings erneut in der oberen Weinliga des Rheingaus etabliert hat, ist das Verdienst von Dr. Rowald Hepp, dem Gutsdirektor seit 1999. Zum Schloss gehören 63 Hektar Rebfläche, auf denen exklusiv Riesling steht. Die exponierte Lage hoch über dem Rhein hat in kühlen Jahrgängen den Weinen eine ziemlich herrische Säure mitgegeben, doch in heißen und trockenen Herbsten trumpfte Vollrads mit Gewächsen von faszinierend rassiger Brillanz auf. Durch den Klimawandel hat sich die Situation insgesamt zugunsten der Vollradser Weinlagen geändert.

Schloss Vollrads ist im Besitz der Nassauischen Sparkasse. Sehenswert ist der ursprünglich von den Greiffenclaus bewohnte Wasserturm aus dem 14. Jahrhundert. Restaurant und Vinothek stehen zur Verfügung. Im Jahresschnitt werden 500.000 Flaschen gefüllt.

Domänenweingut Schloss Schönborn, Hattenheim

Mit Schönborn lässt sich vieles assoziieren, vor allem Tradition (das Gut ist seit 1349 aktenkundig), beste Lagen und feine edelsüße Weine, allerdings auch eine längere Schwächephase, in der das natürlich große Potenzial nicht optimal ausgeschöpft worden ist. Seit einigen Jahren sind die Weine wieder salonfähig. Peter Barth, der als Betriebsleiter 2001 von Langwerth von Simmern zu Schönborn wechselte, führt das Gut kontinuierlich nach oben, also dorthin, wo es dank seiner Premiumlagen auch hingehört. Die klingen dem Weinfreund süß wie Schalmeien: Erbacher Marcobrunn, Hattenheimer Nussbrunnen sowie Pfaffenberg (im Alleinbesitz), Rüdesheimer Berg Schlossberg, Hochheimer Domdechaney.

Die Rebfläche umfasst 50 Hektar, davon 91 Prozent Riesling. Die durchschnittliche Jahresproduktion liegt bei 300.000 Flaschen.

Weingut Jakob Jung, Erbach

Getreu der These, wonach die Weine charakterlich ein Bild ihres Erzeugers widerspiegeln, umgibt die Erbacher Kreszenzen des 1799 gegründeten Jung'schen Gutes eine Aura von klarer Strahlkraft. Sowohl Ludwig Jung, der Senior, wie Sohn Alexander, der seit 2008 das Gut führt, sind begeisterungsfähige Naturen, erdgepolt, zielgerichtet und fröhlich. Sie streben nach Rieslingen „mit Kraft und Körper, die zugleich fein, spielerisch und lebendig sind, die anregen und Lust machen auf das nächste Glas". Die Arbeit ist aufgeteilt, Ludwig Jung sorgt für „eine optimale

Der Spätlesereiter auf Schloss Johannisberg.

Pflege der Weinberge im Sinne eines kontrolliert öko-logischen Anbaus", während Alexander für die Keller-kultur zuständig zeichnet. Für die Beschreibung eines idealen edelsüßen Rieslings müssen beide nicht lang-mächtig überlegen: „Er sollte intensive und zugleich vielfältige feine Aromen aufweisen, gepaart mit einer eleganten sauberen Botrytis, die nicht bitter ist. Die Süße sollte in Harmonie zum Körper und zur Säure stehen, nicht vordergründig oder gar überlaut sein. Ein langer Nachhall ist Bedingung für einen großen Wein."

Das Gut umfasst 12 Hektar Rebfläche (82 Prozent Riesling) in besten Erbacher Lagen wie Michelmark, Steinmorgen, Hohenrain und Siegelsberg. Die durch-schnittliche Jahresproduktion liegt bei 80.000 Flaschen.

Weingut Peter Jakob Kühn, Oestrich

Der biodynamisch arbeitende Winzer ist so eigenwillig wie auch seine Weine eigenständig sind im Sinne eines ausdrucksstarken Stils, bei dem Charakter vor glatter Schönheit kommt. Kühn ist der beste Interpret seiner Philosophie: „Wenn im Herbst die vollen saftigen Trau-ben in den Keller kommen, dann kommt es bei allem, was wir tun, auf den richtigen Augenblick an. Um den Ursprung unserer Weine unverfälscht zum Ausdruck zu bringen, gehen die Moste ohne jede Manipulation der Süße oder Säure in die Gärung. Nur so kann ein präzises Abbild der natürlichen Vielfalt und Leben-digkeit entstehen. Zur Harmonisierung der einzelnen Komponenten braucht es einen vollkommen ruhigen Ausbau. Wenn eine Naturschönheit reift, dann kommt ihre Persönlichkeit immer deutlicher zum Ausdruck, ganz entspannt und wie von allein. Das ist altherge-bracht und modern zugleich: einfach zeitlos."
Zum Gut gehören 16 Hektar mit 85 Prozent Riesling und 15 Prozent Spätburgunder. Spitzenlagen sind:

Oestricher Lenchen und Doosberg sowie Mittelheimer St. Nikolaus. Die durchschnittliche Jahresproduktion liegt bei 95.000 Flaschen. Kühn verschließt die Weine mit Kronkorken anstelle von Naturkork.

Weingut Johannishof, Johannisberg

Die Weine des 1685 urkundlich belegten Familienguts rangieren zwischen gediegen und brillant. Hans-Her-mann Eser, der das Geschäft bereits an Sohn Johannes übertragen hat, aber noch kräftig mitarbeitet, gehört zu jenen selbstbewussten Bürgerwinzern, die aktiv an der Renaissance des Rheingaus mitgewirkt haben. Die Weingärten umfassen rund 20 Hektar, bestockt mit 99 Prozent Riesling und einem Prozent Weißbur-gunder. Spitzenlagen: Rüdesheimer Berg Rottland, Winkeler Jesuitengarten, Johannisberger Hölle und Klaus. Die durchschnittliche Jahresproduktion beträgt 120.000 Flaschen. An Wochenenden und Feiertagen ist der einer Schlösschenarchitektur nachempfundene Weintempel für Verkostungen geöffnet.

Domäne Schloss Johannisberg, Johannisberg

Kritische Anmerkungen an der Klasse der Weine wer-den von gusseisernen Traditionalisten unter Verweis auf den enormen historischen Glanz des Schlossguts gerne als unartig empfunden. Aber auch heilige Wein-kühe haben kein Lebensrecht auf Barmherzigkeit und Tatsache ist, dass die Gewächse von Schloss Johannis-berg eine Zeit lang nicht dem großen, der Vergangen-heit entlehnten Ruf entsprachen. Mit Christian Witte, der im Sommer 2004 die Leitung übernahm, kehrte sukzessive wieder erstklassige Qualität ein, wird an die Glorie früherer Jahrzehnte angeknüpft. Die ur-kundliche Geschichte des Gutes beginnt um 1100 als Benediktinerkloster, das barocke Schloss stammt aus dem 18. Jahrhundert.

Schloss Johannisberg thront hoch über dem Johannisberg und gilt als älteste Rieslingdomäne der Welt.

Kloster Eberbach

Weitestgehend unterirdisch verläuft der Steinbergkeller der Hessischen Staatsweingüter Kloster Eberbach in der berühmten Lage Steinberg.

Seit Clemens Wenzeslaus Lothar Fürst von Metternich-Winneburg, der 1816 für seine Verdienste als Habsburger Staatskanzler beim Wiener Kongress das Gut vom österreichischen Kaiser Franz I. übereignet bekam, werden die Weinqualitäten mit Farben gekennzeichnet – früher noch in Siegellack, heute sind es farbige Kapseln. Die edelsüße Abteilung ist folgendermaßen kategorisiert: Rosa für Auslese, Rosa-Gold für Beerenauslese, Gold für Trockenbeerenauslese, Blau für Eiswein. Früher gab es noch Gold-Blau für beste Auslesen. Christian Witte mag bei seinem Antritt ein Verdikt des alten Metternich vor Augen gehabt haben, der 1847 mahnte: „Man erwartet von so theuren Weinen, wie es die Johannisberger Cabinetsweine sind, mit Recht, daß ihre ersten Qualitäten alle jene Süße und Feinheit, alle den Geist concentriren, welche die Natur in die Frucht, aus welcher sie als Product hervorgehen, gelegt hat."

Die 35 Hektar Rebfläche sind komplett mit Riesling bepflanzt, die beste Lage heißt schlicht Schloss Johannisberger. Durchschnittlich werden pro Jahr um die 250.000 Flaschen gefüllt. .

Weingut Hans Lang, Hattenheim

Seit 1972 führt Johann Maximilian „Hans" Lang das 1953 vom Vater gegründete Weingut. Der Schwerpunkt liegt bei den trocken ausgebauten Weinen, aber selbstverständlich empfindet Hans Lang die Pflege edelsüßer Kreszenzen als kulturelle Verpflichtung. Die 18 Hektar Weingärten bester Lagen wie Hattenheimer Wisselbrunnen sowie Hassel sind besetzt mit 75 Prozent Riesling, 15 Prozent Spätburgunder, 5 Prozent Weißburgunder, je 2 Prozent Chardonnay sowie Silvaner und 1 Prozent Grauburgunder. Die durchschnittliche Jahresproduktion liegt bei 160.000 Flaschen. Hans Lang betreibt eine Vinothek mitten in Hattenheim.

Weingut August Eser, Oestrich-Winkel

Désirée Eser, diplomierte Önologin, leitet seit 2007 engagiert und mit Sinn fürs Höhere das Familiengut mit Spitzenlagen in diversen Gemeinden. Ein Teil des Oestricher Lenchens gehört ebenso zum Besitz wie Anteile am Winkeler Hasensprung und an den berühmten Brunnenlagen in Hattenheim, Wisselbrunnen und Nussbrunnen. Insgesamt bewirtschaftet die Familie 10,4 Hektar, bepflanzt mit 90 Prozent Riesling und 10 Prozent Spätburgunder. Die Gesamtjahresproduktion liegt bei 90.000 Flaschen. Sehenswert ist der alte Holzfasskeller, idyllisch der weinrebenüberdachte Innenhof des 1650 erbauten Gutshofes.

Weingut Prinz von Hessen, Johannisberg

Altehrwürdig ist der Name, jung die Bestrebungen, das Gut qualitativ wieder nach oben zu führen. Dafür haben die Eigner, Landgraf Moritz von Hessen sowie sein Sohn Prinz Donatus im Namen ihrer Hausstiftung einiges getan. Man hat mittelmäßige Weingärten abgestoßen, hat investiert, sodass Dr. Clemens Kiefer als Gutschef bessere Voraussetzungen für den Marsch nach oben hat. Die 33 Hektar sind mit 91 Prozent Riesling sowie je 3 Prozent Weißburgunder, Spätburgunder und Merlot bestockt. Toplagen: Johannisberger Klaus, Winkeler Hasensprung, Jesuitengarten und Dachsberg, Kiedricher Sandgrub. Die Jahresproduktion liegt bei 200.000 Flaschen.

Schloss Reinhartshausen, Erbach

Der Blick zurück weckt zurzeit mehr Gloriole als die Gegenwart. Zwar ist Walter Bibo als Betriebsleiter im Auftrag der Besitzer, die sich „Freunde von Reinhartshausen" nennen, um Qualität bemüht. Die Erste-Sahne-Lagen provozieren geradezu zwingend Spitzenweine in allen Kategorien von trocken bis edelsüß. Aber es fehlen noch einige Quäntchen, um das große Potenzial zur Wirkung zu bringen. Zum Besitz gehören ein Hotel, die Rheininsel Mariannenaue sowie eine Gutsschenke im Schlosshof. Die 75 Hektar sind bepflanzt mit 78 Prozent Riesling, 7 Prozent Weißburgunder, 5 Prozent Spätburgunder, je 2 Prozent Chardonnay und Grauburgunder nebst 6 Prozent weiteren Sorten. Jährlich werden rund 500.000 Flaschen gefüllt.

Hessische Staatsweingüter Kloster Eberbach

An erhabener Historie mangelt es nicht, beginnend 1136 mit der Gründung durch Zisterzienser, die in den folgenden Jahrhunderten maßgeblich die Weinkultur im Rheingau prägten. Im Rahmen der Säkularisation unter Napoleon kam das Gut 1803 in Adelsbesitz, ab 1945 firmiert es als hessisches Staatsweingut. Es gab auch qualitative Irrungen, die Dieter Greiner als Gutschef zunehmend auszuschalten vermag. Insbesondere der 2008 eingeweihte Weinkeller, weitgehend unterirdisch in den Eingeweiden der berühmten Lage Steinberg für 15,8 Millionen Euro gebaut, wirkt qualitätsfördernd. Traditionell gilt edelsüßen Rieslinggewächsen das besondere Engagement. Mitverwaltet wird die Domäne Assmannshausen.

Die 140 Hektar Rebfläche sind zu 99 Prozent mit Riesling bepflanzt – 1 Prozent sind weiße Burgundersorten. Die durchschnittliche Jahresproduktion umfasst rund 1,2 Millionen Flaschen.

Ahr

Steile Hanglagen, auf denen bevorzugt Spätburgunder steht, burgundisch auch Pinot noir genannt, prägen die an dramatischer Schönheit reiche Landschaft an der Ahr. Mit 560 Hektar gehört die Region zu den kleinen Anbaugebieten. Etwa 86 Prozent der Rebsorten sind rot, der Riesling vom Schieferboden spielt eine kleine, aber feine Rolle. Edelsüße Gewächse sind eher die Ausnahme als die Regel. Immerhin hat man im Deutzerhof Cossmann-Hehle im Dezember 2009 einen Rieslingeiswein mit 163 Grad Oechsle in der Steillage Altenahrer Eck gewonnen.

Weingüter mit edelsüßen Weinen
Weingut Deutzerhof-Cossmann-Hehle, Mayschoß;
Winzergenossenschaft Mayschoß-Altenahr, Mayschoß

Baden

Baden ist mit seinen 16.000 Hektar Rebfläche das drittgrößte Weinanbaugebiet Deutschlands. Die Weine bekommen zwischen Ortenau, Kaiserstuhl und Markgräfler Land im Schnitt mehr Sonne ab als in den anderen Regionen. Das gibt Kraft, Fülle und auch Feuer. Am besten gedeihen die burgundischen Rebsorten Grauburgunder (in Deutschland auch Ruländer genannt, in Frankreich Pinot gris, in Italien Pinot grigio), Weißburgunder sowie Spätburgunder (Pinot noir) bei den Rotweinen. Spezialitäten sind Traminer und Muskateller, ferner Gutedel als Leitrebe des Markgräfler Landes. Die Ortenau ist eine Enklave für den Riesling, hier und nur hier seit alters her auch Klingelberger genannt. Am Bodensee wachsen schwerpunktmäßig süffige Weine, doch gibt es auch edelsüße Gewächse wie beispielsweise eine köstliche Müller-Thurgau-Trockenbeerenauslese vom Weingut Markgraf von Baden. Auch die 1971er Beerenauslese Eiswein vom Hohentwieler Olgaberg des Staatsweinguts Meersburg bestach noch 30 Jahre danach durch honigsüße Raffinesse.

Bedeutende Güter und Winzer

Weingut Bercher, Vogtsburg-Burkheim
Als uralter badischer Winzeradel ist die Familie Bercher in neunter und zehnter Generation eine erstklassige Adresse für Weine, die, weiß wie rot, die Signatur des Kaiserstuhls im Sinne von lagentypi-

schen Charakteristika in sich tragen. Wenn die Natur mitspielt, gibt es auch edelsüße Kreszenzen – wie 2008 einen Muskateller Eiswein von bezaubernder Finesse.

Gräflich Wolff Metternich'sches Weingut, Durbach
Gertraud Hurrle führt als Eignerin das seit über 800 Jahren bestehende Gut mit dem ältesten Sauvignon-blanc-Weingarten in Deutschland. Die Neigung zu süßen und edelsüßen Weinen wird dokumentiert durch eine Reihe von Auslesen sowie vor allem reich geschichteten Eisweinen und Trockenbeerenauslesen von Scheurebe, Traminer und Sauvignon blanc. Mit Rasse und klarer Finesse überzeugt der Rieslingeiswein von 2001.

Weingut Dr. Heger, Ihringen
Joachim Heger führt das 1935 von seinem Großvater Dr. Max Heger, einem auf Winzer umgesattelten Arzt, gegründete Gut seit 1992 in der dritten Generation mit dem Ihringer Winklerberg als Spitzenlage. Neben samtigen Spätburgundern und Weißweinen von geschmeidiger Fülle pflegt Heger mit Begeisterung auch das edelsüße Feld. Sein Muskateller Eiswein vom Ihringer Winklerberg aus dem Jahr 2008 fasziniert durch traubige Klarheit. Die 2008 Ihringer Winklerberg Scheurebe Trockenbeerenauslese ist dicht gewoben und kündet vom Riesling als einem ihrer rassigen Ahnherren. Kurzum: Heger formt auch die Edelsüßen zu Eleganz.

Weingut Karl H. Johner, Bischoffingen
Der 1951 im Badischen geborene Karl Heinz Johner ist ein Mann mit liebenswürdigen Umgangsformen und sanfter Stimme, doch präziser, sehr individuell geprägter Vorstellung von der Beschaffenheit seiner Weine. Man kann auch sagen: ein Querdenker mit Charme. Nach Jahren als erfolgreicher Weinberater englischer Güter kam Johner zurück an den Kaiserstuhl, wo er 1985 mit Frau Irene seinen eigenen Betrieb baute und gleich für Aufsehen sorgte, weil er jeden Wein ins Barrique steckte. Johner schwört aufs neue Holz als Medium für zusätzliche strukturelle und aromatische Kraft. 1998 gründete der anglophile Burgunderfan die Johner Estates im neuseeländischen Wairarapa, wo 2009 ein Noble Sauvignon blanc als Beerenauslese mit finessiger Edelsüße gekeltert worden ist.

Die Liebe von Karl Heinz und seinem Sohn Patrick gilt den burgundischen Rebsorten, vor allem dem Pinot noir, doch wird auch edelsüßen Weinen die gebührende Referenz erwiesen, wie beispielsweise 2005 einer fulminanten Chardonnay Beerenauslese (eigentlich eine Trockenbeerenauslese!) mit 214 Gramm Restzucker pro Liter und einer suggestiven Aromatik nach getrockneten und kandierten tropischen Früchten. Feine Rosentöne strahlt die Gewürztraminer Auslese von 2008 aus, und unter dem Titel „Saint Patrick" werden, so die Natur mitspielt, jedes Jahr Beerenauslesen als Cuvées burgundischer Rebsorten präsentiert, je nach Jahrgang ergänzt mit Sauvignon blanc oder Gewürztraminer (zum Beispiel 2008 Saint Patrick, eine Cuvée von Grauburgunder und Auxerrois nebst etwas Gewürztraminer:

Im Gewölbekeller aus naturbelassenem Granitgestein werden die Spitzenrotweine des Weinguts Heinrich Männle ausgebaut

Der berühmte Ihringer Winklerberg mit seinen bis zu acht Meter hohen Stützmauern gilt als wärmste deutsche Lage.

dichter Fruchtkörper mit Noten von Honig, Rosenholz, getrockneten Aprikosen, Litschi und Zitrusfrüchten, zart karamellig unterlegt – 204 Gramm Restzucker pro Liter.)

Weingut Andreas Laible, Durbach

Die Weine von Andreas Laible, der mit Sohn Andreas das seit 1672 im Familienbesitz befindliche Gut mit dem Plauelrain als Premiumlage ebenso bestimmt wie erfolgreich führt, bestechen durch ihre Fruchtdichte und sortentypische Charakteristik. Die Auslesen von Riesling, Scheurebe sowie Gewürztraminer verfügen über starke Körper und eins feines Süße-Säure-Spiel.

Weingut Heinrich Männle, Durbach

Ein guter Name für Spätburgunder von kraftvoller Art, samtig und vielschichtig. Auch die Weißweine zeugen von feiner Hand. Heinrich Männle und Tochter Sylvia stehen für Tradition und Fortschritt im 1737 von der Familie erworbenen „Erbhofgut". Die trocken ausgebauten Weine bilden das Hauptprogramm, doch gelingen nahezu jedes Jahr auch vorzügliche edelsüße Weine wie die im Barrique ausgebaute Durbacher Bienengarten Beerenauslese vom 2007er Spätburgunder. Beachtenswert sind die Eisweine: 2001er Clevner (Synonym für Traminer) und 2007er Scheurebe (konzentrierte Süße, erinnert an Blüten und gelbe Früchte, gewürzig flankiert).

Weingut Schloss Neuweier, Baden-Baden

Das Traditionsgut mit Wurzeln zurück bis ins 12. Jahrhundert ist 1992 von der Unternehmerin Gisela Joos quasi wachgeküsst und aufwendig restauriert worden. Vom Riesling, der hier auch in seiner trockenen Version feinnervig gerät, gelingen Kellermeister Alexander Spinner in guten Jahren grazil strukturierte Auslesen, die übrigens seit dem 18. Jahrhundert in dieser Region in Bocksbeutel gefüllt werden.

Winzergenossenschaft Königschaffhausen

Als Rarität gilt der im Dezember 2009 mit 194 Grad Oechsle gelesene Eiswein vom Cabernet Sauvignon. Praktisch gelingen den Genossen vom Nordrand des Kaiserstuhls jedes Jahr edelsüße Gewächse zwischen Beerenauslese, Trockenbeerenauslese und Eiswein aus den Rebsorten Spätburgunder, Ruländer, Scheurebe und Gewürztraminer.

Winzerkeller Auggener Schäf, Auggen

Wie es sich im Markgräfler Land gehört, spielt die Rebsorte Gutedel die Hauptrolle bei den Genossen aus Auggen. Neben den trockenen Versionen und etlichen lieblichen Gewächsen von harmloser Natur gibt es unter Raritäten auch einige klassische Edelsüße wie die Gutedel Trockenbeerenauslese von 2004 (227 Gramm Restzucker pro Liter, füllige Süße nach Honig und getrockneten sowie kandierten Früchten) oder der klar strukturierte Gutedeleiswein von 2008 (Honig, eingelegte Birnen und Aprikosen nebst apartem Hauch von Rosen und Cassis).

Franken

Lieblich sind die fränkischen Madonnen und prägnant die Weine in den bauchigen Bocksbeuteln. „Kein anderer will mir so schmecken", hatte Goethe geschwärmt, aber das hielt den Dichter und Genießer nicht davon ab, auch den Rheingauer, Burgunder und Champagner hoch zu preisen. Charakteristisch für trocken ausgebaute Frankenweine ist ihre markante Aromatik, die gerne als „erdig" bezeichnet wird. Tatsächlich weisen die „Steinweine", wie sie auch genannt werden, eine deutliche mineralische Note als Mitgift des Bodens auf. Bei den edelsüßen Gewächsen ist diese Mineralität naturgemäß weitgehend von der Süße überstrahlt, doch ist selbst hochgradigen Auslesen eine gewisse kernige Art zu eigen. Ein interessantes Denkmal altfränkischer Winzerkunst ist ein Wein aus dem 16. Jahrhundert – angeblich von 1540, einem extrem trockenen Jahr –, der als Rosinenwein ins Holzfass und dort erst 150 Jahre später in Flaschen gefüllt worden ist. Der Wein, 1979 in einer kleinen Runde verkostet, roch und schmeckte nach Malz, altem Honigmet und fast ein bisschen so wie ein 100-jähriger Balsamico Tradizionale, aber bitte: Er zeigte noch Leben, bevor er nach etwa 15 Minuten melancholisch im Glas erstarb.

Bedeutende Güter und Winzer

Weingut Bürgerspital zum Heiligen Geist, Würzburg

Edelsüße Weine zählen zum Selbstverständnis dieses renommierten Guts, das als Stiftung über eine fast 700-jährige Tradition verfügt und seit dem 16. Jahrhundert als Bürgerspital geführt wird. Aus einer Serie von Auslesen, wie sie jedes Jahr geerntet werden, ragen zwei Edelsüße besonders hervor: 2002 Würzburger Abtsleite Riesling Eiswein (vertikal strukturierter Fruchtkörper mit Aromen nach Aprikose, Zitrusfrüchten, Honig) sowie 2008 Würzburger Stein-Harfe Silvaner Trockenbeerenauslese (üppiger Fruchtkörper, duftet und schmeckt nach Honig, getrocknetem Kernobst und südlichen Früchten à la Feigen mit nussigen Einsprengseln).

Fürstlich Castell'sches Domänenamt, Castell

Das seit dem 13. Jahrhundert mit dem Wein verbundene, heute von Ferdinand Erbgraf zu Castell-Castell in der 26. Generation geführte Gut genießt einen vorzüglichen Ruf für trockene wie edelsüße Kreszenzen. Letztere werden aus Silvaner, Riesling und Rieslaner (Kreuzung zwischen Silvaner und Riesling) gewonnen. „Flüssiges Gold aus dem Schlossberg" vermittelt laut Erbgraf zu Castell-Castell unter anderem die fein gebaute 1967er Schloßberg Silvaner Beerenauslese von 202 Grad Oechsle – wenn auch inzwischen geläutert.

Der malerische Weinort Castell schmiegt sich unterhalb des Schlossberges an den Hang.

Weingut Graf von Schönborn, Schloss Hallburg, Volkach

Der Hallburger Schlossberg ist die Monopollage des nahe Volkach gelegenen Guts, idyllisch eingebettet zwischen dem Main und sanften Hügeln. Georg Hünnerkopf führt seit 1984 die Regie, ihm gelingen immer wieder kapitale Edelsüße wie die 2008er Silvaner Trockenbeerenauslese mit 311 Gramm Zucker pro Liter oder die 2008er Riesling Trockenbeerenauslese, die einem mit ihrem dicht gewobenen, von gelben Früchten, Honig und Orangenzesten gestaltetem Körper die Nase achtungsvoll vibrieren lässt. Die betont rassige Säure hält die 386 Gramm Restzucker freilich in Schach und sorgt für eine raffinierte Balance nebst Länge – allerdings mit dem Rufzeichen, diesem Fruchtriesen noch etliche Jahre der Reife zu gönnen.

Weingut Juliusspital, Würzburg

Die Auslesen vom Juliusspital – 1576 als mildtätige Stiftung gegründet – verfügen über gewisse Klasse, aber man fragt sich, ob das enorme Potenzial der Lagen nicht zielstrebiger genutzt werden könnte.

Weingut Horst Sauer, Escherndorf

Die banalen Witzchen über seinen Namen im Kontext zu den Weinen lassen Horst Sauer nicht einmal mehr lächeln. Der Mann weiß, was er kann, und Tochter Sandra hilft ambitioniert mit. Der Silvaner, in anderen Regionen nicht mehr als eine brave Dienstmagd, die ihre Arbeit anständig, doch ohne jegliches Genie verrichtet, spielt in Franken und zumal im Hause Sauer ihre Tugenden vollendet aus. Das gilt insbesondere für die edelsüßen Gewächse wie eine brillant geschichtete, geradezu strahlende 2008er Escherndorfer Lump Trockenbeerenauslese. Die feine Hand von Vater und Tochter Sauer zeigt sich auch bei den Beerenauslesen sowie der rassigen Escherndorfer Lump Riesling Trockenbeerenauslese von 2008.

Weingut Schmitt's Kinder, Randersacker

Runde 300 Jahre existiert das Familiengut, das heute in zehnter Generation geführt wird und – nach einem kleinen Durchhänger – ab 2007 zu den besten fränkischen Betrieben zählt. Zirka zwei Drittel der Weine werden trocken abgefüllt, der Rest als „fruchtig-halbtrocken" deklariert. Lobenswert sind die edelsüßen Trockenbeerenauslesen wie die vom Rieslaner, von den Schmitts als „faszinierende Spezialitäten" gepriesen – wie der im Dezember 2009 am Randersackerer Sonnenstuhl bei elf Grad Minus eingeholte Silvaner Eiswein mit 212 Grad Oechsle.

Hessische Bergstraße

Mit gerade mal 440 Hektar Weingärten rund um Zwingenberg, Bensheim, Heppenheim und dem insular gelegenen Groß-Umstadt ist die Hessische Bergstraße ein kleines Anbaugebiet. Das mediterrane Klima – der Frühling kommt früh, der Winter spät – lockt Gäste zu Tausenden zu den diversen Weinfesten, bei denen das Gros der Ernte konsumiert wird.

Dank der hohen Traubenreife erzielen die Winzer auch edelsüße Spezialitäten. So konnten Genossen der Bergsträßer Winzer 2009 gleich zwei Eisweinrekorde vorweisen: 271 und 274 Oechsle für Rieslingpartien in Heppenheimer Lagen. Bereits 2008 gelangen der Winzerschaft zwei Spätburgunder Eisweine von cremiger Opulenz. Eine Besonderheit im Weingut Simon-Bürkle in Zwingenberg ist der 2004er Cabernet Sauvignon Eiswein aus der Lage Auerbacher Höllberg. Die große Spezialität bei den Hessischen Staatsweingütern Domaine Bergstraße in Bensheim ist der 2008er Riesling Eiswein vom Heppenheimer Centgericht.

Weingüter mit edelsüßen Weinen
Bergsträßer Winzer, Heppenheim; Hessische Staatsweingüter Domaine Bergstraße, Bensheim; Weingut Simon-Bürkle, Zwingenberg

Mittelrhein

Im Windschatten der allgemeinen, auch international stark ausstrahlenden Renaissance des Rieslings erlebt der Mittelrhein einen Aufschwung an Qualität und Aufmerksamkeit. In dem 460 Hektar Weingärten zählenden Anbaugebiet, malerisch burgengesäumt am Rhein zwischen Bacharach und Königswinter gelegen, spielt der Tourismus eine starke Rolle mit dem Effekt, dass der meiste Wein auch direkt vor Ort vermarktet wird. Die Stichworte lauten Rheinromantik und Loreley. Und weil der Breitengeschmack offenbar immer noch in Richtung liebliche Tropfen tendiert, bauen die Winzer dienstfertig einen erheblichen Teil ihrer Weine mit Restsüße aus. Oberhalb dieser als „halbtrocken" und „feinherb" deklarierten Designerweine und im Rahmen der neuen Rieslingkultur ist seit etwas mehr als zehn Jahren freilich eine deutliche Verbesserung der Weingüte auch im trockenen Bereich zu konstatieren. Man findet ihn wieder, den klassischen

Blick auf den Loreleyfelsen im Mittelrheintal.

Mittelrhein-Riesling: eher schlank als breit gebaut, mehr rassig und finessig als weich und wuchtig angelegt. Die gleichen Kriterien gelten für die edelsüßen Weine, die zurzeit noch keine große Bedeutung haben, doch künftig, bedingt durch Klimaerwärmung und vor allem den Ehrgeiz der neuen Winzergeneration, an Wert gewinnen können.

Bedeutende Güter und Winzer

Weingut Matthias Müller, Spay

Rund 300 Jahre ist die Familie dem Weinbau verbunden und ringt den steil aufragenden Hängen das deutsche Geschmacksprogramm von trocken über halbtrocken und lieblich bis edelsüß ab. Letzteres wird repräsentiert durch filigran gewobene Auslesen – übrigens zu ausgesprochen fairen Preisen um die 15 Euro –, finessenreichen Beerenauslesen und eine elegante 2007er Trockenbeerenauslese vom Bopparder Hamm Mandelstein.

Weingut Weingart, Spay

Florian Weingart ist diplomierter Weintechniker und ein Idealist obendrein, der zwei Hektar brachliegende Weingärten in den Steillagen oberhalb von Boppard rekultivierte und damit ein Zeichen für Optimismus setzte. Weingart bietet trockene Spätlesen, auch restsüße Kabinettsweine sowie edelsüße Kreszenzen wie die 2007er Bopparder Hamm Riesling Auslese mit ihrer feinen, ja zart ziselierten Süße und einem fast heiter zu nennenden Aromenspektrum aus Steinobst, Blüten und etwas Honig nebst einer sanften Zitrusfrische.

Ein Unikat ist die „7 & 8" titulierte Riesling Trockenbeerenauslese vom Bopparder Hamm. Weil die 2007 mit 220 Grad Oechsle geerntete Partie auch ein Jahr danach nur bis zu drei Prozent Alkohol vergoren war, entschloss sich Florian Weingart, diese Essenz mit der 2008 in der gleichen Lage mit immerhin 190 Grad Oechsle gelesenen Trockenbeerenauslese zu vereinen. Als Resultat vergor die Cuvée nun endlich bis auf sechs Prozent Alkohol und genügte somit dem Gesetz, das für Wein einen Mindestalkohol von 5,5 Prozent vorschreibt. Allerdings durfte der Wein nur ohne konkrete Jahrgangsangabe angeboten werden. Diese einmalige Trockenbeerenauslese verbindet die traubige Fülle von 2007 ideal mit der komplexen und rassigen Finesse von 2008. Weingart bringt es auf den Punkt: „Und geschmacklich fügt es sich traumhaft."

Weitere Weingüter mit edelsüßen Weinen

Weingut Didinger, Osterspai; Weingut Toni Jost-Hahnenhof, Bacharach; Weingut Lanius-Knab, Oberwesel; Weingut August und Thomas Perll, Boppard; Weingut Ratzenberger, Bacharach

Nahe

Die Nahe galt lange als niedliches, irgendwie verwunschen verwirkendes Gebiet am 50. Breitengrad vis-à-vis des Rheingaus, durchflossen von der Nahe, die bei Bingen in den Rhein mündet. Wegen der vielen kultivierten Rebsorten sprach man lächelnd vom Mustergärtlein Deutschlands, und die Weine, so heißt es noch bis heute, seien charaktermäßig eingeordnet zwischen den muskulöseren Pfälzern, den großzügigen Rheingauern und der floralen Filigranität der Mosel. Tempi passati! Die Nahe ist erwachsen geworden, Spitzenwinzer wie Hermann Dönnhoff, Werner und Frank Schönleber, Armin und Caroline Diel sowie Tim Fröhlich haben längst zu einer eigenständigen Stilistik gefunden. Weine dieser Winzer sind keine Anhängsel mehr an den Rhein, sondern originär Nahe mit eigenständigem Profil fernab jeglicher Uniformität. Die Beschaffenheit der Böden ist in Kombination mit den kleinklimatischen Verhältnissen sehr vielfältig. Und die frühere, identitätshemmende Vielfalt der Sorten ist weitgehend durch Edelreben wie vor allem Riesling ersetzt worden.

Bedeutende Güter und Winzer

Weingut Dr. Crusius, Traisen

Die Familie ist seit über 400 Jahren in Traisen ansässig. Verantwortlich für den Wein zeichnet Dr. Peter Crusius als promovierter Önologe. Die trocken ausgebauten Weine brillieren durch rassige Würze. Unverkennbar ist eine Neigung des Winzers zu Weinen mit Restsüße, wie sie zumal von der angelsächsischen Klientel sowie deutschen Sonntagstrinkern hoch geschätzt wird. Applaus gebührt den edelsüßen Rieslinggewächsen von der Beerenauslese mit Goldkapsel aufwärts bis zu den Eisweinen, die an der Nahe durch ihr vertikales und mineralisch-kühles Gefüge über besondere Finesse verfügen.

Schlossgut Diel, Burg Layen

Man erzählt im 21. Jahrhundert des Computers und der Reise zum Mars keine Märchen, aber wenn sich eine Geschichte wie ein Märchen anhört, dann darf sie auch so beginnen: Es war einmal ein junger Mann, der studierte ein bisschen Jura in Münster, hatte jedoch neben einer Vorliebe für alles Schöne wie seine Frau Monika die Vision von großen Weinen. Und siehe da, Armin Diel hat diesen kühnen Traum verwirklicht. Das war kein Spaziergang. Wohl besteht zwischen der Burg Layen und Diel eine über 200-jährige Tradition, doch gab es 1987 beim Einstieg des 1953 geborenen Juniors, der nicht minder selbstbewusst gepolt war wie der Vater, einige Reibungen mit Funkenschlägen sowie das Problem, die Weinberge von den zahlreichen Neuzüchtungen zu reinigen und mit Edelreben à la Riesling sowie weißen und roten Burgundern teilweise neu zu beginnen.

Martin Korrell vom gleichnamigen Weingut in Bad Kreuznach-Bosenheim führt das Weingut seiner Eltern seit 2002.

Nach mehr als 20 Jahren Winzerei und Journalismus, hat Diel die Gutsführung inzwischen an seine ambitiöse und nicht minder selbstbewusste Tochter Caroline übertragen. Der Alte ist weise geworden, hört man's flüstern. Naja, weniger herrisch ist sein Auftreten, doch ebenso gewiss bleibt das Engagement als Schlossherr. Nach wie vor ist es ein Vergnügen, ihm zuzuhören, wie er über seine Rieslinge spricht. Seine bei Alltagsthemen nicht gerade leise Stimme bekommt dann ein geradezu schmeichelndes, ja verführerisches Timbre, wenn er die Lagen beschreibt, das Goldloch und das Pittermännchen, wenn er über den Sekt spricht, eine Hommage an „Mo". Nun könnte man meinen, Diel spielt glänzend Theater, sozusagen ein Marketingsolo aus der Hand, aber das stimmt nicht. Der Mann liebt seine Weine – wie auch die roten Granden aus Burgund und dem Bordelais.

Es gibt die These, dass die Weine so sind wie der Winzer. Da ist was dran. Die Geburt jedes Weins findet zwar im Weinberg statt, aber den Stil bestimmt der Mensch im Keller. Es muss nicht langmächtig belegt werden, dass die Diel'schen Weine vor ungefähr zehn Jahren qualitativ bemerkenswert an Kraft und Nachhaltigkeit gewonnen haben. Nach einem Gespräch mit Caroline Diel und ersten Verkostungen lässt sich vermutet, dass die Weine künftig noch an Finesse und ziselierter Eleganz zulegen werden. Armin Diel hört es mit Wohlwollen.

Weingut Hermann Dönnhoff, Oberhausen

Hermann Dönnhoff ist ein nach innen gerichteter Mann, der grüblerisch die Worte wägt, wie er die Weine behandelt: mit Bedacht und Respekt vor der Natur, der er sich innig zugehörig fühlt. Seine Rieslinge von Hermannshöhle, Brücke und Dellchen gleichen in ihrer Klarheit, Reinheit und Tiefe antiken Skulpturen. Die gleichen Tugenden haben die edelsüßen Gewächse des Hauses von der Auslese bis hin zum Eiswein.

Weingut Emrich-Schönleber, Monzingen

„Wenn die Haare weg sind, kommt die Frau, die sie hätte streicheln können", lautet ein brasilianisches Sprichwort, das sich praktisch so deuten lässt: Das Schöne im Leben kommt oft ein bisschen zu spät. Diese bittere Erfahrung machen jene Weinfreunde, die erst bei der letzten aus dem Keller geholten Flasche merken, dass sie die anderen viel zu früh getrunken haben. Die Weine von Werner Schönleber sind solche Langläufer. Zwar lassen sie sich, wie jeder große Wein, bereits in jungen Jahren mit Genuss trinken, aber ihre Vervollkommnung erreichen die Rieslinge je nach Jahrgang und Prädikat nach vier bis zehn Jahren – und mehrfach potenziert bei den großen Edelsüßen. Dem Wein ist die Familie seit 250 Jahren verbunden, aber der Schritt in die erste Reihe der besten deutschen Winzer erfolgte so richtig in den späten 1980ern nach dem Erwerb von Filets der Steillagen Frühlingsplätzchen und Halenberg.

Die Weine von Werner Schönleber und Sohn Frank, der seit 2005 mit von der Partie ist, sind Signaturen des Terroirs von höchster Eleganz. Man kann die 2007er Monzinger Frühlingsplätzchen Riesling Auslese als Filigranarbeit der Natur betrachten mit ihren Noten nach gelben Früchten, Blütenhonig und einem aparten Hauch von kandierten Zitrusfrüchten. Und der 2008er Monzinger Halenberg Riesling Eiswein ist ein cremiges, dabei eher schlank als breit fließendes Elixier von reicher und zugleich ziselierter Süße in einem dicht strukturierten Körper mit einer enormen Fruchtfülle aus Aprikosen, etwas Quitte, karamellisierten Südfrüchten, Honig und einer feiner Note von Orangenzesten. Edelsüßer Höhepunkt der 2009er-Ernte war eine Riesling Trockenbeerenauslese vom Halenberg. Kompliment!

Weingut Hexamer, Meddersheim

Dass Harald Hexamer keine Scheu vor dem Temperament von Wein-
säuren hat, kommt den Beerenauslesen und Eisweinen zugute, die
seit 1999 deutlich an Brillanz gewonnen haben. Damals hatte der
Winzer das elterliche Gut in Meddersheim übernommen. Medders-
heimer Rheingrafenberg und Schloßböckelheimer Felsen sind die
wichtigsten Lagen des Weinguts.

Weingut Korrell-Johanneshof, Bad Kreuznach-Bosenheim

Der an struktureller Geradlinigkeit und aromatischer Klarheit orien-
tierte Stil von Martin Korrell bringt die trocken ausgebauten Rieslinge zum Strahlen und erhöht insbesondere auch die Eleganz der
aus dieser Edelrebe erzeugten edelsüßen Gewächse wie der 2005er
Trockenbeerenauslese der Lage Paradies oder dem 2004 eingebrach-
ten Eiswein, der aus Freude über den im September des gleichen
Jahrgangs geborenen Spross „Luca" getauft wurde. Über eine trau-
benklare Aromatik verfügt der 2003er Eiswein.

Weingut Schäfer-Fröhlich, Bockenau

Das vinologische Copyright von Tim Fröhlich, der seit 1995 den
Familienbetrieb verantwortlich leitet, lässt sich in wenige Worte
fassen: Brillanz und Eleganz in Perfektion. Während die wenigen
Glücklichen, die jemals von der 2005er Bockenauer Felseneck Riesling Trockenbeerenauslese Goldkapsel genascht haben, noch von
dieser Essenz schwärmen, hat der ambitionierte, penibel arbeitende Winzer auch in den Folgejahren grandiose edelsüße Kreszenzen
zwischen Auslesen, Trockenbeerenauslesen und Eisweinen geschaffen, die es wert sind, in einem Gotha der Edelsüßen aufgenommen
zu werden. Große Klasse besitzt zum Beispiel die 2009er Felseneck
Beerenauslese.

Weingut Jakob Schneider, Niedernhausen

Wer zwei Hektar in der Nobellage Niederhäuser Hermannshöhle
besitzt, kann sich glücklich schätzen. Und wer es wie Vater und Sohn
Jakob Schneider versteht, mit diesem Pfund zu wuchern, kann auch
im edelsüßen Bereich eine Serie von fulminanten Trockenbeerenauslesen und Eisweinen vorweisen. Mit dem Wein hat die Familie
seit 1575 zu tun, doch erst nach dem Abschied von der allgemeinen
Landwirtschaft in den frühen 1990ern und der Konzentration auf den
Weinbau begann der Aufstieg des Guts, fortgesetzt durch den 1983
geborenen Junior, der nach seinem Studium in Geisenheim 2007
offiziell als Kellermeister fungiert, während sich der Senior hauptsächlich um die Weinbergspflege kümmert. Jedenfalls gab es 2007
eine prächtige Rieslingtrockenbeerenauslese von der Hermannshöhle, 2008 auch einen Eiswein, und 2009 erntete man im Dezember in
der Hermannshöhle einen Eiswein mit über 200 Grad Oechsle.

Pfalz

Die sich nierenartig über 80 Kilometer von Grünstadt im Norden bis
Rechtenbach im Süden erstreckende Pfalz mit Neustadt als klein-
städtischem Zentrum umfasst mehr als 23.000 Hektar Rebfläche und
ist das zweitgrößte deutsche Weinanbaugebiet. Hier gibt es in Weiß
wie Rot und von trocken bis edelsüß ein breit gefächertes Quali-
tätsband vom Billigheimer bis zum Spitzenprodukt. Letztere gibt es
zunehmend seit etwas über zehn Jahren als Ergebnis einer Qualitätsoffensive, die auch nötig war angesichts der guten natürlichen
Bedingungen in einer Region, in der die Mandelbäume früh blühen,
Feigen gedeihen und Maulbeeren wachsen.

Bedeutende Güter und Winzer

Weingut Geheimer Rat Dr. von Bassermann-Jordan, Deidesheim

Das 1718 gegründete Gut ist eine Ikone des deutschen Weins, deren
Glanz in den frühen 1990er-Jahren zwar ein wenig verblasste, aber
inzwischen leuchtet er wieder, nachdem der Unternehmer Achim
Niederberger das Haus übernommen und mit erheblichem Aufwand
restauriert hat. Der von Kellermeister Ulrich Mell praktizierte Stil
lässt sich mit drei Worten beschreiben: Frucht, Klarheit, Eleganz.
Diesen Anspruch erfüllen die trockenen Weine wie die edelsüßen,
die bei einem Gut dieses Renommees und mit solchen erstklassigen
Lagen ein Selbstverständnis sind, ja ein kulturhistorischer Auftrag.
Den erfüllen die besten Rieslingauslesen gleichermaßen wie der
besonders aparte 2007er Goldmuskateller Eiswein, ein Prunkstück,
die 2007er Ruppertsberger Riesling Trockenbeerenauslese oder die
gravitätisch golden ins Glas fließende 2008er Trockenbeerenauslese
vom Deidesheimer Hohenmorgen.

Weingut Dr. Bürklin-Wolf, Wachenheim

Ein stattliches Gut, das sich nach einer leisen Schwächephase ab den
1990er-Jahren stetig nach oben entwickelte und dank der Weltsicht
von Christian von Guradze, dem früheren Leiter und Ehemann der
heute regierenden Hoferbin Bettina Bürklin-von Guradze, zur Creme
der deutschen Rieslinggüter zählt. Die Spitze der in jeder Hinsicht
eindrucksvollen Kollektion bilden naturgemäß die edelsüßen Gewächse wie beispielsweise die Riesling Trockenbeerenauslesen von
2007 der Forster Lagen Kirchenstück und Pechstein mit ihrer reichen
Aromatik nach Pfirsich, getrockneten und kandierten Aprikosen,
Orangenzesten, Honig nebst etwas Karamell, Brioche und feinen Gewürzen) Ein dichtes Fruchtbündel ist auch die 2007er Riesling Beerenauslese vom Wachenheimer Rechbächel, einer Monopollage: fein

Weinkeller von Bassermann-Jordan in Deidesheim.

Markierung einer Zeile von Bassermann-Jordan.

geschichtete Noten nach eingelegten Pfirsichen, etwas Williamsbirne und Quitten mit einem anmutigen Hauch von frischen Zitrusfrüchten und Gewürzen à la Vanille.

Weingut Christmann, Gimmeldingen

Steffen Christmann, aus dynastischen sowie ethischen Motiven von der Juristerei zum Wein avanciert, führt das Gut mit dem sehenswerten Gewölbekeller von 1575 in siebter Generation und hat es 2004 aus Respekt und Liebe zur Natur biodynamisch ausgerichtet. Edelsüße Kreszenzen – wie die Rieslingtrockenbeerenauslesen vom Ruppertsberger Reiterpfad und Königsbacher Idig – werden selektiv gelesen und künftig kompromissloser denn je in bestens dafür geeigneten Jahrgängen angestrebt.

Weingut Müller-Catoir, Haardt

Das seit 1744 dem Wein verbundene Haus ist geprägt vom legendären Hans-Günther Schwarz, dem langjährigen Verwalter und Doyen pfälzischer Kellerkultur. Philipp David Catoir steht dem Gut in neunter Generation vor, unterstützt von Martin Franzen als Nachfolger von Hans-Günther Schwarz. Bei den edelsüßen Weinen spielen das Gut mit den Lagen und der Kellermeister als Dirigent grandiose Soli, belegbar durch Trockenbeerenauslesen aus mehreren Jahren von den Rebsorten Scheurebe, Riesling und Rieslaner. Berühmt ist beispielsweise die 1992er Rieslaner Trockenbeerenauslese aus der Mußbacher Eselshaut mit ihrem sehr intensiven, doch perfekt balancierten Fruchtkörper und einer überaus köstlichen Süße, die Kraft mit Eleganz verbindet.

Weingut Pfeffingen Fuhrmann-Eymael, Bad Dürkheim

Das Lied vom Wein ist Jan Eymael wohl schon an der Wiege gesungen worden: Die Vorfahren sind seit rund 250 Jahren dem pfälzischen Wein verbunden. Doris Eymael und ihr Sohn Jan führen das Gut, das für seine von fruchtiger Klarheit geprägten Weine zur Pfälzer Spitze zählt. Mit Hingabe wird die Scheurebe gepflegt, die immerhin 12 Prozent des Rebsortenanteils ausmacht (55 Prozent sind Riesling, 11 Prozent Gewürztraminer) und wie im Abonnement nahezu jedes Jahr suggestiv duftende Trockenbeerenauslesen liefert.

Weingut Ökonomierat Rebholz, Siebeldingen

Der jungengesichtige, besonnen wirkende Hansjörg Rebholz führt aus Überzeugung, mit großem Erfolg und verfeinernd, doch nicht verfremdend fort, was seine Vorväter angestoßen und praktiziert haben: durchgegorene, im Grunde naturreine Weine auf hohem Niveau. Entsprechend weit gefächert ist die Phalanx der trockenen Weine aus Riesling und den Burgundersorten. Es sind Gewächse, die sich in ihrer Jugend oft zugeknöpft geben, ja unnahbar scheinen, sich jedoch nach einigen Jahren der Reife in ihrer individuellen Charakteristik öffnen und den Kenner beglücken. Es versteht sich, dass ein begabter und stets nach dem Besseren im Guten strebender Winzer wie Rebholz zugreift, wenn ihm die Natur ein edelsüßes Prädikat anbietet. Rosenduftige Auslesen vom Gewürztraminer, eine Beeren-

auslese vom Muskateller und Trockenbeerenauslesen mit dem beziehungsreichen Titel „Zeit & Geduld" stehen zur Verfügung.

Weingut von Winning, Deidesheim

Das stattliche Weingut, 1848 von Friedrich Deinhard aus der Koblenzer Sektdynastie gegründet, gehört seit 2007 zum Portefeuille des weinagilen Unternehmers Achim Niederberger, der gleich nach der Übernahme investierte und die Weichen neu stellte. Verantwortlich ist nun Stephan Attmann als Geschäftsführer. Zu den kulturellen Verpflichtungen eines Premiumguts gehört die Pflege edelsüßer Weine, wie sie bereits in der Ära vor Niederberger mit Erfolg betrieben worden ist: Davon zeugen die 2007er Deidesheimer Grainhübel Riesling Auslese mit ihren typischen Aromen nach reifem Pfirsich plus etwas Zitrus nebst einem zarten Hauch von Blütenhonig oder die 2007er Deidesheimer Herrgottsacker Riesling Beerenauslese mit einer im ersten Moment pompös wirkenden Süße aus frischen und getrockneten, gelben sowie südländischen Früchten, Honig, etwas Brioche und einer feinen Gewürznote. Doch dank der temperamentvoll und geschliffenen Säure von 9,2 Gramm pro Liter bekommt der Wein eine nahezu ätherisch wirkende Finesse.

Weingut Weegmüller, Haardt

Die Rollen in dem 1685 gegründeten Gut sind klar verteilt: Stefanie Weegmüller-Scherr ist die Kellermeisterin, ihr Mann Richard Scherr besorgt die Weinbergspflege. Das Ergebnis der Liaison lässt sich mit besonderem Genussgewinn bei den edelsüßen Gewächsen wie speziell jenen von der Scheurebe nachschmecken. Als Beispiel sei die 2007er Haardter Herrenletten Scheurebe Beerenauslese genannt mit ihrem dicht gewobenen Fruchtspektrum aus getrocknetem Apfel, Aprikose und schwarzer Johannisbeere sowie einer geschmeidigen, fein balancierten Süße.

Weingut August Ziegler, Maikammer

Das Gut mit dem 1894 von August Ziegler im stattlichen Stil der Gründerzeit erbaute Haus ist 1996 von Uwe und Harald Ziegler in der siebten Generation übernommen worden. Neben dem üblichen Programm an trocken ausgebauten Weinen quer durch die Rebsorten widmet sich das Brüderpaar und insbesondere Uwe Ziegler als Kellermeister mit Akribie und Erfolg den edelsüßen Gewächsen, die zu ungewöhnlich günstigen Preisen angeboten werden.

Weitere Weingüter mit edelsüßen Weinen

Weingut Josef Biffar, Deidesheim; Weingut Fitz-Ritter, Bad Dürkheim; Weingut Winfried Frey & Söhne, Essingen; Weingut Koehler-Ruprecht, Kallstadt; Weingut Knipser, Laumersheim; Weingut Philipp Kuhn, Laumersheim; Weingut Georg Mosbacher, Forst; Weingut Reichsrat von Buhl, Deidesheim

Rheinhessen

Es ist spannend, dabei zu sein, wenn Außergewöhnliches geschieht – wie in Rheinhessen, dem mit 26.000 Hektar Rebgärten größten deutschen Weinanbaugebiet, in dem viele Jahre lang und nur von wenigen Ausnahmen abgesehen lediglich Massenwein produziert wurde und die Erträge pro Hektar grauenvolle Höchstgewichte von weit über 200 Hektoliter erreichten. Lieblich gemachte Weine wie die erbärmliche Liebfraumilch prägten das negative Image; selbst Eisweine und Trockenbeerenauslesen lagen zeitweilig unverkäuflich in den Kellern. Aber auf einmal kam Bewegung in die Region, ausgelöst vor etwas über einem Jahrzehnt durch ambitionierte Winzer wie Klaus-Peter Keller, Philipp Wittmann & Co., die als Lokomotiven wirkten und Kollegen animierten, sodass Rheinhessen heute als eines der lebendigsten und dynamischsten Weingebiete gilt.

Bedeutende Güter und Winzer

Weingut Battenfeld-Spanier, Hohen-Sülzen

Die einen nennen es Talent, er selbst, wiewohl nicht von großen Selbstzweifeln geplagt, spricht bescheidener von Glück. Sein Glück, so sagt Hans Oliver Spanier, kurz HO genannt, sei es, in einem Kleinod mit besten Weinlagen zu leben und die Zeichen der Zeit erkannt zu haben. Der 1991 übernommene Betrieb befand sich, gnädig ausgedrückt, im Dornröschenschlaf. Umso bemerkenswerter ist die Leistung des jungen Winzers, der als sein eigener Kellermeister daraus binnen weniger Jahre ein achtbares Gut schuf, das heute zu den besten der Region zählt. Der Schwerpunkt liegt auf trocken angelegten Rieslingen individuellen Zuschnitts, aber HO ist auch stolz auf seine Trockenbeerenauslesen, die er freilich nicht mit Gewalt anstrebt, sondern nur keltert, „wenn die Natur mitspielt" - wie 2008 der Riesling aus der Lage Kirchenstück: Goldgelb glänzend, mit einem reichen, dabei ziseliert gefächerten Bukett nach Pfirsichgelee, Blüten und Honig. Eine feine, den eleganten, vertikal strukturierten Fruchtkörper perfekt ausbalancierende Säure sorgt für Finesse mit Rasse.

Weingut Dreißigacker, Bechtheim

Wenn Jochen Dreißigacker, der im 1728 gegründeten Familienbetrieb als Kellermeister tätig ist, über seine Weine spricht, schwingt Begeisterung in der Stimme des Mannes mit, der sich selbst eine ausgeprägte Weinbesessenheit bescheinigt. Das Ziel sind aufregende Weine mit Charakter. Frieder Dreißigacker, der Vater, der im Weinberg mit ökologischer Bewirtschaftung seinen Anteil daran hat, nickt bestätigend. Die edelsüßen Weine sind bei aller natürlichen Süße stilistisch durch schlanke Eleganz gekennzeichnet: Die 2008er Rieslaner Trockenbee-

renauslese vom Bechtheimer Heiligenkreuz verfügt wohl über eine dicht gewobene Süße, doch die ist ziseliert, klarfruchtig strukturiert. Kraft, Finesse und eine nachhaltige Länge sind die Tugenden der 2008er Riesling Trockenbeerenauslese vom Bechtheimer Geyersberg mit fruchtiger Tiefe und klassischen Aromen nach getrockneten und kandierten Aprikosen, reifem Pfirsich und Honig neben etwas Karamell und einer zarten schokoladigen Note.

Weingut Gunderloch, Nackenheim

Das international renommierte Gut, 1890 vom Mainzer Bankier Carl Gunderloch mit der Maßgabe gegründet, naturreine Weine zu erzeugen, wird heute in fünfter Generation von Agnes Hasselbach-Usinger, der Ururenkelin des Gründers, zusammen mit Friedrich „Fritz" Hasselbach geführt und bereits tatkräftig von der nächsten Generation unterstützt. Die Erfolgsgeschichte begann 1986, als Agnes und Fritz Hasselbach die Regie übernahmen und strikt auf Qualitätskurs gingen. Das gilt auch für die Edelsüßen, wie die 2007er Nackenheim Rothenberg Riesling Auslese Goldkapsel. Diese exquisite Auslese hat eine sinnenbetörende, generöse Süße mit fein gewobenen Aromen nach gelben Früchten, Lindenblütenhonig, Apfelquitte und einem aparten Hauch à la getrocknete Ananas.

Weingut Keller, Flörsheim-Dalsheim

Mit den auf ihn gesungenen und gedruckten Elogen kann Klaus-Peter Keller lässig Zimmer tapezieren, die goldenen Worte für seine Weine reichen von „deutscher Montrachet" (Jancis Robinson) über „Winzer des Jahres" (Gault Millau) bis hin zu „großartig, hervorragend, brillant" (FAZ). Die Kritiker schlagen rhetorische Purzelbäume, und sie haben recht, denn was der menschlich sympathische und faustisch nach vorne strebende Keller als Initialzünder für Rheinhessen geschaffen hat und in seinem 1789 gegründeten Gut mit gewichtiger familiärer Unterstützung durch Vater Klaus schafft, das sind Weine von betörender Dichte, brillanter Klarheit und begeisternder Eleganz. Mit generöser Süße und exotischen Frucht- und Gewürztönen bei gleichzeitiger Finesse trumpft die 2007er Westhofener Morstein Riesling Trockenbeerenauslese auf. Reich und finessig differenziert zeigt sich die 2006er Rieslaner Beerenauslese vom Monsheimer Silberberg. Weltklasse zeigt auch die 2007er Rieslaner Trockenbeerenauslese Goldkapsel vom Monsheimer Silberberg, eine Trockenbeerenauslese, die auf einzigartige Weise in einem starken und gleichwohl mehr vertikal als breit gebauten Fruchtkörper feinst ziselierte Süße mit Rasse verbindet. Über hocharomatische Finesse verfügt die Morstein Scheurebe Beerenauslese vom Jahrgang 2010.

Weingut Schales, Flörsheim-Dalsheim

Schales und Edelsüße sind geradezu Synonyme. Das von Astrid, Annette und Christian Schales geführte Gut mit der 228-jährigen Tradition ist spezialisiert auf edelsüße Gewächse in den hohen Prädikatsstufen wie Beerenauslese, Trockenbeerenauslese und Eiswein. So hat man am 2. Dezember 2010 Trauben für einen Rieslingeiswein mit 150 Grad Oechsle gelesen – der 56. Eiswein seit 1961.

Weingut Wagner-Stempel, Siefersheim

Daniel Wagner, seit 1993 in achter Generation für das Gut verant-
wortlich, steht stilistisch für ökologisch erzeugte Weine von klarer
Linie mit der Betonung auf Eleganz. Unterstützt wird er von seiner
Familie, insbesondere durch Vater Lothar. Neben trocken angelegten
Weinen präsentiert er auch edelsüße Gewächse von fein polierter Art
bis hin zum Eiswein, wie die 2007er Riesling Beerenauslese Siefers-
heimer Höllberg: fein geschichtete fruchtige Fülle mit Noten nach
Aprikosen, Maracuja und Blütenhonig, sanft karamellig durchwoben.

Weingut Wittmann, Westhofen

Philipp Wittmann gehört zu jenen Bewegern, die maßgeblichen Anteil am neuen Charakterbild der Region haben. Von Georg Wittmann,
dem Vater, der für die Weinbergspflege verantwortlich zeichnet, hat
er die Achtung vor der Natur mitbekommen. Seit 220 Jahren bewirtschaften die Wittmanns ihre Gärten biologisch, ab 2004 auch biodynamisch. Das fördere die Auswirkung des Terroirs auf den Wein, er-
höhe somit signifikant Charakter sowie Güte. Genau das ist den sehr
individuell geprägten Weinen zu entnehmen. Die Rebsorte Albalonga,
eine Kreuzung von Rieslaner und Silvaner, ist neben Riesling den
Edelsüßen gewidmet, unter ihnen die 2007er Albalonga Beerenauslese: duftig und dicht mit üppigen Noten nach tropischen Früchten und
Blüten in einem cremig fließenden Körper.

Weitere Weingüter mit edelsüßen Weinen

Weingut Jean Buscher, Bechtheim; Weingut Oekoniomierat Johann
Geil I. Erben, Bechtheim; Weingut Fritz Ekkehard Huff, Nierstein-
Schwabsburg; Weingut Kühling-Gillot, Bodenheim; Weingut Manz,
Weinolsheim; Weingut Peth-Wetz, Bermersheim; Weingut Seebrich,
Nierstein; Weingut Seehof – Ernst Fauth, Westhofen; Weingut
Spiess-Riederbacherhof, Bechtheim; Weingut Michael Teschke,
Gau-Algesheim; Weingut Wernersbach, Dittelsheim-Hessloch

Saale-Unstrut

Burgen, Kirchen und Schlösser garnieren die mediterrane Anmut
ausstrahlenden Täler und Hügel der südlich von Halle und west-
lich von Leipzig gelegenen Region. Sie ist das nördlichste deutsche
Anbaugebiet und umfasst rund 650 Hektar. Weißburgunder, Müller-
Thurgau, Riesling und Silvaner sind die hauptsächlich angebauten
Rebsorten. Die meisten Weine werden regional getrunken.

Bedeutende Güter und Winzer

Winzerhof Gussek, Naumburg

Das ist eine Erfolgsgeschichte wie aus dem Bilderbuch, frei nach
dem Motto: vom Kellermeister zum Winzer. André Gussek hatte es in
den 1980er-Jahren nach Naumburg geführt, wo er im Landesweingut
Kloster Pforta 20 Jahre als Kellermeister wirkte. Doch im Kopf
wuchs die Idee eines eigenen Guts. Bereits 1993 hatte er eine Parzelle erworben und wie ein Liebhaber mit einigen hundert Litern
Wein begonnen, bis es 2002 so weit war und er seinen Winzerhof mit
7,8 Hektar Weingärten bezog, mit dem steil terrassierten Kaatschener
Dachsberg sowie dem Naumburger Steinmeister als Premiumlagen.
Seine feinsten Edelsüßen sind Beerenauslesen und Trockenbeerenauslesen von Müller-Thurgau und Silvaner.

Harzer Weingut Kirmann, Westerhausen

Was 1989 mit 0,1 Hektar Weingärtlein als Hobby begann, wuchs sich
bald zur Berufung als Winzer aus. Zurzeit bewirtschaftet Matthias
Kirmann 3,2 Hektar Weinberge. Neben Traminern von geschmeidiger
Fülle und teils in Barriques ausgebauten Rotweinen reüssiert der
Winzer auch mit feinsinnigen edelsüßen Gewächsen von der Beeren-
auslese bis zum Eiswein.

Weingut Pawis, Freyburg-Zscheiplitz

Bernard Pawis ist Winzer von Geblüt mit unternehmerischem Elan,
der das 1998 vom Vater übernommene Gut gemeinsam mit seiner
Frau Kerstin im ehemaligen Klostergut Zscheiplitz überlegen an die
Spitze der Region führte. Neben sauber und charaktervoll gekelter-
ten trockenen Gewächsen überzeugt der Winzer auch mit edelsüßen
Kreszenzen wie der 2008er Freyburger Edelacker Weißburgunder
Beerenauslese mit ihrer rassig geschichteten Rosinensüße, mit
Aromen nach reifem Apfel, Mango und Mandelblüten. Der 2008er
Freyburger Mühlberg Silvaner Eiswein präsentiert sich mit einer
üppigen, klar geschichteten Süße in einem dicht gewobenen Frucht-
körper mit Aromen nach Quittenbirne, Banane, Kräuterhonig; delikate Süße-Säure-Harmonie.

Bei Minusgraden müssen die Erntehelfer bei der Eisweinlese Durchhaltevermögen zeigen. Belohnt werden sie durch feinstes Traubengut.

Sachsen

Mit rund 460 Hektar Weinbergen ist Sachsen ein Zwerg, aber der Enthusiasmus der Winzer und die patriotische Vorliebe der Ostdeutschen für „ihre" Elbtalweine, die zwischen Pillnitz südlich von Dresden an teilweise ziemlich steilen Hängen der Elbe entlang bis Diesbar-Seußlitz im Norden von Meißen dank der Klimaerwärmung immer besser gedeihen, haben die sächsischen Gewächse in den Kultstatus erhoben.

Bedeutende Güter und Winzer

Weingut Schloß Proschwitz, Zadel über Meißen

Das weit über die lokalen Grenzen hinaus bekannte Gut, von Dr. Georg Prinz zur Lippe nach der Wende wach geküsst und rundum ausgebaut, ist das älteste Weingut in Sachsen. Die Burgundersorten bilden einen Schwerpunkt im Rebenprogramm, von Scheurebe und Traminer werden auch achtbare edelsüße Kreszenzen gewonnen. Die 2004er Traminer Auslese *** stellt eine Besonderheit dar, denn dieser Dreisternewein ist eine Cuvée aus einer Auslese mit einem Eiswein,

der für eine Fruchtfülle und Komplexität aus Litschi mit Mango und Waldhonig sorgt, die das Aromenspektrum einer normalen Auslese bei weitem übersteigt.

Sächsisches Staatsweingut – Schloss Wackerbarth, Radebeul

Das malerisch in den Weinbergen von Radebeul gelegene Barockschloss von 1727 kontrastiert architektonisch spannend mit dem modernen Kellereibau am Fuße des Rebhangs. Der im Besitz der Sächsischen Aufbaubank befindliche Betrieb nennt sich ein bisschen hochtrabend Europas erstes Erlebnisweingut. Riesling und Traminer ergeben wie im Abonnement die besten edelsüßen Gewächse. Ein Beispiel ist die 2000er Radebeuler Steinrücken Rieslingtrockenbeerenauslese, mit einer kraftvollen bis mächtigen Süße und mit Aromen nach gelben Früchten, Honig, Karamell und Bratapfel.

Weingut Klaus Zimmerling, Dresden-Pillnitz

Der talentierte und ambitiöse Klaus Zimmerling hat sich mit seinem ökologisch ausgerichteten Gut an die Spitze gearbeitet. Seine Weine, insbesondere Riesling und Traminer, zeigen klaren Schliff und Individualität. In der edelsüßen Abteilung erfreuen die im Jahr 2005 mit 120 Grad Oechsle gelesene Gewürztraminer Beerenauslese, die 2005 mit 120 Grad Oechsle geerntete Riesling Beerenauslese sowie der markante und mächtige 2003er Eiswein Traminer, am 4. Januar 2004 mit 150 Grad Oechsle eingeholt.

Weitere Weingüter mit edelsüßen Weinen

Weingut Drei Herren, Radebeul; Weingut Vincenz Richter, Meißen

Noch ist alles grün und idyllisch ruhig im Weinberg, doch der Herbst steht vor der Tür und mit ihm die Betriebsamkeit in den Rebhängen.

Württemberg

Es gibt sie noch und nicht zu knapp, die Württemberger Landweine von fruchtiger, spritziger Art, die man kumpelhaft duzt und die jung getrunken werden sollen. Aber oberhalb dieser hübschen Kapellenweine hat sich in Rot wie in Weiß eine Spitze von durchaus weltmännischer Klasse etabliert. Sogenannte „junge Wilde" unter den Winzern huldigen in Abkehr von der traditionellen Linie der leichtgewichtigen und betont süffigen Schoppenweine einem internationalen Stil mit mehr Kraft, Fülle und freilich auch Alkohol, dazugehört auch der Ausbau in neuem Holz. Waren es früher einzig adelige Güter wie Adelmann, Neipperg und Hohenlohe, die über die Region hinaus eine gewisse Bedeutung hatten, so haben sich inzwischen vor allem bürgerliche Güter weinevolutionär an die Spitze vorgearbeitet. Gerechte des Weins wie Gert Aldinger, Graf Adelmann, Ernst Dautel, Jörg Ellwanger, Hans Haidle, Gerhard Wächter vom Staatsweingut Weinsberg sowie weitere Kombattanten im Ausreizen natürlicher Potenziale belegen mit Eisweinen und Trockenbeerenauslesen, dass man auch im Schwäbischen die Hohe Schule der Weinkultur beherrscht.

Bedeutende Güter und Winzer

Weingut Graf Adelmann, Kleinbottwar

Der feinsinnige Michael Graf Adelmann, von Haus aus studierter Jurist, hat 1978 das Gut mit der märchenhaft schönen Burg Schaubeck übernommen und zunehmend Weine geschaffen, die sind wie er: von kultivierter Eleganz fernab aller rauen Rustikalität. Die jahrgangsbesten Weine werden traditionell als „Brüsseler Spitze" etikettiert. Riesling, Lemberger und Burgunder sind die vorherrschenden Sorten, aber Adelmann versteht sich auch auf die Pflege von Nischenweinen wie dem Muskattrollinger, der 2008 einen Eiswein von bezaubernder Delikatesse ergab. Auch 2009 konnte der Graf bei elf Grad minus in der Lage Oberer Berg einen Muskattrollinger mit 140 Grad Oechsle als Eiswein lesen. Über eine schlanke Eleganz und eine differenzierte Süße mit Noten von gelben Früchten (Pfirsich, Mirabelle) verfügt die 2005er Rieslingauslese von der Kleinbottwarer Lage Süßmund, die zudem zart nach Blütenhonig duftet.

Weingut Gerhard Aldinger, Fellbach

Der altschwäbische Clan, der seit 1492 mit dem Weinbau verbunden ist, versteht sich als Familienteam, in dem, neben Gerhard Aldinger als „Grand Senior", mit Hansjörg und Matthias auch die nächste Generation aktiv ist. „Tradition und Fortschritt" lautet das weinpolitische Credo für die Kelterung ausgezeichneter trockener Gewächse aus den Leitsorten Riesling, Sauvignon blanc, Lemberger und Spät

burgunder plus Rotweincuvées im französischen Stil. Die edelsüße Creme beginnen bei Auslesen und gipfelt in Eisweinen wie dem Riesling von 2008: kräftige, von Traubenfrucht geprägte Süße von klarer Art mit Aromen nach Apfel, getrockneten Aprikosen, Blütenhonig und einem zarten Kräuterhauch. 2009 gab es einen Rieslingeiswein mit 190 Grad Oechsle aus der Lage Fellbacher Goldberg.

Weingut Dautel, Bönnigheim

Nach dem Weinbaustudium in Geisenheim hat Ernst Dautel 1978 die Leitung im Gut übernommen und damit eine 500-jährige Familientradition fortgeführt – mit avantgardistischem Elan, denn er war mit Blick nach Frankreich einer jener schwäbischen Pioniere, die bereits 1986 das Barrique einsetzten und Anfang der 1990er-Jahre die ersten Cuvées in Rot wie Weiß auflegten. Die attraktivsten edelsüßen Gewächse ernten Ernst Dautel und sein Sohn Christian, als designierter Nachfolger, im Bönnigheimer Sonnenberg, wo praktisch jedes Jahr feine Auslesen bis hin zu fulminanten Eisweinen wie dem aus dem Jahr 2008 heranwachsen.

Weingut Drautz-Able, Heilbronn

Der junge Markus Drautz führt gemeinsam mit Mutter Monika Drautz das traditionsreiche, immerhin schon 1496 mit einem Familienwappen geehrte Gut schwungvoll, kühn und innovativ. Die Rotweine werden wie ein dem Bordelaiser Stil gewidmeter Sauvignon blanc Hades in neuem Holz ausgebaut. 2009 gelang bei minus 15 Grad im Heilbronner Stiftsberg die Lese eines Rieslingeisweins mit 270 Grad Oechsle – 70 Liter waren es, mehr nicht. Die edelsüße Spitze 2008 war eine mit 164 Grad Oechsle geerntete Trockenbeerenauslese, die, im Barrique ausgebaut, und weil der Wein in dieser Königsklasse eine Gutspremiere ist, auf dem Etikett mit dem Zusatz „Jodokus" gefüllt wurde – als Hommage an den Urahn dieses Vornamens. Eine 2008er Auslese vom Sauvignon blanc sowie ein an Silvester 2008 gelesener Rieslingeiswein vom Heilbronner Stiftsberg runden die Riege der edelsüßen Juwelen ab.

Weingut Jürgen Ellwanger, Winterbach

Innovationsgeist gilt in dieser Familie, die seit 1512 mit dem Weinbau verbunden ist, als Ausdruck von Tradition, deren Wert nicht im Anbeten der Asche, sondern im stetigen Schüren des Feuers gesehen wird. Andreas und Jörg Ellwanger brillieren bei trocken ausgebauten weißen wie roten Sorten, darunter auch Cuvées und barriquegereifte Weine, aber sie zeigen ihr Können auch im edelsüßen Bereich wie bei einer 2005er Kerner Trockenbeerenauslese vom Winterbacher Hungerberg mit phänomenalen 327 Gramm Restzucker – oder beim feinnervig tänzelnden 2008er Rieslingeiswein vom Hungerberg. Die Spitze im Jahr 2009 waren 150 Liter Rieslingeiswein, gelesen bei minus elf Grad mit 190 Grad Oechsle im Hungerberg.

Weingut Karl Haidle, Kernen-Stetten

Es war 1949, als Karl Haidle mit gerade mal einem halben Hektar Rebfläche den Grundstein für das Gut legte, das heute, angewachsen

Winzer Ernst Dautel und sein Sohn Christian arbeiten Hand in Hand, um feinstes Traubengut in den Keller bringen zu können.

auf 19 Hektar, von Hans Haidle mit Frau Susanne und Tochter Bärbel geführt wird. Stilistisch sind die Weine durch Finesse geprägt: Die Rotweine werden durchweg im Barrique ausgebaut, aber auch der 2008er Stettener Pulvermächer Rieslingeiswein hat – ungewöhnlich und eigenwillig – seine aromatische Würze im Barrique erfahren. 2009 konnte Haidle in der Paradelage Pulvermächer bei minus zwölf Grad runde 80 Liter Eiswein mit 210 Grad Oechsle ernten.

Weitere Weingüter mit edelsüßen Weinen

Collegium Wirtemberg Weingärtner Rotenberg und Uhlbach, Stuttgart; Weingut Bernhard Ellwanger, Weinstadt-Großheppach; Weingut Fürst Hohenlohe-Oehringen, Verrenberg; Weingut Rainer Schnaitmann, Fellbach; Staatsweingut Weinsberg, Weinsberg; Weingut Wöhrwag, Untertürkheim

■Bregenz

Österreich

Es ist noch nicht lange her, da stand die Welt dem österreichischen Wein mit ziemlichem Unverständnis gegenüber. Man setzte ihn pauschal dem Heurigen gleich und amüsierte sich über den sogenannten Doppler, jene berüchtigte Zweiliterflasche, die anders als die französische Magnum nicht Spitzenweinen vorbehalten wurde, sondern bis heute das Gefäß für schlichte Bauerntropfen ist. Und das Talent der Austriaken, bei drei bis fünf Viertel ihre Biedermeierkultur zu verewigen, trug auch nicht gerade zur Hebung der nationalen Weinkultur bei. Der schnelle Schluck triumphierte über den guten.

Doch dann gab es 1985 einen heilsamen Schock als Effekt auf den sogenannten Glykolskandal, bei dem liebliche Weine bis hoch zu Beerenauslesen als gepanscht entlarvt worden sind. Es entwickelte sich, erst zögerlich, dann in immer dynamischer ablaufendem Rhythmus, eine neue Qualität, die trocken angelegte Gewächse gleichermaßen umfasst wie edelsüße. Der Ruster Ausbruch, der übrigens

nicht in die Affäre verwickelt war, ist wohl seit Jahrhunderten ähnlich dem Tokajer berühmt für edelsüße Klasse, aber ansonsten gab es abseits des Neusiedler Sees in Regionen wie der Wachau, der Steiermark oder dem Weinviertel nur vereinzelt Winzer, die Weine mit eleganter Restsüße schufen. Einzig in der nahe Wien gelegenen Thermenregion um Gumpoldskirchen ist seit altersher in speziellen Jahren auch etwas edelsüßer Wein gewonnen worden.

Es fehlte die Tradition, es mangelte in einigen Gebieten auch an den meteorologischen Voraussetzungen. Mittlerweile hat sich beides glücklicherweise geändert. Mit hohem Ehrgeiz ausgestattete Winzer nutzen die Chance der Klimaerwärmung und begreifen die Botrytis nicht mehr als Feind, sondern heißen sie zur edelsüßen Ergänzung des nach wie vor überwiegend trocken angelegten Repertoires willkommen. Die Edelsüßen sind in der Steiermark wie in Niederösterreich die Ausnahme, aber nicht mehr die überaus raren Exoten wie noch vor zwanzig Jahren.

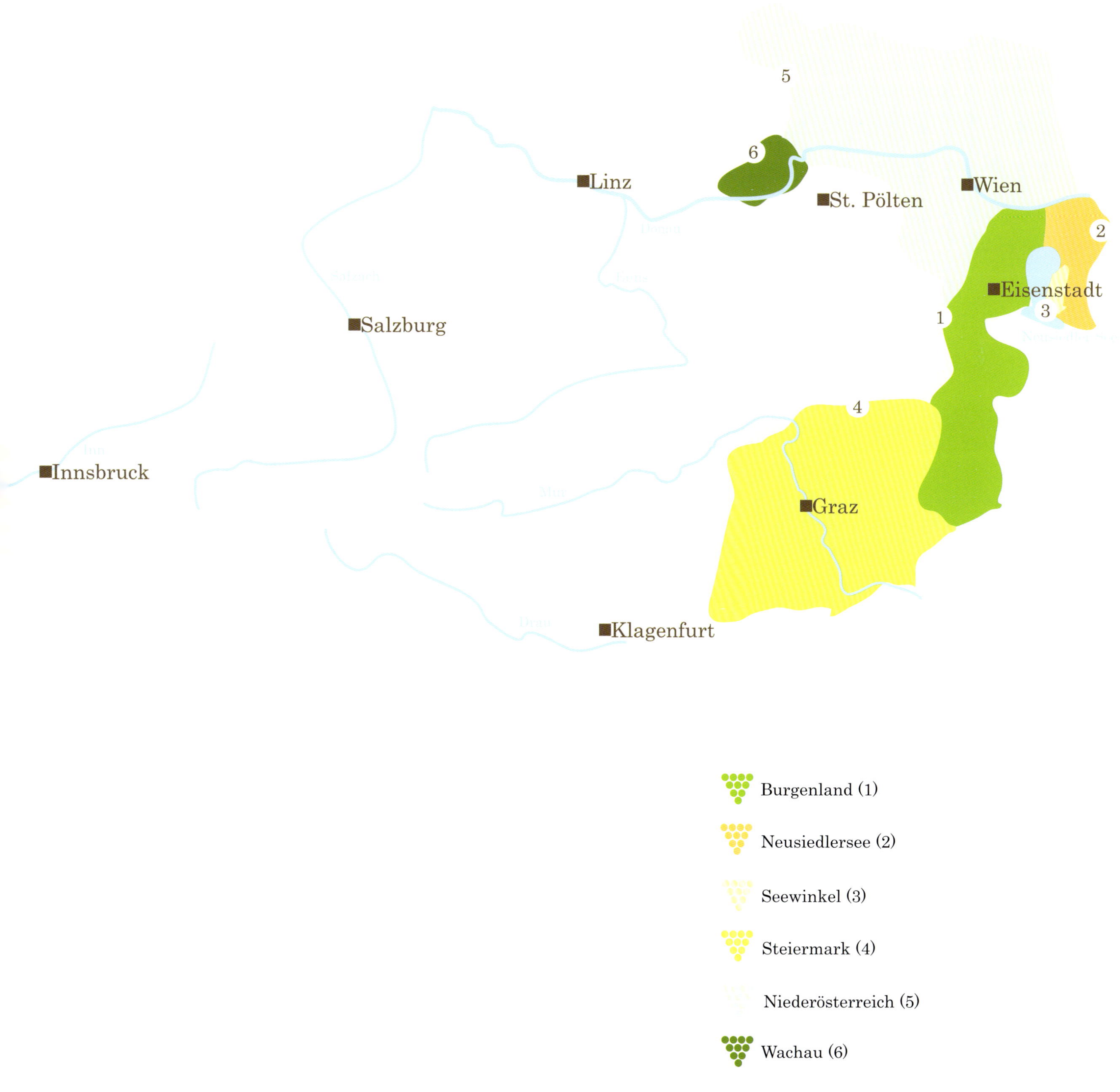

Innsbruck

Salzburg

Linz

St. Pölten

Wien

Eisenstadt

Graz

Klagenfurt

5

6

1

2

3

4

🍇 Burgenland (1)

🍇 Neusiedlersee (2)

🍇 Seewinkel (3)

🍇 Steiermark (4)

Niederösterreich (5)

🍇 Wachau (6)

Burgenland
Heimat großer edelsüßer Elixiere

Es war ein gescheiter Mann, der einmal gesagt hat, Österreich liege in punkto Mentalität fein ausbalanciert zwischen der Pickelhaube des Nordens und der Narrenkappe des Südens. Die Botschaft ist klar: In Österreich trifft deutscher Ordnungssinn auf slawisch-mediterrane Lässigkeit – und pannonische Grandeur, wenn vom Burgenland die Rede ist, jener ehemals ungarisch durchwobenen Gegend zwischen den Alpen und der euroasiatischen Tiefebene mit dem Neusiedler See als Mittelpunkt und wahren Herrn, einer an Sonne, Wein und unverschämt bunt blühenden Gärten reichen Landschaft. In dieser hin- und hergeschobenen Grenzregion zwischen Ost und West mit den Wehrkirchen und einer Burg auf nahezu jedem ansehnlichen Hügel schlagen Aufbruch und Beharrung kreative Funken.

Unvergleichliche Vielfalt

Im charmanten Gegensatz zum touristisch perfektionierten Westen von Österreich bietet das Burgenland noch Idyllen – vor allem der anmutig hügelige Süden ist eine Art Biotop für individualistische Charaktere, Kulturschaffende und Lebenskünstler. Und der Wein gehört zum Burgenland wie Haydn, der See und die Steppe. Was die Winzer im vergangenen Jahrzehnt geschaffen haben, fasziniert. Der Fortschritt vom altbackenen Gestern ins Heute gleicht dem Durchbrechen einer Schallmauer. Überall ist Begeisterung zu spüren, Engagement und ein mitreißender Optimismus. Der vielfach abgenutzte Begriff vom Weinwunder ist durchaus angebracht, jedenfalls

für eine zahlenmäßig beachtlich angewachsene Winzerelite, die es auch verstanden hat, mit Hilfe üppig fließender EU-Fördergelder ihre Keller zu wahren Kathedralen des Weins auszubauen.

Genüsslicher Einstieg in die Welt des Burgenlandes

Eine touristische Annäherung könnte mit folgendem Satz verheißungsvoll eingeleitet werden: Die Geschichte begann im „Hofgassl" in Rust. Das ist für Eingeweihte ein starker Satz, denn er hat die suggestive Kraft, augenblicklich ein Verlangen nach diesem Ort auszulösen, eine Sehnsucht nach feinsinnig reformierter Bürgerküche in schicker, dabei heimeliger Atmosphäre in dem 2004 stilvoll renovierten Bürgerhaus aus dem 16. Jahrhundert. Hier kocht Michael Pilz, der zuvor schon den „Rusterhof" kulinarisch erhöht hat. Seine gleichermaßen unprätentiös wie raffiniert angelegte Küche ist ein genüsslicher Einstieg in die Welt des Burgenlandes.

Das bietet strohgedeckte Heurige, Maisfelder bis an den Horizont, Gärten voller Paprika, 3.000 Tomatensorten, Gurken, Zwiebel und Knoblauch, prall mit Würsten, Schinken, Speck und Federvieh gefüllte Gewölbe, Karpfen und Zander, hier Fogosch genannt, aus Europas größtem Steppensee, dessen 138 Kilometer langes Ufer sich politisch problemlos mit dem Fahrrad umrunden lässt, seit die

Schloss Esterházy in Eisenstadt ist eines der schönsten Barockschlösser Österreichs.

Grenze zu Ungarn weggefallen ist. Die Sonne scheint unermüdlich 300 Tage im Jahr auf Weinberge, Vogelreservate, Storchennester, Wildpferde, wollschwarze Mangalitzaschweine, Golfplätze und behäbig dösende Dörfer. Kurzum, es ist ein Land für Touristen, die gerne Wein trinken, wandern, Wasser mögen, jagen, radeln, rustikale Küche schätzen, auch mit sich selber was anzufangen wissen und die süße Melancholie, die sich wie selbstverständlich einstellt, als Herzensbruder willkommen heißen.

Eine neue gastronomische Kultur ist zu entdecken

Das Land wirkt still und verwunschen, aber es ist im 21. Jahrhundert angekommen. Die Zeiten sind vorbei, als man über die Burgenländer als die Ostfriesen von Österreich lachte. Noch viel länger zurück liegt die Armut, über die Lucius Cassius Dio Cocceianus (um 163 bis ver-

mutlich 235), der sich selber Cassius Dio nannte, als römischer Statthalter von Pannonien schrieb: „Sie führen das allerkümmerlichste Leben … Gerste und Hirse ist ihre Speise, zugleich ihr Trank." Tempi passati, von solcher Kümmernis ist längst keine Rede mehr. Die Erinnerung an pannonische Uraltzeiten erschöpft sich heute auf vielen Speisekarten eher als Parodie mit Fantasienamen für schreckliche Gerichte à la „Pusztageheimnis" oder „Magyarenspieß". Derartige Grausamkeiten gibt es noch, wie auch ein unsinniges Schweinebratencarpaccio oder das viele Plastik auf Frühstückstischen in Privatherbergen mit dem Charme von Garagen. Doch über diesen Unzulänglichkeiten hat sich eine neue gastronomische Kultur gebildet.

Wer die Region südlich von Wien vor etwa fünfzehn Jahren das letzte Mal besucht hat, reibt sich heute erstaunt die Augen. Ob es die Qualität des Weins von rot bis edelsüß ist oder die kulinarische Bandbreite: Das Burgenland ist touristisch erwachsen geworden, es lockt mit Thermen, mit Sport vom Segeln übers Surfen bis zum Radfahren, mit Schloss Esterhazy in Eisenstadt und reichlich Kultur von Haydn-Festspielen, Bildhauern in Steinbrüchen, Festspielen auf Burg Güssing, Konzerten in Schloss Halbturn und Freilichttheatern bis zu Operettenspielen auf der Seebühne in Mörbisch. In Rust, diesem Städtchen wie aus dem Bilderbuch, spielt die Fernsehserie vom „Winzerkönig". Da trifft Intrige auf Idylle, ein bisschen wohl dem Leben abgeschaut.

Es war wohl dem traditionsreichen Rust vorbehalten, als erste burgenländische Stadt ein komfortables Suitenhotel vorweisen zu können. Tina und Michael Mooslechner haben in einem 370 Jahre alten „Bürgerhaus" unter Renaissancegewölben dieses architektonische Schmuckstück im Sommer 2004 eröffnet. Der – freilich ungemein reizvolle – Kontrast zu diesem Suitenhotel ist die „Burg Bernstein", die hoch über dem gleichnamigen Ort nahe Güssing wahrhaft thront. Es gibt weder Fernseher in den teils riesig großen, mit Antiquitäten und Büchern bestückten Zimmern, noch Telefon, auch keine Minibar. Kachelöfen sowie Kamine knistern wohlig anstelle einer Zentralheizung, ausgenommen einige der komfortabel renovierten Bäder. Das Abendessen im Rittersaal mit üppigem Stuck aus dem 17. Jahrhundert wird mit Kerzen illuminiert, sodass jedes Mahl zum festlichen Candle-Light-Dinner gerät. Die Schlossherrin, Andrea Gräfin Almasy, verheiratete Berger, die mit ihrem Mann Alexander das Schlosshotel mit gastgeberischer Noblesse führt, wirkt mit subtilem Sinn für aromatische Finessen am kapitalen, mit Holz befeuertem Burgherd, wo sie die deftigen wie die zarten Kapitel der Altwiener Küche zwischen Szegediner Krautfleisch und herrlichem Mohr im Hemd aufschlägt.

Herzhafte Melange

Zwar vermag kein burgenländisches Restaurant den Anspruch auf drei Sterne nach Michelinkriterium zu erheben. Aber wer fragt schon danach, solange das Wiener Schnitzel korrekt vom Kalb und in der Pfanne herausgebacken wird, Hecht und Zander saftig gebraten auf den Tisch kommen, die Würste eine sinnliche Erotik ausstrahlen und das Fischpaprikás so furios gewürzt ist wie das ungarische Original. Traditionell ist die burgenländische Küche ein herzhaftes Gemenge aus wienerischen, ungarischen, kroatischen, slowakischen und jiddischen Stilelementen, was wenig Scheu vor Gewürzen und Aromen bedeutet oder vor einem Fettauge auf der Rindssuppe. Zwiebel, Paprika, Kraut, Kürbis und Knoblauch gehören dazu, auch Strudelvarianten, Sterz-Etüden und freundliche Saucen zum Tunken.

Attraktiv sind die Unterschiede in Küchenstil und Ambiente zwischen den einzelnen Lokalen. Gab es früher im Grunde nur eine austauschbare Melange zwischen rustikaler, mit einem Hauch von Pusztaromantik verkitschter Einrichtung und entsprechender, schematisierter Küche à la Rostbraten, Zander, gefülltem Paprika, Karpfen & Co, so überraschen die Meister heute auch mit nuancierten Kreationen zwischen behutsam modernisierter Regionalküche und internationalem Schick mit mediterranen Akzenten.

Der gastronomische Platzhirsch ist der „Taubenkobel" in Schützen. Die Küche von Walter Eselböck, einem Autodidakten mit starker individueller Note, ist kreativ, in ihren Kombinationen mitunter provokant, doch in der Regel geschmackvoll und durchaus spannend. Subtil modernisierte Klassiker werden im „Gut Purbach" im gleichnamigen Ort geboten. Wenn Max Stiegl seine Grammelknödel zu flaumig gewölbten Delikatessen formt, dann spürt man, dass dem Koch auch dann etwas Besonderes gelingt, wenn er normale Dinge aufs Feuer stellt. Stiegl ist ein Maestro des goldenen Wiener Schnitzels wie des perfekt gesottenen Tafelspitzes – und er hat, was gute Köche auszeichnet, Respekt vor dem Produkt, was sich insbesondere am puristischen Umgang mit den Seefischen zeigt, denen Stiegl seine Referenz erweist, indem er bei der Zubereitung wie dem Anrichten auf jegliche Schnörkel verzichtet.

Edelsüße Elixiere

Der erste Nasenzug signalisierte bereits Genuss. Dem Glas entströmte im Nu ein reicher Duftstrauß nach Pfirsich, Trockenfrüchten, Blüten und Honig, flankiert von einem aparten Hauch Bienenwachs nebst einer fein gewobenen Gewürznote. Der Wein, der Nase und Gaumen so angenehm wie spannungsvoll erregte, war die Sämling Trockenbeerenauslese des Jahrgangs 2002 vom Weingut Hans Tschida-Angerhof aus dem burgenländischen Illmitz. Die Sinne erschauerten angemessen.

So duftet ein Sieger, denn der Wein hat bei einer repräsentativen Verkostung der besten edelsüßen Weine aus Frankreich, Deutschland, der Schweiz, Ungarn und Österreich die Höchstnote bekommen. „Eindrucksvoller Wein, edelsüß in Perfektion", strahlte Peter Moser, Chefredakteur des angesehenen Weinmagazins Falstaff und Mitglied der zwölfköpfigen Jury, die in der noblen Residenz von Heinz Winkler im bayerischen Aschau 42 edelsüße Gewächse verkostete und bewertete. Auch Darrel Joseph, Weinjournalist für internationale Publikationen wie den Decanter, gab 19 von 20 möglichen Punkten für diese machtvolle Trockenbeerenauslese mit einem Restzuckergehalt von rund 250 Gramm pro Liter.

Das Gesamtergebnis war ein Triumph für die burgenländischen Kreszenzen, die immerhin inmitten der Weltelite à la Château d'Yquem und Schloss Johannisberg standen. Nahezu punktgleich mit der Trockenbeerenauslese von Tschida – sie waren jeweils nur einen Wimpernschlag voneinander entfernt – sind weitere vier Austriaweine auf die Ränge zwei bis fünf gepunktet worden: 2002er Ruster Ausbruch Essenz vom Weingut Feiler-Artinger (Rang zwei), 2001er Scheurebe Nr. 4 Trockenbeerenauslese vom Weingut Alois Kracher, Seewinkel im Burgenland (ex aequo Rang drei), 2001er Grüner Veltliner Trockenbeerenauslese vom Weingut Emmerich Knoll aus der Wachau (Rang vier), 2001er Ruster Ausbruch „Am Fuße des Berges" von Robert Wenzel (Rang fünf).

Furmint darf im Burgenland seit 1987 als Qualitätssorte angebaut werden.

Die Windmühle ist das Wahrzeichen der Stadt Retz im Burgenland.

Zusammenspiel von Rasse und Eleganz

Was die Edelsüßen vom Neusiedler See auszeichnet, ist ein ideales Zusammenspiel von fruchtiger Kraft mit feiner bis mächtiger Süße, von Rasse und Eleganz. Dafür sorgt neben Winzerehrgeiz das milde Klima. Das Gebiet rund um den Neusiedler See ist von Natur aus prädestiniert für edelsüße Weine, die hier gleichsam wie im Abonnement wachsen, denn der flache Steppensee fungiert bis in den späten Herbst als Wärmespeicher und sorgt obendrein für hohe Luftfeuchtigkeit, was in Verbindung mit dem sonnigen Klima – die durchschnittliche 14-Uhr-Temperatur beträgt in Rust von Mai bis September 23 Grad Celsius – den Reifeprozess der Trauben fördert und die Voraussetzung für die begehrte Botrytis schafft.

Neben den idealen klimatischen Bedingungen sind die Vielschichtigkeit der Lagen sowie das breite Spektrum an Rebsorten weitere

Voraussetzungen für den süßen Reichtum. Zu den wichtigsten Traubensorten zählen Welschriesling, Scheurebe (in Österreich auch Sämling 88 genannt), Muskat Ottonel, Weißburgunder, Chardonnay, Traminer, Muskateller, Sauvignon blanc, Grauburgunder (früher Ruländer genannt) sowie der in Österreich als Spezialität gepflegte Neuburger und als weitere Rarität der in Rust von Winzern wie Robert Wenzel und Heidi Schröck wieder entdeckte und belebte Furmint, der bis 1890 die Hauptrebsorte war, bevor die Reblaus alles vernichtete.

Die Natur mit Sonne und See bildet die Basis süßer Weine. Für Charakter und Stilistik sind die Winzer verantwortlich, die in Burgenland weit bewusster und inniger denn je zuvor das natürliche Potenzial nutzen und so von Mörbisch über Rust, Eisenstadt und Podersdorf bis Illmitz und Apetlon vom Strohwein über den Ausbruch und den Eiswein bis zur Trockenbeerenauslese edelsüße Kreszenzen von Weltklasse ernten.

Ausführliche Jahrgangstabellen finden Sie im Anhang dieses Buches.

Kellergassen sind nicht nur ein architektonisches Erbe, sondern auch Markenzeichen des Burgenlandes.

Ruster Ausbruch

Geschichten über den Ruster Wein beginnen gewöhnlich mit interessanten Daten aus der ersten Hälfte des 17. Jahrhunderts. Schriftlich fixiert ist eine Aufzeichnung vom 14. Oktober 1634 über „vier Fuhren mit Ausbruch-Trauben", gefolgt von weiteren Hinweisen auf Edelbeeren, jeweils geerntet am 26. und 27. Oktober sowie am 3. November. Die Eintragung des Magistratsschreibers belegt neben dem bewussten Warten auf voll ausgereifte, vermutlich eingetrocknete und auch edelfaul befallene Trauben die Praxis einer selektiven Ernte in mehreren Durchgängen. Es darf freilich angenommen werden, dass in Rust schon weit früher süße Weine erzeugt worden sind. Die Natur hat dazu zwingend eingeladen, und im benachbarten St. Margarethen ist bereits 1526 von einem Rosinenwein berichtet worden. Rust ist vermutlich neben Tokaj der älteste Geburtsort gezielt erzeugter Ausleseweine der Neuzeit.

Die historisch sehr früh nachweisbare Bedeutung von Rust als Weinstadt dokumentiert auch die durch Königin Maria I. von Ungarn 1524 beurkundete Erlaubnis, die für den Handel bestimmten Fässer sozusagen markenschutzrechtlich mit einem – bis heute gebräuchlichen – geschwungenen und majestätisch gekröntem „R" zu kennzeichnen. Und die „500 Eimer erlesensten Weins", die für die Erhebung ihrer Gemeinde zur Freistadt am 3. Dezember 1681 an den Wiener Hof zu liefern waren, zeugen mehr noch als jede papierene Urkunde von der hohen Wertigkeit des Ruster Weins, denn als „erlesenst" galt damals nur der Ausbruch als eines der ältesten edelsüßen Gewächse weltweit. Er war gleichermaßen Trinkgenuss wie Signatur erwachenden Bürgerstolzes, der sich übrigens auch in den stattlichen Winzerhäusern aus Barock und Renaissance manifestiert.

Das Rohprodukt für den Ausbruch bildet sich nahezu jeden Herbst in den sanfthügeligen, den auf 121 Meter Seehöhe gelegenen Ort halbkreisförmig umringenden Weingärten. Dort stehen die 20, 30, teilweise 50 und mehr Jahre alten Rebstöcke, gnädig bedacht mit mindestens 2.100 jährlichen Sonnenstunden. Die Sonne treibt den Trauben die für Ausbruchweine nötige Süße ins Fruchtfleisch, doch für die einmalig komplexe, die pure Zuckersüße erst mit Esprit versehende Aromentiefe sorgen die vom See heran wabernden herbstlichen Morgennebel, die sich nassen Schleiern gleich um die Beeren

winden und dort im permanenten Wechselspiel zwischen Feuchte und Trocknung die Botrytis wachsen lassen, die Edelfäule, die allein aus einem süßen Wein einen edelsüßen Ausbruch macht.

„Cercle Ruster Ausbruch"

Der Begriff Ausbruch leitet sich von der mühsamen Handlese für die vom Botrytispilz befallenen Trauben her. Über mehrere Tage und Erntedurchgänge hinweg wird praktisch jede Beere im Ausleseverfahren einzeln gepflückt – die geeigneten Beeren werden ausgebrochen. Der für einen Ausbruch gesetzlich vorgeschriebene Zuckerwert von 27 Klosterneuburger Graden (ergibt umgerechnet circa 138 Grad Oechsle nach deutschem Maß) wird in der Praxis weit überboten. Hans Feiler, Doyen der Ruster Winzer, lächelt milde: „Die gehen gegen einen richtigen Ausbruch unter." Das sehen auch die zwölf Winzer so, die sich im 1991 gegründeten „Cercle Ruster Ausbruch" als Speerspitze der Güte sehen und ihren Ausbruchweinen einen Basiswert von mindestens 150 Grad Oechsle und deutlich darüber gönnen. Ein Ausbruch ist also stets eine Trockenbeerenauslese, eine Essenz demnach eine besonders hochgradige Trockenbeerenauslese.

Solche hohen Süßewerte waren in früheren Jahrzehnten ebenso wenig zwangsläufig die Regel wie die heute allgemein gepflegte Praxis, für den Ausbruch ausschließlich überwiegend edelfaul geschrumpfte Beeren zu verwenden. Üblich war eine Mischung aus Beeren sowie Grundweinen unterschiedlicher Art. Das Kombinationsmuster konnte so aussehen: 25 Prozent zu Rosinen getrocknete Beeren, 20 Prozent überreife, geschrumpfte Beeren, 40 Prozent edelfaul überzogene Beeren, 15 Prozent vollreife und gesunde Beeren. Mit dem aus den gesunden Beeren gepressten Saft sollte zum einen eine bessere Auslaugung der Aromen speziell aus dem Botrytismost erreicht und zugleich dem künftigen Ausbruch eine gewisse Frische mitgegeben werden. Solches Aufgießen gilt heute als überholt, da moderne Presstechniken auch edelfaule Trauben auf schonende Weise komplett entsaften.

Mitglieder im „Cercle Ruster Ausbruch"
Rudolf Bachkönig – Conrad – Feiler-Artinger – Giefing – Landauer – Peter Schandl – Heidi Schröck – Friedrich Seiler – Harald Tremmel – Ernst Triebaumer – Günter Triebaumer – Weinbau Wenzel

Ein anderes Kapitel ist der Gärverlauf. Je höher der natürliche Zuckergehalt im Most ist, desto schwieriger wird es für die Hefen, den Zucker auch in Alkohol umzuwandeln. Beim Ausbruch mit einem Mostgewicht von mindestens 150 Grad Oechsle streiken die Hefen in der Regel bei einem Alkoholgehalt zwischen 12 und 14 Prozent. Mühseliger und langwieriger gestaltet sich der Prozess bei einer Essenz, die hundertprozentig aus Botrytisbeeren ab einem Oechslegehalt von ungefähr 180 Grad gewonnen wird. Da kann sich die Gärung laut Kurt Feiler „auch über zwei Jahre hinweg ziehen", der Alkohol

pendelt sich schließlich irgendwo zwischen 5,5 und 10 Prozent ein, der Restzuckergehalt steigt locker auf 200 Gramm pro Liter an und kann in speziellen Jahren auch die 400-Gramm-Grenze überschreiten.

Die neue Generation der Ausbruch-Weine

Gegenüber dem früher gepflegten Typ ist die neue Generation der Ausbruch-Weine süßer und zugleich ausdrucksstärker. Die Mitgift der Edelfäule beschert dem Wein ein Mehr an Geschmacksstoffen wie beispielsweise karamellige Noten. Bei der Wahl der Hefen (weinbergseigene oder Reinzucht) sowie der Art des Ausbaus (Stahltank, kleines oder großes Holzfass, neu oder gebraucht) kann der Winzer weiteren Einfluss auf das Gepräge des Weins nehmen. Im Hause Feiler-Artinger geschieht dies unter anderem so, dass der aus burgundischen Rebsorten gewonnene beziehungsweise kombinierte Ausbruch (Weißburgunder, Grauburgunder, Chardonnay, Neuburger) in Fässern aus neuem Holz reift, wodurch dem Wein auch zusätzliche, nicht in den Trauben vorhandene Würz- und Röstaromen mitgegeben werden. Hingegen wird bei Welschriesling, Muskateller und auch Sauvignon blanc durch den Ausbau in gebrauchten Fässern, die keinerlei oder nur minimale Zusatzstoffe abgeben, auf den Erhalt der Frucht als dem großen Naturtalent dieser Rebsorten geachtet.

Dass kein Ausbruch genau so schmeckt wie der andere ergibt sich aus unterschiedlichen Komponenten wie der Lage des Weingartens und der Art der Rebsorte in Kombination mit der – im gesetzlichen Rahmen befindlichen – kreativen Gestaltungsfreiheit des Winzers, der entscheidet, wann er die Trauben in welchem Reifezustand erntet und wie er den Wein ausbaut. Ein Leitmotiv gilt in jedem Fall, nämlich die Priorität von Klarheit und Reintönigkeit. Im Idealfall ist der Ruster Ausbruch mit seiner charaktervollen Eleganz und der Kraft für ein langes Leben, mit seiner anspruchsvollen Geschmacksvielfalt und der seidigen, finessenreichen, niemals plump wirkenden Süße die Inkarnation eines individuellen, das regionale Terroir perfekt widerspiegelnden edelsüßen Weins.

Weingüter mit edelsüßen Weinen
Weingut Rudolf Bachkönig, Rust; Weingut Conrad, Rust; Weingut Elfenhof, Rust; Weingut Feiler-Artinger, Rust (siehe S. 120); Weingut Giefing, Rust; Hammer Wein Rust, Rust; Weingut Landauer, Rust; Weingut Peter Schandl, Rust; Weingut Heidi Schröck; Weingut Friedrich Seiler; Weinbau Tremmel, Rust; Weingut Ernst Triebaumer, Rust; Weingut Günter Triebaumer, Rust; Weinbau Wenzel, Rust

Weingut Feiler-Artinger, Rust

Der Mann mit dem sanften Blick nimmt einen Schluck vom edelsüßen 1991er Sauvignon blanc. Im Nu bekommen seine Augen einen besonders seligen Glanz und er intoniert ein wohliges „Mhhh", das klingt wie ein Liebesseufzer. „Den Wein hat er sich selber zum 50. Geburtstag geschenkt", sagt Inge Feiler über diesen ungewöhnlichen Ruster Ausbruch mit der feinen Honigsüße und dem schier ewig anhaltenden geschmacklichen Nachklang. Hans Feiler nickt, ja, als man die von der Botrytis befallenen Trauben erntete, Anfang November, hätten die Stare schon vor ihnen ihr Festessen gehabt und das Meiste von den Stöcken

gepickt. Um die 800 Flaschen dieser Rarität seien schließlich mit dem Beschluss gefüllt worden, den Wein nicht zu verkaufen, sondern im Kellergewölbe des barocken Bürgerhauses privat zu lagern.

Feiler lebt mit dem Wein. Er ist mit ihm aufgewachsen und ihm „eine Herzenssache" spätestens seit 1953, als er, damals gerade zwölf Jahre jung, erlebte, wie Vater Gustav, der Gründer des Weinguts, als erster Ruster nach dem Krieg einen edelsüßen Wein erzeugte. Bei diesem 1953er Ausbruch hat auch der Zufall mitgespielt. Ein Weinhändler aus Krems hatte Trau-

Kurt Feiler ist Kellermeister und auch zuständig für Auslandsrepräsentationen des Weinguts.

ben gekauft und darauf bestanden, dass die ihm „faul" erscheinenden Beeren keinesfalls mitgelesen werden dürften. Gustav Feiler war es recht, er kelterte die edelfaulen Beeren extra und belebte damit die jahrhundertealte Tradition der Ausbruch-Weine.

Wein als Herzensangelegenheit

Zum Weinprogramm des Hauses Feiler-Artinger gehören nicht nur die Ausbruch-Weine. Das Gut brilliert mit seinen gehaltvollen Roten (Solitaire, Cabernet Sauvignon-Merlot, Blaufränkisch) gleichermaßen wie mit trocken ausgebauten Weißen (Neuburger, Sauvignon blanc, Chardonnay, Weißburgunder, Cuvée Gustav). Leitmotivisch gilt für alle Weintypen die Dominante der Eleganz. Dies trifft insbesondere auch auf die edelsüßen Gewächse zu, über die Sohn Kurt

Feiler, der seit 1994 sukzessive für die Kellerwirtschaft verantwortlich zeichnet, ganz präzise sagt: „Unsere Weine sollen Körper, Frucht und auch Balance haben, sie sollen die Symbiose von Mensch und Natur sein, sie sollen zum Essen passen, gut lagerfähig sein und Trinkfreude bereiten."

Trinkkultur ist die Kunst, für jeden Anlass und jede Stimmung den dazu passenden Wein auszusuchen. Und es gibt emotionale Zustände, in denen ersetzt ein edelsüßer Wein jedes andere Getränk, jede Zigarre, jedes Dessert, selbst ein Buch oder ein Gebet. Man nehme beispielsweise den 2002er Ruster Ausbruch Essenz von Feiler: dichter Fruchtkörper, ziselierte Süße mit Aromen von Steinobst, Blüten, Honig, Trockenfrüchten und zartem Botrytiston. Ein grazil strukturierter Wein, einer, der sich trinkt wie ein privates Weltereignis. Solcherart sinnlich animiert versteht man das Bekenntnis von Hans Feiler sehr gut, wenn der sagt: „Ich habe den schönsten Beruf der Welt."

Ruster Ausbruch prägt die besondere Mineralität und Lebendigkeit durch die Säure, die den Wein einfach großartig reifen lässt.   *Hans und Kurt Feiler*

Die Netze, die entlang der Rebzeilen gespannt werden, sollen allzu gefräßige Vögel davon abhalten, das kostbare Traubengut vor der Ernte zu fressen.

Neusiedler See und Seewinkel

Vergnüglichen Dingen zugewandtere Denker sehen in unseren Sinnen vor allem die Fähigkeit, genüssliche Freuden zu empfinden, beispielsweise schon visuell durch Signale, wie sie von Weinetiketten ausgelöst werden. Man nehme die Flasche, auf der steht: 2004 Scheurebe Trockenbeerenauslese, Weingut Kollwentz, Großhöflein, Burgenland und fühlt noch vor dem ersten Schluck eine sinnliche Offenbarung. Man trinkt und erlebt sogleich eine Fruchtexplosion, die Nase wie Gaumen spannungsvoll attackiert. Die analytischen Daten bestätigen das Erlebte: 10 Prozent Alkohol, 250 Gramm Restzucker, 8,1 Gramm Säure. Von diesem Wein sind gerade mal 600 Flaschen gefüllt worden.

Das Weinprogramm des Guts, das westlich und etliche Steinwürfe vom See entfernt liegt, umfasst zwei Drittel starke Rote und ein Drittel Weißweine wie speziell den Chardonnay von geschmeidiger Fülle. Edelsüße Weine sind im Programm von Kollwentz gerade mal mit zwei Prozent vertreten, aber damit lässt sich zusätzliches Prestige gewinnen – und wenn die natürlichen Voraussetzungen gegeben sind, dann empfindet jeder Winzer so etwas wie Herausforderung und Verpflichtung in einem, das Potenzial auch zu nutzen. Gleiches gilt für die Betriebe in den anderen Orten, die sich in einem generösen westöstlichen Bogen von Eisenstadt über Purbach, Jois, Neusiedl, Weiden, Gols und Mönchhof bis Podersdorf um den See reihen. Erst am südöstlichen Ufer, dem sogenannten Seewinkel um Illmitz und Apetlon, gibt es Winzer wie Hans Tschida, Josef Lentsch, Gerhard Haider, Franz Heiss und vor allem Gerhard Kracher mit einem Süßweinanteil von 30 bis 80 Prozent.

Verwunschene Landschaft

Der Seewinkel ist eine von der Natur sondergleichen fantasievoll und auf bizarre Weise verwunschen choreografierte Landschaft mit flachen Weingärten inmitten zahlreicher kleiner Seen, Teiche und Tümpeln, hier Lacken genannt. Zusammen mit dem Neusiedler See, dem mit 320 Quadratkilometer Wasserfläche größten Steppensee Mitteleuropas, bilden diese Lacken die Grundbedingung für ein Kleinklima, das in manchen Jahren die Edelfäule beinahe wie im Zeitraffer auf-

treten lässt. Das Wasser schützt im Winter vor allzu eisigen Temperaturen und im Sommer vor zu großer kontinentaler Hitze. Im Herbst löst der See das große Weinwunder aus, wenn nächtlich kühle Nebel sich auf die tagsüber aufgeheizten Beeren legen.

Das ist das Startsignal für die Botrytis. Zunächst bilden sich in den Trauben einzelne Botrytisnester, dann erobert der Pilz nach und nach weitere Rebstöcke. Mitunter wird ein Garten überfallartig heimgesucht, dann wiederum dauert es Tage und Wochen, bis sich genügend Edelfäule gebildet hat und der Winzer mit seiner selektiven Lese beginnen kann. Der Aufwand wird belohnt: Das besondere Merkmal der Trockenbeerenauslesen vom Seewinkel ist ihre füllige, ja mächtige bis wuchtige Süße. Wenn der Ruster Ausbruch für Finesse steht, ist es im Seewinkel die Opulenz. Flüssiges Gold ist beides.

Nun ließe sich angesichts der seit alters her bestehenden natürlichen Konstellation zur Bildung der Botrytis vermuten, dass rund um Illmitz wie in Rust am genau gegenüberliegenden Seeufer auch seit jeher edelsüße Kreszenzen erzeugt werden. Aber das stimmt nicht. Im Gegensatz zur jahrhundertealten Süßweintradition der Ruster werden im Seewinkel erst seit etwa einem halben Jahrhundert, zaghaft beginnend in den 1950ern, Süßweine in nennenswertem Umfang erzeugt. Angeblich sollen französische Soldaten nach dem zweiten Weltkrieg ein bisschen initiativ gewirkt haben durch ihren Hinweis, dass die klimatischen Bedingungen jenen in Sauternes ähneln. Bis dahin ist der Seewinkel hauptsächlich als Ackerland und Weidegebiet für Gänse sowie Enten genutzt worden.

Das ist Geschichte, heute vermag sich niemand mehr vorzustellen, dass am See nicht schon Trockenbeerenauslesen gekeltert worden sind, seit Noah mit einer Rebe seiner Arche entstiegen ist. Es fasziniert ja auch, was die Winzer rund um den Neusiedler See in den vergangenen Jahrzehnten geschaffen haben. Der Fortschritt vom altbackenen Gestern ins Heute gleicht dem Durchbrechen einer Schallmauer. Überall ist Begeisterung zu spüren, Engagement und ein mitreißender Optimismus. Der vielfach abgenutzte Begriff vom Weinwunder ist durchaus angebracht, jedenfalls für eine zahlenmäßig beachtlich angewachsene Winzerelite. Die edelsüßen Gewächse wie etwa der legendäre Ruster Ausbruch haben schon lange Weltgeltung, doch inzwischen werden in allen Weinorten rund um den See Auslesen in Perfektion erzeugt, die bilderbuchhaft von der fruchtigen Pracht und Finesse großer edelsüßer Kreszenzen künden.

Die klassische, von der Botrytis initiierte Trockenbeerenauslese wird im edelsüßen Programm ergänzt durch Strohweine, auch Schilfweine geheißen. Die hat es früher schon gegeben, sie ruhten jedoch eine Zeit lang im Abseits des Vergessens, bis Georg Stieglmar vom Golser Weingut „Juris" 1982 das Weinbrauchtum neu belebte. Weitere Winzer wie Gerhard Nekowitsch und Willi Opitz (beide Illmitz) zogen nach und keltern regelmäßig reintönige, von der traubigen Frucht geprägte Süßweine, gewonnen aus vollreif gelesenen Beeren, die

Der Seewinkel ist eine von der Natur sondergleichen fantasievoll und auf bizarre Weise verwunschen choreografierte Landschaft.

mindestens zwei, in der Regel drei Monate lang auf Stroh, Schilf oder aufgehangen an Schnüren rosinenartig trocknen und so an Zucker zulegen. Schließlich runden Eisweine das Spektrum ab, allerdings eher rudimentär und hauptsächlich in Jahren, in denen sich die Botrytis ausnahmsweise rar macht oder wegbleibt, was sich im Seewinkel freilich nur in höchstens zwei von zehn Jahren ereignet.

Weingüter mit edelsüßen Weinen
Weingut Bernthaler, Gols; Weingut Gesellmann, Deutschkreuz; Weingut Haider, Illmitz; Schloß Halbturn, Halbturn; Weingut Toni Hartl, Reisenberg; Weingut Heiss, Illmitz; Weingut Kollwentz, Großhöflein; Weinlaubenhof Kracher, Illmitz (siehe S. 126); Weingut Josef Leberl, Großhöflein; Weingut Josef Lentsch-Dankbarkeit, Podersorf; Weingut Franz und Elisabeth Lentsch, Podersdorf; Weingut Sepp Moser, Apetlon; Weingut Münzenrieder, Apetlon; Weingut PMC Münzenrieder, Apetlon; Weingut Gerhard Nekowitsch, Illmitz; Weingut Hans und Christine Nittnaus, Gols; Weingut Willi Opitz, The Opitz Winery, Illmitz; Weingut Renner, Gols; Weingut Horst und Georg Schmelzer, Gols; Weingut Salzl-Seewinkelhof, Illmitz; Weingut Schönberger, Mörbisch; Weingut Ernst und Rosa Steindorfer, Apetlon; Weingut Tinhof, Eisenstadt; Weingut Christian Tschida, Illmitz; Hans Tschida-Angerhof, Illmitz; Weingut Umathum, Frauenkirchen; Weingut Velich, Apetlon; Weingut Manfred Weiss, Apetlon; Weingut Zantho, Andau

Weinlaubenhof Kracher
Illmitz

„Die Zeit ist niemals falsch, um großartige edelsüße Weine zu trinken."
Gerhard Kracher

Die Schuhe waren groß, sehr groß, in die Gerhard Kracher nach dem überraschenden Tod seines Vaters Alois im Dezember 2007 schlüpfen musste – und sie passten! Alois „Luis" Kracher, der 1981 als gelernter Drogist vom Vater das Familienweingut übernommen hatte, entwickelte sich, am Amt wachsend, bald zum Fürst der Trockenbeerenauslese und zum Botschaf-

ter h.c. des burgenländischen Süßweins schlechthin. Keiner war international berühmter für seine edelsüßen Gewächse. Herr Parker hat die Kracher'schen Trockenbeerenauslesen notorisch mit Punkten nahe der Hundert beehrt, und keiner war gewiefter in der Präsentation seiner Weine und der Darstellung seiner selbst wie der alles Schöne liebende, lebensfrohe Mann aus Illmitz, der selbst nach einer dicken Havanna noch präzise die Aromen eines Weins zu beschreiben vermochte.

Gerhard Kracher ist aus ähnlichem Holz geschnitzt und hat nach einer kurzen pubertären Antihaltung seit Jahren an der Seite des Vaters mitgearbeitet, auch Praktika bei renommierten Winzern im Ausland absolviert: „Ich hatte das Glück, schon früh zu erleben, was großer Wein und Qualität bedeutet."

Goldgelb und mit öliger Gelassenheit fließt die 2007 Welschriesling Trockenbeerenauslese Nr. 7 „Zwischen den Seen" ins Glas, eine noch von Alois geerntete und von Gerhard im Keller vollendete Fruchtbombe mit dichter Süße, delikater Würze und finessenreicher Stilistik. Der Wein verbindet Wucht mit Eleganz, womit er dem Kracher'schen Ideal („Wir suchen die Konzentration und lieben die Finesse") sehr nahe kommt.

Schon etwas jenseitig von Weinigem ist die No. 11 der Trockenbeerenauslesen von 2007 angesiedelt, ein noch mächtigerer Welschriesling „Zwischen den Seen". Es ist eine Essenz, die mit geradezu brachialer, doch von

Aromen à la Aprikose, Apfel, Honig und ein bisschen Kräutergewürz köstlich flankierter Süße die Sinne torpediert. Die Werte lassen aufhorchen: 5,5 Prozent Alkohol, 7,3 Gramm Säure, 386,6 Gramm Restzucker. „Zwischen den Seen" steht für Gewächse, die entweder im Stahltank oder im großem Holzfass ausgebaut werden, wohingegen „Nouvelle Vague" der Code für die Sauternes-Variante im Barrique aus neuem Holz ist. Die Nummern signalisieren die Zuckerwerte, aufsteigend geordnet. Je höher die Konzentration, desto höher die Nummer.

Gerhard Kracher hat wie der Vater keine Scheu vor süßer Wucht. Er setzt voll auf die Edelfäule nach dem Motto: Botrytis as Botrytis can. Das ist ein Spiel, aber kein Hasard. Naturgemäß stellt sich auch im Seewinkel nicht jedes Jahr wie im Abonnement die schönste Botrytis ein, aber in der Regel ist darauf Verlass. Und wenn es wie 2007 so herrliche Edelsüße gibt, dann braucht Gerhard Kracher nicht lange nachzudenken, fragt man ihn, wann die rechte Trinkzeit für solche Naturwunder ist: „Jederzeit, mit Freunden, zum Meditieren, wenn man was Gutes trinken will, zum Entspanntsein, zur Musik und einfach so."

„Wie bei jedem anderen Wein kommt es auch beim Süßwein nicht nur auf eine Komponente an, sondern auf das Gesamtbild. Ausschlaggebend ist die Harmonie, egal wie hoch oder niedrig der Restzucker ist."
Gerhard Kracher

Leider hat Süßwein bei weitem nicht mehr den Stellenwert, den er zum Beispiel vor 40 bis 50 Jahren hatte. Süßwein ist heutzutage alles andere als populär. Es gibt jedoch zum Glück Menschen, die auch heute die Trinkkultur pflegen und auch Weine mit Restsüße trinken. Die meisten Menschen trinken meiner Erfahrung nach keine Süßweine, weil sie sich mit dieser Kategorie noch nie befasst haben. Gerhard Kracher

Die äußerst reizvolle Steiermark gleicht einem Mosaik aus Weinbergen, Obstgärten, Maisfeldern sowie kleinen Laubwäldchen.

Steiermark
Weine aus der ersten Liga

Sattes Grün, leuchtendes Gelb und leidenschaftliches Rot sind die Hauptfarben dieser bukolischen Region, die einem Mosaik aus Weinbergen, Obstgärten, Maisfeldern sowie kleinen Laubwäldchen gleicht und auf verwirrende Weise durchwoben ist mit einem Netz aus Wegen und Sträßchen. Der Fremde mag leicht die Orientierung verlieren, aber Verirrung ist hier die beste Art, sich zurechtzufinden, denn man ist nie weit weg von einem gastlichen Haus. Dem Kenner und Liebhaber müssen die Vorzüge des südsteirischen Weins nicht mehr lange erklärt werden. Er weiß, dass in der kleinen Region südlich von Graz wahre Duftriesen mit dichter Frucht und rassiger Finesse wachsen, und er kennt die Gardewinzer wie Tement, Groß, Sattler, Erich und Walter Polz, Tinnacher, Müller von der Domäne Müller, Neumeister, Winkler-Hermaden. Das sind die Helden, die vor fünfzehn Jahren die Reform des Steirerweins einleiteten und heute mit Muskateller, Sauvignon blanc, Traminer, Weißburgunder, dem als Morillon etikettierten Chardonnay und dem rosafarbenen Schilcher in der ersten Weinliga mitspielen.

Trotz der begnadeten klimatischen Bedingungen – die Südsteiermark liegt auf dem Breitengrad von Meran – waren edle Süßweine nie die Regel, eher ein Zufallsprodukt in einem Jahr mit außerordentlich viel Sonne und Beeren, die edelfaul reiften. Erst seit einigen Jahren nehmen Winzer bewusst die Herausforderung der Natur an, wenn die ihnen einen großen edelsüßen Wein verheißt. Dann gibt es Elixiere wie die 2000er Gewürztraminer Trockenbeerenauslese (TBA) von Alois Groß, die 2007er Chardonnay TBA und den 2007er Riesling Eiswein von Fritz Tinnacher, die 2006er Essenz von Willi Sattler, die 2006er Schilcher TBA von Jöbstl aus Wernersdorf als Weltrarität oder die 2006er TBA als Cuvée von Sauvignon blanc und Chardonnay von Manfred Tement aus der Premiumlage Zieregg.

Weingüter mit edelsüßen Weinen

Weingut Groß, Ratsch; Weingut Jöbstl, Wernersdorf; Weingut Lackner-Tinnacher, Gamlitz (siehe S. 131); Domäne Müller, Groß St. Florian; Weingut Neumeister, Straden; Weingut Erich und Walter Polz, Spielfeld; Weingut Erwin Sabathi, Leutschach; Weingut Sattlerhof, Gamlitz; Weingut Peter Skoff, Domäne Kranachberg, Gamlitz; Weingut Tement, Berghausen; Weingut Winkler-Hermaden, Kapfenstein

Weingut Lackner Tinnacher
Gamlitz

Das seit Jahrhunderten im Besitz der Familie befindliche Gut wird von Fritz, Wilma und Katharina Tinnacher geführt. Der Mann, hoch und schlank gewachsen, tritt stets bescheiden auf und ist dennoch unübersehbar. Das nennt man Distinktion. Lob für seine von Eleganz geprägten Weine quittiert er mit dem rosigen Behagen des Mannes, der weiß, dass er und seine Familie gute Arbeit leisten. In seiner Haltung ist freilich auch dann, wenn er einen großen Wein genießt, etwas Sehniges, kommt er einem vor wie einer, der auch im Sitzen die Muskeln vor Tatendrang in Habtachtstellung stehen lässt.

Intellektuelle Haarspaltereien sind ihm fremd, das rhetorische Lockendrehen auf einer Glatze sogar zuwider, doch liebt er die Diskussion. Tinnacher erfasst als Winzer und Mensch die Welt durchaus analytisch mit ebenso scharf wie präzise arbeitendem Verstand. Doch traut er auch seiner Intuition eine Menge zu, ohne deshalb wie Parzival mit naiver Einfalt durchs Leben zu gehen. Kurzum, er ist mit der Welt und sich so ziemlich im reinen und lebt nach dem Prinzip, wonach das Sein wichtiger ist als der Schein. Das klingt einfach und ist doch der Schlüssel zur Person wie zu den Weinen.

Eine TBA aus der Südsteiermark hat zumeist eine hohe Säurestruktur, sehr vielschichtige Fruchtkomponenten und relativ wenig Botrytis. Ihre Stärke ist die Eleganz. Im Vergleich zu burgenländischen wirken Trockenbeerenauslesen aus der Südsteiermark weniger voluminös.
Fritz Tinnacher

„Unserer Erfahrung nach brillieren Grauburgunder, Morillon und Sauvignon blanc im hohen Prädikatsbereich. Sie sind sehr würzig bis „gewürzig", finessenreich, mit viel Frucht und mit einer einzigartigen Säurestruktur. Riesling und Welschriesling zeigen sich besonders schön als Eiswein."
Fritz Tinnacher

Niederösterreich
Qualitätsschub von trocken bis edelsüß

Geschichten, die mit dem märchenhaften „Es war einmal" beginnen, sind nostalgisch geprägt und somit, weil die Vergangenheit sentimental verklärend, für die Gegenwart in der Regel kein Kompliment. Ganz anders verhält es sich mit den niederösterreichischen Weinregionen. Der Blick zurück zeigt, wie sehr sich diese Gebiete vom Lieferanten für passable bis sehr gute Weine zu Erzeugern von international anerkannten Spitzenweinen entwickelt haben. Das Potenzial war ja vorhanden, nur ist es in der Vergangenheit nicht überall ausgereizt worden, sieht man von der Wachau und einigen Gütern in Krems sowie in Langenlois ab, wo seit langem große Weine gewonnen werden. Nun sorgen Winzer zumal der jüngeren und mittleren Generation auch in den anderen Weinbaugebieten wie im Weinviertel, dem Kremstal, im Kamptal und der Thermenregion mit Engagement und Können für einen äußerst bemerkenswerten Qualitätsschub von trocken bis edelsüß.

Typisch für alle diese Gebiete ist, dass hochwertige edelsüße Weine bis vor wenigen Jahren keine Selbstverständlichkeit waren, auch nicht in der ansonsten wegen ihrer exzellenten Gewächse ruhmvoll gepriesenen Wachau. Emmerich Knoll aus Unterloiben weiß von einem 1949er Süßwein, den sein Vater gekeltert hat, aber diese Auslese sei zustande gekommen, weil man die Trauben schlicht „am Stock vergessen hat". Franz Xaver „FX" Pichler, ein weiterer Spitzenwinzer, erinnert sich an eine 1959er Auslese mit dem lakonischen Kommentar: „Das war früher eine Spielerei." Heute ist auch Ernst im Spiel, nutzen Wachauer Topwinzer in Jahren mit Botrytis die Chance, daraus Trockenbeerenauslesen von ihren Paraderebsorten wie Grüner Veltliner und Riesling zu bereiten.

Im Grunde gleicht sich das Szeniarium auch in den anderen Anbaugebieten, abgesehen vom Großriedental, wo die Produktion von Eisweinen eine gewisse Tradition hat. Und in der Thermenregion hat es früher schon mal edelsüße Kreszenzen über die Auslese hinaus gegeben. Dr. Walter Kutscher, ein erfahrener Weinfreund, schwärmt von einer 1939er Trockenbeerenauslese von Helmut Buck aus Gumpoldskirchen, die noch 70 Jahre später über eine faszinierend konzentrierte Süße verfügt habe – allerdings war der Wein, was vielleicht die damalige legere Wertschätzung für solche Kleinode zeigt, in eine Zweiliterflasche gefüllt, die spöttisch so genannte, eigentlich Allerweltsweinen vorbehaltene „Austro-Magnum".

Darüber können Thermen-Winzer wie Josef Piriwe, Karl Alphart, Heinrich Hartl, Gustav Krug, Johann Stadlmann und Harald Zierer nur milde lächeln. Deren edelsüße Kreszenzen, die sie immer öfter der Natur aus den autochthonen Sorten Rotgipfler und Zierfandler abringen, werden bevorzugt in halbe Fläschchen gefüllt. Auch Niki Moser, Chef des Weinguts Sepp Moser in Rohrendorf (Anbaugebiet Kremstal), fände die Idee vermutlich blasphemisch, einen seiner großen edelsüßen Weine – wie etwa den 1999er Chardonnay Eiswein oder die Muskat-Ottonel TBA aus dem gleichen Jahr (mit schier unglaublichen 425,8 Gramm Restzucker pro Liter) – in eine Dopplerflasche zu füllen.

Wachau

Die Wachau, das ist ein Name ohne Kanten und weit mehr als nur ein paar Zentimeter Geografie, 70 Kilometer westwärts von Wien entlang der Donau gelegen, baulich prächtig eingerahmt durch die beiden hoch über dem Fluss thronenden Barockstife Melk und Göttweig. Hektik ist hier degoutant. Die Wachau ist ein Paradies für Romantiker und Genießer, idyllisch, verträumt, aber auch geheimnisvoll und lebensfroh. In dieser Landschaft des angewandten Impressionismus platzt das Leben täglich auf wie ein besonders praller Kürbis. Kurzum, die Wachau ist eine Landschaft, die auch ohne Wein ein wenig trunken macht.

Das anmutige Gewoge der sanft von der Donau ansteigenden Terrassen mit den Rebengärten lässt viele Horizonte weich und wellig ineinander laufen. Im langgezogenen Tal zwischen Spitz und Krems befinden sich viele Welten, einander zwar ähnlich, doch jede in ihrem Wesen ausgeprägt. Kirchen und auch Stifte sind gottgefällige Orientierungshilfen und gleichzeitig lohnende Reiseziele wie die in ihrer statiösen Erhabenheit kleinen Burgen gleichenden Bürgerhäuser. Es duftet nach Rosen und Herzlichkeit, nach Braten, Barock und natürlich dem Wein. Dort, wo die ruhige Tallandschaft mit den Marillenbäumen sich den Hügeln öffnet, dehnen sich die Weingärten unter der Sonne.

Gewächse mit Herz und Seele

Ohne Wein geht nichts, gar nichts. Was in den terrassenförmigen, teils sanft gewundenen, meist halsbrecherisch steil angelegten Rebgärten aus verwitterten Urgesteinsböden und Löss wächst, sind die elegantesten Weißweine Österreichs. Sie haben eine feine Säure, ohne sauer zu sein, sind trocken ausgebaut, aber nicht dünn, brillieren in Edelsüße, ohne pappig zu sein, verfügen über starke Körper, ohne ungeschlacht zu sein, duften verführerisch, ohne parfümiert zu wirken. Es sind Gewächse mit Herz und Seele, reich an Aromen und elegant im Stil. Der Riesling gedeiht so prächtig wie am Rhein. Geschmeidige Rasse hat der Weißburgunder. Zart und schlank schmeckt der Muskateller. Voll dichter, würziger Frucht ist der Grüne Veltliner, die Leitrebe der Wachau. Typisch für den "Grünen", wie er in der Region so kumpelhaft genannt wird, ist eine delikate Würze bis hin zum herzhaften "Pfefferl", dem tatsächlich an frisch gemahlenen weißen Pfeffer erinnernden Duft.

Neben dem Wein und baulichen Denkmälern wie Dürnstein, dem grandiosen Freilichtmuseum, ist die Küche einer der drei Pfeiler, auf denen die Wachau seit mehr als tausend Jahren steht. Kein Ober wispert einem in Verschwörerpose was von Hummer auf Erdbeermus ins Ohr. Derlei Überkandideltes haben die Frauen, die hier überwiegend in den Küchen regieren, nie gemacht. Sie kochen phantasievoll, aber nicht surreal. Die klassische Wiener Küche wird unter den Händen dieser gastronomischen Heldinnen zu einer Grande Cuisine, in der sich Grazie mit Aromatik aufs Geschmackvollste verbindet.

Mit einer ungemein aparten Mischung aus regionaler und französischer Küche hat sich Elisabeth "Lisl" Wagner im "Landhaus Bacher" in Mautern in die europäische Spitze vorgekocht. Auf ihrer Karte stehen Austern und Gänseleber neben gebratenem Kalbshirn, paniertem Junghenderl und Steinbutt. Sie hält sich nicht sklavisch an klassische Rezepturen, sondern verjüngt mit künstlerischer Finesse, was sie in alten Kochbüchern liest. Sie ist kreativ, ersinnt neue Kombinationen, die mitunter frivolen Charme haben, doch stets unverwechselbar sind wie das inzwischen legendären Kultstatus erlangte Kaviarei. Klaus Wagner, ihr weinverliebter Mann, hat eine Weinkarte geschaffen, die sich für Kenner wie anspruchsvolle Literatur liest.
Den Weinen kann man sich auf mehreren Wegen nähern. Direkt geht es über Besuche bei Winzern, indirekt über Restaurants und Buschenschänken, wie man in der Wachau den "Heurigen" nennt. Ein Volksgasthof wie er im Buche steht ist der "Knoll" in Loiben. Hier geht das Herz des Gourmets auf wie eine Dampfnudel, speziell an sonnigen Tagen draußen im weitläufigen Gastgarten unter den Obstbäumen. Was Josef Knoll vollbringt, ist eine originale Küche des Herzens. Reformierte Regionalküche gibt es im "Florianihof" in Wösendorf, feine Altwiener Spezialitäten werden beim "Jamek" in Joching aufgetischt, ein bißchen mediterran wird im schönen "Prandtauerhof" in Joching gekocht.

Märchenhafte Realität

An Wochenenden, wenn die Touristen wie Eroberer in die Wachau einfallen, wird der Landschaft wohl etwas von ihrer Unschuld genommen, doch alltags sind die Türen zu Wein, Küche und Geschichte gastfreundlich weit geöffnet. In der Wachau ist jedenfalls schon etwas von der Leichtigkeit des Südens zu spüren. Laubengänge, Sgrafitto-Häuser, holzbedachte Stiegen, in denen die Kinder fangen spielen, Erker, deren seitliche Spionierfenster die bürgerliche Neugierde befriedigen sowie eine schon fast unanständige Blumenpracht lassen einen bereits am Tage träumend durch die Gassen gehen, und man wäre nicht überrascht, tanzte um die alte Linde auf dem Frauenbergplatz hinter der Kremser Kirche plötzlich die schöne Colombine, begleitet von bunten Pulcinellen und schellenklingenden Harlekinen.

Die Wachau gilt als eines der schönsten Flusstäler der Welt.

Klassifizierung der Wachauer Weine

Unter Berücksichtigung der einzigartigen geologischen und klimatischen Gegebenheiten der Region wird Wachauer Wein in drei Kategorien unterteilt:

„Steinfeder" heißen leichte Weine bis zu einem Alkoholgehalt von maximal 11 Grad. Es sind köstliche Zechweine mit temperamentvollem Charme, die jung getrunken werden sollen. Das Steinfedergras (Stipa pennata) wächst in der Nachbarschaft zu den Wachauer Reben und ist in seiner Struktur so federleicht und duftig wie der namensgleiche Weintyp.

„Federspiel" ist das Wachauer Pendant zum deutschen Kabinett. Der Alkoholgehalt soll nicht 12,5 Grad übersteigen. Hierbei handelt es sich um Gewächse mit schlanker, fruchtiger Finesse, die solo ebenso schmecken wie zu leichten Speisen, in guten Jahren auch haltbar sind. Der Name leitet sich von der Falkenjagd her: das Zurückholen des Beizvogels, eine früher auch in der Wachau beliebte Form der herrschaftlichen Jagd.

Der Alkoholgehalt der spät gelesenen „Smaragd"-Weine muss mindestens 12,5 Grad betragen. Sie sind nach der gleichnamigen Eidechse benannt, die sich bevorzugt in den steinigen Weinterrassen aufhält. Smaragd-Weine sind Spitzenprodukte, dicht, komplex, oft auch wuchtig. Die besten Gewächse dieser Kategorie brauchen mehrere Jahre bis zum Höhepunkt. Es sind ideale Weine für die große Küche, vom Hummer über den gebratenen Zander bis zu Schmorbraten und Bauernente aus dem Rohr.

Weingüter mit edelsüßen Weinen

Wachau: Weingut Franz Hirtzberger, Spitz; Weingut Josef Jamek, Joching; Weingut Emmerich Knoll, Unterloiben (siehe S. 136); Weingut Lagler, Spitz; Weingut F.X. Pichler, Oberloiben; Weingut Prager, Weißenkirchen; Weingut Heinz und Adrienne Sigl, Rossatz; Weingut Tegernseerhof-Mittelbach, Dürnstein; Domäne Wachau, Dürnstein

Kremstal: Weingut Manfred Felsner, Grunddorf; Weingut Malat, Palt; Weingut Mantlerhof, Gedersdorf; Weingut Sepp Moser, Rohrendorf (siehe S. 138); Weingut A. und F. Proidl, Senftenberg; Weingut Salomon Undhof, Stein; Weingut Türk, Stratzing

Kamptal: Weingut Bründlmayer, Langenlois; Schloß Gobelsburg, Gobelsburg; Weingut Jurtschitsch Sonnhof, Langenlois; Weingut Kirschner, Zöbing; Weingut Fred Loimer, Langenlois

Carnuntum: Weingut Marko-Lukas Markowitsch, Göttlesbrunn; Weingut Nadler, Arbesthal

Thermenregion: Weingut Karl Alphart, Traiskirchen; Weingut Biegler, Gumpoldskirchen; Weingut Heinrich Hartl, Oberwaltersdorf; Weingut Johanneshof Reinisch, Tattendorf; Weingut Krug, Gumpoldskirchen; Weingut Josef Piriwe, Traiskirchen; Weingut Schaflerhof, Traiskirchen; Weingut Stadlmann, Traiskirchen; Weingut Harald Zierer, Gumpoldskirchen

Wagram: Weingut Familie Josef Bauer, Großriedenthal; Weingut Stefan Bauer, Königsbrunn; Weingut Leopold Blauensteiner, Gösing; Weinberghof Fritsch, Kirchberg; Panoramaheuriger Ludwig Güntschl, Gösing; Weinhof Waldschütz, Sachsendorf

Ausführliche Jahrgangstabellen finden Sie im Anhang dieses Buches.

Weingut Emmerich Knoll
Unterloiben

Rotgold und mit gemächlicher Öligkeit fließt der Wein ins Glas. Die Nase nimmt einen verheißungsvollen Duft nach Weinblüten, Honig, etwas Aprikose und Quitte sowie Haselnuss wahr, im Hintergrund auch eine zart gefächerte rosinige und gewürzige Note. Der dichte Fruchtkörper ist von reicher, dabei elegant ziselierter Süße. Emmerich Knoll, Winzer aus Unterloiben in der Wachau, faltet die Hände wie zum Gebet und sagt, als sein Wein, eine 1995er Grüne Veltliner Trockenbeerenauslese, schwärmerisch gewürdigt wird: „Ja, der ist gut." Das ist die Tiefstapelei eines Mannes von Demut, denn tatsächlich ist diese Essenz eines Grünen Veltliners flüssiger Genuss. Winzer und Philosophen haben ja eines gemeinsam: Beide nehmen Leben und geben Leben. Die Denker tun es in der Theorie, indem sie alte Welten einreißen und neue aufbauen – die Weinbauern durch ihre Kreativität, indem sie aus Rohprodukten Trinkkunst formen.

Emmerich Knoll im Porträt

Auf die Frage nach dem Ideal eines Weines, benötigt der groß und hager gebaute Emmerich Knoll keine

Sekunde für die Antwort: „Wenn er das Potenzial einer Lage voll ausschöpft - und dies auf unaufdringliche Art." Einen langen Atem sollen die Kreszenzen haben, Komplexität ist ihm wichtig. Die Weine sollen sich im Laufe der Jahre entwickeln, nuancierter werden, fein gewoben wie Seide und dabei ihre fruchtige Dichte und aromatische Tiefe ebenso behalten wie den „Gout de terroir", also den geschmacklichen Hin- und Nachweis auf die enge regionale Herkunft wie die Knollsche Paradelage Schütt beim Grünen Veltliner oder vom Pfaffenberg beim Riesling.

Natürlich ist es kein Zufall, dass Emmerich Knoll, mittlerweile übrigens tatkräftig unterstützt von Sohn Emmerich, so gute Weine macht. Bereits der Vater hat in der Qualität sein oberstes Ziel gesehen, und dies zu einer Zeit, als vom österreichischen Weinwunder noch keine Rede war. Insofern ist der praktisch veranlagte und philosophisch wie intellektuell kultivierte Winzer, der heute über gut 15 Hektar eigene Weingärten in besten, überwiegend terrassiert angelegten Lagen gebietet, ein Symbol für den Aufstieg des österreichischen Weins, denn er gehörte zu den ersten seines Standes, die auf Klasse statt Masse setzten und internationale Erfolge einheimsten. Ja, Emmerich Knoll ist ein Gerechter des Weins

„Ein idealer Süßwein muss für mich Dichte haben, das Süße-Säure-Verhältnis ausgewogen sein, die Süße darf nicht überwiegen, sodass Eleganz, Finesse und Pikanterie den Wein prägen."
Emmerich Knoll

Weingut Sepp Moser
Rohrendorf

Es war im Sommer 1986, als Sepp Moser, damals 57 Jahre alt, den heutigen Betrieb auf der Basis der familieneigenen Rebflächen in Rohrendorf nahe Krems sowie in Apetlon am Ostufer des Neusiedler Sees unter eigenem Namen gegründet hat. Die erste Ernte fuhr der agile Mann 1987 ein. Auf den rund 51 Hektar (24 in Rohrendorf, 27 in Apetlon) werden pro Jahr im Schnitt um die 300.000 Flaschen erzeugt: 41 Prozent sind weiß, 55 rot und 4 Prozent edelsüß. Im sehenswerten Gutshaus, erbaut vom visionären Großvater nach dem Vorbild eines römischen Atrium-Hauses, sind neben einer Schatzkammer und dem attraktiven Barrique-Lager die weintechnischen Anlagen sowie Räume für Verkostungen und Repräsentation untergebracht, darunter auch der große, glasüberdachte Innenhof mit dem mediterranen Flair.

Mit dem rosigen Optimismus des Mannes, der in Sachen Wein viel, sehr viel erreicht hat, sich deshalb jedoch noch nicht am Zenith seiner Kariere als Winzer sieht, entkorkt Nikolaus „Niki" Moser einen seiner Spitzenweine, schlicht und doch suggestiv als „Chardonnay Eiswein" etikettiert. Im Nu dringt aus dem Glas mit dem 1999er ein dichter und vielschichtiger Duftstrom nach Blüten, tropischen Früchten und reichlich Honig, eingebettet in stolze 151,5 Gramm Restzucker pro Liter – eine fein gebündelte Süße, die dank einer lebendigen Säure von 10,8 Gramm nicht laut, sondern melodiöse wirkt, wie das Fis eines Tenors. Der Prachtwein signalisiert, dass im Weingut Sepp Moser der Wille zur absoluten Qualität ebenso groß geschrieben wird, wie Weltoffenheit und unternehmerisches Format.

„Ein großer edelsüßer Wein ist – wie der Name sagt – nicht nur süß, sondern auch edel. Er vereint Frucht, Eleganz, Lebendigkeit und Vielschichtigkeit mit seiner Süße. Mit fortschreitender Reife entwickelt sich ein hochwertiger Süßwein zu immer mehr Eigenständigkeit und geschmacklicher Tiefe. Generell haben solche Weine auch ein enormes Reifepotenzial, das durchaus bei 20, 30 oder mehr Jahren liegen kann."
Niki Moser

Niki Moser im Porträt

Niki Moser, Jahrgang 1967, der seit 1991 im Betrieb mitarbeitet und nach Praktika im Ausland am 1. Januar 2000 vom Vater das Gut übernommen hat, wollte das Erbe nicht unreflektiert antreten. Er dachte nach, stellte den Betrieb, vom Senior mit toleranter Generosität nebst anfänglich leiser Skepsis betrachtet, sukzessive auf biodynamische Bewirtschaftung um und erzielt heute wahre Meisterwerke der Natur. Die Philosophie des idealistischen, doch sich nicht in ätherischen Höhen verlierenden Biowinzers ist schlicht und in einem Satz zu bündeln: Er will aus dem hervorragenden Potenzial, das die Natur bietet, das Beste machen und sieht sich auch in der Verantwortung gegenüber der Familie und der Natur. Die Weine will Niki Moser nicht durch die Technik, sondern von Rebe und Boden geprägt wissen. Auf die Frage, was er sich von der Biodynamik erwartet, antwortet Niki Moser: „Mehr Tiefgang, größere Harmonie und Bekömmlichkeit der Weine. Mehr Freude bei der Arbeit im Weingarten. Wir sind weder mondän noch ‚fancy', wir stellen naturnahes Arbeiten in den Focus und möchten terroir-authentische Weine von nachhaltiger, ausdrucksstarker Art in bester Harmonie".

Wenn man nach einem guten Abendessen zu zweit (können auch mehr sein) und einem Flascherl Wein (können auch mehr sein) noch einen kleinen Gusto auf etwas Besonderes hat, dann ist die ideale Zeit für den Genuss eines edelsüßen Weins. Das ist das Pünktchen auf dem i vor dem Nach-Hause- oder Schlafengehen. Niki Moser

Frankreich
Mehr als ein Wein

Das abwechselnd Charles de Gaulle und Winston Churchill zugeschriebene Bonmot, ein Land mit so vielen Käsesorten wie Frankreich sei praktisch unregierbar, kann auch auf die Süßweine übertragen werden. Vom Elsass im Osten bis Sauternes im Westen, Banyuls im äußersten Süden und Vouvray mittendrin gleicht die Nation einem weinsüßen Flickenteppich mit der Besonderheit, dass sämtliche Stile und Formen vertreten sind. Zum Arsenal gehören die von der edelfaulen Botrytis geprägten Gewächse aus dem Sauternes mit seinem Nonplusultra Château d'Yquem. Goldfarben fließt der Monbazillac ins Glas. In der Champagne gibt es eine kleine Renaissance hochwertiger zartsüßer Cuvées wie die neu aufgelegte
„Rich Réserve" von Veuve Clicquot. Hochelegant ist die mit Frische gepaarte Edelsüße der Vouvrays. Auf spät gelesene, rosinenartig eingetrocknete und auch edelfaul gereifte Beeren setzt man im Elsass sowie im Jurançon und ein wenig auch im Madiran mit dem Pacherenc du Vic-Bilh.

Von Bordeaux aus ins Weinland Frankreich

„Toujour Bordeaux" summt genüsslich der Chor der Weinfexe, sobald ein eleganter Pauillac, ein herrischer St. Estephe, schmeichlerischer St. Julien, duftiger Margaux, graziler Graves, warmwürziger Pomerol, molliger St. Emilion oder sinnlicher Sauternes im Glas funkelt. Und man beschließt, endlich dorthin zu fahren, wo diese Kreszenzen wachsen. Sehen, wo etwas geschieht, das hat auch und gerade beim Wein seinen speziellen Reiz. Bevor man zur Tour de Châteaux aufbricht, wird man sich über Wein und Besitzer informiert haben, denn Unkundige werden auch als Ignoranten behandelt, was heißt: Interessante Flaschen bleiben dann verkorkt. Wer unangemeldet um die Mittagszeit zwischen zwölf und drei anklopft, wird sowieso nicht empfangen.

Wer das erste Mal von der Stadt Bordeaux aus das Weinland erkundet, wird enttäuscht sein. Wohl gibt es einige hügelige Idyllen wie vor allem in Saint Emilion, Fronsac und Barsac-Sauternes, aber gerade das Médoc mit seiner Châteaux-Prominenz ist eine Landschaft von erhabener Langeweile, vorwiegend flach, allenfalls leicht gewellt, ohne Liebreiz oder Spannung. Die monströse Ölraffinerie in Pauillac lässt vom Beaujolais oder der Südsteiermark träumen, und dass gewaltige Traubenpflückmaschinen, sogenannte Vollernter, auch über klassifizierte Weingärten rattern, versetzt Romantikern den ideellen Gnadenstoß, auch wenn die Vielfalt dieses uralten Weinbaulandes dadurch nicht, jedenfalls noch nicht bedroht ist. Umso eindrucksvoller wirken freilich die Hinweisschilder an den Straßenrändern mit Namen wie Latour, Mouton-Rothschild, Lynch-Bages, Haut-Brion, Margaux, Cheval-Blanc, Pétrus, Lafleur oder Cos d'Estournel. Die lassen jeden Weinfreund wohlig erschauern. Sie lösen Erinnerungen an vergangene Freuden aus und lassen die Hoffnung auf künftige Genüsse keimen.

Caen ■

Reims ■

Paris ■

■ Straßburg

3

■ Colmar

■ Dijon

Nantes
5

Banyuls (1)

Bordeaux, Sauternes (2)

Elsass (3)

Jura (4)

4

Loire (5)

Maury (6)

Montebazillac (7)

Rivesaltes (8)

■ Lyon

Bordeaux ■

6

2

■ Avignon

Toulouse ■

■ Marseille

7

Perpignan ■

8

1

Im Gegensatz zu den Loire-Schlössern, die ein touristischer Bezugs-
punkt sind, werden die Bordeaux-Châteaux begrifflich mit ihrem
Wein identifiziert. Man kennt die neoklassische Architektur à la
Palladio von Château Margaux und denkt doch in erster Linie an den
Wein. Gleiches gilt für Latour, Figeac, die beiden Pichons und das
im frühen 16. Jahrhundert von der Familie Pontac als erstes Wein-
schloss erbaute Haut-Brion. Diese Schlösser kann man trinken!

Das typische Château, entstanden im 18. und 19. Jahrhundert und errichtet in den unterschiedlichsten Stilen von Klassizismus und Neo-
Renaissance bis zur Chinoiserie, ist Wohnung für die Besitzer und
gleichzeitig Wirtschaftsgebäude. Einige Châteaux wie Pichon-Baron
dienen nur der Repräsentation, andere wie Cos d'Estournel prunken als pure Fassade oder bieten – wie Loudenne, Franc-Mayne und
Meyre – Zimmer und Suiten mit Hotelkomfort. Die meisten Schlösser
können besichtigt werden, es gibt Führungen, auch sparsam angelegte Degustationen.

Um die drei- bis viertausend Domänen verkaufen ihren Wein unter
einem Château-Titel, doch das allein heißt noch gar nichts. Große
Architektur steht nicht vollautomatisch für großen Wein. Und viele
„Châteaux" sind nur schlichte Bauernhäuser; selbst Pétrus entstammt einem unspektakulären Bau, den man achtlos links liegen
ließe, würde nicht auf diese heiligste Weinkuh hingewiesen.

Eine Aura von pastoraler Stille, ja Würde erfüllt man im Sauternais,
40 Kilometer von Bordeaux entfernt. Da thront Château d'Yquem,
stolz und unnahbar wirkend. Château de Malle fasziniert mit seinen
reich an Skulpturen geschmückten, terrassierten italienischen
Gärten und seinem kostbaren Interieur. Die Châteaux Coutet,
Rieussec und Suduiraut verheißen süße Wonnen wie die von Nairac,
Filhot – mit dem uralten Taubenturm – und Bastor Lamontagne mit
den beiden enormen Platanen vor den Toren, die alle einem ver-
wunschenen Märchen gleichen, das gar nicht wachgeküsst werden
will. Alte Kirchen wie in Barsac und Preignac sind aus Stein ge-
hauene Geschichte, sehenswert ist das Schloss der Herzöge von
Epernon in Cadillac oder der auf mächtigen fossilen Austernbänken
lagernde Weinberg von Loubens mit seinen höhlenartigen Kellern
und der Kapelle.

Konträr zur lärmenden Fröhlichkeit der Kapitale herrscht im Sauternais
eine zeitlose Beschaulichkeit. Die Landschaft mit den lieblich gewell-
ten Anhöhen ist geprägt von Weingärten mit niedrigen Steinmäuer-
chen, während in kleinsten Tälern wildes Farnkraut wächst und
Akazien- sowie Eichenwäldchen diesem ländlich-idyllischen Winkel
einen wilden Stempel aufdrücken. Die gewundene Straße scheint ins
Nirgendwo zu führen – und ist doch der Weg zu prunkvolle Schlösser, alten Wohnsitzen und malerischen Steinkellern, in denen der
edelsüße Wein reift, der Pasteten und Fisch in Sahnesaucen geschmacklich erhöht, der zu einer Zigarre am Kamin so wunderbar
passt oder vormittags als Apero die Gehirnzellen auf Trab bringt.

In der Mitte der Altstadt richtet sich die Kathedrale Saint-André in den Himmel. Sie ist der größte und bedeutendste Sakralbau der Stadt Bordeaux.

Sauternes
Edelsüßer Luxus

Ja, das ist Luxus, hört man das Volk erschauernd wispern angesichts von 4.500 Euro, die für eine Flasche Château d'Yquem des Jahres 1921 bezahlt werden – ein großer edelsüßer Wein: dunkles Bernsteingold, reich an Honig, Karamell, Orangenzesten, Gewürzen, schokoladig und rosenholzig unterlegt, ölig und schwermütig fließend, zeitlos in Tiefe und Länge, ein süßes Monster. Es war ein Russe, der, nebenbei bemerkt, den Wein lächelnd ersteigerte. Derartige Raritäten sind international begehrt, was jede Frage, ob ein Wein überhaupt so viel Geld wert sein könne, bereits im Keim erstickt. Der Markt gibt es her. Das liegt an der Banalität der Zahl: Vom 1921er Yquem mit der siebenzackigen Grafenkrone im Etikett wird es weltweit nur noch wenige Flaschen geben. Hinzu kommt die Kraft des Stars. Immerhin ist selbst ein blutjunger Yquem von 2007 nicht unter 400 Euro pro Flasche zu haben.

Yquem ist glorifizierter Nektar und das Nonplusultra in dem – 40 Kilometer südöstlich von Bordeaux als Enklave im Graves-Gebiet gelegenen – auf edelsüße Weine spezialisierten Anbaugebiet von Sauternes und Barsac, das gemeinhin als Sauternes bezeichnet wird und rund 2.100 Hektar Weingärten umfasst, wovon 1.700 Hektar zu Sauternes gehören, französisch korrekt Sauternais genannt. Die Winzer von Barsac etikettieren ihre Weine meist als Sauternes, was erlaubt ist. Der größere Nachbar genießt den höheren Bekanntheitswert. Ein Sauternes-Wein wird aus edelfaul geschrumpften Beeren gewonnen. Die Hauptsorte, die im Schnitt rund 80 Prozent an der Cuvée ausmacht, ist Sémillon (Châteaux wie Rieussec und auch Suduiraut nutzen sie mit 90 Prozent und sogar mehr, Climens präferiert Sémil-

lon zu 100 Prozent). An zweiter Stelle steht die Rebsorte Sauvignon blanc, gefolgt von Muscadelle, die jedoch in der Regel nur zu ganz wenigen Prozent verwendet wird. Bei Yquem kommt sie überhaupt nicht zum Einsatz.

Über edelsüßes Wohl und Wehe entscheidet in erster Linie die Natur, gipfelnd in der Frage: Kommt Botrytis cinerea, wenn ja, wann und wie? Tritt der Edelpilz auf, geschieht dies idealerweise in der zweiten Septemberhälfte und zieht sich bis in den November hinein – 1985 dauerte die Lese auf Yquem vom 1. Oktober bis zum 19. Dezember und erbrachte einen Ertrag von schmächtigen acht Hektoliter pro Hektar (nicht einmal ein Glas pro Rebstock), weil nur 20 Prozent der Trauben edelfaul eingetrocknet waren.

Maßgeblich verantwortlich für den Auftritt der Botrytis ist ein kleiner Fluss namens Ciron, der zwischen Barsac und Sauternes entlang fließt und in die breite Garonne mündet, die hier noch vom Ozean beeinflusst wird. Das im Herbst schon recht kühle Quellwasser des Ciron vermischt sich mit der wärmeren Garonne, und die üblichen Morgennebel entstehen, die dann gegen Mittag der Sonne weichen. Der Wechsel zwischen feucht und dunstig mit trocken und sonnig schafft die Voraussetzung für die Bildung des Edelfäulepilzes, ohne den es keinen Sauternes gäbe. Etliche Güter erzeugen auch einen trockenen Weißwein (Yquem etikettiert seinen als „Y", Ygrec ausgesprochen, 1959 erstmals produziert, bei Rieussec heißt er „R", „G" bei Guiraud, „S" bei Suduiraut), aber der klassische Sauternes ist eine edelsüße Trockenbeerenauslese.

Immer noch Platzhirsch: Château d'Yquem

Auf der höchsten Erhebung des Sauternes, einer für Bordelaiser Verhältnisse stattlichen Höhe von 86 Meter über dem Meeresspiegel, thront das mittelalterliche Château d'Yquem. Die vier runden Türme, die das Viereck der ehemaligen Burgfeste einfassen, stammen aus dem 15. Jahrhundert, weitere Bauteile sind sogar von 1200. Im Schlosshof lässt ein alter, aus dem 16. Jahrhundert stammender, von Kletterrosen überwucherter Ziehbrunnen die Zeit vergessen. Umgeben ist das Château von alten Bäumen, Lavendel und dem obligaten Kies auf allen Wegen und Terrassen. Von Prunk ist nichts zu spüren, dafür schlichte Würde. Das Schloss wird für Empfänge, intime Verkostungen sowie große Diners genutzt. Über zwei Jahrhunderte lang hatte die Familie der Grafen Lur Saluces auf Yquem geherrscht, bis der Luxuskonzern LVMH (Louis-Vuitton-Moët-Hennessy) sich 1996 einkaufte, bald die Aktienmehrheit erwarb und im Mai 2004 Pierre Lurton zum neuen Direktor berief anstelle des darob nicht entzückten Alexandre Comte de Lur Saluces, der immerhin seit 1968 das Gut nach dem Credo „Was zählt, ist Qualität" geleitet hatte.

Die führende Rolle von Yquem ist bereits 1855 dokumentiert worden, als aus Anlass der Weltausstellung in Paris die Rotweingüter im Médoc (plus Château Haut-Brion im Graves) sowie die edelsüßen Weißweine aus Sauternes und Barsac nach ihrer Reputation und ihrem Marktwert klassifiziert worden sind.

Die Weine von Château de Fargues können sich durchaus neben Yquem sehen lassen – sie werden auf dieselbe Weise bereitet. Eine auf Luxus angelegte, nur in exquisiten Jahrgängen in Kleinstmenge erzeugte „Cuvée Madame" von Château Coutet oder die gleichfalls „Cuvée Madame" betitelte „Crème de tète" von Château Suduiraut sind dem Yquem ebenbürtig, in manchen Jahren vielleicht sogar leicht überlegen. Und fraglos sind weitere Spitzenbetriebe wie Rieussec, Climens, Gilette, Guiraud, Lafaurie-Peyraguey sowie das neu erstarkte Château La Tour Blanche in der Lage, neben dem großen Vorbild zu bestehen. Der 1928er Suduiraut, der 1929er Guiraud oder der 1945er Lafaurie-Peyraguey sind Weine von höchster Güte. Doch in der Summe der Jahrgänge und auch bezogen auf die am Markt erzielten Preise ist Château d'Yquem über den Primus inter Pares hinaus eine Klasse für sich.

Große Klasse kann bei edelsüßem Wein nur erreicht werden, wenn das Wetter mitspielt, wenn die „Pourriture noble" genannte Edelfäule sich breit macht, wenn das Traubengut rigoros selektiert wird, wenn die Kellertechnik stimmt. Zum Können und Willen des Menschen, das Beste zu erreichen, gehört auch Geld. Man muss es sich leisten können, jedes Jahr Hunderte Erntehelfer für mehrere, sich über Wochen hinziehende Lesedurchgänge zu engagieren. Vor jeder

Ernte müssen neue Fässer angeschafft werden, und die sind teuer. Schließlich bedarf es eines ausreichenden Kapitalstocks, um Jahrgänge ohne oder wenig Botrytis – wie 1992, 1974, 1972, 1964, 1952, 1951 – zu überstehen. Der in solchen mageren Jahren gewonnene Wein wird, sofern er nicht für eine hochwertige trockene Version taugt, deklassiert und anonym zu niedrigem Preis verkauft.

Ein Wechselspiel aus Höhen und Tiefen

Die Geschichte des Sauternes ist ein Wechselspiel aus Höhen und Tiefen. Zu Beginn des 20. Jahrhunderts endete das erste goldene Zeitalter. Wichtige Märkte wie das zaristische Russland gingen verloren, der erste Weltkrieg und die Weltwirtschaftskrise taten das ihre, die Folgen des nächsten Weltkriegs galt es zu bewältigen. Etliche schwache Jahrgänge zwischen 1963 und 1982 ließen die Güter schier verzweifeln. Erschwerend hinzu kam der modische Trend zum trockenen Wein. Es fehlte überall an Finanzen für Investitionen, die Bereitschaft, nur allerbeste Trauben zu ernten, sank. Außer auf Yquem machte sich Düsternis breit, Güter wurden verkauft. Einige Schlossherren reagierten panisch mit einer Flucht in Übermengen mit entsprechendem Verlust an Qualität. Diese süßlichen, extraktarmen und fruchtbitteren Weine beschleunigten die Krise, die Raymond Dumay 1971 im „Guide du Vin" auf den Punkt brachte: „Wenn nicht irgendeine Form der Wiederbelebung erfolgt, ist der Sauternes dem Untergang geweiht."

Der blieb gottlob aus, der ersehnte Aufschwung erfolgte parallel zum exzellenten Jahrgang 1983, und das renommierte englische Weinmagazin „Decanter" jubelte noch im selben Jahr, dass Sauternes nach Jahren der Vernachlässigung erneut „fashionable" sei und die kürzlich noch gehegte Befürchtung gebannt, der weltweit größte Süßwein könne am Ende sein. Doch vier Jahre später kam es zu einer bis dahin unbekannten Herausforderung: 1987 platzte Regen auf die bereits vom Schimmelpilz befallenen Beeren und drohte, den kostbaren Inhalt auszuschwemmen. Daraufhin kam erstmals die sogenannte „Cryoextraction sélective" zum Einsatz, ein Verfahren, das die Liebhaber des Sauternes krass in zwei Lager schied, die Gegner von Versündigung sprechen ließ.

Bei dieser Cryoextraktion, auch „Pressurage à basse température" genannt, geht es schlicht darum, die nass geernteten Trauben in einer Gefrierkammer bei minus fünf bis acht Grad zu vereisen und danach zu pressen. Der süße Saft rinnt ab, das zu Eis gefrorene Wasser bleibt als Eisklumpen in der Kelter zurück. Die 1987 auch auf Yquem genutzte Technik kann den klassischen Botrytiston selbst dann nicht perfekt ersetzen, wenn die Beeren vor dem Regen bereits von der Edelfäule befallen waren, aber sie bietet den Gütern, sinnvoll eingesetzt, die Möglichkeit, ansonsten verminderte oder total ausgefallene

Auf der höchsten Erhebung des Sauternes thront das mittelalterliche Château d'Yquem.

Der durch Verdunstung eintretende Schwund wird stets ersetzt.

Die Säule trägt das Wappen von Château d'Yquem.

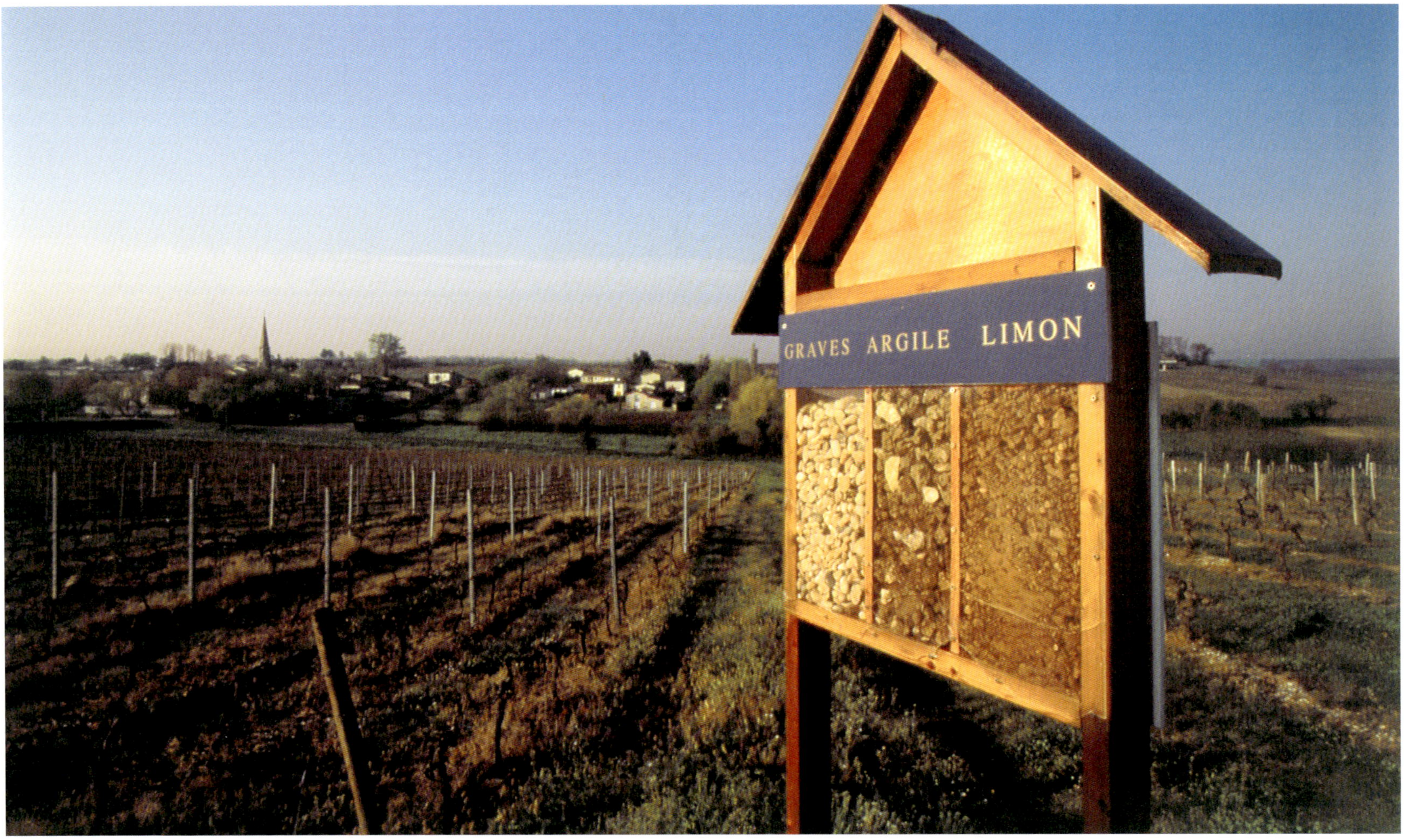

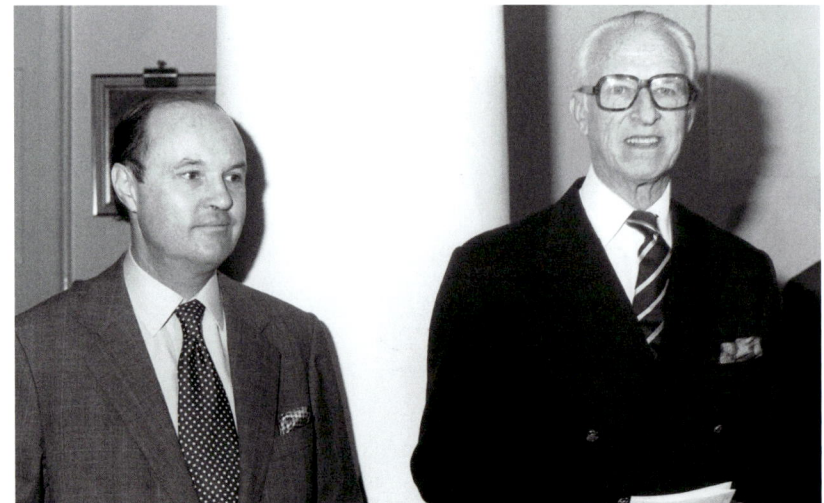

Die Schautafel zeigt unterschiedliche Bodenbeschaffenheiten in Sauternes.

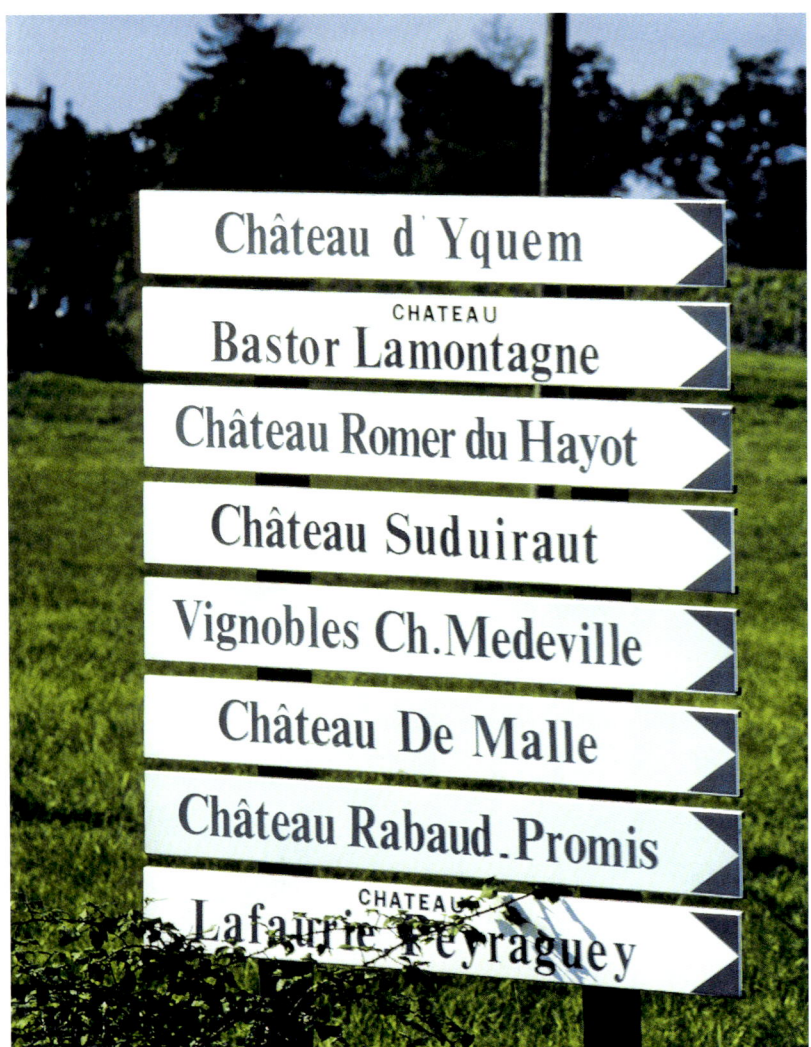

Comte Lur Saluces (links) und Fürst Metternicht

Chay d'yquem
Pour mémoire
du 25. dudit
Expédié à M. Meyer

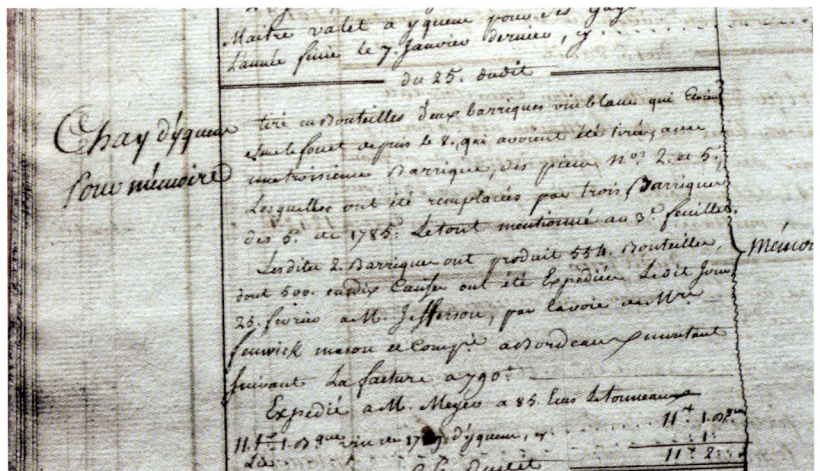

Auszug aus dem Kellerbuch von Château d'Yquem.

Ernten wenigstens teilweise zu retten. Offen bleibt, ob die Qualität dann eher der eines kleinen Eisweins als einem typischen Sauternes gleicht. Die Versuchung ist wohl groß, sich der Cryoextraktion öfter als nur in regennassen Herbsten zu bedienen. Derartige Weine aus der Kältekammer wären allerdings die schlimmste Bedrohung für die Jahrhunderte alte Kultur der großen Edelsüßen aus Sauternes.

Mühevolles Herstellungsverfahren

Jedem Jahrgang angeboren sind spezifische Geschmacksmerkmale. Es liegt nun am Stil des Winzers beziehungsweise am Kellermeister des jeweiligen Guts, wie diese Naturgabe umgesetzt wird. Selbst geringfügig erscheinende Unterschiede bei der Auslese der Trauben und deren Behandlung im Keller bis hin zur Wahl der Fässer – neu, einmal oder mehrmals gebraucht, alt – haben prägenden Einfluss auf die Güte, den Ausdruck und die Lagerfähigkeit des Weins. Das erklärt, weshalb kein Sauternes genauso schmeckt wie der andere, auch wenn sie alle golden im Glas glänzen. Bei der Vinifizierung gehen die einzelnen Châteaux ihre individuellen Wege, aber im Prinzip gleichen sich die Herstellungsverfahren – jedenfalls gilt dies für die Spitzengüter.

Die Qualität des Weins beginnt, wie regelmäßig und richtig beteuert wird, im Weinberg und mit der Ernte. Wenn es im Herbst so weit ist, stehen pro Château mehrere Trupps mit bis zu 150 Helfern bereit, um die Trauben in jeder Weinbergsparzelle zum idealen Zeitpunkt zu pflücken. Die Lese findet ausschließlich nach dem Abzug der Morgennebel statt, wenn die Trauben von der Sonne getrocknet sind.

Die Gesamtwirkung der durch den Botrytispilz ausgelösten physikalischen und chemischen Veränderungen bestehen in einer allgemeinen Entsäuerung, einer Konzentration des natürlichen Traubenzuckers, einem deutlich erhöhten Gehalt an Gerbstoffen sowie einer starken Reduzierung des Saftes als Folge des ausgeschiedenen Wassers. Im Gegensatz zu Beeren, die in heißen und trockenen Herbsten ohne den Einfluss der Botrytis rosinig eingetrocknet sind und einen sozusagen normalen süßen Wein ergeben, entsteht durch die Edelfäule ein völlig neues Aroma von komplexem Gefüge und einzigartiger Magie.

Im Keller werden die Beeren mit kultischer Sorgfalt behandelt und behutsam gepresst. Der dickflüssig abfließende Most mit einem Zuckergehalt von 300 und mehr Gramm pro Liter wird in den kleinen Barriques mit 225 Liter Fassungsvermögen gesammelt. Wegen des hohen Zuckergehaltes zieht sich die Gärphase lange hin, dauert es Wochen, bis die Hefen einen Teil des Zuckers in Alkohol und Kohlensäure aufgespalten haben. Sobald ein durchschnittlicher Alkoholgehalt um die 13 und 14 Prozent erreicht ist, ermatten die Hefen und

sterben an Übersättigung. Die im Jungwein verbliebene Restsüße liegt nun zwischen 80 und 120 Gramm Zucker pro Liter.

Die Fässer werden regelmäßig kontrolliert, der durch Verdunstung eintretende Schwund wird ersetzt, denn der Wein soll nicht mit Luft in Berührung kommen und oxidieren. Schätzungsweise bis zu einem Fünftel des Weins geht im Laufe einer dreijährigen Reife im Fass verloren, er verduftet im wahren Sinne des Wortes. Alle drei Monate wird der Wein auf Yquem von einem Fass in andere umgefüllt, damit die Hefe, die sich inzwischen am Boden als sogenanntes Sediment oder Depot abgelagert hat, entfernt werden kann und der Wein zunehmend an Klarheit gewinnt. Bevor der Wein schließlich in Flaschen gefüllt wird, prüft der Kellermeister Fass für Fass, ob der Inhalt seinem Ideal entspricht – was dem Anspruch nicht genügt, wird ausgesondert und anonym verkauft.

Ein junger Sauternes ist ein sehr guter Wein, aber eben noch unvollkommen. Er gleicht einem ungeschliffenen Diamanten, einer knospenden Blüte. In der Regel benötigt ein Sauternes aus einem sehr guten Jahr Minimum zehn Jahre, bevor er sich öffnet und zeigt, was an Finesse in ihm steckt. Ein Sauternes auf seinem Höhepunkt beschert dem Kenner und Genießer einen Gipfel des sinnlichen Glücks, und man versteht, dass seine Verehrer sich in poetische Höhen erheben und von einem „Getränk der Götter", „Symbol der Perfektion" und von „goldenem Gewitter" schwärmen.

Wann erstmals edelsüßer Sauternes erzeugt worden ist, weiß niemand zu sagen. Gerne kolportiert wird die Geschichte, wonach im Jahr 1847 der Marquis Romain-Bertrand de Lur-Saluces vor seiner Abreise zur Jagd nach Russland die Order gegeben habe, mit der Weinernte auf Yquem zuzuwarten, bis er zurück sei. Der Marquis kehrte unplanmäßig erst spät im Jahr heim und fand den gesamten Rebbestand von der Botrytis befallen. Was tun? Er ließ die Trauben lesen und gewann, logisch, einen hochsüßen Wein. Die Geschichte gleicht jenen Legenden von Tokaj bis zum Rheingau über Ernten, die durch unglückliche Umstände verzögert worden sind und dann durch das Wunder der, bis dato angeblich nicht geläufigen Botrytis aus vermeintlich verdorbenen Trauben herrliche Weine hervorbrachte.

Auszüge aus dem Kellerbuch von Yquem belegen, dass späte und selektive Ernten schon zu Beginn des 19. Jahrhunderts die Regel waren. In älteren Weinchroniken wie einer von 1759 werden die Sauternes-Weine bereits als „doux et liquoreux" beschrieben. Vom 4. Oktober 1666 datiert ein Rechtsstreit zwischen Francois de Sauvage, dem damaligen Eigner von Yquem und schlicht „sieur Diquem" betitelt, mit einigen seiner Pächter, die zu früh ernten wollten. Darin heißt es kategorisch: „Es ist üblich, die jährliche Weinlese in Bousmes und Sauternes ungefähr am 15. Oktober zu halten" – also zu einem Zeitpunkt, an dem die Edelfäule im Normalfall bereits aktiv geworden ist.

Auf Wunsch von Napoleon III. haben die Makler von Bordeaux über die Handelskammer aus Anlass der Weltausstellung in Paris im Jahr 1855 eine in fünf Klassen unterteilte Rangfolge für 61 Rotweingüter aus dem Médoc zuzüglich des besonders berühmten Château Haut-Brion in Graves vorgenommen. Als einzige Weißweine sind die edelsüßen Gewächse aus Sauternes und Barsac entsprechend ihrem Renommee und der für ihre Weine erzielten Preise in ein eigenes Klassement aufgenommen worden, doch beschränkte man sich hier auf zwei Klassen (Premiers sowie Seconds Crus), angeführt von Château d'Yquem als einzigem in einer eigenen Kategorie mit dem Titel „Premier Cru Supérieur". Offizielle Grundlage für die Rangfolge waren die vom jeweiligen Gut auf dem Markt erzielten Preise, doch sind auch informelle Ranglisten berücksichtigt worden, die zu jener Zeit bereits kursierten, erstellt von potenten Weinkennern wie beispielsweise Cyrus Redding, Thomas Jefferson, Wilhelm Franck. Die Makler von Bordeaux betonten, dass ihre Einordnung auf 100-jähriger Erfahrung beruhe.

Gewiss hat es von Anfang an kritische Stimmen gegen die Klassifikation gegeben – verständlicherweise von Gütern, die nicht berücksichtigt worden sind oder die sich unter Wert eingeordnet fühlten. In den über 150 Jahren hat es naturgemäß auch Veränderungen gegeben. Güter sind getrennt, zusammengelegt, verkauft und aufgelöst worden. Andere Châteaux, die damals aus unterschiedlichen Gründen nicht klassifiziert worden sind, könnten nach heutigem Stand durchaus Premier-Status beanspruchen, wie Gilette, Raymond-Lafon und de Fargues (im Besitz von Lur Saluces), die erstklassigen Wein erzeugen und es mit vielen Crus Classés aufnehmen können. Andere Güter werden hingegen ihrem gegenwärtigen Rang nicht mehr gerecht. Eine Korrektur oder gar Erneuerung der Klassifikation fand nie statt (als einzige Ausnahme schaffte Mouton-Rothschild bei den roten Médocs 1973 den Aufstieg vom Deuxième Cru zum Premier Cru), die Ordnung ist wie zementiert und gilt als sakrosankt. Doch im Großen und Ganzen hat sich die Klassifikation bewährt.

Würde man die Châteaux heute nach Prestige und Marktwert neu ordnen, böte sich nach Expertenmeinung, wie auch jener von Robert M. Parker, folgende Rangliste an:

Höchste Klasse: d'Yquem
Hohe Klasse: Climens, Coutet, Gilette, Rieussec, Suduiraut
Große Klasse: d'Arche-Pugneau, de Fargues, Guiraud, Lafaurie-Peyraguey, Raymond-Lafon, La Tour Blanche
Ausgezeichnete Klasse: Doisy-Dubroca, Doisy-Védrines, Haut-Claverie, Rabaud-Promis, Sigalas Rabaud
Sehr gute Klasse: d'Arche, Bastor-Lamontagne, Broustet, Clos Haut-Peyraguey, Doisy-Daene, Filhot, Les Justices, Lamothe Guignard, Liot, de Malle, Nairac, Rayne-Vigneau, Romer du Hayot, Roûmieu-Lacoste
Gute Klasse: Caillou, Lamothe, Lamourette, Piada, Rolland, Saint-Marc, Suau

Offizielle Klassifikation von Sauternes und Barsac

Premier Cru Supérieur	Heutiger Name	Gemeinde
Ch. D'Yquem	Ch. D'Yquem	Sauternes

Premiers Crus	Heutiger Name	Gemeinde
Ch. La Tour Blanche	Ch. La Tour Blanche	Bommes
CH. Peyraguey	Ch. Lafaurie-Peyraguey	Bommes
	Ch. Clos-Haut-Peyraguey	Bommes
Ch. Vigneau	Ch. De Rayne-Vigneau	Bommes
Ch. Suduiraut	Ch. Suduiraut	Preignac
Ch. Coutet	Ch. Coutet	Barsac
Ch. Climens	Ch. Climens	Barsac
Ch. Bayle	Ch. Guiraud	Sauternes
Ch. Rieussec	Ch. Rieussec	Fargues
Ch. Rabaud	Ch. Rabaud-Promis	Bommes
	Ch. Sigalas-Rabaud	Bommes

Seconds Crus	Heutiger Name	Gemeinde
Ch. Myrat	Ch. Myrat	Barsac
Ch. Doisy	Ch. Doisy-Daëne	Barsac
	Ch. Doisy-Bubroca	Barsac
	Ch. Doisy-Védrines	Barsac
Ch. Pexoto	intégré au	
	Ch. Rabaud-Promis	Bommes
Ch. D'Arche	Ch. D'Arche	Sauternes
Ch. Filhot	Ch. Filhot	Sauternes
CH. Broustet-Nerac	CH. Broustet	Barsac
	CH. Nairac	Barsac
Ch. Caillou	Ch. Caillou	Barsac
Ch. Suau	Ch. Suau	Barsac
Ch. De Malle	Ch. De Malle	Preignac
Ch. Romer	Ch. Romer-Du-Hayot	Fargues
Ch. Lamothe	Ch. Lamothe	Sauternes
	Ch. Lamothe-Guignard	

Große Jahrgänge wie 2009, 2005, 2001, 1996, 1990, 1989, 1988, 1986, 1983, 1980, 1976, 1975 und 1967 erfordern weit mehr als zehn Jahre, um ihre wahre Finesse zu zeigen.

Ausführliche Jahrgangstabellen finden Sie im Anhang dieses Buches.

An knorrigen, alten Rebstöcken wächst das Traubengut für die besten Sauternes.

Bedeutende Güter und Winzer

Château d'Yquem, Sauternes

Das Geschmacksbild eines Yquem, der sich aus 80 Prozent Sémillon und 20 Prozent Sauvignon blanc zusammensetzt, lässt sich pauschal so definieren: Dichte und zugleich subtil ziselierte Süße mit Aromen nach Südfrüchten, Honig, Orangenblüten, Pfirsich und getrockneten Aprikosen nebst etwas Vanille, Haselnuss, Karamell, Bienenwachs sowie einem feinen Hauch von Gewürzen, ergänzt um Biskuit, Kräuter und auch Lanolin in alten Jahrgängen. Natürlich ist dieser geschmackliche Steckbrief nicht vollautomatisch auf jeden Jahrgang übertragbar, jeder hat seine individuellen Nuancen. Und ein alter Yquem duftet und schmeckt anders als ein junger. Doch jeder Yquem ist ein Unikat, ein vinologisches Kunstwerk.

Faszinierend an Yquem ist auch die Kontinuität über die Jahrhunderte hinweg, es gibt so gut wie keine Schwächephase. Den 2009er hält Pierre Lurton für den größten Yquem seit 1893 und erklärt den Wein, während der noch im Fass reift, zum Jahrhundertwein. Solche Selbsteinschätzung nahe der Arroganz hat ihren Preis: Für den 2010er Yquem mussten in der Subskription knappe 500 Euro pro Bouteille bezahlt werden – wohlgemerkt für einen Wein, der erst 2013 dem Markt übergeben werden wird.

Yquem hat sich unter Lur Saluces stets den Luxus geleistet, einen Wein nach seinem Ideal zu erzeugen. Was andere Güter lediglich in bestimmten Jahren und dann nur in begrenzter Menge als „Tête de cuvée" produzieren, als eine Art Superauslese, praktiziert Yquem als Norm. Jeder Jahrgang ist eine Tête de cuvée, das Beste aus dem jeweiligen Jahr.

Yquem gibt keinen Zweitwein heraus: Was als nicht gut genug erachtet wird, wird anonym verkauft. Es ist nicht ungewöhnlich, dass selbst in guten Jahren – wie 1980 und 1975 – rund ein Fünftel der Fässer deklassiert wird, und in einem problematischen Jahrgang wie 1978 sind sogar 85 Prozent für unwürdig erklärt worden. Durchschnittlich werden pro Jahr zwischen 80.000 und 110.000 Flaschen gefüllt.

Mangels Botrytis gab es auch Jahre ohne Yquem: 1992, 1974, 1972, 1964, 1952, 1951, 1930, 1915, 1910.

Château Climens, Barsac

Das Spitzengewächs von Barsac beeindruckt durch seine Beständigkeit und seine subtil gefächerte Süße, die nie aufdringlich wirkt, sondern eher ins Ätherische weist. Der typische Sauternes wirkt durch Kraft und Reichtum, der Climens hingegen verkörpert den Barsac-Stil in Form von Rasse, Finesse und Klarheit im Ausdruck. Mit seinen großen Jahrgängen wie 2001, 1990, 1989, 1988, 1971 und

1929, 1937 sowie 1947 kann Climens auch mit Yquem mithalten. Auch wenn der Wein allgemein nicht über die tiefe und kompakte Süße des Yquem verfügt, so bietet er fein gewobene Eleganz mit Noten von Honig, Akazienblüte, Zitrusfrüchten, Ananas und zuweilen auch Safran nebst etwas Vanille.

Eine Besonderheit von Climens ist, dass der Wein zu 100 Prozent aus Sémillon besteht. Auf Sauvignon blanc wird verzichtet, weil diese Rebsorte nach Meinung von Bérénice Lurton, der Eignerin, dazu neigt, ihr Aroma im Laufe der Jahre einzubüßen. Der Zweitwein heißt „Cyprès de Climens" – unter diesem Etikett werden Süßweine von jungen Anlagen sowie solche gefüllt, die dem hohen Anspruch des Grand Vin nicht genügen. Im Schnitt werden vom Grand Vin pro Jahr 30.000 und vom Zweitwein um die 15.000 Flaschen erzeugt.

Château Coutet, Barsac

Der traditionelle Rivale von Climens in Barsac bemüht sich seit einigen Jahren um die süße Vorherrschaft, was ihm mit der „Cuvée Madame" genannten „Tête de cuvée" auch gelingt. Diese 1922 erstmals aufgelegte Spitzencuvée hat Madame Rolland-Guy kreiert, die bis zu ihrem Tod im Jahr 1977 das Gut führte, das danach von Marcel Baly, einem Industriellen aus Straßburg, erworben wurde. Dem normalen Coutet hätte einige Jahre lang eine rigidere Selektion gut getan, doch seit 1989 geht es aufwärts, verfügt der Wein über mehr individuelle Ausdruckskraft. Dienlich war die Einführung eines Zweitweins namens Chartreuse de Coutet.

Die Cuvée Madame ist ein reichhaltiger Wein von konzentrierter und vielschichtiger Süße, erzeugt von über 40 Jahre alten Rebstöcken einer bestimmten Parzelle in besten Botrytisjahren: 1943, 1949, 1950, 1959, 1971, 1975, 1981, 1986, 1988, 1989, 1990, 2001. Die minimale Auflage von durchschnittlich rund 1.200 Flaschen macht den Wein zu einer Rarität. Vergoren und ausgebaut wird er in neuen Eichenfässern.

Die 38 Hektar Rebfläche unterteilen sich in 75 Prozent Sémillon, 23 Prozent Sauvignon blanc und 2 Prozent Muscadelle. Vom Grand Vin werden im Schnitt zwischen 30.000 und 50.000 Flaschen erzeugt, vom Zweitwein zwischen 15.000 und 20.000.

Château de Fargues, Fargues de Langon

Das 15-Hektar-Gut ist seit mehr als 500 Jahren im Besitz der Familie Lur-Saluces. Obwohl der Wein nie klassifiziert worden ist, gehört er zu den besten Sauternes – kein Wunder, denn Alexandre de Lur-Saluces, der langjährige Chef von Château d'Yquem, sorgt dafür, dass auf Château de Fargues nach den gleichen streng an Güte orientierten Prinzipien wie auf Yquem gearbeitet wird. Der Erfolg ist messbar: Die 15.000 Flaschen pro Jahrgang, erzeugt aus 80 Prozent Sémillon und 20 Prozent Sauvignon blanc, sind im Nu vergriffen, praktisch unter der Hand, nur wenig davon kommt in den Fachhandel. In seinen jungen Jahren ist der Wein von de Fargues dem Yquem denn auch

Château d'Yquem

sehr ähnlich. Die Langlebigkeit des großen Bruders ist ihm nicht gegeben, weshalb auch immer. Dafür kostet de Fargues im Schnitt nur ein Drittel eines Yquem. Zweitwein gibt es keinen, in manchen Jahren einen gehaltvollen Weißwein trockener Prägung namens „Guilhem de Fargues".

Château Gilette, Preignac

Das 1710 gegründete, doch erst Anfang des 20. Jahrhunderts richtig empor gekommene Gut ist bei der Klassifikation übergangen beziehungsweise übersehen worden. Es rangiert heute als Cru bourgeois und erzeugt mit seinem „Crème de tête" einen Gaumenschmeichler ersten Ranges, der in Jahren wie 1937, 1953, 1955, 1959, 1967 und 1978 mit den Großen leicht mithalten kann. Zum Gut der Familie Médeville gehören gerade mal 4,5 Hektar (sie besitzt auch das Château les Justices in Sauternes sowie Château Respide-Médeville in Graves), bestockt mit 90 Prozent Sémillon, 9 Prozent Sauvignon blanc und 1 Prozent Muscadelle. Einen Zweitwein gibt es nicht, die Jahresproduktion liegt bei 5.000 Flaschen.

Zwei Punkte sind neben der fruchtbetonten Finesse der Weine und deren Langlebigkeit besonders bemerkenswert: Zum einen baut Christian Médeville die Weine in Tanks aus Stahl und mit Glas ausgekleidetem Beton aus, zum anderen gibt er die Weine erst nach 15 bis 20 Jahren nach der Lese für den Markt frei. Médeville ist überzeugt, dass sich der Wein im größeren Gebinde feiner entwickelt und vor allem Frucht sowie Frische besser erhalten bleiben als in den kleinen Eichenfässern. In der französischen Hochgastronomie haben seine Spitzenweine schon Kultstatus.

Château Guiraud, Sauternes

Ein Gut, das groß ist an Fläche (100 Hektar, davon 85 für edelsüßen Wein) und groß in Qualität. Das war es früher, als es noch Château Bayle hieß – der 1900er wird heute noch gerühmt – und ist es erneut, seit Hamilton Narby 1981 das in den Jahren davor vernachlässigte und völlig darnieder liegende Anwesen erwarb, investierte und einen Wein so gut wie Yquem versprach. Das war ein Luftschloss, doch am 20. Juli 2006 übernahmen weinerfahrene Investoren (Robert Peugeot, die Winzer Olivier Bernard und Stephan von Neipperg) gemeinsam mit Xavier Planty, dem begabten Weinmacher, das Gut mit dem Ziel, einen Sauternes der neueren Generation zu erzeugen: nicht überladen durch Alkohol, Süße und Körper, sondern geprägt von Klarheit, Rasse und Eleganz.

Eine Besonderheit der Weine von Guiraud ist der für die Region ungewöhnlich hohe Anteil an Sauvignon blanc in der Cuvée. Er liegt bei rund 35 Prozent im Verhältnis zu 65 Prozent Sémillon. Laut Planty sorgt der Sauvignon für belebende Frische und Würze. Kritiker meinen, der Sauvignon könne die Langlebigkeit reduzieren – so geschehen beim 1997er. In einem guten Jahr werden vom Grand Vin runde 100.000 Flaschen erzeugt – plus weitere 30.000 Bouteillen vom Zweitwein „Le Dauphin du Château Guiraud". Der trockene Weißwein wird als „G" gefüllt.

Château Lafaurie-Peyraguey, Bommes

Nach einer Schwächephase in den 1970er-Jahren werden auf dem – im 13. Jahrhundert als Festung erbauten und im 17. Jahrhundert erneuerten – Gut seit 1983 wieder Weine von hoher Delikatesse erzeugt: reich, vielschichtig, suggestiv, der 1988er ist ein Ausbund an Kraft und Eleganz. Man reduzierte den Anteil an Sauvignon blanc auf 5 bis 8 Prozent (Sémillon: 90 bis 93 Prozent, Muscadelle: 2 Prozent), erhöhte die Anzahl der neuen Eichenbarriques und sorgte für eine strengere Selektion des Leseguts.

Die Rebfläche umfasst 41 Hektar, die Jahresproduktion liegt bei 80.000 Flaschen. Der Zweitwein heißt „La Chapelle de Lafaurie-Peyraguey". Hinzu kommt ein trockener Weißwein „Le Brut de Lafaurie", eine Cuvée aus je 40 Prozent Sémillon und Sauvignon blanc plus 20 Prozent Muscadelle: schwer, gehaltvoll, ja wuchtig wie alle nicht süßen Sauternes.

Château Raymond-Lafon, Sauternes

Das kleine Gut mit seinen 18 Hektar, die zu 80 Prozent Sémillon und 20 Prozent Sauvignon blanc bestockt sind, ist 1850 von Monsieur Raymond-Lafon, damals Bürgermeister von Sauternes, in der Nachbarschaft von Yquem, gegründet worden. Zu spät, um noch in der 1855 erfolgten Klassifizierung berücksichtigt zu werden. Auf eine goldene Ära in der ersten Hälfte des 20. Jahrhunderts folgte eine Phase der Schwäche, die sich dramatisch änderte, als Francine und Pierre Meslier im Sommer 1972 das arg vernachlässigte Gut mit dem weinberankten Schlösschen im englischen Castle-Stil erwarben. Pierre Meslier hatte einen großen Ruf als Süßweinmacher, er war bis 1989 als Regisseur auf Yquem tätig. Schon sein 1975er avancierte zu einem der Stars in Sauternes (1974 ist mangels Botrytis komplett deklassiert worden).
Seit Anfang des Jahres 1990 haben die Söhne Jean-Pierre und Charles-Henri sowie Tochter Marie-Francoise Meslier die Regie übernommen. Die Pflege der Weinberge, die strikte Auslese der Trauben sowie der Ausbau der Weine in neuen Barriques (seit 1984) ähnelt den Yquem-Prinzipien. Der Erfolg ist nachprüfbar, Raymond-Lafon gehört dank seiner brillanten Stilistik und der majestätischen Süße zu den besten Sauternes. Der Respektabstand zu Yquem ist klein. Die 20.000 Flaschen pro Jahr gehen überwiegend direkt an Privatkunden – der Preis beträgt lediglich ein Drittel des Yquem. Ein Zweitwein wird unter „Château Lafon-Laroze" gefüllt.

Château Rieussec, Sauternes, Fargues

Die Weine von Rieussec genießen seit jeher große Anerkennung. Sie ähneln jenen von Yquem, rühmten Chronisten im 19. Jahrhundert. Die Reputation erhöhte sich noch, als Albert Vuillier 1971 das Gut übernahm und dafür sorgte, dass bei der Ernte kompromissloser selektiert wurde. Außerdem wurden mehr neue Eichenfässer angeschafft. Eine weitere qualitative Steigerung erfolgte 1984, als Eric de Rothschild für die von ihm geführten Domaines Barons de Rothschild das im 18. Jahrhundert aus einem Karmeliterkloster säkularisierte Gut erwarb. Rieussec verfügt über 75 Hektar Rebfläche, die Cuvée für den Grand Vin setzt sich im Schnitt zusammen aus 90 bis 95 Prozent Sémillon plus 3 bis 8 Prozent Sauvignon blanc sowie 2 Prozent Muscadelle. In einem normalen Jahr werden 72.000 Fla-

schen erzeugt (in einem schwierigen Jahr wie 2000 waren es allerdings nur 36.000 Flaschen). Der Zweitwein heißt „Clos Labère", außerdem gibt es, gewonnen aus Trauben vor Einsetzen der Edelfäule, einen trockenen Weißwein namens „R". Die Größe von Rieussec ist gekennzeichnet durch die Komplexität seines Weins und die honigsüße Pracht im Verein mit rassigen Akzenten.

Château Suduiraut, Preignac

Eines der schönsten Weinschlösser mit einem von Le Nôtre, dem Schöpfer der Gärten von Versailles, geschaffenen Park, gehört seit der Übernahme durch den Versicherungskonzern Axa zu den besten Sauternes-Gewächsen. Die Güte der Weine war davor schon beachtenswert bis exquisit, doch auch leicht schwankend. Unter der neuen Leitung ist viel investiert worden, wird das große Potenzial des Guts ideal ausgeschöpft. Insbesondere die „Cuvée Madame" betitelte „Crème de tête", 1982 erstmals mit 4.000 Flaschen aufgelegt, besticht durch bewundernswerte Dichte und Feinheit. Von den insgesamt 200 Hektar sind 92 Hektar bepflanzt, und zwar mit 90 Prozent Sémillon sowie 10 Prozent Sauvignon blanc. Vom Grand Vin werden in guten Jahren um die 120.000 Flaschen und mehr erzeugt, der Zweitwein heißt „Castelnau de Suduiraut", relativ neu ist der trockene „S".

Château La Tour Blanche, Bommes

In der 1855 durchgeführten Klassifizierung der edelsüßen Weine von Barsac-Sauternes ist das Gut als Bestes seiner Kategorie unmittelbar hinter Château d'Yquem eingestuft worden. Eine Ehre, die es ab der zweiten Hälfte des 20. Jahrhunderts erst einmal verspielte. 1909 hatet der damalige Besitzer das Gut dem Staat mit der Auflage vermacht, dort eine Weinbauschule einzurichten, was 1960 auch geschah. Der Schulrektor, gleichzeitig für die Weinbereitung zuständig, war ein Ignorant, der das Gut in Grund und Boden rationalisierte. Die Jahrgänge zwischen 1961 und 1985 sind höchst bescheiden ausgefallen, leichtgewichtig, changierend, ohne Charakter. Erst unter neuer Führung ab Ende der 1980er-Jahre erlebte der Wein von La Tour Blanche seine Renaissance.

Seit 1988 werden die Weine wieder in Fässern aus neuer Eiche ausgebaut, was ihnen ein Mehr an Ausdruck verleiht. Dank weiterer Investitionen sowie der Reduzierung der Erntemenge auf geringe 14 Hektoliter pro Hektar und einer strengen Auslese der Beeren konnten ab 1988 eine Reihe von achtenswerten bis ausgezeichneten Weinen präsentiert werden. Im Schnitt werden pro Jahr 45.000 Flaschen gefüllt. 2003 waren es 65.452 Flaschen, 2004 waren es nur 18.700 Flaschen. In den Jahren 2000, 1993 und 1992 ist kein Grand Vin gefüllt worden. Der Zweitwein heißt „Les Charmilles de la Tour Blanche", außerdem werden zwei trockene Weißweine in unterschiedlichen Versionen erzeugt.

Rarität von Château La Tour Blanche.

Weinkeller von Château Gilette.

Der Weinsammler

Hardy Rodenstock

Mit der fröhlichen Gelassenheit des Mannes, der weiß, dass er lange nicht so viel Durst haben kann wie er schöne Weine hat, steigt Hardy Rodenstock in den Keller. Da liegen sie, die Rothschilds, die Latours, die Yquems und der ganze andere Weinadel, teils in Jahrgängen bis zurück ins frühe 18. Jahrhundert. Rodenstock spitzt die Lippen wie zu einem Küsschen und zeigt auf eine mundgeblasene schwere Flasche Château d'Yquem des Jahres 1811: Ein Prunkstück seiner Sammlung, für die er weltberühmt ist, selbst die Besitzer von Yquem beneiden ihn darum.

Es hat nichts mit Hoffart zu tun, wenn ihm der Gedanke mittlerweile etwas fremd geworden ist, dass nicht schon von jeher Wein in seinem Keller gelegen hat. Eitle Überheblichkeit ist nicht die Art von Rodenstock, der in Gesellschaft einen eher bescheidenen Eindruck vermittelt, gerade so, als sei er gleichsam seine eigene graue Eminenz. Die edelsüßen Trockenbeerenauslesen von Yquem sind für ihn Sehnsucht und Offenbarung in einem, und so ist es nur logisch, dass er alles über diesen herrlichen Wein weiß. Auch das ist typisch Rodenstock: Sich in eine Sache verbeißen zu können wie ein Terrier, mutig, gierig, ja besessen vom Drang, quasi eins zu werden mit dem Objekt seines Begehrens.

Zum Höhepunkt seiner lebenslangen Affäre mit dem edelsüßen Yquem kam es im Herbst 1998, als Hardy Rodenstock dem Wein eine bis dato weltweit unerreichte Verkostung von 125 Jahrgängen zwischen 1784 und 1991 widmete. Eine Woche lang haben im Münchner Hotel Königshof internationale Weinkoryphäen wie Michael Broadbent, Angelo Gaja und Michel Bettane den Lebenslauf des prominentesten edelsüßen Weins erkundet, zwischendrin auch große Champagner und Rotweine aus dem Bordelais genossen. Es war ein privates Weltereignis.

Das nötige Kleingeld hat sich Rodenstock erst in der Musikbranche als Verleger und Agent verdient. Danach folgten erfolgreiche Ausflüge an die Börse – und vor allem betrieb er über viele Jahr lang einen exklu-

siven Handel mit Weinraritäten für Liebhaber in aller Welt, oft gipfelnd in der Einladung nach Hongkong mit zwei Plätzen in der First Class: Ein Sitz für den Mann, der zweite für ein fürsorglich angeschnalltes Paket mit uralten Kreszenzen. Trotz aller Erfolge hat sich Hardy Rodenstock eine gewisse kindliche Unschuld bewahrt, wie er sie ausstrahlt, wenn er beispielsweise mit vergnügtem Lausbubengesicht einen 1937er Yquem entkorkt und in dulci jubilo sagt: „Nun trinken wir einmal was vom Feinsten."

Hardy Rodenstock im Gespräch

Welchen Stellenwert haben edelsüße Weine?
Einen zu geringen. Die heutige Generation schenkt den edelsüßen Weinen und deren vielfältigen Talenten vom Meditationstrunk bis hin zur Partnerschaft mit besonderen Speisen zu wenig Beachtung. Vielleicht liegt dies an einem Mangel an Muße.

Welche Bedeutung kommt den Weinen von Yquem zu?
Die Weine von Yquem sind mit ihrer konzentrierten und finessenreichen Süße immer eine spezielle Essenz, sie bilden für mich die Spitze unter den edelsüßen Weinen.

Gibt es den Mythos Yquem?
Allein die unzähligen Legenden, die sich um Yquem ranken, zeigen, dass dieser Wein über die Jahrhunderte nichts von seiner Anziehungskraft verloren hat. Alte Yquems umgibt ein Geheimnis, man trinkt sie auch mit der Seele. Von der zeitlosen Pracht eines Yquems geht eine süße Melancholie aus, zugleich aber auch eine Ruhe und die Gewissheit, dass der Lärm der Welt draußen bleibt.

Wann haben Sie Ihre erste Flasche Yquem getrunken?
Es war Anfang der 1970er-Jahre, da kredenzte mir ein Freund unter anderem einen 1961er Palmer, 1945er

Mouton-Rothschild und eben den grandiosen, bis heute ungebeugt herrlich zu genießenden 1921er Yquem. Ich war fasziniert, hatte bis dato noch nie derartige Weine getrunken. Das war der Beginn meiner Liebe zu edlen Weinen. Doch dieser 1921er Yquem war für mich nicht nur der Anfang einer großen Liebe, sondern auch der Startschuss meiner Leidenschaft für das Sammeln und Trinken großer Gewächse – einer Passion, die ich mittlerweile fast 40 Jahre lang pflege.

Welche Yquem-Jahrgänge schätzen Sie zurzeit besonders hoch?
Jahrgänge wie 1811, 1847, 1921, 1945 und viele, viele andere sind einfach fantastisch.

Was begeistert Sie an Yquem?
Faszinierend an solchen alten Yquems ist ihre ungebrochen aromatische Tiefe, ihr reich nuanciertes Spiel, diese unvergleichliche Harmonie von Fülle und Finesse, dieser eigentlich unbeschreiblich zarte und zugleich tiefe Hauch von köstlicher Süße. Es ist der Duft nach Honig, Vanille, Karamell, Rosen, Orangenblüten und tausend anderen Aromen. Die goldene Farbe, der ziselierte Duft und der reiche Geschmack betören die Sinne!

Fällt Ihnen zu Yquem auch Kritisches ein?
Eigentlich nicht, abgesehen von der Cryoextraktion, wie man das Verfahren nennt, bei dem, einfach gesagt, Trauben künstlich tiefgefroren und danach erst gepresst werden mit dem Ziel, das zu Eiskristallen gefrorene Wasser auszuscheiden, wodurch die ganze Fruchtsüße erhalten bleibt. Das ist für mich Blödsinn. Im Grunde ist es eine Kopie des natürlichen Vorgangs bei der Gewinnung von Eiswein. Beim Jahrgang 1987 hatte man auf Yquem diese Methode erstmals angewandt und der Comte Alexandre de Lur Saluces als damaliger Gutsherr musste deswegen massive Kritik einstecken. Inzwischen wird die Cryoextraktion auf Yquem nicht mehr eingesetzt.

Was unterscheidet einen Yquem von den anderen edelsüßen Gewächsen?
Es gibt herrliche Eisweine sowie Beeren- und Trockenbeerenauslese. Ich erinnere mich gerne an eine Trockenbeerenauslese vom Jahrgang 1921: Bernkasteler Doctor Wwe. Thanisch – ein großer und faszinierender Wein. Aber absolut gesehen, also über die Jahre und Jahrzehnte hinweg unter besonderer Berücksichtigung älterer Jahrgänge sowie vor allem auch Raritäten aus dem 19. Jahrhundert nimmt Yquem so

etwas wie die Pole-Position ein. Yquem ist nie pappigsüß wie viele andere Süßweine. Yquem hat meist mehr Alkohol und ist in jedem Fall besonders lange lagerfähig, ohne an Klasse einzubüßen.

Ihre Yquem-Probe mit 125 Jahrgängen von 1784 bis 1991 war eine Weltsensation und ist praktisch nicht wiederholbar. Was hat Sie zu dieser legendären Inszenierung bewogen?
Als ich 100 unterschiedliche Jahrgänge von Yquem gesammelt hatte, kam ich auf die Idee, doch einmal eine Yquem-Probe zu veranstalten. Und auf einmal waren es dann 125 Jahrgänge. Diese Zahl gefiel mir und ich lud einige echte Weinfreunde ins Münchner Hotel Königshof von Carl Geisel ein, wo wir eine Woche lang diese 125 Jahrgänge verkosteten, übrigens aufs Raffinierteste kulinarisch verwöhnt vom genialen Küchenchef Bobby Bräuer. Meine Gäste waren wie ich von der Extravaganz des Yquem fasziniert. Diese Probe sollte ein Festival sein und zugleich eine Yquem-Dokumentation zurück bis zum Jahrgang 1784. Wahrscheinlich war es das erste und auch letzte Mal, dass derartig viele Yquems entkorkt und im Kreise sachverständiger Vinophiler verkostet worden sind.

Was ist der älteste Edelsüße in Ihrem Keller?
Glas und Form der mundgeblasenen Flasche eines alten Tokajers lassen auf den Zeitraum zwischen 1760 und 1780 schließen.

Was ist für Sie die ideale Zeit für den Genuss eines edelsüßen Weins, und zu welchen Speisen trinken Sie besonders gerne einen edelsüßen Wein?
Einen edelsüßen Wein trinkt man nicht profan gegen den Durst, sondern um Genuss zu haben. Wer je einen Yquem erleben durfte, weiß um die tiefe sinnliche Potenz dieses Weins. Einen Yquem kann man immer trinken, er passt aber auch vorzüglich zur Gänseleberterrine, zum gebratenen, mit Gänseleber gefüllten und getrüffelten Täubchen oder zu Desserts wie Salzburger Nockerln und Creme brulée.

Wenn morgen die Welt unterginge und Sie wüssten davon, welche Flasche würden Sie entkorken?
Ich weiß nicht, wie ich reagieren würde, wenn ich davon wüsste, doch würde ich mit Sicherheit nicht nur ein Fläschchen entkorken, sondern mit einem Montrachet der Domäne Romanée-Conti oder Ramonet beginnen, gefolgt von einem 1945er Mouton-Rothschild und 1870er Lafite-Rothschild, um dann mit einem 1847er Yquem dem Weltuntergang selig entgegen zu sehen.

Buntes Frankreich
Süßweine jeder Couleur

In nahezu jeder Region südlich des kühlen Nordens wachsen Süßweine, salopp formuliert, wie von selber. Entweder heizt die Sonne den Trauben derart tüchtig ein, dass daraus vollautomatisch edelsüße Kreszenzen gewonnen werden können wie in Cadillac und Montbazillac, an der Loire, im Elsass – oder kundige Winzer helfen nach, indem sie die Natursüße von beispielsweise auf Stroh gebetteten Beeren rosinig verstärken. Weit verbreitet ist zudem die Methode, durch Weingeist den natürlichen Gärverlauf zu bremsen und dadurch dem Wein eine mehr oder weniger deutliche Restsüße zu erhalten.

Muscats zeichnet eine unvergleichlich faszinierende Duftigkeit aus.

Auf Stroh gebettet

Klein an Menge, aber beileibe nicht belanglos sind die Strohweine, Vin de Paille genannt. Traditionell werden die Trauben in möglichst gesundem Zustand geerntet, auf Stroh oder Strohmatten zu Rosinen getrocknet und dann zu Wein mit einem durchschnittlichen Restzuckergehalt um die 100 Gramm pro Liter verarbeitet. Vielfach werden heute keine Strohmatten verwendet, sondern Holzgestelle oder kleine Kästen, in denen die Beeren in gut belüfteten Scheunen sechs bis acht Wochen trocknen. Die natürliche Süße bezieht die dennoch als Strohwein bezeichnete Rarität aus den eingeschrumpften, quasi wasserlos gewordenen Beeren. Im Elsass gibt es einige Güter, die damit experimentieren.

Die Hauptregion für den Vin de Paille ist das im französischen Osten zwischen Burgund und der Schweiz gelegene Jura, wo Rebsorten wie die weißen Savagnin und Chardonnay sowie die rote Poulsard rosiniert und kurz vor Weihnachten oder erst im Januar gepresst und nach dreijähriger Fassreife mit einem Alkoholgehalt um die 14 bis 15 Prozent in Flaschen gefüllt werden. An der Rhône hat der Winzer Gérard Chave den einst berühmten und dann im 20. Jahrhundert lange vernachlässigten edelsüßen Hermitage in den 1970er-Jahren neu belebt, emsig gefolgt von Chapoutier, den Câve de Tain und anderen Gütern. Bevorzugt gewonnen wird der äußerst rare Wein aus der körperreichen und köstlich duftenden weißen Sorte Marsanne. Vin Paillé nennen die Winzer von Corrèze ihren Strohwein, den sie aus Cabernet Sauvignon, Cabernet franc sowie Chardonnay und Sauvignon blanc erzeugen.

Alle diese Weine, ob sie nun aus getrockneten roten oder weißen Trauben stammen oder eine rotweiße Cuvée bilden, weisen in der

Regel – sofern der Winzer ihnen nicht einen Hauch von Rancio mitgegeben hat – eine klar an der Traubenfrucht angelehnte Süße auf.
Das verleiht den Strohweinen einen originären Status innerhalb der
edelsüßen Weinfamilie. Die aus roten Trauben gewonnenen Weine
haben eine rötlich-orange Farbe und ein Bukett nach roten Beeren
(Himbeere, schwarze Johannisbeere), eingelegten Zwetschgen, Rosinen, Honig und Karamell, während die rosinierten Weißweine goldgelb bis bernsteinfarben leuchten und mit ihrem verheißungsvollen
Aromenmix aus getrockneten und kandierten gelben Früchten, Nüssen, Korinthen, reifen Feigen, Honig, Karamell und Orangenzesten
tatsächlich dem von der Werbung suggerierten „Honig der Musen"
gleichen. Immerhin werden für einen Liter Vin de Paille zirka sieben
bis acht Kilo Trauben benötigt.

Vin Doux Naturel

Verwirrend umfangreich ist die Gruppe der „Vin Doux Naturel", die
den Banyuls und den mit ihm eng verwandten Maury umfasst sowie
vor allem eine Reihe von Muscatkreszenzen, die nach ihrer Herkunft
wie Rivesaltes, Frontignan, Lunel, Mireval, St-Jean-de-Minervois
und Beaumes-de-Venise benannt werden. Eine Spezialität ist der
im Roussillon erzeugte „Muscat de Noel", der, wie es der Name
ausdrückt, bereits im späten November wie ein süßer Heuriger als
Advents- und Weihnachtswein auf den Markt kommt. Trotz des
Natursüße suggerierenden Titels sind diese Vin Doux Naturel (VDN)
gar nicht so natursüß, wie es der Name vermuten ließe. Die Süße ist
wohl ein Geschenk der Natur, aber sie bleibt nur deshalb in dieser
konzentrierten Fülle im Wein, weil die Gärung, bei der normalerweise die aktiven Hefen den Zucker in Alkohol umwandeln, durch den
Zusatz von Weingeist vorzeitig abgebrochen wird – ein Verfahren, das
Mutage genannt wird.

Einige VDN-Weine, wie etwa der aus roten Grenachetrauben gewonnene Rasteau von der südlichen Rhône, werden im Rancio-Stil
ausgebaut. Darunter versteht man eine gezielt herbei geführte Maderisierung im Sinne eines Altersgeschmacks. Der wird erreicht, indem
man den Wein einer speziellen Behandlung unterzieht, beispielsweise
durch Sauerstoff oder Wärme. Das Lagern im Wechsel von unterschiedlichen Temperaturen zwischen heiß und kalt – sei es im Fass
auf dem Dachboden oder im Glasballon im Freien bei Tag und Nacht
– lässt den Wein wie im Zeitraffer reifen. Die Rancio-Gewächse
sind an ihren ausgeprägten Aromen zu erkennen, die wie bei einem
Madeira oder altem Sherry überreifen und kandierten Früchten,
Nüssen, Rosinen, Karamell, Honig und mitunter auch zerlassener, ein
wenig ins Ranzige neigender Butter ähneln.

*Unter Rancio-Stil versteht man eine gezielt herbei geführte
Maderisierung im Sinne eines Altersgeschmacks.*

Edelfaule Trauben kurz vor ihrer Ernte.

Unabhängig davon, ob man den Rancio-Gout mag oder ihn vielleicht
als streng, scharf oder gar käsig ablehnt, sind die qualitativen Unterschiede bei den Vin Doux Naturel wie auch ganz allgemein bei den
Süßweinen enorm, reicht die Bandbreite von elend bis exzellent. Das
liegt zum einen in der Natur der Sache: Wein ist ein sensibles Produkt, das lebt und mit dem entsprechend feinfühlig umgegangen werden muss. Zum anderen hängt die Klasse von der Güte der Trauben
ab, wann und wie sie geerntet und im Keller behandelt werden. Neben der Natur entscheidet auch der Mensch, ob die Süße des Weins
nur von klebriger Durchschnittlichkeit ist oder ob es ein Edelsüßer
ist, der das Auge durch die goldene Farbe, die Nase durch das Bukett
und den Gaumen durch die geschmackliche Finesse beglückt.

Bordeaux

Denkt man bei Süßwein an Bordeaux, fällt einem automatisch und mit Recht die Region Sauternes ein. Doch zu Bordeaux, diesem weltberühmten Anbaugebiet, gehören auch weitere eigenständige Appellationen für Süßweine wie Cadillac, Loupiac oder Sainte-Croix-du-Mont am rechten Ufer der Garonne. Für die Herstellung der Weine gelten die gleichen Prinzipien wie in Sauternes. Die dominante Rebsorte ist Sémillon, ergänzt durch Sauvignon blanc und teilweise Muscadelle. Nach Möglichkeit werden die Beeren edelfaul gelesen, doch scheuen manche Winzer das heikle Spiel mit der Natur. Sie verzichten auf die Botrytis und ernten früher die nicht immer perfekt getrockneten Beeren. Das Ergebnis sind zuckerliebliche, doch schlicht gerasterte Süßweine ohne Eleganz.

Weil für solche biederen Gewächse keine guten Preise erzielt werden können, entsteht ein Teufelskreis, der verhindert, dass die Güter das regionale Potenzial optimal ausschöpfen. Großen edelsüßen Wein gibt es nur in kleiner Menge, und ein Winzer, der sich noch keinen Namen für hochwertige Qualität gemacht hat, muss warten, bis die Presse, Händler und Weinfreunde sein Engagement auch honorieren. Es mangelt also an den finanziellen Mitteln, die nötig sind für die Weinbergspflege, eine akribische Lese in mehreren Durchgängen sowie für Investitionen im Keller.

Erfreulicherweise gibt es zunehmend Güter, die sich um erstklassige edelsüße Gewächse bemühen. Die reichen zwar nicht an die sinnliche Eleganz der besten Kreszenzen aus Sauternes heran, doch mit etlichen anderen Sauternes-Crus fällt ein Vergleich durchaus positiv aus – und dies bei deutlich günstigeren Preisen. Das ideale Geschmacksbild eines Botrytisweins aus Cadillac, Cérons, Loupiac und Sainte-Croix-du-Mont lässt sich ungefähr so malen: feine, eher grazil als wuchtig geschichtete Honigsüße, flankiert von Strauchblüten, gelben Früchten, Dörrobst, Rosinen, etwas Minze und Orangenzesten.

Cadillac

Selbst gewiefte Weinkenner assoziieren den Namen eher mit PS-Luxus als mit Wein. Die von einem Schloss aus dem 17. Jahrhundert überthronte Gemeinde liegt nördlich von Loupiac, produziert wird außer lieblichem auch ein süßer Wein in kleiner Menge von eher biederer Güte.

Cérons, Loupiac, Sainte-Croix-du-Mont

Die Winzer in der geografisch ziemlich flach strukturierten Graves-Enklave Cérons, am linken Garonne-Ufer, befassen sich mehr mit trockenen, dann unter Graves-Titel etikettierten Weißweinen als mit hochwertigen Botrytiskreszenzen. Sie zucken vor deren aufwendiger Erzeugung zurück, sodass aus dieser Appellation nur wenig achtbare edelsüße Weine stammen.

Auch für die Appellation Loupiac, am rechten Ufer der Garonne gegenüber von Barsac gelegen, gilt, dass qualitativ mehr aus den Lagen herauszuholen wäre, ließen sich für die Süßweine bessere Preise erzielen, um damit nützliche Investitionen tätigen zu können. Seit den 1990er-Jahren sind Fortschritte zu verzeichnen, besinnen sich wieder mehr Güter auf die ihnen zur Verfügung stehenden Ressourcen für die Produktion hochwertiger edelsüßer Weine von kräftigem Körper.

Die kiesigen Hügel auf der anderen Seite von Sauternes in Sainte-Croix-du-Mont eignen sich in Kombination mit dem Mikroklima, das morgens Herbstnebel bilden und tagsüber die Sonne scheinen lässt, ideal für Botrytisgewächse. Das macht die Appellation zu einem bedeutenden Anbaugebiet für Weine mit reicher und dabei rassig unterstützter Edelsüße individuellem Zuschnitts.

Weingüter mit edelsüßen Weinen
Cadillac: Château Cayla; Château du Juge
Cérons: Clos Bourgelat; Château de Cérons; Château Chantegrive
Loupiac: Château du Cros; Clos Jean; Château Loupiac-Gaudiet; Domaine du Noble; Château de Ricaud; Château Les Roques
Sainte-Croix-du-Mont: Château des Arroucats; Château Crabitan-Bellevue; Château Loubens; Château Lousteau-Vieil; Château du Mont; Château Pavillon; Château La Rame

Château de Cérons ist eines der wenigen Weingüter in Cérons, die achtbare Edelsüße liefern.

Château Loupiac-Gaudiet in Loupiac.

Elsass

„Gehen Sie ins Elsass", hatte Napoleons Leibkoch seinem Herrn empfohlen, „und Sie werden ein Volk von Köchen an der Arbeit sehen." Nichts ist dem Elsässer selbstverständlicher als gutes Essen und Trinken. Und süße Weine gibt es hier seit eh und je, früher als Auslese oder Beerenauslese etikettiert. Seit 1983 regelt ein strenges Gesetz dieses Kapitel. „Vendange tardive" genannte Spätlesen dürfen nur aus vier Rebsorten gewonnen werden: Riesling, Muscat, Pinot gris (ehemals auch als Tokay d'Alsace bekannt) und Gewürztraminer. Die Höhe des Mindestmostgewichts, im Elsass wie in Deutschland in Oechsle gemessen, ist vorgeschrieben, jegliche Anreicherung mit Zucker in Form der Chaptalisation untersagt. Weine dieser Kategorie weisen von Haus aus eine füllige Geschmeidigkeit auf, die Geschmacksrichtung reicht von trocken bis hin zu einer gewissen Süße.

Unter „Sélection de grains nobles" sind Weine mit einem natürlichen Zuckergehalt deutlich oberhalb der Vendange tardives zu verstehen. Die Trauben sind vollreif, auch rosinig getrocknet und mehr oder weniger stark von der Botrytis geprägt. Für diese Trockenbeerenauslesen sind nur die gleichen vier Rebsorten wie für die Vendange tardive zulässig. Die Qualität hängt vom Erzeuger ab. Allgemein verfügen die Topgewächse als Stolz des Winzers über einen starken Fruchtkörper mit vielschichtigen Aromen sowie einer reichen Süße, die durch eine feine Säure nie langweilig wirkt.

Weingüter mit edelsüßen Weinen

Lucien Albrecht, Orschwihr; Emile Beyer, Eguisheim; Leon Beyer, Eguisheim; Barmès-Buecher, Wettolsheim; Domaine Paul Blanck, Kientzheim; Domaine Marcel Deiss, Bergheim; Domaines Dopff & Irion, Riquewihr; Lucien Gantzer, Gueberschwihr; Hugel et Fils, Riquewihr; Josmeyer, Wintzenheim; Marc Kreydenweiss, Andlau; Domaine Albert Mann, Wettolsheim; René Muré Clos St. Landelin, Rouffach; Domaines Schlumberger, Guebwiller; Domaine Schoffit, Colmar; Louis Sipp, Ribeauvillé; Maison Pierre Sparr & Fils, Sigolsheim; André Thomas et Fils, Ammerschwihr; F. E. Trimbach, Ribeauvillé; Cave de Turckheim, Turckheim; Domaine Weinbach, Kayserberg; Domaine Zind-Humbrecht, Turckheim

Idyllisch gelegene Weinörtchen gibt es im Elsass wie Sand am Meer.

Banyuls

Die Trauben für den außergewöhnlichen, süßen und sehr langlebigen Banyuls wachsen auf Terrassen aus Urgestein an atemberaubend, ja halsbrecherisch steilen Hängen oberhalb des Mittelmeeres am östlichen Rande der Pyrenäen, entlang der Côte Vermeille, wo mindestens 300 Tage im Jahr die Sonne scheint. Südlicher und steiler steht in Frankreich kein anderer Weinberg. Auf den vor Jahrhunderten eingetretenen Pfaden waren einst die Schmuggler unterwegs. Der fruchtstarke Rotwein behält als einer der ältesten und in seiner Aromatik feinsten Vins doux naturels die Traubensüße durch die Anreicherung mit Alkohol, die im Regelfall schon in einem frühen Stadium erfolgt, während der Most im Rahmen der Maische-Phase noch auf den Schalen liegt. Der Alkohol fördert die Extraktion an Farbe, Tannin sowie vor allem der begehrten Geschmacksstoffe.

Die Hauptsorte für den süßen Banyuls ist die Dürre wie Hitze gut widerstehende rote Grenache noir, die in der Basisversion zu mindestens 50 Prozent enthalten sein muss. Ein Banyuls Grand Cru muss aus mindestens 75 Prozent Grenache noir bereitet sein und wenigstens 30 Monate im Holzfass reifen. Weitere zulässige Trauben sind unter anderem Carignan, Grenache gris und blanc, Maccabéo, Muscat, teils auch Cinsault sowie Syrah. Infolge der gnadenlos heiß auf die Trauben scheinenden Sonne erreichen diese eine hohe Reife und schrumpfen bis zur Lese im Oktober schon am Rebstock rosinenartig ein, mit entsprechend hohem natürlichen Zuckergehalt, der später im fertigen Wein im Schnitt um die 100 bis 125 Gramm pro Liter beträgt – bei einem Alkoholgehalt, der zwischen 16 und 19 Prozent pendelt. Viele der knorrigen Rebstöcke sind 40, 50 Jahre alt und älter, sie wurzeln tief und versorgen die Trauben mit feinsten Nährstoffen, erlauben allerdings nur extrem niedrige Erträge von oftmals gerade mal 20 Hektoliter pro Hektar und sogar darunter.

Die Sonne, der karge felsige Boden und die Reben ergeben einen Wein, wie er nur im tiefen Süden wachsen kann: opulent und feurig. Welcher Banyulstyp schließlich daraus entsteht, liegt in der Hand des Winzers. Er hat diverse Steuerungstechniken, beginnend mit der Entscheidung, wann der Gärprozess durch die Zugabe des Alkohols beeinflusst und gestoppt werden soll. Je früher dies geschieht, umso süßer bleibt der Wein. Von Bedeutung für den Charakter ist auch die Art des Ausbaus. Weine, die in geschlossenen Tanks oder stets spundvoll gehaltenen Fässern im Keller reifen, bieten eine reinere Traubensüße als jene, die bewusst einer Oxidation zur Erzielung des konzentrierten „goût du rancio" unterzogen werden, indem man sie in offenen Holzbottichen beziehungsweise in Glasballons, den „Bonbonnes", im Freien lagert und so dem Wechsel von Wärme und Kälte, Sonne und Wind aussetzt.

Das Gros der Weine wird jahrgangslos in Flaschen gefüllt, doch besonders gut gelungene Partien werden als Jahrgangsbanyuls mit dem Zusatz „Rimage" ausgebaut. Dr. André Parcé, der große alte Mann des Banyuls und einstige Bürgermeister des gleichnamigen Ortes, hat diesen fruchtbetonten und dem Vintage Port ähnelnden Weinstil als erster propagiert, ja eigentlich sein ganzes Leben diesem Sonnenkönig unter den Weinen gewidmet.

Aromenspektrum der Banyuls

Junge Banyuls begeistern durch dichtfruchtige Noten nach roten Beeren, schwarzer Kirsche, getrockneten Pflaumen, Feigen, Datteln und Gewürzhonig nebst etwas Kakao.
Im Alter gesellen sich neben einem zunehmend samtener werdenden Körper weitere Töne à la Bitterschokolade, Nüsse, geröstete Mandeln, schwarze Trüffel und Röstaromen wie Kaffee und Karamell hinzu.

Rancio-Banyuls duften und schmecken in ihrer einzigartig dunklen Mollaromatik auch nach Malz, Gewürzen, Backpflaumen, Tabak, Leder und dem typischen Rancio-Gout nach leicht überreifer Nussbutter.

Weingüter mit Banyuls

Domaine du Mas Blanc; Domaine de la Rectorie; Cellier de Templiers; Robert Doutres; Château de Jau; Domaine du Traginer; Domaine Vial-Magnères; Société Coopérative l'Etoile; Domaine la Tour Vieille; Les Clos de Paulilles; Cave de l'Abbé Rous

Maury

Rot, stark, süß lauten die Kennzeichen des Maury, der abseits des Meeres aus dem hügeligen Hinterland nördlich des Agly im Département Pyrénées-Orientales stammt und eine starke Geschmacksähnlichkeit mit dem populäreren Banyuls aufweist, vielleicht etwas farbtiefer und tanninherber ist.

Als Leitrebsorte für diesen Vin doux naturels fungiert die Grenache noir, die praktisch so verarbeitet wird wie ihre Verwandtschaft in Banyuls. Das Potenzial ist großartig, wird jedoch nicht immer voll ausgeschöpft, ausgenommen von Erzeugern wie der Domaine de la Préceptoire, der Domaine de la Coume du Roy, Domaine Pouderoux und vor allem von Mas Amiel, dessen Prestigelinie im diskreten Rancio-Stil ungemeine Kraft mit Eleganz und sagenhafter Langlebigkeit vereint. Das Aromenspektrum ist reich, reicht von Schokolade, schwarzen Johannisbeeren und eingelegten bzw. gedörrten Pflaumen bis Zimt und weiteren Gewürzen – und das alles in einem Glas! Beide Weine, den Banyuls wie den Maury, verbindet ihre Eignung als naturgeborene Begleiter zu allem Schokoladigen. Pâtissiers lassen

sich von den fruchtsüßen Weinen gerne zu speziellen Kreationen inspirieren, aber auch Fleischköche entwickeln Esprit, wenn es um die Partnerschaft bei Tisch zu diesen edelsüßen Kreszenzen geht. Vor Ort schätzt man diese Gewächse zum Lammrücken mit Thymian und Knoblauch, zur getrüffelten Taube, zu nahezu allen Gerichten, die mit Trockenobst in Banyuls oder Maury geschmort werden.

Weingüter mit Maury

Domaine de la Préceptoire; Domaine de la Coume du Roy; Domaine Pouderoux; Mas Amiel

Die Muscat-süßen

Der Muskateller, in Frankreich Muscat genannt, gibt sich knochentrocken oder süß, je nach Region, Jahrgang, Tradition und dem Willen des Winzers. Eines zeichnet jede Version aus: die unvergleichlich faszinierende Duftigkeit, die einem mit jedem Nasenzug und Schluck den Eindruck vermittelt, direkt der taufrischen Beere zu begegnen. Dieses schöne, als „musqué" bezeichnete Gefühl vermittelt auf besonders innige Weise die Muscat blanc à petits grains als älteste und edelste Muskatellersorte. Die Beeren sind klein, rund und aromatisch, wohingegen die oval und dick geformten Beeren der auch als Tafeltraube genutzten Muscat of Alexandria im Wein längst nicht die Finesse des weißen Muskatellers aufbringen.

Plinius der Ältere hat die Muscat blanc à petits grains als „uva apiana" beschrieben, als Bienentraube. Der Name leitete sich vermutlich vom Lateinischen „musca", die Fliege, her, denn Insekten scheinen vom herrlichen, Orangenblüten und Gewürzen gleichenden Duft der Traube magisch angezogen. Es waren denn wohl auch die Römer, die den ursprünglich aus Griechenland stammenden Muskateller im französischen Süden kultivierten, wo die Rebsorte heute rund ums Mittelmeer und teils an der südlichen Rhône eine tragende Rolle bei den vielen süßen, zur Gruppe der Vin doux naturel gehörenden Weine spielt. Die Weinbereitung ähnelt sich quer durch die Regionen: Die hochreif, an den Stöcken auch rosinig eingetrockneten Beeren werden zu Saft gepresst, dem im Verlauf der Gärung hochprozentiger Weingeist zugesetzt wird, damit der Zucker weitgehend erhalten bleibt.

Bis in die 1980er-Jahre sind die Weine in großen Fudern meist oxidativ ausgebaut worden. Dies ergab Gewächse mit Aromen von eingemachten Früchten und Beerenmarmelade über Backobst und Nüsse bis hin zu Kakao, Kaffee, Leder und Tabak nebst Kräutern und Gewürzen. Inzwischen sind viele Winzer auf einen moderneren Stil eingeschwenkt: Anstelle der Rancio-Aromatik bieten sie, internationalen Trends folgend, Weine mit intensiver, freilich oft nur vordergründiger Primärfrucht, die in jungen Jahren und gut gekühlt angenehm schmecken, aber nicht mehr über die reich geschichtete Aromatik der Klassiker verfügen und auch nicht mehr lange lagerfähig sind. Gottlob gibt es weiterhin Winzer, die den traditionellen Stil pflegen, im Roussillon wie im Languedoc, wo bis vor wenigen Jahren noch ein See an Billigweinen schwappte. Nun sorgen engagierte Winzer für eine Morgenröte auch bei den süßen Weinen.

Muscat de Frontignan

Das nach der gleichnamigen Stadt benannte Anbaugebiet liegt an der Mittelmeerküste inmitten des Languedoc. Vor 2000 Jahren hat es bereits süß oder zumindest lieblich ausgebauten Muskateller gegeben, denn die Römer sprachen von ihm als „Bienenwein". Im 17. und 18. Jahrhundert war der süße Muscat de Frontignan international sehr geschätzt, man verglich ihn mit dem damals berühmten Constantia aus Südafrika, und der englische Philosoph John Locke pries ihn 1676 als „Frontiniac". Die Trauben werden spät geerntet, um eine höchstmögliche Konzentration an Zucker sowie Geschmacksstoffen zu erreichen. Das klassische, pikante Muscatfruchtaroma wird durch die „Mutage" noch verstärkt, es entsteht ein goldfarbener Wein mit dichter und geschliffener Fruchtsüße, der mindestens 15 Prozent Alkohol und 125 Gramm Restzucker pro Liter aufweisen muss.

Muscat Saint-Jean-de-Minervois

Die Anbaufläche des Muscat de St-Jean-de-Minervois umfasst nicht einmal 200 Hektar. Das fern dem Meer im Hinterland auf hügeligen Höhen zwischen 200 und 250 Meter liegende Anbaugebiet profitiert jedoch von einem etwas kühleren Klima: Die Ernte findet um einige Wochen später statt als in den anderen Midi-Muscat-Regionen. Entsprechend feiner sind die Weine gebaut.

Die mit Zitronenschale, Litschi, Quitte und Passionsfrucht durchwobene Süße verfügt über eine animierende Frische. Bemerkenswert sind spezielle Editionen wie die Cuvée Nicolas von Barroubio oder die Muscat Vendanges d'Automne von der Cooperative: Die an den Stöcken stark rosinierten Trauben sind mit 350 Gramm Zucker pro Liter geerntet worden. Durch den viermonatigen Ausbau im Eichenfass werden die Fruchtnoten um zarte Vanilletöne ergänzt.

Muscat de Lunel

Die Weinberge öffnen sich zum Meer hin. Traditionell ist der Muscat de Lunel mit schwerer, liköriger Süße ausgebaut worden, doch haben sich Betriebe wie Clos Bellevue, Domaine La Côte du Mazet, Domaine du Grés Saint-Paul und Les Vignerons du Muscat de Lunel dem zeitgemäßen Stil angenähert und erzeugen Weine der etwas rassigeren Art mit Aromen nach Rosinen, Zitrusfrüchten, getrockneten Aprikosen und dem pikanten Muskatton.

Muscat de Mireval

Die Weine der zwischen Sète und Montpellier am Meer gelegenen Appellation ähneln denen vom benachbarten Frontignan. Sie sind charakterisiert durch florale und honigwürzige Noten.

Muscat de Rivesaltes

Wegen seiner Rebflächengröße von rund 5.000 Hektar wird dieses Roussillon-Anbaugebiet das Königreich des Muscat genannt. Klimatisch ist das Gebiet geprägt durch Hitze, Trockenheit und dem Tramontane genannten kalten, trockenen Fallwind. Eine Besonderheit ist, dass der Muscat de Rivesaltes als einziger Vin doux naturel

aus Muscat d'Alexandrie und dem wesentlich feineren Muscat blanc à petits grains hergestellt werden darf. Das Mischungsverhältnis entscheidet logischerweise über die Art der Aromatik, die vielfältig ausfällt und sich nicht präzise definieren lässt. Generell sind die Weine gekennzeichnet durch eine füllige Süße von eher milder Art mit Aromen zwischen eingelegten gelben Früchten, Honigmelone, kandiertem Zitrusobst, würzigem Honig und Kräutern nebst etwas Strauchblüten und Minze.

Muscat de Beaumes-de-Venise

Im Hochland der südlichen Rhone wächst in einer verwegen wirkenden, von der Sonne heiß durchglühten Felslandschaft der köstlichste unter den Muscats, benannt nach dem schönen Ort Beaumes-de-Venise, 30 Kilometer nordöstlich von Avignon gelegen. Das Spezielle an diesen zu 100 Prozent aus Muscat blanc à petits grains gekelterten kleinen Herrlichkeiten ist ihre filigrane, ja heitere, nie sirupartig klebrige Süße, die im Schnitt zarter und etwas rassiger ausfällt als bei den Muscats im Languedoc-Roussillon, weil die Mindestrestsüße hier auf 115 Gramm pro Liter festgesetzt ist – gegenüber 125 Gramm bei den Verwandten.

Typisch für die besten Muscats de Beaumes-de-Venise ist ihr delikater, fein ziselierter Duft mit Aromen nach Pfirsich, Williamsbirne, Zitrusfrüchten, nach Honig, Banane und anderem tropischem Obst, flankiert von Lindenblüten sowie einem aparten Hauch von Minze nebst Gewürzen wie Muskat und auch etwas Pfeffer.

Weingüter mit Muscat de Frontignan

Frontignan: Château de la Peyrade; Château de Stony; Domaine du Mas Rouge; CV du Muscat de Frontignan

Weingüter mit Muscat Saint-Jean-de-Minervois

Saint-Jean de Minervois: Domaine de Barroubio; Domaine du Clos Bagatelle; Domaine de Montahuc; Cave Coopérative St-Jean-de-Minervois

Weingüter mit Muscat de Lunel

Lunel: Clos Bellevue; Domaine La Côte du Mazet; Domaine du Grés Saint-Paul; Les Vignerons du Muscat de Lunel

Weingüter mit Muscat de Mireval

Mireval: Domaine de la Capelle; Domaine du Moulinas; Mas de Pigonniers

Weingüter mit Muscat de Rivesaltes

Rivesaltes: Domaine Boudau; Domaine Cazes; Domaine de Chênes; Château l'Esparrou; Château de Jau; Domaine Lafage; Château Pradal; Vignobles Dom Brial

Weingüter mit Muscat de Beaumes-de-Venise

Beaumes-de-Venise: Domaine de Coyeux; Domaine de Durban; Vignerons de Beaumes-de-Venise (mit ihrer Spitzenversion „Carte d'Or")

Rivesaltes

Die nördlich von Perpignan gelegene Stadt ist nicht nur der Namensgeber für die Muscats. Unter dem bündigen Titel „Rivesaltes" subsumieren sich auch Vins doux naturels in zahlreichen Stilen und Farbschattierungen von weiß und golden bis tiefdunkelrot. Die Weine können von den beiden Muscatsorten gewonnen werden sowie aus den Grenachevarietäten blanc, gris, noir, von Maccabéo und Torbato (lokal Malvoisie du Roussillon genannt). Die Reben werden entweder zu Cuvées gemischt oder sortenrein ausgebaut wie beispielsweise der goldfarbene Maccabéo und insbesondere der rote Grenache noir. Die einen Weine werden in Edelstahltanks vinifiziert und jung in Flaschen gefüllt, andere lagern in Holzfässern unterschiedlicher Größe. Neben modern auf frischfruchtige Süße getrimmten Gewächsen gibt es auch Weine mit dem traditionellen Rancio-Geschmack.

Es liegt in der Natur solcher Größenordnung und Vielfalt, dass die Weinpalette so ziemlich alle Gütestufen vom faden Billigheimer bis zur Rarität eines 100jährigen und gleichwohl noch delikaten Süßweins umfasst. Aus weißen Sorten erzeugte Weine weisen Noten nach Blüten, Melone, Pfirsich, Birne, Zitrusfrüchten, Orangenschalen, Trockenobst, Honig und Kräutern wie Anis auf. Bei älteren Jahrgängen spielen auch Walnüsse, Mandeln, Vanille, Bienenwachs und Karamell mit. Das Aromenrepertoire bei den aus Grenache noir gewonnenen Weinen reicht von roten Beeren und Kirsche über Dörrpflaumen, kandiertes Obst und Röstnoten à la Kaffee, Karamell und Bitterschokolade bis hin zu Malz, Leder, Tabak und Gewürzen. Neben den guten bis sehr guten Erzeugern gibt es im Ort Rivesaltes an der Place Gambetta das gelbe "Maison du Muscat et des Rivesaltes", geführt vom Winzer Henri Lhéritier – mit einer enormen Auswahl an regionalen Weinen.

Weingüter mit Rivesaltes

Rivesaltes: Vignobles Dom Brial; Domaine Cazes; Domaine Gauby; Domaine Gardiès; Domaine Garria; Château de Jau; Château Mossé; Domaine Mounié; Château du Parc; Domaine Puig-Parahy; Château Pradal; Domaine de Rancy; Domaine Sarda-Malet; Domaine de Saü; Domaine Singla; Domaine Vaquer; Vignerons Catalan; Vignerons de Terrats; Les Vignobles de Constance et du Terrassous

Jurançon

Im Südwesten an den hügeligen Hängen der Pyrenäenausläufer wächst ein Wein von adeligem Geblüt, der lange ein Dornröschendasein fristete und obendrein mit dem Jura im Osten verwechselt worden ist. Nur Kenner wussten und wissen vom Jurançon und dessen edelsüßer Rasse, die schon die Schriftstellerin Colette begeisterte, die ihn als „feurigen, gebieterischen Prinz" pries und zu ihren geliebten schwarzen Trüffeln trank. Spezielle Weine haben ihre Legenden: Angeblich ist Henri IV. zu seinem segensreichen Wirken als König von Frankreich durch einen Tropfen vom Jurançon befähigt worden, mit dem ihm sein Vater Anton von Bourbon, Herzog von Vendôme, anlässlich seiner Taufe 1553 die Lippen benetzt und zusätzlich mit einer Knoblauchzehe eingerieben hat – eine Taufpraktik namens „baptême béarnais".

Der trockene, unter Jurançon sec vermarktete Weißwein ist von kerniger Art und achtbar, aber unbedeutend gegenüber seinem süßen Bruder, der schlicht als „Jurançon" etikettiert wird. Zwei Rebsorten bilden neben etwas Petit courbu die Basis: Gros Manseng und Petit Manseng, wobei der Kleine der Große ist, was die Klasse anbelangt; die besten Jurançon werden exklusiv oder überwiegend aus der Petit Manseng gewonnen. Die sehr spät, oft erst im Dezember in mehreren Durchgängen geernteten Trauben sind bis dahin dank schönem Herbstwetter und der aus dem Süden wehenden heißen Winde bereits überreif und am Stock zu Rosinen eingetrocknet. Passerilé nennen die Winzer diesen Zustand. Die Edelfäule tritt selten auf, es fehlt das für die Botrytis notwendige feuchtwarme Klima, und sie ist auch nicht erwünscht, weil man beim Jurançon die klare Traubensüße in Verbindung mit einer lebhaften Säure schätzt.

Die Farbe des Jurançon reicht vom jugendlichen Goldgelb mit grünem Schimmer bis zum tiefen Rotgold im Alter. Ein Spitzen-Jurançon kann zehn, zwanzig und mehr Jahre alt werden, ohne zu ermüden. Das Aromenspektrum ist vielfältig, auch abhängig von Jahrgang, Alter und dem Stil des Winzers. Der eine legt mehr Wert auf frische Fruchtigkeit, ein anderer hält es mit dem Geschmack „à l'ancienne", was heißt, dass der Most gleich nach dem Pressen ohne die „macération pelliculaire" genannte Gärung mitsamt den Schalen in Holzfässer gefüllt wird und dort reift. Klassische Aromen sind: Honig, Blüten, reifer Pfirsich, Südfrüchte (Mango, Maracuja, Ananas) und Gewürze wie Zimt, Muskat, Nelke. Die besten ihrer Art schmecken, als hätte sich feinster Honig auf wundersame Weise zu Wein gewandelt.

Weingüter mit Jurançon
Jurançon: Domaine Bellegarde; Domaine Georges Bru-Baché; Domaine Couhapé; Cave des Producteurs de Jurancon; Clos Guirouilh; Domaine de Gaillot; Domaine Charles Hours; Château Jolys, Clos Lapeyre; Domaine Larredya

Monbazillac

Von der Masse zur Klasse, so lassen sich die Edelsüßen von Monbazillac beschreiben. Die östlich vom Bordelais am linken Ufer der Dordogne gelegene Appellation ist eine Enklave in der Region Bergerac und war bis vor etwa zwei Jahrzehnten mehr verschrien als geachtet. Die Weine, zumeist billige Händlerabfüllungen, glichen süßlichen Karikaturen von pappiger Schwere ohne Finesse, zudem waren sie stark geschwefelt. Derartige Erbärmlichkeiten gibt es immer noch, aber darüber stehen inzwischen ambitionierte Winzer, die das große Potenzial des Anbaugebiets ausschöpfen und edelsüße Weine erzeugen, die ihren engen Verwandten aus dem Sauternes recht nahe kommen und sich dank der relativ niedrig angesiedelten Preise zu Rivalen gemausert haben.

Wie ein Sauternes wird ein Monbazillac aus edelfaul geschrumpften Beeren gewonnen, die im Ausleseverfahren spät geerntet werden und zwar per Hand, denn die früher erlaubte maschinelle Lese ist seit 1993 untersagt. Das feuchtwarme Klima mit kühlen Nächten führt zu Morgennebeln und begünstigt die Bildung der Botrytis. Bei den Rebsorten gleichen sich die beiden Regionen ebenfalls: die dominierende Sémillon (ca. 75 Prozent) sorgt für reiche Aromafülle, Sauvignon blanc (15 bis 20 Prozent) bringt florale und rassige Noten ein, die Mitgift der Muscadelle sind gewürzige Töne. Die Winzer komponieren die Cuvée im Regelfall aus allen drei Rebsorten, doch gibt es Weine, die nur aus Sémillon und Sauvignon blanc bestehen (auch der große Yquem kommt ohne Muscadelle aus). Im Schnitt verfügen die Weine über einen Alkoholgehalt von 14 bis 15 Prozent, der Restzucker liegt um die 80 bis 100 Gramm pro Liter.

Der anfangs strohgelb leuchtende Monbazillac dunkelt mit der Reife ins Goldgelbe hinein. Facettenreich ist das Aromengefüge aus Honig und Blüten, Pfirsich, Aprikosen, Trockenobst, Zitrusfrüchten und Nüssen – beim Ausbau im Barrique gesellen sich weitere Töne wie Vanille, Marzipan sowie Röstnoten hinzu

Weingüter mit Monbazillac
Monbazillac: Château Tirecul la Gravière; Domaine del'Ancienne Cure; Château de Belingard-Chayne; Château Le Fagé; Château Fonmourges; Château Les Hauts de Caillavel; Château La Grande Maison; Château Haut Theulet; Château Pulvère; Château Tirecul la Gravière

Loire

Den Weinen im Tal der Könige, wie die Loire apostrophiert wird, seit Jeanne d'Arc bei Orléans gesiegt hat und der Hochadel die Ufer mit Prachtschlössern schmückte wie die Dekolletés der Geliebten mit Geschmeide, rufen Chronisten als gebietstypisches Merkmal gerne ein „Charme" hinterher. Nichts könnte falscher sein, solche fahrlässige Pauschalierung zeugt nur von der Verzweiflung der Autoren bei der Suche nach einem gemeingültigen Kennzeichen. Das gibt es nicht, dazu ist die Wein-Loire, die sich vom Landesinneren aus wie ein Bandwurm westwärts in den Atlantik schlängelt, viel zu weit gefächert. Gemeinsam ist den Weinen nur, dass sie so gar nichts Gemeinsames vereint, abgesehen vielleicht noch von einer gewissen nervigen Lebhaftigkeit.

Zwischen dem knochentrockenen Muscadet im äußersten Westen und dem rassigen Sauvignon blanc als Sancerre sowie Pouilly Fumé im Osten blüht auf nahezu 1.000 Kilometer eine reiche Weinwelt aus rot, rosé und weiß, aus trocken, halbtrocken, lieblich und edelsüß, aus still, perlend und schäumend. In Anjou schwabbt viel lieblicher Rosé für Schleckermäuler, doch gibt es auch achtbare süße Weine. Trocken ausgebauter Chenin blanc von herrlicher Charakterstärke gedeiht in Savennières. Aber bitte: Wenn es die Natur zuließ und für Edelfäule sorgte, gab es sogar den Fürsten unter diesen Gewächsen, den einmaligen Clos de la Coulée de Serrant, hübsch süßlich wie etwa im Jahr 1959.

Viele Gewächse sind nur lokale Größen. Weine von lieblichem bis süßem Geschmack werden in kleiner Menge in der Coteaux de Saumur erzeugt, einer eigenen Appellation d'Origine Contrôlé (AOC). Über eine würzige, oft nussig unterlegte Süße verfügen die Weine von der Coteaux du Layon. International gesehen sind es freilich vor allem die Weine von Vouvray, die auch außerhalb der Loire hohe Reputation genießen – wenn auch mit der Einschränkung, dass allenfalls die wahren Liebhaber diese edelsüßen Preziosen kennen, während der Sonntagstrinker vielleicht schon mal was von Vouvray gehört, doch noch nie einen getrunken hat – schon gar keine alte Essenz von 1921, 1929, 1937, 1945, 1947 oder 1976, um einige Traumjahrgänge zu nennen.

Rasse, Komplexität und Langlebigkeit zeichnen die von einer temperamentvollen Säure lange frisch gehaltenen Weine aus. Das Wunder der Natursüße vollbringt fast jedes Jahr eine Rebsorte, die an starkem Charakter und Eleganz dem Riesling gleichzusetzen ist: die Chenin blanc, vor Ort gerne auch Pineau de la Loire genannt. Sie wird sehr spät und in mehreren selektiven Durchgängen gelesen, sobald die Edelfäule ihren Einzug gehalten hat. Man vermeidet den als malolaktische Gärung oder auch biologischen Säureabbau genannten Prozess, bei dem die raue Äpfelsäure in die milde Milchsäure umgewandelt wird. Und die Weine reifen im Regelfall nicht in neuem Holz, sondern in großen alten Fässern, die längst kein Parfüm mehr geben. Dem Wesen der Chenin blanc kommt diese Art des Ausbaus zugute, sie betont das eigenwillige originäre Profil der Rebsorte.

Coteaux du Layon

Unter Coteaux ist in direkter Übersetzung ein Hügelland zu verstehen. Dieses hier erstreckt sich malerisch entlang des Flüsschens Layon, das bei Angers in die Loire mündet. Das Programm umfasst trocken, halbtrocken und süß ausgebaute Weine. Bei letzteren gibt es noch die Staffelung in „moelleux" (steht für lieblich) und „liquoreux" (bezeichnet einen höheren Grad an Süße, speziell solche mit Edelfäule). Die Trauben werden spät und überreif gelesen. Dank des besonderen Mikroklimas bildet sich in guten Jahren auch die Botrytis als Voraussetzung für komplexe Süßweine. Innerhalb dieses Anbaugebiets befinden sich zwei Spitzenlagen mit eigener Appellation, die besonders dicht gebaute Edelsüße hervorbringen: Sie heißen Bonnezeaux und Quarts de Chaume (eine reine Südlage in der Form eines Amphitheaters). Chenin blanc sorgt in beiden Grands Crus für duftige Weine mit raffinierter Süße, die allgemein um die 100 Gramm pro Liter beträgt, in außergewöhnlichen Jahrgängen – und bei aufwendiger Selektion edelfauler Trauben – auch auf 200 Gramm ansteigen kann.

Trotz solcher machtvoller Süße wirken die Weine so gut wie nie beschwerend, gar ermüdend, weil die lebendige, durchschnittlich um die zehn Gramm pro Liter liegende Säure der Chenin blanc den Zucker austariert. Diese Süße-Säure-Balance stellt sich allerdings erst bei gereiften Weinen harmonisch ein, denn in der Jugend kann die ungebändigte Säure recht herrisch auftreten. Nicht von ungefähr lautet die Empfehlung, edelsüße Crus erst ab deren siebten oder zehnten Lebensjahr zu entkorken. Für eine Besonderheit sorgen findige Winzer aus Quarts de Chaume und Bonnezeaux, wenn sie in Jahren mit außergewöhnlich üppiger Edelfäule entsprechend hochklassige Trockenbeerenauslesen ernten und diese, weil im Gärprozess nicht die gesetzlich vorgeschriebenen 13 Prozent Alkohol erreicht werden, unter der Großappellation Coteaux du Layon auf dem Etikett als Sélection de grains nobles (SGN) ausweisen.

Vom Jahrgang und vom Zustand der Trauben bei der Lese hängt ab, welche Aromen Chenin blanc bietet. Zum charakteristischen Duft- und Geschmacksband zählen generell ausgeprägte Fruchttöne wie Apfel, Birne, Pfirsich, Aprikose, Mango, Quitte, Orangenzesten, Rosinen und Feige, durchwoben mit Honig, Nüssen, kräuteriger Würze sowie Vanille und Röstnoten à la Karamell, Mokka, auch Schokolade als weiterer Mitgift beim Ausbau in neuem Holz.

Vouvray

Süße mit Grazie lautet die Antwort auf die Frage nach dem speziellen Merkmal der großen Weine dieses Anbaugebiets in der Touraine, wenige Kilometer östlich von Tours. Im Gebiet um Vouvray, einer sehenswerten Stadt am Nordufer der Loire, wird nachweislich seit 2.000 Jahren Wein angebaut, doch die eigentliche Geschichte beginnt mit der Gründung des Klosters Marmoutier im Jahr 372 durch den Heiligen Martin. Geboten wird die gesamte Palette von Weißweinen in allen Gütestufen von bedeutungslos bis großartig aus der monopolistischen Chenin blanc: still, perlend (Pétillant), schäumend (Mousseux), trocken, halbtrocken, lieblich als moelleux sowie edelsüß als liquoreux. Letztere sind die kostbaren und raren Juwelen der Region, die seit 1936 über eine eigene Appellation verfügt.

Erzeugt werden die Edelsüßen nach den gleichen Prinzipien wie jene in anderen Süßweinregionen der Loire: Späte Lese, oft bis in den November hinein. Mehrere, „Trie" genannte, Durchgänge, um die rosinig eingetrockneten beziehungsweise im Idealfall edelfaul geschrumpelten Beeren selektiv zu pflücken. Ausbau in großen Holzfässern, „Tonnes" oder „Demi-Muids" genannt mit einem Fassungsvermögen von 600 Litern; auch Barriques mit 225 Liter kommen zum Einsatz. Edelstahl lehnen die Traditionswinzer ab, weil das zu agressive Primäraromen bringen würde, ebenso den biologischen Säureabbau.

Das Klima ist nicht extrem ausfallend, doch kann es von einer Saison zur anderen erhebliche Jahrgangsunterschiede geben. Spielt die Sonne nicht mit, werden Weine im trockenen oder unteren Süßebereich produziert, aber in den besten Jahren gibt es Trockenbeerenauslesen, die an Finesse mit jedem anderen Süßwein mithalten können. Das Warten auf die dafür notwendige Botrytis gleicht jeden Herbst einem Geduldspiel, einem Risiko mit ungewissem Ausgang. Ein Vouvray wie aus dem Bilderbuch ist beispielsweise die 1995er Cuvée Aurélie von der Domaine du Viking: eine Selection Grains Nobles mit subtiler und geschmeidig geglätterter Süße, mehr gelben Früchten (wie Williamsbirne und Quitte) gleichend als Honig.

Ein Weingut verdient besondere Erwähnung: die Domaine Huet l'Echansonne, Jahrzehnte geführt von Gaston Huet, dem langjährigen Bürgermeister von Vouvray und kompromisslosen Qualitätsfanatiker, der wesentlichen Anteil am erneuten Aufstieg der Vouvrays in die oberste nationale Liga der Edelsüßen hat. Das nach biologisch-dynamischen Grundsätzen arbeitende Gut wird heute geführt von Noël Pinguet, dem Schwiegersohn von Huet. Von den drei großen Crus „Le Haut Lieu", „Le Mont" und „Le Clos du Bourg" gibt es hochklassige trockene sowie schäumende Weine, aber das Nonplusultra sind die edelsüßen Kreszenzen, die einer besonders langen Reife in der Flasche bedürfen, bis die anfänglich freche Säure sich geläutert hat und aufs Feinste mit der Süße verbindet.

Montlouis

Die vis-à-vis von Vouvray am anderen Flussufer gelegene Appellation ist bekannt für Kreszenzen von schlanker Süße. Das kleine Gebiet stand lange im Schatten von Vouvray – bis 1938 sind die Weine sogar als Vouvray verkauft worden –, doch zunehmend verschafft sich die zwischen Amboise und Tours gelegene Gemeinde eine eigene Identität. Die beruht auch darauf, dass die Böden um Montlouis sandiger als in Vouvray sind, was sich auf die Weine auswirkt, die um eine Nuance leichter und weniger druckvoll ausfallen, ansonsten jedoch über die klassischen, Rasse mit Finesse verknüpfenden Tugenden der Chenin blanc verfügen.

Weingüter mit edelsüßen Weinen

Coteaux du Layon: Domaine des Baumard; Château Bellerive; Château Pierre Bise; Château du Breuil; Domaine de la Cour d'Ardenay; Domaine Philippe Delesvaux; Château de Fesles; Domaine Godineau; Domaine de Juchepie; Domaine Ogereau; Domaine Jo Pithon; Domaine de Plaisance; Domaine des Sablonnettes; Château de la Suronde

Vouvray: Domaine des Aubuisières; Clos Baudoin; Domaine Bourillon-Dorleans; Marc Brédif; Domaine Champalou; Château Gaudrelle; Domaine Huet l'Echansonne; Domaine du Clos Naudin; Domaine Clos de Nouys; Domaine du Viking; Domaine Villain

Montlouis: Francois Chidaine; Domaine Delétang; Domaine Les Loges de la Folie; Claude Levasseur; Domaine de La Taille aux Loups

Château de Saumur an der Loire.

Italien

Das italienische Wort für Süße, dolce, strahlt eine Sinnlichkeit aus, die in einem Vin Santo der neuen Generation und weiteren mindestens 250 Süßweinen, die im europäischen Stiefel erzeugt werden, zu schmecken ist. Niemand weiß die genaue Zahl, immerhin steuert jede Region von Südtirol bis nach Sizilien ihren Beitrag zur reichen, gleichzeitig unübersichtlichen Welt der Süßweine bei. In Ottavis „Vini di Lusso" – wörtlich: Luxusweine – ist den Dessertweinen bereits 1895 ein 300 Seiten starkes Kompendium gewidmet worden. Damals sind freilich auch die heute nur trocken vorstellbaren Gewächse aus der kraftvollen Nebbiolo-Traube wie Barolo, Barbaresco, Barbera mit deutlicher Restsüße um die 20 bis 50 Gramm Zucker pro Liter ausgebaut worden.

Der Atlas der italienischen Süßweine glich also immer schon einem Mosaik von verwirrender Buntheit. Es gibt fabrikmäßig produzierte Dessertweine sowie solche in einer jährlichen Gesamtauflage von wenigen hundert Flaschen, und wer kennt schon den spritzigen rötlichen Brachetto d'Acqui, den Passito di Caluso oder den Moscato passito di Chambave aus dem Piemont? Wer hat schon vom Recioto di Gambellara genascht, den Albana di Romagna passito getrunken, sich am rekultivierten Moscadello di Montalcino erfreut und einen auf familiärer Basis hergestellten Vin Cotto im Glas gehabt? Die Vielfalt besteht nach wie vor, und eine umfassende Katalogisierung ist heute komplizierter denn je, weil in den vergangenen 20 Jahren intensiv an der Verbesserung der Qualität gearbeitet worden ist, was sogar dem herunter gewirtschafteten Marsala zu einer teilweisen glänzenden Wiedergeburt verhalf. Auch der Vin Santo wie der Picolit haben von der Gütekampagne profitiert.

An der Summe der Dessertweintypen hat sich nichts geändert. Nach wie vor blüht neben den kontrollierten Weingruppen eine gewisse süße Anarchie, doch die Zahl der auch nach internationalem Maß bemerkenswerten edelsüßen Gewächse ist deutlich nach oben geschnellt. Es wird also sinnvoll sein, sich hier auf die Hochburgen der Edelsüßen zu beschränken. Dazu gehören klassische, von qualitätsbewussten Winzern fern der Massenware individuell erzeugte Weine wie Vin Santo, Vino Santo, Marsala, Rosenmuskateller, Recioto della Valpolicella, Picolit, Moscato di Pantelleria, Moscato d'Asti und Recioto di Soave. Es sind Nischenweine par excellence: in den Trauben eingefangene und im Wein konservierte Sonne. „Vini di meditazione" nennt der Italiener diese Kreszenzen, die sich selber genügen und nicht unbedingt eines Partners bedürfen, ausgenommen Cantuccini, die traditionell in den toskanischen Vin Santo getunkt werden. Die weitaus meisten Süßweine werden auf der Basis rosinig getrockneter Trauben erzeugt werden. Deren Zahl ist Legion. Das in Italien Passito genannte Verfahren, Vin de Paille sagen die Franzosen, Strohwein die Österreicher, ist die älteste, bereits in der Antike angewandte Methode zur Herstellung süßer Weine. Früher hatte man die Stiele der Trauben so verdreht und eingeknickt oder angeschnitten, dass die Saftzufuhr vom Stock unterblieb und die Trauben trockneten. Inzwischen werden die Beeren reif, doch gesund gelesen und über Wochen und Monate hinweg auf Dachböden getrocknet, hängend an Gestellen oder liegend auf Regalen – auch Matten werden noch benutzt. Das Wasser verdunstet, die Konzentration an Zucker und Geschmacksstoffen nimmt zu. Es wird auch die Technik genutzt, die Trauben durch einen Warmluftstrom von 30 bis 35 Grad Celsius im Zeitraffer zu trocknen.

Die Art des Ausbaus hängt von der stilistischen Vorgabe ab. Je nach Typ lässt man den Most natürlich vergären oder setzt ihm vor, während oder nach der Gärung ein gewisses Quantum an reinem Alkohol zu, um die Gärung zu stoppen, den Wein zu kräftigen und gleichzeitig zu stabilisieren. Aromatische Rebsorten wie Brachetto, Aleatico, Muskateller, Riesling und Traminer werden in der Regel reduktiv, ohne Einfluss von Sauerstoff, ausgebaut, damit die primären Fruchtaromen so rein wie möglich in die Flasche gebracht werden können. Hingegen wird bei Vin Santo, Recioto della Valpolicella und bei verwandten Typen auch eine gewisse oxidative Behandlung durchgeführt, was dann in Verbindung mit einer längeren Reife in Holzfässern die Bildung weiterer Duft- und Geschmacksstoffe begünstigt.

Eisweine kommen aus klimatischen Gründen kaum in Frage, abgesehen von Weinbergen im Norden, wo damit seit kurzem gespielt wird. Von der Botrytis geprägte Weine sind in Italien seit jeher die Ausnahme, allerdings nimmt die Zahl der Winzer zu, die sich in Konkurrenz zu den Passitos mit der edelfaul gewonnenen Süße anfreunden, und in etlichen rosinierten Weintypen sind quasi von Natur aus mehr oder weniger viele Botrytisbeeren enthalten. Die Grenze zwischen getrockneter und edelfauler Süße verläuft durchaus nicht immer streng getrennt. Konträr zum regionalen Brauch keltert Christina Geminiani in der Fattoria Zerbina (Emilia Romagna) neben einem traditionellen Passito einen vorzüglichen edelsüßen Wein aus Botrytistrauben der weißen Albanarebe, etikettiert als „Scacco Matto".

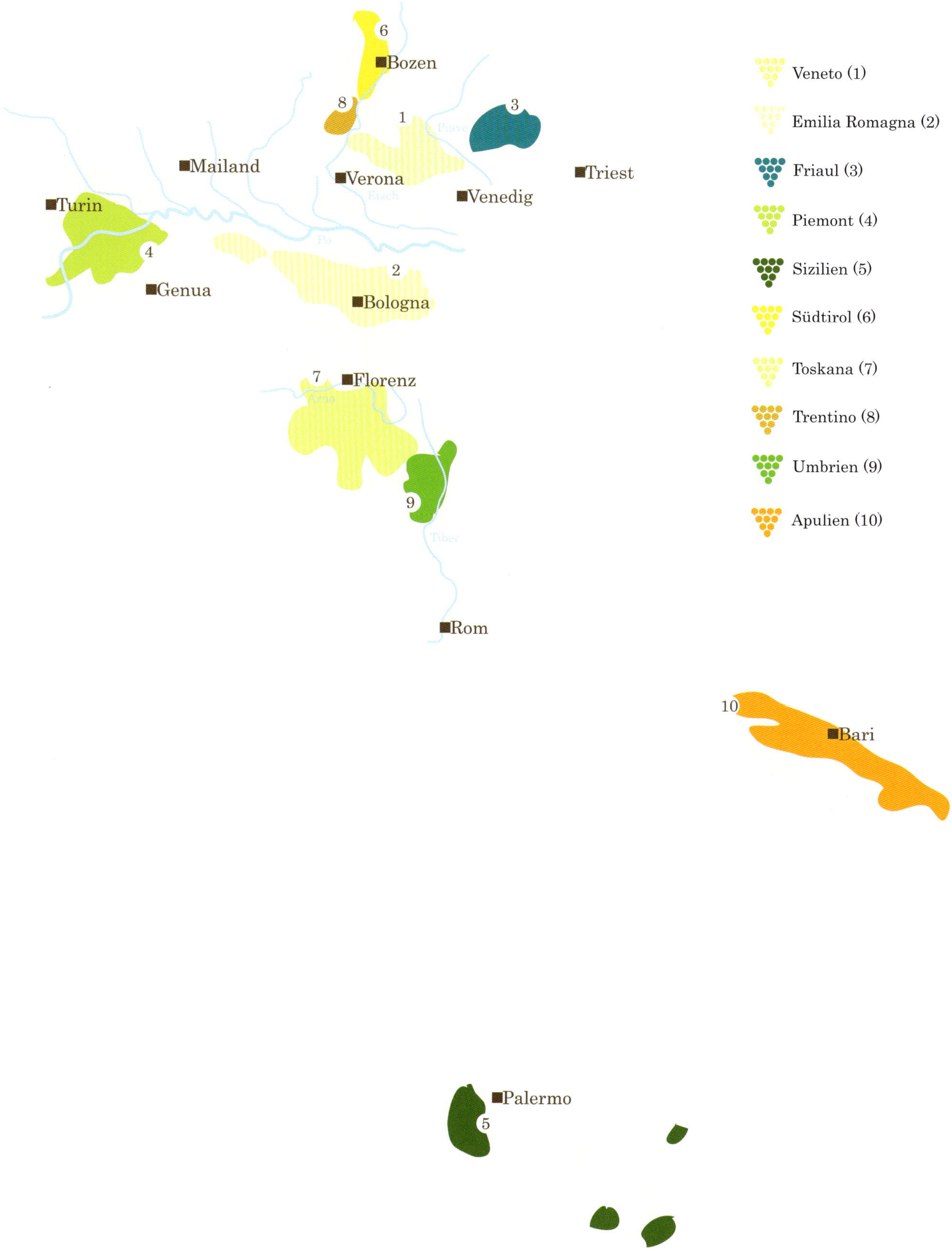

6
■Bozen

8
1
3

■Mailand
■Verona
Venedig
■Triest

■Turin
4

■Genua
2
■Bologna

7 ■Florenz

9

■Rom

10
■Bari

Veneto (1)

Emilia Romagna (2)

Friaul (3)

Piemont (4)

Sizilien (5)

Südtirol (6)

Toskana (7)

Trentino (8)

Umbrien (9)

Apulien (10)

■Palermo
5

Südtirol
Goldenes Glück im Glas

Südlich des Brenners riecht es kulinarisch nach Geselchtem und Speckknödeln, flankiert von Weindüften, die ab etwa Mitte der 1980er-Jahre, seit die Winzer dieser bezaubernd schönen Landschaft verstärkt auf Klasse statt Masse setzen, an Tiefe und Eleganz zugenommen haben. Ein Spezifikum des Landes ist die Vielfalt der Rebsorten. Das ist Fluch und Segen in einem. Fluch, weil die Variationsbreite leicht zur Verzettelung führt, doch Segen, weil der Weinfreund sich quasi unter einem Dach komplett bedienen kann

vom herzhaften Vernatsch über feinen Weißburgunder, gehaltvollen Chardonnay, muskulösen Lagrein, finessenreichen Spätburgunder und eleganten Cabernet bis hin zu exquisiten edelsüßen Kreszenzen aus Gewürztraminer und vor allem Muskateller, genauer Rosenmuskateller sowie Goldmuskateller.

Rosenmuskateller

Leicht nebulös ist die Einführung des Rosenmuskatellers (Moscato rosa) in Südtirol. Hübsch poetisch klingt die Version, wonach Fürst Heinrich Campofranco die Rebe um 1890 aus Sizilien als Brautgeschenk anlässlich seiner Trauung mit einer Tiroler Adeligen nach Schloss Sallegg mitgebracht hat, wo sie laut Georg Graf Kuenburg lange als „kostbares Schmuckstück für den privaten Gebrauch der Familie" gehütet wurde. Die wenigen Winzer, die sich der Rebe widmen, sind ihr in Hassliebe verbunden, denn sie ist sehr wetterabhängig und extrem ertragsschwach – entsprechend rar ist die insgesamt nur auf neun Hektar bepflanzte Sorte.

Typisch für Rosenmuskateller ist eine leuchtend rubinrote Farbe sowie der feine Duft nach getrockneten Rosenblättern, flankiert von Gewürzen und Kräutern, je nach Jahrgang und Ausbaustil auch dezent nach Kakao und Orangenschalen. In seiner Hochform zählt Rosenmuskateller zu den grazilsten Süßweinen weltweit. Wegen ihres divenhaften Gebarens und der mehr dem Prestige als dem Kommerz dienenden Bedeutung gilt die Traube als Rose im Knopfloch des Winzers.

Weingüter mit Rosenmuskateller
Weingut Ansitz Waldgries, Christian Plattner, Bozen; Erste & Neue Kellerei, Kaltern; Kellerei Girlan, Girlan; Kellerei Kurtatsch, Kurtatsch; Alois Lageder, Margreid; Klosterkellerei Muri-Gries, Bozen; Schloss Sallegg, Graf Kuenburg, Kaltern; Kellerei Tramin, Tramin; Elena Walch, Tramin

Rosenmuskateller

Goldmuskateller

Zur Muskatellerfamilie zählen die Rebkundler ungefähr 200 Spielarten. Erste Spuren weisen fünf Jahrtausende zurück nach Kleinasien, in die Urheimat. Die Phönizier, Griechen und danach die Römer haben die Rebe über ganz Südeuropa verbreitet. In Südtirol ist der mit dem Gelben Muskateller mehr oder weniger identische Goldmuskateller (Moscato giallo) eine alteingesessene Sorte, robuster als der sehr sensible Rosenmuskateller. Aus der Rebe wird trockener, vor allem jedoch ein leicht süßlicher Wein gewonnen, wobei die zunehmend beliebter werdenden Passito-Varianten besonderen Applaus verdienen. Ein charakteristisches Merkmal für den Wein ist das von einer Muskatnote sanft unterlegte Aroma nach frisch gepressten Trauben.

Weingüter mit Goldmuskateller
Erste & Neue Kellerei, Kaltern; Kellerei Girlan, Girlan; Kellerei Gries, Bozen; Kellerei Kaltern, Kaltern; Kellerei Kurtatsch, Kurtatsch; Kellerei Nals-Margreid, Nals

Gewürztraminer

Gewürztraminer sind geborene Körper- und Duftweine. Sie schwelgen in dunklen Aromen – Weine in tiefem Moll. Das Aromenspektrum reicht von Rosen über Gewürznelken und Schokolade bis zu einer Ahnung von Rauch. Edelsüße Gewürztraminer sind beste Begleiter zu Speisen wie Gänsebraten, Wildpasteten, Fasan, pikanten Gerichten der asiatischen Küche, Käse, Mehlspeisen in zahlreichen Variationen vom Lebkuchen über Topfenknödel bis Nusstorten. Über die Herkunft der Rebe sind sich die Wissenschaftler nicht ganz einig. Vermutlich stammt der Traminer aus dem Mittelmeerraum (Griechenland oder Ägypten) und ist von den Römern vor weit über tausend Jahren zuerst nach Italien und dann weiter in die nördlichen Anbauregionen gebracht worden, so auch nach Südtirol. Dort hält man Tramin für den Geburtsort des Weins, was nur eine hübsche Legende ist. Allerdings zählt die Region zu den klassischen Traminergebieten – wie auch das Elsass, die Pfalz, Baden, Württemberg, Franken, Sachsen und Österreich, hier neben Niederösterreich und dem Burgenland vor allem die Steiermark.

Weingüter mit Gewürztraminer
Weingut Baron di Pauli, Kaltern; Weingut J. Hofstätter, Tramin; Weinkellerei H. Lun, Neumarkt; Weingut Hans Rottensteiner, Bozen; Kellerei Schreckbichl/Colterenzio, Girlan; Kellerei St. Michael-Eppan, Eppan; Kellerei Tramin, Tramin

Goldmuskateller

Gewürztraminer

Trentino

Mutter Natur war in spendabler Laune, als sie das Trentino schuf. Die Weinberge sind eingebettet in eine hochalpine Landschaft von atemberaubender Schönheit. Der Wechsel zwischen heißen Tagen und frischen Nächten sorgt in den Weinen für fruchtige Säure und markanten Duft. Südliche Sonne und nördliche Kühle gebären Gewächse mit Fülle und Temperament sowie anmutiger Süße, wenn der Winzer das Spiel mit der Natur aufnimmt und auf späte, selektive Lese mit Trauben setzt, die entweder schon am Stock edelfaul geschrumpft sind oder traditionell rosinig eingetrocknet werden beziehungsweise eine Kombination aus beiden Elementen darstellen.

Die Süßweine werden aus den beiden Muskatellersorten Rosenmuskateller und Goldmuskateller gewonnen. Spezifisch ist der hierzulande mit einem zusätzlichen „o" versehene Vino Santo, ein klassisch nach der Passito-Methode gekelterter edelsüßer Wein aus der autochthonen Rebsorte Nosiola.

Weingüter mit Süßweinen

Azienda Vinicola Gaierhof, Roverè della Luna; Gino Pedrotti, Cavedine; Azienda Agricola Pisoni, Lasino; Pojer & Sandri, Faedo; Giovanni Poli, Santa Massenza; Azienda Agricola Pravis, Lasino; Azienda Agricola Zeni, San Michele

Friaul

Die Kombination von Friaul und süß führt automatisch zur Verknüpfung mit Picolit. Das ist der Name einer kleinbeerigen Rebsorte, und so heißt auch der Wein mit der großen Vergangenheit. Wie man in Chroniken lesen kann, hatte er ab der zweiten Hälfte des 18. Jahrhunderts seine große Zeit, als er mit dem Tokajer auf eine Stufe gestellt und an den europäischen Tafeln getrunken worden ist. Das ist lange her. Über den Picolit zu schreiben, bedeutete über Jahrzehnte hinweg bis gegen Ende des 20. Jahrhunderts, den Blick rückwärts zu richten. Der Niedergang hatte vier Gründe: Winzer ruhten sich auf historischen Lorbeeren aus. Die erzeugte Menge war von jeher sehr gering, und der Binnenmarkt kaufte sowieso alle Qualitäten. Die Produktionsmittel waren veraltet, es fehlte an Geld für Investitionen. Schließlich beschleunigte die in den 1970er-Jahren einsetzende modische Hinwendung zu trockenen Weinen bei parallel verlaufender Abwendung von Süßweinen den Abwärtstrend.

Inzwischen ist der Picolit wieder obenauf und dank deutlich verbesserter Qualität sozusagen edelsüßer als je zuvor, wobei die Süße nie übertrieben wirkt. Die Herstellung ist nicht genormt, zum Picolit, von dem es auch halbtrockene Versionen gibt – führen unterschiedliche Wege, abhängig auch vom klimatischen Verlauf des Jahrgangs. Der eine Winzer verwendet nur die vom Stock vollreif gelesenen Trauben, gewisse Botrytisnoten inklusive. Ein anderer lässt die gesund geernteten Beeren rosinig trocknen oder setzt auf eine Mischung. Unterschiede lassen sich auch im Ausbau ausmachen bezüglich der Gärdauer und der Lagerzeit in Stahltank oder Barrique. Ein geschmacklicher Steckbrief sieht ungefähr so aus: goldgelbe Farbe, feine bis pikante Süße in einem samtig-weichen Körper mit Aromen zwischen Blüten, Pfirsich, Birne, Quitte, Akazienhonig, Rosinen, sanft würzig unterlegt mit zarter Bitternote sowie Vanille, sofern neues Holz im Spiel ist. So manchem Picolit fehlt es an Dichte, dafür zeichnet die besten Weine eine anmutige Eleganz aus, trotz des relativ hohen Alkohols um die 13 Prozent.

Gleichfalls eine klassische Friulaner Rebe ist Verduzzo. Ihre Weine gibt es trocken und mit deutlicher Restsüße. Die feinsten Gewächse stammen aus dem hügeligen Ramandolo um das Dorf Nimis. Die spät reifenden Trauben mit der farbintensiven Schale werden reif bis überreif gelesen und danach getrocknet. Der Ausbau geschieht im Barrique, wobei der Winzer entscheidet, ob er neue oder gebrauchte Fässer oder eine Kombination verwendet. Geschmacklich ähnelt der Verduzzo dem Picolit, doch zeichnet ihn neben einem ins Kupferrötliche weisenden Farbschimmer eine herbere Note durch ein Mehr an Tannin aus. Seine beste Zeit hat der Ramondolo in den ersten fünf Jahren. Zu süßem Strudel, Früchten, Blauschimmelkäse, Festtagsgebäck und speziell den etwas trockenen Mandelkeksen, den Biscotti di mandorle, trinkt Giovanni Dri, ein Großer des Ramandolo, seinen „Verduzzo di Ramandolo". Eine Spezialität bietet Lis Neris mit dem „Tal Luc": konzentrierter Verduzzo mit einem Schuß Riesling.

Weingüter mit Süßweinen

Dario Coos, Ramandolo; Girolamo Dorigo, Buttrio; Azienda Agricola Giovanni Dri, Ramandolo; Ermarcora, Premariacocco; Livio Felluga, Brazzano di Cormons; Lis Neris, San Lorenzo Isontino; Mangilli, Flumignano di Talmassons; Azienda agricola Perusini, Gramogliano; Petrucco, Buttrio; Rocca Bernarda, Ipplis di Premariacco; Paolo Rodaro, Spessa di Cividale; Ronchi di Cialla, Cialla di Prepotto; Le Vigne di Zamó, Manzano

Die sogenannte Pergola-Erziehung der Reben ist im Trentino noch häufig anzutreffen. Es entwickelt sich dadurch ein geschlossenes Laubdach.

Piemont

Auf dem weiten, üppig blühenden Feld des Geschmacks wächst auch die Ignoranz, eine Übelwurz, die der Feintrinkerei störrisch im Wege steht. „Das schmeckt doch nicht, wie kann man nur", entsetzen sich Weinfreunde, die ansonsten durchaus Sinn für gute Gewächse haben, angesichts eines Moscato d'Asti. Naja, es bedarf keiner rhetorischen Anstrengung, um zu belegen, dass so ein zart schäumender Muskateller ein großer Wein sei. Das ist er nicht. Aber sein duftiger, süßlicher, beschwingt perlender und mit einem Alkoholgehalt von rund fünf Prozent leichter Charakter machen den Wein zu einem Getränk von heiterem bis frivolem Charme, das man nicht mit dem weit gewöhnlicheren Asti Spumante verwechseln sollte, dessen Alkoholgehalt ungefähr doppelt so hoch ist.

Auch beim Moscato d'Asti gibt es Schlamper, klar, doch die besten Winzer bieten für wenig Geld einen unkomplizierten, im besten Sinne gefälligen Wein, der wie naturgeboren außer zum Panettone sowie zu Vanillekipferl auch zu beerenfruchtigen Speisen passt, himmlisch zu frischen Erdbeeren mit roa Pfeffer schmeckt und einem Frühstück den gewissen morgendlichen Kick mitzugeben vermag.

Eigentlich ist der Moscato d'Asti kein erwachsener Wein, sondern ein anfermentierter Traubenmost. Sein Fruchtaroma ist reiner und feiner als das eines Asti Spumante, der überwiegend industriell und ohne besonderen qualitativen Aufwand hundertmillionenfach produziert wird. Damit die Hauptvorzug des Moscato, seine delikate, überhaupt nicht protzige Fruchtsüße klar in die Flasche kommt, ist außer gesund gelesenen Trauben viel Fingerspitzengefühl im Keller erforderlich: Der Winzer muss genau den Zeitpunkt abpassen, wann er die Gärung unterbricht – das Ideal liegt zwischen 4,5 und 5,5 Prozent Alkohol. Nach der Filtration wird der Wein mit einem Kohlensäuredruck von maximal 1,5 bar (beim Spumante sind es drei bis vier bar) gefüllt. Um die Frische bestmöglich zu gewährleisten, wird der gesamte Produktionsprozess mehrmals im Jahr wiederholt.

Das Piemont bietet weitere süße Kreszenzen wie den seltenen Passito de Caluso, bernsteinfarben gewonnen aus der weißen Erbalucerebe, die auch für trockenen Wein verwendet wird. Reizvoller ist allerdings die liebliche Version mit Aromen nach Rosinen und Kastanienmus. La Spinetta erzeugt seit 1998, dem Premierenjahrgang, einen recht attraktiven Passito Oro aus getrockneten Moscatotrauben.

Fruchtige Delikatesse findet sich im Brachetto d'Acqui, dem lieblichen Perlwein aus der gleichnamigen Rotweinrebe mit dem sanften erdbeerartigen Aroma – erzeugt wie der Moscato, der als weingewordene Verkörperung des Gelben Muskatellers freilich unangefochten die Rolle des Platzhirschen hält.

Weingüter mit Süßweinen

Arione, Canelli; Batasiolo, La Morra; Bera Fratelli, Neviglie; Borgo Maragliano, Loazzol; Braida, Rocchetta Tanaro; Ca' d'Gal, Santo Stefano Belbo; Gianni Doglia, Castagnole Lanze; Dogliotti/Caudrina, Castiglione Tinella; Il Falchetto, Santo Stefano Belbo; Forteto della Luja, Loazzolo; Sergio Grimaldi, Santo Stefano Belbo; Marenco, Strevi; Oddero, La Morra; Elio Perrone, Castiglione Tinella; Matteo Soria, Castiglione Tinella; Paolo Saracco, Castiglione Tinella; La Spinetta, Castagnole Lanze

Veneto

In der nordostitalienischen Weinbauregion Valpolicella ist der önologische Aufschwung unverkennbar, der im letzten Jahrzehnt des 20. Jahrhunderts begonnen hatte und sich sukzessive bis heute fortsetzt. Oberhalb der massig gekelterten süffigen Soave-Valpolicella-Bardolino-Prosecco-Alltagsweinchen hat sich neben dem trockenen Amarone eine kleine Hochebene aus edelsüßen Weinen von internationalem Rang etabliert. Es sind dies Passito-Kreszenzen, regional Recioto di Soave (weiß) und Recioto della Valpolicella (rot) genannt. Letzterer ist ein Klassiker, aus dem sich vor ungefähr 60 Jahren der Amarone entwickelt hat.

„Amaro" haben die Winzer gebrummelt, wenn ihnen beim Recioto versehentlich die Gärung durchgerauscht war und sie einen zwar schwerkalibrigen, doch nicht, wie erwünscht, süßen, sondern halbwegs trockenen Wein mit bitteren Noten im Fass hatten. Der Amaro-Stil erfreute sich bald großer Wertschätzung, der Amarone ward geboren und bildet neben dem edelsüßen Recioto die rote Spitze Venetiens. Auf der süßen weißen Spitze thront der Recioto di Soave.

Das Veneto bietet noch weitere süßliche Weine wie beispielsweise den Recioto di Gambellara und einen Vin Santo. Von wahrhafter, über die Provinz hinaus strahlender Bedeutung sind außer dem Recioto di Soave allerdings nur der Torcolato sowie vor allem der rare und recht teure Acininobili von Maculan aus Breganze.

Weingut mit Süßweinen

Fausto Maculan, Breganze

Recioto della Valpolicella

„De gustibus non est disputandum" – über Geschmack lässt sich nicht streiten. Diese den alten Römern zugeschriebene Erkenntnis erlaubt es einem, sich behände aus der Verantwortung zu stehlen, wenn ein klares Urteil über einen Wein gewünscht wird. Man tut

In den Piemonteser Weinbergen wachsen unter anderem Trauben für Moscato d'Asti, den zart schäumenden, süßlichen Muskateller.

Sacro Monte di Domodossola: Berg mit einer Wallfahrtskirche in Domodossola in der italienischen Region Piemont.

es aus Feigheit, oft genug freilich, um Ruhe vor den nervtötenden Diskussionen der Duftfetischisten zu haben, ob ein Wein nun mehr nach Cassis, Kirschen, Pflaumen oder sonst etwas riecht. Besonders bei einem monumentalen Wein wie dem Recioto della Valpolicella, der als süßer Bruder des Amarone die Nase vibrieren und den Gaumen beben lässt, ist solche Aromenklauberei vorprogrammiert. Das Suchen nach weintypischen Noten ist gewiss sehr sinnvoll und obendrein auch spannend, aber zu viel analytische Frömmelei frikassiert den Genuss.

Die Sinnlichkeit des Recioto ergibt sich aus seiner Herstellung, die schematisiert so abläuft, dass im September in einer positiven Auslese die schönsten und gesündesten Trauben geerntet, entrappt und im „appassimento" genannten Verfahren getrocknet werden. Das ist ein komplexer, geheimnisvoll verlaufender Prozess, bei dem die Beeren nicht einfach nur entwässert, sondern einem Vorgang mit mikrobiologischen Effekten unterzogen werden. Die Trocknung vollzieht sich wie eine verlängerte Reifung unter speziellen Bedingungen, die dem künftigen Wein dichte Extrakte und auch Aromen verschafft, die in den frischen Trauben nicht vorhanden sind. Im Prinzip entspricht ein Recioto dem in anderen italienischen Regionen als Passito bezeichneten Wein. Die künstliche Trocknung mit Warmluft ist umstritten, eben weil der Rosinier-Effekt mehr ist als ein reiner Dehydrationsprozess.

Im Januar oder Februar des auf die Ernte folgenden Jahres werden die eingetrockneten und teilweise auch von der Edelfäule befallenen Beeren gepresst. Der süße Saft bringt die Gärung nur zögerlich in Gang, die gemächlich abläuft und endet, bevor der ganze Zucker vergoren ist. Der mehrjährige Ausbau erfolgt dann je nach Stilempfinden des Winzers in Fässern aus altem oder neuem Holz oder kombiniert. Neue Fässer verleihen dem späteren Wein die typischen gewürzigen Noten wie Vanille und Röstaromen wie Kaffee, insbesondere dann, wenn sie stark unter Feuer getoastet worden sind. Allerdings übertönen diese Aromen die originären Duft- und Geschmacksstoffe wie dunkle Waldbeeren, welke Rosen, Rosinen, eingelegte Sauerkirschen und Dörrpflaumen nebst Gewürzen à la Pfeffer.

Bei der Auswahl der Rebsorten ist der Winzer ziemlich frei. Hauptsächlich vertreten sind Sorten Corvina (Fruchtdichte und eine feste Struktur), Corvinone (weiche Tannine und gewürzige Noten) sowie die kleinbeerige Rondinella, die sich durch einen weichen Schmelz und Charme auszeichnet.

Weingüter mit Recioto della Valpolicella

Stefano Accordini, San Pietro, Cariano; Allegrini, Fumane; Antolini, Marano; Lorenzo Begali, Cengia; La Biancara, Gambellara; Cà la Bionda, Marano; Ca'Rugate, Montecchia di Crosara; Cambrago, Colognola AI Colli; Michele Catellani, Marano di Valpolicella; Corte Campagnola, Marano; Corte Rugolin, Marano; Dal Forno Romano, Illasi; Monte dall'Ora, San Pietro in Cariano; Angelo Nicolis, San Pietro in Cariano; Quintarelli, Negrar; Le Ragose, Negrar; Roccolo Grassi, Mezzane di Sotto, Le Salette, Fumane, Fratelli Speri, San Pietro in Cariano, Viviani, Negrar

Recioto di Soave

Der geschmackliche Reiz beim süßen Recioto di Soave besteht im finessenreichen und idealerweise spannenden Zusammenspiel zwischen Süße und Säure. Beste Erzeuger wie Anselmi, Coffele, Gini, Pieropan, Tamellini und Vicentini beherrschen das Thema und schaffen aus der Garganegatraube – exklusiv oder in Kombination mit etwas Chardonnay und Trebbiano – im Passito-Verfahren sozusagen vinologische Signaturen der duftigen und im Idealfall rassigpikanten Soavefrucht. Die Trauben werden nach der Lese drei bis zu fünf Monate lang getrocknet mit dem bekannten Effekt, dass Wasser entzogen und zugleich ein mikrobiologischer Prozess in Gang gesetzt wird, der die Aromenpalette erweitert und intensiviert. Eine mehr oder weniger stark ausgeprägt Edelfäule sorgt für die Bildung zusätzlicher Geschmacksstoffe.

Weingüter mit Recioto di Soave

Roberto Anselmi, Monteforte d'Alpone; Ca'Rugate, Montecchia di Crosara; La Cappuccina, Monteforte d'Alpone; Cantina di Soave, Soave; Coffele, Soave; Gini, Monteforte d'Alpone; Guerrieri-Rizzardi, Bardolino; Leonildo Pieropan, Soave; Sartori, Negrar; Suavia, Soave; Tamellini, Soave; Terre dei Monti, Monteforte d'Alpone; Agostino Vicentini, Colognola ai Colli

Rebzeilen im nordostitalienischen Veneto.

Toskana
Vin Santo

Wer von der Höhe des Piazzale Michelangelo auf Florenz hinabschaut, über Brücken, Bargello, Duomo und Villen hinweg, mag an die Künstler denken, die hier einem neuen Weltgefühl und sich selbst ein ewiges Denkmal gesetzt haben. Anderen fallen vielleicht die Etrusker ein oder das Lächeln der Gioconda. Weinfreunden wird sofort Genüssliches in den Sinn kommen, neben aparter Küche abseits jeglicher molekularen Künstlichkeit natürlich der Wein, der seit tausend Jahren die anmutig hügelig gefaltete Landschaft zwischen Florenz und Siena, Carmignano und Montalcino bestimmt. Man besingt den Chianti, verehrt die Supertoscans mit so klingenden Namen wie Sassicaia und Solaia, man rühmt den Brunello, aber geliebt wird der Vin Santo, der populärste und respektabelste Edelsüße in Italien.

Der als heilig apostrophierte Wein hat freilich auch seine scheinheiligen Seiten. Wie immer, wenn ein Produkt zu einer international begehrten Marke wird, sind die Verramscher zur Stelle, die Blender und Verfälscher. Nicht gerade wenig, was unter dem hehren Namen

etikettiert wird, ist schlichtweg Schund. Abgesehen davon, dass keineswegs jeder Winzer das Können hat und die Geduld aufbringt, derer es bedarf, um wahrhaft edelsüßen Wein zu erzeugen, wird fabrikmäßig im Schnellverfahren produzierter „Vin Santo" vermarktet, indem beispielsweise Billigmost mit Traubenkonzentrat angereichert und vor dem Abfüllen noch nachträglich mit pappigem Süßmost aufgepäppelt wird. Oder man mischt den Most mit Süßwein aus dem Süden und spritet mit Alkohol auf; das fruchtlose Gebräu kommt dann als „Vin Santo Liquoroso" in den Handel und hat mit dem edlen Santo nichts gemein.

Solche schäbigen Kopien werden in Relation zu einem Klassewein billig verhökert, doch dem Käufer kommt der Erwerb dennoch teuer zu stehen, weil er, sofern nicht gerade mit gusseisernen Geschmacksnerven geschlagen, vergebens auf den erhofften Genuss wartet.

Der wahre Edelsüße symbolisiert nicht nur Ansehen, er ist Prestige. Praktisch jeder Toskaner, der einen Weinberg besitzt, keltert als Inbegriff der höchsten Weinweihe seinen Vin Santo, der denn auch nur familiär zu feierlichen Anlässen sowie als gastfreundliche Geste zelebriert wird. Entsprechend unterschiedlich sind die Stile von nahezu trocken über lieblich bis extrem süß.

Der entscheidende Schlüssel zur Qualität ist allein der Name des Winzers. Güter wie Fattoria Felsina, Castello di Ama, Rocca di Montegrossi, Isole e Olena, Badia a Coltibuono, Bindella oder Riecine sind Adressen für erstklassigen Vin Santo. Der Fürst des Vin Santo, Ettore Falvo von der Cantina Avignonesi in Montepulciano, formuliert seine Philosophie folgendermaßen: „Es geht nicht um Geld, es geht um das Resultat und das muss groß sein." Seine Kreszenz aus den weißen Rebsorten Malvasia, Trebbiano und Grechetto und der aus der roten Sorte Prugnolo gentile gekelterte „Occhio di Pernice" (Rebhuhnauge) reifen zehn Jahre lang unberührt in kleinen Holzfässern in der Vinsantaia, wie das Ruhelager des Weins unter dem Dach der Kellerei genannt wird.

Rein mengenmäßig sind die etwa dreitausend halben Fläschchen Vin Santo für Avignonesi nur ein Nischenprodukt, das Hauptgeschäft mit

Reife Beeren werden auf Dachböden getrocknet.

Weinkenner Luigi Veronelli (1926 – 2004) hat Vin Santo einmal als anarchischen Wein bezeichnet, bezogen auf die vielen Erzeuger und die gleich vielen Varianten bei der Herstellung.

Die anmutigen Hügel, das schöne Licht und die Weinberge machen die Toskana zu einem lohnenden Reiseziel.

rund 700.000 Bouteillen sind Rotweine. Aber am Vin Santo hängt das Herz. Gesunde Trauben werden penibel gelesen und fünf bis sechs Monate lang getrocknet, bis sie eine sehr hohe Zuckerkonzentration von mindestens 180 Grad Oechsle erreicht haben – eine gewisse Edelfäule ist willkommen. Nach der Pressung wird der dickflüssige Most behutsam geklärt und zusammen mit zwei Litern dunkler, gallertiger „Madre del Vino", einer Hunderte Jahre alten Weinmutter, nicht ganz spundvoll in die kleinen, 50 Liter fassenden Holzfässchen gefüllt, die sogenannten „Caratelli". Diese werden mit Kork und Siegellack verschlossen.

Die Madre genannte Hefemasse besteht aus Fermentationsrückständen (Hefen und anderen Mikroorganismen) früherer Vin Santo und soll den Wein stärken, ihn konzentrieren, aber vor allem die Gärung unterstützen, denn normale Hefen hätten für sich alleine einen schweren Stand gegen die hohe Süße. Zudem erklärt Ettorio Falvo, sei die Madre ein Vermächtnis der Ahnen für den neuen Wein. Anschließend vollzieht sich zehn Jahre lang im Wechsel der Jahreszeiten der fachlich als Fermentation bezeichnete Gärprozess, der in einem langsamen, doch stetigem Auf und Ab verläuft, wobei sich die Duft- und Geschmacksstoffe verdichten, während ein Teil des Zuckers zu Alkohol vergärt. Der im Laufe der Jahre verdunstete Wein wird nicht ersetzt, beim Vin Santo ist ein oxidativer Effekt, der sich in nussigen sowie karamelligen Noten äußert, erwünscht.

Am Ende dieses unkontrollierten Nichtstuns seitens des Kellermeisters, werden die Caratelli geöffnet und jedes Fass auf seine Güte hin untersucht. Was nicht dem Anspruch genügt, wird ausgesondert, die

guten Qualitäten in einem Stahltank vereint und nach zweimonatiger Vermählung in Flaschen umgefüllt, wo der um die 16 Prozent Alkohol starke Wein weitere sechs Monate bis zur Vermarktung hin reift. Aus 100 Kilo Trauben werden gerade mal acht Liter weißer Vin Santo gewonnen, beim roten Occhio di Pernice sind es noch bescheidenere sechs Liter. Das ist purer Nektar, existenziell und geschmacklich anders als rheinische Trockenbeerenauslesen, doch als Essenz durchaus ebenbürtig.

Weingüter mit Vin Santo

Artimino, Carmignano; Avignonesi, Montepulciano; Badia a Coltibuono, Gaiole in Chianti; Bindella, Montepulciano; Casa Sola, Barberino Val d'Elsa; Castello d'Albola, Radda, Chianti; Castello della Paneretta, Barberino Val d'Elsa; Castello di Ama, Gaiole, Chianti; Castello di Cacchiano, Gaiole, Chianti;Castello di Querceto, Greve, Chianti; Castello di Volpaia, Radda, Chianti; Castelvecchio, San Casciani, Val di Pesa; Fattoria del Cerro, Montepulciano; Fattoria di Basciano, Rufina; Fattoria Felsina, Castelnuovo Berardenga; Fattoria Le Casalte, Montepulciano; Fattoria Le Corti, San Casciano, Val di Pesa; Fattoria Torre a Cona, Rignano sull'Arno; Frascole, Dicomano Grignano, Pontassieve; Il Colombaio di Santa Chiara, San Gimignano; Isole e Olena, Barberino Val d'Elsa; La Castellina, Castellina, Chianti; Lanciola, Impruneta; Poggio Torselli, San Casciano, Val di Pesa; Poliziano, Montepulciano; Riecine, Gaiole, Chianti; Rocca di Montegrossi, Gaiole in Chianti; Tenuta da Capezzana, Carmignano; Tenuta Valdipiatta, Montepulciano; Tenuta Vitereta, Laterina; Travignoli, Pelago

Emilia Romagna

Die Natur ist von Haus aus bequem und wird nie einen komplizierten Weg suchen, wenn es auch einen einfachen gibt. Ein vom Menschen reichlich mit Dünger und Wasser versorgter Rebstock wird seine Wurzeln knapp unter der Bodenoberfläche halten, weil ihn nichts zwingt, in die Tiefe zu streben, um von dort ein Mehr an Mineralien und anderen wertvollen Stoffen nach oben zu fördern, die sich in der Traube dann zu attraktiven Aromen bündeln. Genau so verhalten sich Kellereien wie Winzer, die mit einfach zu erzeugenden Billigweinen gute Geschäfte machen und sich weder kommerziell genötigt noch gar moralisch veranlasst sehen, nach Höherem zu streben. Was aus qualitativer Sicht jahrzehntelang falsch gemacht wurde, wird zur Tradition hochstilisiert – der dem Quantitätsgötzen geopferte und dadurch vielfach zum Unwein degenerierte Lambrusco ist hierfür das leuchtend schlechte Beispiel.

In diesem geschichtsträchtigen Anbaugebiet erblüht seit einigen Jahren wohl eine neue Weinkultur, doch der durch die Lambrusco-industrie bedauerlicherweise verursachte miserable Ruf trübt den Blick auf das gute Neue und bremst die Neigung, sich mit der Entwicklung zu befassen, die nicht nur beim Lambrusco zumindest partiell eine Renaissance ausgelöst hat, sondern auch zu einer Belebung der einst gloriosen Süßweintradition führt. Die süße Bandbreite reicht mittlerweile vom typischen weißen und dem attraktiven roten Passito über den noblen Vin Santo bis hin zu edelfaulen Auslesen von betörender Finesse. Ein kleines, apartes Nischenprodukt von lokalem Rang ist der Cagnina di Romagna: rot und süß, gekeltert aus Refoscotrauben.

Weingüter mit Süßweinen

Ancarani, Faenza; Azienda Agricola La Stoppa, Rivergaro; Conte Otto Barattieri di San Pietro, Vigolzone; Fattoria Monticino Rosso, Imola; Fattoria Zerbina, Faenza; Gaetano Lusenti, Ziano Piacentino; Gallegati, Faenza; La Tosa, Vigolzone; Associazione Produttori Vin Santo di Vigoleno, Vigoleno; Raffaela Alessandra Bissoni, Bertinoro; Stefano Ferrucci, Castel Bolognese; Tre Monti, Imola
Trerè, Faenza

Neben Weinbergen finden sich in Umbrien auch Olivenhaine.

Umbrien

Das kleine Anbaugebiet Umbrien profitiert vom trocken und lieblich ausgebauten Orvieto und leidet gleichzeitig unter dieser Dominanz, denn die Internationale der Weinfreunde nimmt nur rudimentär die Vielfalt umbrischer Weinkultur zur Kenntnis. Der Landstrich gilt als Region, die nur für einen Wein gut ist, eben den blassen Orvieto in der bastumhüllten Flasco-Flasche.

Im Gegensatz zum modernen Orvieto, der weitgehend trocken ausgebaut wird, erquickte der historische Orvieto die Künstler und Herrscher der Renaissance durch seine Süße. Der von Gabriele d'Annunzio als „die Sonne Italiens in einer Flasche" gerühmte Wein war denn auch kein trockener, sondern ein süßer Orvieto, wie er seit einigen Jahren wieder erzeugt wird, auferstanden aus den Niederungen des Orvieto, der in der trockenen Alltagsversion im besten Fall

In Apulien scheint die Sonnne erbarmungslos auf die weiten Ebenen und heizt den Trauben ordentlich ein.

die Rolle eines neutralen Tischpartners für die kleine Jause zu erfüllen vermag. Wer sich mit der Region Umbrien näher befasst, stößt auf feine Edelsüße. Neben dem klassischen Passito aus getrockneten Trauben der roten Sagrantinorebe werden hier durchaus nervige Botrytisgewächse erzeugt. Innovative Winzer nutzen die mikroklimatischen Voraussetzungen, die in Gegenden wie Orvieto die Bildung der Edelfäule begünstigen.

Weingüter mit Süßweinen
Arnaldo Caprai, Montefalco; Azienda Agricola Antonelli, Montefalco; Barberani-Vallesanta, Baschi; Castello della Sala, Ficulle; Colpetrone, Gualdo Cattaneo; Fattoria Colle Allodole, Bevagna; Giampaolo Tabarrini, Montefalco; La Palazzola, Stroncone; Lungarotti, Torgiano; Madonna Alta, Montefalco; Palazzone, Orvieto; Rocca di Fabri, Montefalco; Ruggeri, Montefalco; Scacciadiavoli, Montefalco; Terre de la Custodia, Gualdo Cattaneo

Apulien

Die Sonne scheint auf die Ebenen Apuliens und heizt den Reben in den Weinbergen wie dem Primitivo tüchtig ein, der daraus sein würziges Feuer bezieht, den warmen Schmelz und die hocharomatische Süße mit charakteristischen Noten nach Dörrobst, Kakao, Karamell und weiteren Röstaromen. Die feinsten Gewächse, trocken wie süß, werden auf der Halbinsel Salento, dem Absatz des Stiefels, erzeugt. Moscato-Passitos und solche aus Cuvées mit Sauvignon blanc und Malvasia vervollständigen das süße Spektrum.

Weingüter mit Süßweinen
Agricole Vallone, Lecce; Cantine Botromagno, Gravina; Consorzio Produttori Vini, Manduria; Azienda Agricola Giuseppe Attanasio, Manduria; Torrevento, Corato; Vinicola Savese, Massimiliano Pichierri, Sava

Im Landesinneren von Sizilien gibt es durchaus Regionen, deren Klima es zulässt, Trauben mit Edelfäule zu kultivieren.

Sizilien
Weinkultur seit Menschengedenken

Bevor Robert de Niro seinen Privatkoch Don Pintabona nach Sizilien schickt, hat er mit Lucio Graf Tasca d'Almerita telefoniert und sich erkundigt, ob er noch ein paar Flaschen seines Lieblingsweins haben könne, den schlicht „Botrytis" genannten edelsüßen Wein, der eifersüchtig gehütet und in homöopathischer Dosierung an Sammler abgegeben wird. Der Filmstar könnte auch bei seiner Kollegin Carole Bouquet anfragen, dem Bond-Girl von 1981, denn die lebt auf Pantelleria, der südlich von Sizilien ziemlich einsam liegenden Insel, wo sie ihren delikaten Sangue d'Oro erzeugt, einen Passito aus sonnengetrockneten Trauben. Der alteingesessene Aristokrat und die zugezogene Schauspielerin verkörpern zwei ganz unterschiedliche soziale Pole und sind doch vereint im sizilianischen Wein, den es seit Menschengedenken gibt.

Es fasziniert, mit welchem Elan und geschärftem Blick für Qualität, individuelles Image und Kommerz sich die Inselwinzer im letzten Jahrzehnt nach vorne gekeltert haben. Man erkannte den Wert des Terroirs, respektierte die lokalen Sorten, nutzte die einzigartigen klimatischen Verhältnisse zwischen Meer und Bergen und widerlegte bravourös jene Ignoranten, die meinten, Weine aus südlichen Gebieten seien sich alle gleich – eine Fehleinschätzung, die durch die edelsüßen Weine zwischen mediterran elegantem Passito und dem einst glorreichen Marsala widerlegt wird. Mit letzterem wurde Schindluder sondergleichen getrieben, er strebt jedoch, wenngleich langsam, einer zweiten Jugend entgegen.

Moscato & Malvasia

Der aus getrockneten Trauben bereitete Passito ist der klassische sizilianische Süßwein, in der Hauptsache gewonnen aus der Muskatellertraube der soliden Sorte Moscato di Alexandria, lokal auch als Zibibbo geführt. Im Landesinneren wird in klimatisch dafür geeigneten Lagen auch die Kultur der Edelfäule gepflegt. Der „Diamante" von Tasca d'Almerita ist hierfür ein feines Beispiel, gewonnen zu ungefähr gleichen Teilen aus Muskateller und Traminer. Traditionell wird der Diamante aus getrockneten Beeren bereitet, doch etwas Botrytis verleiht dem Wein eine finessenreichss Würze – hochkarätig im Sinne seines Namens und vom Grafen Giuseppe Tasca anlässlich der Weintaufe 1995 seiner Frau „in unendlicher Liebe" gewidmet.

Für eine Wiederbelebung des einst lso egendären Moscato di Noto sorgt das renommierte Haus Planeta, das 2003 seinen ersten Passito dieses Namens aus der feinen Rebsorte Moscato bianco auflegte, der auf Anhieb begeisterte Liebhaber fand. Hingegen ist vom einst gleichfalls berühmten Moscato di Siracusa wenig zu hören, ausgenommen vom köstlichen „Solacium" von Pupillo. Ein ähnliches Schicksal schien den süßen Malvasia delle Lipari zu ereilen, bis der Ex-Designer, Maler und talentierte Hobbykoch Carlo Hauner sich der Sache annahm und auf den Sizilien vorgelagerten Liparischen Inseln eine kleine Renaissance des Malvasia Passito in diversen Versionen einläutete. Jede von ihnen weist als charakteristisches Merkmal das feine Aroma von Aprikosen, verblühendem Ginster und Orangenschalen auf.

Eine Besonderheit ist der Passito di Pantelleria, ein Moscato sublimer Figur von der gleichnamigen, zwischen Sizilien und Tunesien gelegenen Insel. Antonio Rallo vom namhaften Weingut Donnafugata, das mit seinem „Ben Ryé" einen der feinsten, viele sagen „den besten" Passito di Pantelleria erzeugt, definiert das Ideal eines edelsüßen Moscato wie folgt: „süß, aber auch frisch; delikat, aber auch kraftvoll." Ben Ryé, was arabisch für „Sohn des Windes" steht, der auf Pantelleria tatsächlich allgegenwärtig ist – leise fächelnd bis wild tobend – wurde 1989 erstmals erzeugt.

Das berühmte Weingut Donnafugata hat seinen Hauptsitz in Marsala.

Donnafugata hat den Hauptsitz in Marsala. Der klangvolle Name leitet sich von Königin Maria Carolina aus der habsburgischen Dynastie her, die hier – im ehemaligen Familiengut von Tomasi di Lampedusa – Zuflucht vor Napoleon gesucht hatte.

Gegenüber dem Erstling hat sich in der Herstellung im Laufe der Jahrgänge einiges geändert. Weil Rallo die betont oxidativen und auch karamelligen Töne vieler Passiti ausschalten möchte, hat er die Dauer der Traubentrocknung um ein rundes Viertel verkürzt, doch zum Ausgleich fügt er dem Most mehr rosinierte Trauben hinzu. Das erhält dem Wein die angestrebte Frische und erhöht zudem dessen Duftigkeit. Das aufwändige Prozedere beginnt in der zweiten Augusthälfte mit der Ernte von gesunden Trauben, die an der Sonne bis zu 30 Tage getrocknet werden. Anfang September lässt man direkt vom Stock vollreif geerntete Trauben im Stahltank angären. Dieser Prozess wird fortlaufend durch die Zugabe der rosinig getrockneten Trauben in Gang gehalten, bis gegen Ende Oktober ein Alkoholgehalt von 14,5 Prozent erreicht ist und der Wein vier Monate im Stahltank, danach ein weiteres halbes Jahr in der Flasche reift. Um die 40.000 Flaschen werden erzeugt.

Weingüter mit Moscato und Malvasia

Carlo Hauner, Lipari; Carole Bouquet, Pantelleria; Colosi, Messina; Donnafugata, Marsala; Duca di Salaparuta, Vini Corvo, Casteldaccia; Firriato, Paceco; Francesco Fenech, Malfa; Marabino, Noto; Miceli, Sciacca; Planeta, Menfi; Pupillo, Siracusa; Salvatore Murana, Pantelleria; Solidea, Pantelleria; Tasca d'Almerita, Tenuta Regaleali, Sclafani Bagni

Marsala

Die Geschichte des Marsala lässt sich komprimiert ungefähr so darstellen: glorios begonnen, im Kochtopf schmählich gestrandet, langsam wieder an Klasse gewinnend.

Die Heldensage wird durch John Woodhouse eröffnet. Der englische Kaufmann und Chemikalienhändler, der ursprünglich nach Sizilien gereist war, um dort Pottasche für Seife einzukaufen, war vom – damals nicht mit Alkohol angereicherten – Marsala angetan, witterte ein Geschäft und verschiffte 1773 sechzig Fässer Marsalawein. Angeblich ließ Woodhouse in jedes der 400-Liter-Fässer nach Sherryvorbild acht Liter Weingeist schütten, um den Wein transportsicher zu machen. Andererseits war der Urmarsala dank der Grillotraube von Haus aus stark genug, um selbst die Schaukelei und die warme Temperatur im Schiffsbauch schadlos zu überstehen. Allenfalls in schwächeren Jahrgängen schien den Winzern eine alkoholische Verstärkung dienlich. In den Holzfässern liegender alter Marsala war damals das Familienvermögen der Bauern.

Der nach England verschiffte Marsala entzückte und eroberte sich die Tische der Lords wie der Bürger. Der bis dato unbekannte Wein wurde in einem Atemzug mit Port und Madeira genannt. Für weitere Popularität sorgte Lord Horazio Nelson, der trinkfeste englische Admiral, der, mit seiner Flotte vor Marsala ankernd, am 19. März 1800 eine große Menge Marsala orderte und den Wein zum Trunk sowie als Medizin für Seeleute kürte. Der Erfolg beflügelte weitere britische Investoren, die Geld für neue Weinberge und moderne Produktionsstätten bereit stellten. Benjamin Ingham, der 1805 nach Sizilien kam, befasste sich intensiv mit dem Weinbau und schuf den ersten gepflegteren Marsalastil. Der Ruhm des Marsala wuchs in den kommenden Jahren und wurde noch romantisch verbrämt durch den Freiheitskämpfer Garibaldi, der seinen Sieg gegen den König von Neapel 1860 in Calatafimi ausgiebig mit Marsala feierte, was wiederum Alexandre Dumas, der als Kriegsberichterstatter dabei war, zu einer Eloge auf den Wein animierte. Heute noch gibt es einen Marsala der von Garibaldi geschätzten hochsüßen Art, der unter dem Kürzel „G.D." (Garibaldi Dolce) etikettiert wird.

Süßer Marsala ist erstmals um das Jahr 1840 erzeugt worden, und zwar von Vincenzo Florio, einem Reeder und Finanzier, der groß ins Weingeschäft eingestiegen war. Bis dahin gab es nur die trockene Version, wie sie aktuell unter Bezeichnungen wie „Vergine", „Vergine Riserva" oder „Soleras" gehandelt wird. Eine Rarität ist der Vecchio Samperi von Marco de Bartoli: wie die „Josephine Doré" ein nicht mit Alkohol hochgespriteter Marsala, wie es ihn, wohl raueren Zuschnitts, in der historischen Version vor Woodhouse gab. Weil Marsala per gesetzlicher Definition ein alkoholverstärkter Wein ist, darf de Bartoli seine lange im Holzfass markant gereiften Grilloweine nicht als Marsala anbieten.

Florio hatte rasch erkannt, dass in der Süße mehr Profit liegt und diese Linie forciert, die bald zum Marsala schlechthin avancierte und den Vergine in den Hintergrund drängte – um die drei Prozent der heutigen Produktion ist trocken angelegt. Dem Boom folgte freilich bald der Abstieg. Der schleichende Niedergang bis zur Degeneration des Marsala zum billigen, von guten Köchen freilich verschmähten Kochwein begann schon früh damit, dass die weiße Rebsorte Grillo ertragsproduktiveren Trauben wie der Catarratto weichen musste. Hinzu kamen Schlampereien bis hin zu Panschereien und fragwürdigen Herstellungsmethoden, die zur Nivellierung des so stolz begonnenen Weines beitrugen. Der meiste als „Fino" verkaufte Marsala ist im Grunde ein schlichter Weißwein, der mit „Mosto cotto" genannten eingekochtem Traubenmost gesüßt und mit Karamell gebräunt wird. Man hörte auch von Zusätzen wie Kaffee, Eiern und anderen mehr oder weniger appetitlichen Aromen.

Etwas labyrinthisch muten die auf Farbe, Zuckergehalt und Lagerdauer bezogenen Klassifizierungscodes an. Farblich wird nach Oro (Gold), Ambra (Bernstein) und nach Rubino (für den sehr seltenen rötlichen Marsala, der zu mindestens 70 Prozent aus roten Grundweinen bestehen muss) unterschieden; dem „Oro" darf kein „Mosto cotto" (eingekochter Traubensaft oder auch Traubenkonzentrat) zugesetzt werden. Die Süße staffelt sich von Secco (bis zu einem Restzuckergehalt von 39 Gramm pro Liter) über Semisecco (von 40 bis 99 Gramm) bis zu Dolce (über 100 Gramm Restzucker). Trocken mit unter vier Gramm Restzucker sind Marsala Vergine (Mindestalter: fünf Jahre) und Marsala Vergine Riserva (Mindestalter: zehn Jahre). Diesen Weinen darf weder „Sifone" noch Mosto cotto hinzugefügt

werden. Sifone (Mistella) ist durch die Zugabe von Alkohol süß gehaltener Traubensaft, auch als Süßmost geläufig.

Süßer Marsala unterteilt sich grob gerastert so: Fine muss mindestens ein Jahr alt sein, Superiore ist das Kennzeichen für mindestens zweijährige Reife, Superiore Riserva steht für ein Mindestalter von vier Jahren. Allen diesen Weinen darf Sifone sowie Mosto cotto beigefügt werden, und sie lassen sich in den verschiedenen Süßegraden vermarkten. Bei älteren Riservas wird das Alter oder der Jahrgang extra auf dem Etikett vermerkt. Die Initialen „I.P." stehen für „Italien Particular", einen Fine, während ein „L.P." (London Particular) einen Superiore kennzeichnet. Der Alkoholgehalt liegt zwischen 17 und 20 Prozent. Der Zusatz „Rubino" bedeutet, dass der Wein zu 70 Prozent aus roten Grundweinen bereitet sein muss.

Weingüter mit Marsala

Cantine Florio, Marsala; Cantine Rallo, Marsala (produziert Marsala sowie Passito die Pantelleria); Carlo Pellegrino, Marsala; Marco de Bartoli, Marsala

Das Weingut Florio gehört zu den bekannten Marsalaerzeugern.

Renato de Bartoli führt mit seinem Bruder Sebastiano die Weingeschäfte der Cantine de Bartoli nach dem Tod ihres Vaters Marco weiter.

Osteuropa

Nach dem Ende der kommunistischen Herrschaft und dem damit einher gehenden Einbruch des russischen Marktes schauten die Weinbauländer des ehemaligen Ostblocks erst einmal verunsichert und hilfesuchend nach Westen. Private Investoren reagierten auch positiv, es kam zu zahlreichen Joint Ventures, doch der Aufbruch zu neuen Weinwelten verlief zögerlich, denn es fehlte allenthalben an moderner Technologie. Zudem waren die Strukturen im zentralistisch regierten Weinbau völlig verkrustet. Man produzierte hauptsächlich für den anspruchslosen russischen Markt entsprechend anspruchslose Weine nach dem Motto: je lieblicher, desto besser. Zwei Jahrzehnte später hat sich die Lage wohl gebessert, und es gibt achtbare bis sehr gute Rotweine sowie einige süße Gewächse in anständiger Güte, aber das Potenzial wird noch lange nicht ausgeschöpft.

Liebliche und süßliche Weine zählen zum herkömmlichen Repertoire eines jeden osteuropäischen Landes, aber das Wenigste davon ist edelsüß, das Meiste gleicht einem Meer an Belanglosigkeit. Zur Slowakei gehört an der Grenze zu Ungarn ein kleiner Flecken vom Tokaj-Gebiet, doch der Süßwein ist absolut vernachlässigenswert. Slowenische Winzer strengen sich mit Erfolg an, neben solide gebauten trockenen Kreszenzen werden in kleiner Menge auch Strohweine, einige Trockenbeerenauslesen und Eisweine (Weingut Curin) erzeugt. Serbien ist unbedeutend, dort fließt nach wie vor der liebliche Amselfelder. Aus Kroatien und speziell Dalmatien kommen unter dem generalisierenden Titel „Prosek" üppige Dessertweine, gepresst aus rosinierten Trauben: rot, weiß und gemischt mit einer Restsüße um die 120 Gramm pro Liter.

Rumänien knüpft langsam an die große Tradition seines süßen „Cotnari" an, der noch im 19. Jahrhundert in einem Atemzug mit dem Tokajer genannt worden ist. Sogenannte Edelbeerenlesen (mit mindestens 60 Gramm Restzucker) werden an der Schwarzmeerküste aus klassischen Rebsorten wie Welschriesling, Muskat-Ottonel und Chardonnay aus hochreif und angetrockneten oder, sofern es die klimatischen Bedingungen erlauben, auch edelfaul geschrumpften Trauben gewonnen. Hinzu kommen gespritete Dessertweine duftiger Art von der dunkelschaligen Busuioaca, einer aromatischen Rebe aus der Muscatfamilie. Georgien liefert liebliche „Khvanchkara"-Weine, in Bulgarien bemühen sich Boutique-Kellereien um süße Spezialitäten. Moldawien stellt ziemliche Mengen an aufgespriteten und teilweise aromatisierten Dessertweinen her.

UKRAINE

6

Neusiedler See

Budapest

UNGARN

Drau

Zagreb

KROATIEN

3

BOSNIEN
UND
HERZEGOWINA

Save

Donau

Belgrad

SERBIEN

MONTENEGRO

ALBANIEN

RUMÄNIEN

Sofia

Maritza

BULGARIEN

Pruth

Dnister

Kischinau

4

MOLDAWIEN

5

Bukarest

1

Schwarzes Meer

7

Simferopol

GEORGIEN

2

Tiflis

Bulgarien (1)

Georgien (2)

Kroatien-Dalmatien (3)

Moldawien (4)

Rumänien-Schwarzmeerküste (5)

Tokaj (6)

Ukraine-Krim (7)

Ungarn
Tokaj

Tokajer! Das ist ein Wort wie Donnerhall. Voltaire liebte ihn, Goethe hat den goldenen Wein aus Ungarn im Faust fließen lassen, Rossini trank ihn beim Komponieren, und die Zarin Elisabeth bekannte, ohne ihn nicht leben zu können. Geboren wird der Wein im Nordosten des Landes im Dreieck zwischen der Ukraine und der Slowakei, die zum Leidwesen der Ungarn über einen kleinen Anteil am Tokajer Anbaugebiet verfügt und den süßen Wein als „Tokajsky" anbietet. Die Landschaft am Zusammenfluss von Theiß und Bodrog ist hügelig, die knapp 6.000 Hektar Weingärten werden von 14.000 Winzern und einigen Dutzend großen Gütern bewirtschaftet.

Namensgeberin der zum Weltkulturerbe ernannten Region ist die hübsche Kleinstadt Tokaj am Fuße eines erloschenen Vulkans. Das Städtchen ist unterminiert durch ein labyrinthisch anmutendes Kellersystem, wo Flaschen unter hoher Luftfeuchtigkeit und bei gleichbleibender Temperatur um die 10 bis 12 Grad stehend wie auch liegend lagern, teils auf bizarre Weise schwarzweißschimmelig überzogen. Historisch ist nicht exakt nachvollziehbar, wann der erste süße Aszú-Wein erzeugt worden ist. Viele Hinweise erlauben die Annahme, dass es schon im 13. und 14. Jahrhundert süßen Wein gab. Und 1562 ist beim Konzil von Trient für Papst Pius IV. (1499–1565) ein Tokajer entkorkt worden, was den Pontifex freudig und seiner Erhabenheit bewusst rühmen ließ: „Summum pontificem talia vina decent!" – „Solcher Wein gehört auf den päpstlichen Tisch!"

Wenn man einen Stöpsel in der Seele hat, ist ein edelsüßer Wein wie beispielsweise die 1947er Tokaji Eszencia der beste Korkenzieher. Eine unsterblich wirkende Süße betört die Nase noch vor dem ersten Schluck und lässt alles Alltägliche unwirklich schrumpfen. Dem Glas entströmt ein reich nuancierter Duftstrauß nach Honig, getrockneten Orangen, Aprikosen, Karamell und Malz nebst einem sublimen Hauch von Schokolade. Die Geschmacksnerven gehen in Stellung, die Sinne nehmen Genusshaltung ein. Der 47er war ein Star unter den sechs Tokajern, die am 15. November 2008 von Dr. Peter Baumann bei einer seiner schon legendären Tokaj-Verkostungen präsentiert worden sind. Ort der Handlung: das Restaurant „Josef" in Linz an der Donau. Baumann, ein Anwalt und international bekannt für seine grandiose Sammlung an Tokajern, nickte zufrieden: „Nach einem Tokajer wirst du nie ein rotes Gesicht haben."

Das stimmt. Manche anderen süßen Gewächse treiben einem leicht das Blut in die Wangen. Ein Tokaj-Aszú schmeichelt ebenfalls den Sinnen und stimuliert sie, aber er steigt dem Trinker nicht zu Kopf und hinterlässt im Mund seltsamerweise auch nicht jenes klebrige Gefühl, wie es sich oft bei anderen Süßweinen einstellt. Man nehme die 1937er Tokaji Aszú Eszencia, einen der größten edelsüßen Weine dieses Jahrhunderts. Der Wein fasziniert durch seine verschwenderische Süße; er charmiert Auge, Nase und Gaumen – und macht, serviert zu einer Wildpastete mit Johannisbeergelee, aus einer an sich kleinen Mahlzeit ein geschmackliches Weltereignis.

Ein anderes Mal hatte Peter Baumann ebenfalls zu idealer Zeit, nämlich um elf Uhr morgens, wenn Nase und Gaumen noch nicht strapaziert, sondern frisch und dienstbereit sind, fünf Tokaj-Naturessenzen aus den Jahren 1888, 1862, 1848, 1827 und 1822 entkorken lassen, allesamt bei Christie's ersteigert. Jeder der Weine begeisterte durch seine subtil gewobene Süße. Die Nase nahm jeweils einen reich nuancierten Duftstrauß nach Honig, getrockneten Aprikosen, Karamell, Malz, Balsamico (1888, 1827), Marille (1827), kandierten Veilchen (1848), Lindenblüten (1888, 1827), Quittengelee (1848), Feige (1822) und Schokolade (1827) wahr. Es fasziniert, was der Mensch aus edelfaul geschrumpften Beeren der Sorte Furmint, ergänzt um Hárslevelü (genannt der Lindenblättrige) nebst etwas Gelbem Muskateller (Muscat Lunel) zu zaubern vermag.

Kein Tokajer war altersmüde, gar kaputt, jeder füllte den Gaumen auf nahezu geheimnisvolle Weise mit dicht gewobener bis öliger Finesse von gleichzeitig zarter und vielschichtiger Aromatik aus. Der Star war der 1827er: kompakt und komplex mit überaus grazil strukturierter Süße und feinem Aromenspiel. Eine edelsüße Macht, jeder Tropfen gab einem – auch nach fünf Stunden im Glas – das Gefühl,

Um die Wende vom 19. zum 20. Jahrhundert waren edelsüße Aszú-Weine ein Muss an den Tischen der Fürsten und des reichen Bürgertums.

etwas außerordentlich Kostbares zu trinken, für dessen Beschreibung der normale Sprachschatz nicht ausreicht. Es war der Triumph der Emotion über den Intellekt.

Aszú steht für Ausbruch und kennzeichnet stets einen süßen Wein.

Voraussetzung für die Edelsüße ist die Botrytis, und die fühlt sich in den Tokajer Weingärten recht wohl. Auf einen heißen Sommer folgt im September meist eine Regenperiode, die ab Oktober wiederum durch warmes und trockenes Wetter abgelöst wird.

Einiges spricht dafür, dass die Winzer in Tokaj früh den Wert der Botrytis erkannten und als Erste, noch vor den Rheingauern sowie den Schlossherren in Sauternes, bewusst diese Naturgabe nutzten, um daraus Süßweine zu erzeugen. Selbstverständlich geht es erneut nicht ohne Legenden. Der Populärsten zufolge drohte im Herbst 1650 wieder mal ein türkischer Überfall, sodass der für die Weingüter der Fürsten Rákóczi zuständige Hofprediger Maté Szepsi-Laczkó die Weinlese hinauszögerte. Im späten Herbst hatte sich dann die Edelfäule gebildet und die Winzer sind angehalten worden, bei der Lese die Trauben vom Weinberg Oremus gesondert abzupressen und auszubauen. Im Jahr danach wurde dieser Tokajer Ausbruch der Fürstinwitwe Zsuzsanna Lorántffy mit dem bekannten Effekt kredenzt: Madame war begeistert, seither gilt Scepsi-Laczkó als Erfinder der Aszú-Kultur.

Ab dem 17. Jahrhundert eroberte sich der edelsüße Tokajer die europäischen Throne von London, Paris, Berlin und Wien bis nach St. Petersburg. Katharina die Große (1729–1796) etablierte eine Kosakentruppe, deren Aufgabe allein darin bestand, die Weine von Tokaj in ihre Paläste zu eskortieren. Die dreisten Weinfälschungen, die im

19. Jahrhundert in großem Umfang auf den Markt kamen, betrafen auch den Tokajer, der nach einem Rezept von 1875 so zu imitieren sei: Man nehme und mische 100 Liter Normalwein, 15 Liter Rosinenessenz, 500 Milliliter Bittermandelessenz, 100 Milliliter Holunderblütenessenz, 4 Kilogramm Zucker, 500 Gramm Karamell, 4 Kilogramm Glitzerin und 6 Liter hochprozentiger Weingeist.

Der echte Tokajer hat solche Betrügereien gleichermaßen souverän überstanden wie die Türken und europäische Kriege. Um die Wende vom 19. ins 20. Jahrhundert war der edelsüße Aszú ein Muss an den Tischen der Fürsten sowie des reichen Bürgertums und so begehrt wie der geschmacklich mit ihm ein bisschen verwandte Ruster Ausbruch. Man trank ihn zu Desserts, zur gebratenen Gänseleber, selbst zu großen Braten. Bis heute hat der Tokajer nichts von seiner Faszination verloren. Die alten, vor dem Zweiten Weltkrieg erzeugten Jahrgänge sind naturgemäß rar geworden, auch teuer, aber sie zeugen weindokumentarisch vom unversehrt einmaligen und unverwechselbaren Charakter dieses Weintyps.

Quo vadis Tokajer?

Der Weintyp befindet sich im Wandel und noch ist so einiges offen. Quo vadis Tokajer?, fragen bang die Liebhaber der klassischen Aszú-Weine, denn seit dem Zusammenbruch des Ostblocks und der wirtschaftlichen Öffnung Ungarns für westliche Investoren, die sich gleich am Anfang ganz massiv in Tokaj engagiert haben, herrscht von Sorge begleitete Unsicherheit über den Stil der Weine. Die Unruhe ist groß, dass der Tokajer, wie er seit Jahrhunderten die Welt begeis-

Tokaj – das ist ein Wort wie Donnerhall.

tert, ein Auslaufmodell ist, geopfert auf dem Altar des Kommerzes zugunsten eines international populären Süßweinstils wie dem aus Sauternes. Die Weine sollen früher trinkreif und somit auch früher zu verkaufen sein. Ein Manager des Paradegutes Disznókő, das sich der französische Axa-Konzern bereits 1992 einverleibt und mit rund 20 Millionen Dollar ausgebaut hat, erklärte völlig unverblümt, dass man „hier moderne Weine machen wolle: Und wir werden auch den klassischen Tokajer, den edelsüßen Aszú, reduktiv ausbauen". Genau das ist der thematische Knackpunkt, „reduktiv" ist in den Ohren der Traditionalisten das Unwort. Originär am Tokajer war ja schließlich seit alters her ein oxidatives Element, also eine gezielt dosierte Einflussnahme des Sauerstoffs beim Ausbau des Weins.

Der oxidative Ausbaustil prägt nach Ansicht seiner Verehrer den Aszú-Wein stärker als die Botrytis. Trotz der Zugabe von edelfaulen Beeren sei der Tokajer kein klassischer Botrytiswein. Einzigartig für das Werden des Tokajers sei dessen natürliche, ziemlich stark wirksame Resistenz gegenüber Sauerstoff, der ja normalerweise bei allzu heftigem oxidativem Ausbau eine weinzersetzende Wirkung ausübt. Konträr zum oxidativen Verlauf wird beim reduktiven Verfahren jegliche Luftzufuhr vermieden. Das verleiht dem solcherart unter Verschluss gehaltenen Wein eine hellere Farbe und besondere Duftigkeit sowie eine vordergründig effektive Frische und Klarheit der Frucht, enthält ihm jedoch auch Stoffe, die ganz charakteristisch für eine oxidative Weinbereitung sind und letztlich auch ein geschmacklich verifizierbares Indiz für ein süßes Aszú-Gewächs. Fraglich ist außerdem, ob die modern vinifizierten Aszú-Weine so lange leben werden wie ihre großen Ahnen, die oft erst nach 20, 30 und bisweilen 50 Jahren Fassreife in die Flaschen gefüllt worden sind. Fans klagen bereits heute, dass die neue Aszú-Generation bei Blindproben gar nicht mehr regional zuzuordnen, mithin also international austauschbar

geworden sei. Für sie ist der moderne Tokajer von heute profillos, ein regelrechter Verrat.

Nun werden sich Modernismus und Traditionalismus nicht immer haarscharf voneinander trennen lassen, es gibt fließende Übergänge. In dem einen Keller wird wohl kompromisslos der neuen Richtung gehuldigt, in einem anderen die alte Kultur noch hochgehalten. Und es gibt unter namhaften Betrieben welche, die einem Teil ihrer edelsüßen Weine mehr oder weniger verschämt ein bisschen Oxidation gönnen. Es scheint auch eine Tendenz zu bestehen, den sogenannten Sauternes-Stil zugunsten der Klassik etwas aufzuweichen. Noch ist freilich vieles offen, sind Prognosen über die Zukunft des Tokajers gewagt. Gewiss ist, dass der Methodenstreit, der ja über den Gegensatz von oxidativ und reduktiv hinaus auch Änderungen im Weinberg sowie bei der Kellertechnik umfasst, eine Diskussion um die Frage nach dem wahren Tokajer belebt hat.

Der ist ein Mythos, aber welcher? Die fünf- und sechsbuttigen Aszú-Weine sowie die Essenzen aus dem frühen 19. bis zur Mitte des 20. Jahrhunderts sind fraglos große Weine mit Ehrenplätzen in einer Hall of Fame der Edelsüße. Was in der Ära der kommunistischen Zentralwirtschaft produziert wurde, kann selbst nach barmherziger Auslegung nicht als edel bezeichnet werden. Ausnahmen gibt es, ja, aber die sind überschaubar. Kreatives Schaffen war nicht erwünscht, Individualität gefährlich. Das Meiste ist sowieso von Moskau ebenso unkritisch wie dankbar abgenommen worden, man musste sich nicht anstrengen. In dieser Phase soll es gegen das Gesetz auch zum verbotenen Aufspriten der Weine nebst anderen unsauberen Manipulationen gekommen sein. Unter dem Titel „Monimpex" und „Hungarovin" kursieren noch solche Flaschen abschreckenden Inhalts. Es muss nicht betont werden, dass überoxidierte, teils von flüchtiger Säure gequälte Weine, die es seit je gegeben hat, nicht verehrenswert sind.

Tokaj-Pyramide

Die Welt des Tokajer besteht aus vielen kleinen Welten. Hierarchisch kann man sich die Weine wie einen Kegel vorstellen. Die breite Basis bilden die Tokaji Szamorodni, darüber rangieren stufenartig die edelsüßen Aszú-Weine, eingeteilt in die vier Kategorien drei, vier, fünf und sechs „Puttonyos". Die kleine gloriose Spitze bilden die Aszú-Eszenzia sowie die Nectar-Eszenzia. Nectar-Eszenzia ist der schiere, ohne mechanische Hilfe unter Eigendruck ablaufende Saft perfekt botrytisierter Beeren. Diese sirupartige Essenz mit einem bescheidenen Alkoholvolumen von durchschnittlich fünf Prozent und einem Gehalt an Restzucker, der locker die 500 Gramm pro Liter übersteigt, ist früher entweder Aszú-Qualitäten zu deren Aufwertung „zurückgegeben", als Arznei in der Schatzkammer für festlicheAnlässe reserviert oder entsprechend teuer verkauft worden.

Weil der Botrytispilz nur unter bestimmten klimatischen Bedingungen seine verdienstvolle Arbeit verrichtet, die Natur sich jedoch nicht reglementieren lässt, gibt es in einigen Jahren pro Jahrzehnt keine oder geringe Edelfäule. Natürlich wird dann ebenfalls Wein gekeltert, nur ist der dann trocken beziehungsweise von mäßiger Süße. In Jahren mit wenig Edelfäule überwiegt der „Szamorodni"-Typ, den es trocken („száras") oder lieblich („édes") gibt. Szamorodni bedeutet direkt übersetzt „wie gewachsen". Diese Weine ähneln geschmacklich entweder einer trockenen oder halbtrockenen Spätlese, der man einen Schuss Sherry injiziert hat – oder einer Auslese, wenn die Beeren schon stark genug von der Edelfäule befallen waren. Zudem werden in der Region auch normale trockene Weine aus Rebsorten wie Furmint, Harslevelü und Muskateller erzeugt, aber es ist allein der Aszú, der den Ruhm der Region begründet hat. Aszú steht für Ausbruch und kennzeichnet stets einen süßen Wein. Wie süß, das hängt bei der klassischen Herstellungsmethode von der Anzahl der Puttonyos genannten Butten mit teigig gequetschten edelfaulen Trauben ab, die dem Jungwein zugesetzt werden. Früher sind diese Botrytisbeeren mit den bloßen Füßen zerdrückt worden, heute wird dies mechanisch erledigt. Traditionell fasst eine Butte 27 Liter, und je nachdem wie viele solcher Butten einem 136 Liter fassenden „Göncer"-Fass als gültiger Maßeinheit zugesetzt werden, wird der spätere Wein als 3, 4, 5 und 6 Puttonyos Aszú deklariert mit entsprechend aufsteigendem Zuckergehalt von 60 bis 150 Gramm pro Liter. Eine Aszú-Eszencia bringt es auf mindestens 180 Gramm, für die reine Eszencia gibt es nach oben hin keine Grenze.

Die Auslese für die Aszú-Kreszenzen beginnt gegen Ende Oktober und kann sich bis in den Dezember hineinziehen. Weil nicht oder nur höchst selten alle Beeren gleichzeitig von der Edelfäule infiziert werden, ist die selektive Lese der Botrytistrauben erforderlich, die kurzzeitig zwischengelagert werden. Dabei wird der druckfrei auslaufende Saft über ein Drahtgitter am Boden des Bottichs bereits für die Eszencia aufgefangen. Die edelfaulen Beeren werden zu einem Brei gequetscht und dem zuvor aus vollreifen Trauben bereiteten Grundwein – in der Regel vom Gewicht einer Spätlese – hinzugefügt,

wobei es von der Philosophie des Kellermeisters abhängt, ob die edelfaule Paste dem noch gärenden Most oder dem bereits fertigen Jungwein beigefügt wird. Sinn der Aktion ist die Auslaugung der in den Beeren enthaltenen Farb- und Geschmacksstoffe durch den 24 bis 36 Stunden andauernden, Mazeration genannten Prozess. Nach dieser Mitgift gärt der Weinkomplex weiter. Auch hierbei gibt es für den Winzer mehrere Möglichkeiten, stilbildend auf den Wein einzuwirken, je nachdem, ob er für den Ausbau des Weins auf gebrauchte Holzfässer (mit 220, 300, 500 Liter Fassungsvermögen) oder die 225-Liter-Barriques aus neuem Holz setzt, wie sie auch für die Sauternes-Gewächse verwendet werden. Modernisten schätzen neues Holz, wohingegen Traditionalisten sagen, dass die traubenfremden Holznoten dem Geist eines naturreinen Tokajers widersprechen. Die Klassifizierung der Aszú-Gewächse erfolgte traditionell anhand der Anzahl der Butten mit dem edelfaulen Rosinenmus, die dem Wein beigegeben worden sind. Inzwischen orientiert man sich weitgehend an der Höhe des Restzuckers: Ein Gehalt ab 60 Gramm pro Liter gilt als Maß für einen 3 Puttonyos Aszú, 90 Gramm und mehr ergeben 4 Puttonyos, 120 Gramm sind das Minimum für 5 Puttonyos, ab 150 Gramm beginnen 6 Puttonyos – Aufwertungen nach oben sind die Regel. Inoffiziell eingeführt worden ist zudem der in Frankreich kreierte und auch international gebräuchliche Begriff „late harvest". Das steht für eine „späte Lese" und kann einen Wein mit diskreter Restsüße ebenso umfassen wie ein ziemlich süßes Gewächs, doch keinen traditionellen Aszú.

Duft- und Geschmacksstoffe eines Aszú

Neue Stilistik: Aprikose, getrockneter Pfirsich, Ananas, Zitrusfrüchte, exotisches Obst, Quitte, kandierte Orangenschalen, Rosine, frische Feige, Honig, Lindenblüten, helles Karamell, Mandel, Eukalyptus, Vanille

Klassische Machart: überreifes Dörrobst, Kaffee, getrocknete Feige, Walnuss, Brotrinde, Kastanie, Mandeln, Datteln, Pistazie, gebrannter Zucker, Malzbonbon, dunkler Honig, Muskat, Rosine, Melasse, Rauch, Bitterschokolade

Melancholie in den Seelen

Die Melodie des anmutig gefalteten Hügellandes ist leise und dennoch von eindringlicher Kraft. Wohin man auch hört: Es klingt nach Melancholie, von der man nicht weiß, ob sie den Ungarn schon in die Wiege gelegt wird oder ob es doch die Landschaft ist, die diese besonders sanfte Form der Schwermut in die Seelen ihrer Bewohner pflanzt. In Tokaj erinnert die Natur sogar im Frühling ans Sterben, wenn „die Theiß blüht", wie es hier heißt. Sobald die Wassertemperatur 20 Grad erreicht, steigen in der Dämmerung aus Schlammlöchern die Larven des „Theißblume" genannten Schmetterlings empor, entledigen sich ihrer Hüllen und flattern zitronengelb ihren Hochzeitsflug, bis sie nach einigen Stunden tot aufs Wasser fallen, wie auch ihre befruchteten Eier, die zum Verpuppen in den Schlammgrund sinken,

Das Städtchen Tokaj liegt still und beschaulich zwischen Weinbergen und dem Fluss Theiß.

sofern sie nicht zuvor von den Fischen gefressen werden, die jedes Jahr auf diesen leicht zu erbeutenden Schmaus warten. Das Lied vom Werden und Sterben und Werden passt in die Mythen vom Wein, um den sich zahlreiche Legenden ranken. Sie werden dem Besucher gerne erzählt, etwa jene, dass hier schon vor zehn Millionen Jahren wilder Wein gewachsen sei, belegt durch versteinerte Traubenblätter. Die durchweg einige Jahrhunderte alten Weinkeller zeugen jedenfalls von erhabener Tradition. Die unterirdischen, in den Tuff hinein gegrabenen Gewölbe sind vollkommen mit dem grau-schwarzen Edelschimmel Cladosporium cellare überzogen.

Der Kellerpilz ist ein Genießer, er lebt vom verdunstenden Alkohol, er hält giftige Schimmelarten fern und wirkt isolierend sowie regulierend: Ist die Luft zu feucht, nimmt er das Wasser auf, ist sie zu trocken, gibt er das Nass gnädig wieder an sie ab. In den meisten der Keller werden die Flaschen stehend gelagert, nicht liegend – die Luftfeuchtigkeit, kaum unter 90, mitunter ansteigend bis nahezu 100 Prozent, verhindere ein Austrocknen des Korkens, heißt es.

Tempi passati – vergangene Zeiten

Gerade mal etwas über zwanzig Jahre ist es her, da klapperten noch Pferdefuhrwerke, beladen mit Heu und fröhlich lärmenden Kindern obendrauf, durchs Städtchen Tokaj.

Aufbruchstimmung

Heute stehen Traktoren, wie jene von Disznókő, in einem futuristisch wirkenden Schuppen in der Form einer Konzertmuschel – möglich geworden durch AXA, den französischen Versicherungskonzern, einem der ersten ausländischen Investoren. Stilvoll restaurierte Gutshäuser und Schlösser sowie Geländewagen und frischer Asphalt auf den Straßen zeugen von erwachendem Wohlstand. Die Gastronomie hinkt noch ein bisschen hinterher. Gourmettempel sucht man vergebens, braucht man wohl auch nicht, solange durchaus ambitioniert eine ungarische Regionalküche gepflegt wird. Internationale Einsprengsel sind zu finden, vor allem jedoch bemüht man sich in einigen Restaurants um eine Reform der von Haus aus recht deftigen, von Paprika und Knoblauch geschwängerten Volksküche. Gasthäuser wie die Taverna Borozó, in der eine vortreffliche Fischsuppe nach Art der Region zubereitet wird, warten auf Touristen, die sich noch etwas rar machen. Zum Ensemble des Weinguts Disnókö gehört ein Restaurant, wo die Linie einer modifizierten Bürgerküche bereits mit Gänseleber und Wildgeflügel, Schweinernem und Kohlgemüse, Ziegenkäse und Dobos-Torte exerziert wird. Im Ős Kaján Restaurant in Tolcsva, betrieben von einem französischen Paar, werden ungarische Elemente geschmackvoll mit französischen Akzenten kombiniert. Die Rohprodukte sind nah. Rinder, Schweine, Gänse, Ziegen,

Geflügel weiden im Freien, Maisfelder stehen neben Rebzeilen, in altmodischen, adrett eingezäunten Bauerngärten wachsen Blumen neben Gemüse und Kräutern.

Am barocken Rathaus von Tokaj kleben Schwalbennester, in der Ortsmitte steht ein Brunnen mit einem Fass, auf dem Bacchus thront, eine Traube sowie einen Becher in den Händen. Hinter dem göttlichen Trunkenbold ist der Eingang zum uralten Keller des Rákóczi-Weinguts, in dessen 24 Gängen die Weine seit Jahrhunderten gelassen reifen. Im 15. Jahrhundert ist diese unterirdische Welt aus Vulkangestein gegraben worden, mit einem Saal, der 30 Meter lang ist, zehn Meter breit und fünf Meter hoch, wahrhaft imposant – ein Ort von wagnerianischer Mystik. Bei feierlichen Anlässen werden die riesigen, mittelalterlich anmutenden Kerzenständer entzündet.

Die historischen Keller, ob bei Rákóczi, Degenfeld, im Renaissanceschloss Sarospatak (mit einem Museum) oder im Château Dereszla, können besichtigt werden, Verkostungen sind inklusive, wobei es sich empfiehlt, sich zuvor nach Führungen in Deutsch oder Englisch zu erkundigen. Die Keller ragen wie Stollen tief in die Erde hinein, oft sind sie in mehreren Ebenen übereinander gelagert und bilden ein netzartiges Labyrinth, in dem sich Unkundige sehr leicht verlaufen Können. Das Weinmuseum am Hauptplatz von Tokaj lohnt einen Besuch - ein schmuckes Haus. In den Kellern arbeiten die Winzer und verkosten mit Besuchern den neuen Wein, hinter dessen goldenem Funkeln die alten Alchimisten einst ein geheimnisvolles Pflanzengold vermuteten. Der neugierig gewordene Paracelsus war angereist und wollte feine Goldfäden in den extra durchgeschnittenen Rebstöcken entdeckt haben.

Schubert hatte ein Lied zum „Lob des Tokajers" komponiert, der Edelsüße wird in der ungarischen Hymne besungen und im „Faust" heißt es in der Auerbach-Szene zum Tokajer: „Den sauren mag ich nicht, gebt mir ein Glas vom echten süßen."

Weingüter mit Aszú-Weinen

Alana Tokaj Pincészet, Mád; Árvay Családi Pincészet, Rátka; Chateau Dereszla, Bodrogkeresztúr; Disznókő Szőlőbirtok és Pincészet, Mezőzombor; Gróf Degenfeld Pincészet, Tarcal; Tokaj Hétszőlő, Tokaj; István Szepsy Pincészet, Mád; Megyer Zrt., Sárospatak; Tokaj-Oremus Pincészet, Tolcsva; Patricius Borház Kft., Tokaj; Pendits Kft., Abaújszántó; Royal-Tokaji Borászati Zrt., Mád; Tolcsva; Tokaj Classic, Mád

Die unterirdischen Weinkeller von Tokaj ragen wie Stollen in die Erde hinein und bilden ein netzartiges Labyrinth, in dem man sich verlaufen könnte.

Der Tokaj-Sammler

Dr. Peter Baumann

Sammeln sei eine Form des Erinnerns, hat der Essayist Walter Benjamin gemeint. Man weiß nicht, ob und an was sich Dr. Peter Baumann erinnert, wenn er einen alten Tokajer wie den grandiosen 1848er entkorkt. Doch gewiss ist, dass der im oberösterreichischen Linz geborene und dort als Anwalt tätige Sammler nicht dem „antiquarischen Imperativ" des „Sammle und stirb!" folgt, denn er trinkt die Objekte seiner kulinarischen Leidenschaft.

Es ist wirklich ein Vergnügen, ihn dabei zu beobachten. Mit freiem Auge ist zu sehen, dass er sich in ein behagliches Genießen fallen lässt, doch davor kommt die mit Lust am Spiel kombinierte Neugierde an der Erforschung der Aromen. Freunde nennen ihn nicht zufällig wegen seines Talents im Aufspüren selbst von Mikrodüften einen "Nasenbären". Lange hält er die Nase im Glas, seine athletische Gestalt strafft sich in solchen Momenten, die Umgebung lässt er ins Nirgendwo versinken, aber dann überzieht ein Strahlen sein Gesicht, funkeln die Augen hinter der Brille, bekommt seine Stimme einen besonders sonoren Schmelz, wenn er einem Wein wieder einmal spezielle Duftmoleküle entlockt hat.

Das Trinken feiner Weine ist für ihn Genuss, hat aber auch viel mit Kommunikation zu tun. Sogenannte Dinnerbuffets mit ihrem glasierten Einerlei und dem gesellschaftlichen Phrasengeschnatter langweilen ihn, aber ein Gespräch unter Freunden schätzt er, kann ihm, dem intellektuell gepolten Juristen, auch Herausforderung sein, zumal bei drei seiner Lieblingsthemen wie Oper, alte Teppiche und Wein. Da geht er auch schon mal ein wenig aus sich heraus. Man weiß, dass scharlachrot seine Lieblingsfarbe ist, dass er Orchideen mag und Würste zu seinen Leibspeisen zählen, aber ansonsten ist es schwer, ihn privat dingfest zu machen. Es ist, als habe der Mann sein wahres Wesen mit einer Deckfarbe übermalt: Wie's drinnen aussieht, geht niemanden was an!

Zur Charakterisierung des Dr. Peter Baumann fallen einem konservative Wertevokabel ein wie Lauterkeit, Moral, Verlässlichkeit, Geist, Humor, Anstand, freilich auch Sturheit – wohl eine Mitgift seiner Herkunft aus uraltem Innviertler Großbauernadel –, Fleiß und Bescheidenheit. Weniger ist mehr scheint eine seiner Maximen zu sein, ergänzt um das Wort des Augustinus: Schönheit ist der Glanz des Wahren.

Dr. Peter Baumann im Gespräch

Welchen Stellenwert haben edelsüße Weine in der Trinkkultur?
Als reines „Minderheitenprogramm" kommt diesen Weinen ein sehr hoher Stellenwert zu.

Welche Bedeutung haben die Tokaj-Weine?
Für mich eine sehr hohe, da meines Erachtens manche großen alten Tokajer alle anderen edelsüße Weine überragen.

Wann haben Sie Ihre erste Flasche Tokajer getrunken?
Das war Ende der 1970er-Jahre in Ungarn, und ich war begeistert.

Welche Tokaj-Jahrgänge schätzen Sie zurzeit besonders hoch?
Von den noch gelegentlich erhältlichen Jahrgängen: 1936, 1947, 1963, teilweise 1968 und 1975.

Fällt Ihnen zu Tokaj auch Kritisches ein?
Insbesondere nach dem Krieg wurde die Oxidation zu massiv eingesetzt. Nach dem Umbruch im Osten gab es das Bestreben, die Weine fast nur reduktiv auszubauen, was ihnen teilweise die Typizität genommen hat. Es gibt somit eine Art neue Generation Tokajer.

Wie wirkte sich der Zusammenbruch des Ostblocks auf die Tokaj-Weine aus?
Positiv und negativ. Einerseits waren die Güter finanziell wieder in der Lage auf hohe Qualität zu achten, andererseits haben insbesondere die Güter, die von westlichen Investoren übernommen wurden, versucht reduktiv auszubauen und somit „Allerweltssüßweine" zu machen.

Wie beschreiben Sie die Eigenschaften eines idealen edelsüßen Weins?
Intensiv vielschichtiger changierender Duft, elegante Süße, strahlige Säure und opulente Fülle.

Was unterscheidet einen Sauternes und eine burgenländische Trockenbeerenauslese von einem Tokajer?
Tokajer unterscheiden sich von anderen edelsüßen Weinen durch ihre hohe Säure und daraus resultierend durch ihre Strahligkeit und Brillanz.

Was ist das Besondere an einem alten, perfekt gereiften Tokajer?
Unbeschreiblich vielschichtiges Bouquet, brillante stützende Säure, elegante Opulenz am Gaumen und unendlicher Abgang.

Ihre Tokaj-Verkostungen im Rahmen der „Linzer Weingang" sind legendär und praktisch nicht wiederholbar. Was hat Sie zu diesen Inszenierungen bewogen?
Solche Weine gehören nicht alleine getrunken, sondern mit Freunden.

Was ist der älteste Edelsüße in Ihrem Keller?
1888.

Was war bislang Ihr eindruckvollstes Erlebnis mit einem edelsüßen Wein?
Anlässlich einer Probe in Linz: 1848er Essenczia.

Wie beschreiben Sie Duft, Geschmack und Zustand dieses Weins?
Unbeschreiblich, Worte reichen hier nicht aus.

Was ist für Sie die ideale Zeit für den Genuss eines edelsüßen Weins?
Der späte Vormittag, da hier der Gaumen noch am wachsten ist.

Zu welchen Speisen trinken Sie besonders gerne einen edelsüßen Wein?
Tokajer zu Süßspeisen, da durch die brillante Säure dieser Weine unglaubliche Geschmackskombinationen entstehen.

In welcher Stimmung gibt es für Sie nur einen edelsüßen Wein?
Edelsüßer Wein ist nicht stimmungsabhängig.

Wenn morgen die Welt untergehen würde und Sie wüssten davon, welche Flasche würden Sie entkorken?
Wahrscheinlich die oben genannte 1888er Flasche.

Ausführliche Jahrgangstabellen zu Tokajer-Weinen finden Sie im Anhang.

Ukraine
Halbinsel Krim

„Ayu-Dag Cahors", „Alushta Tokay", „Ai-Danil", „Kuchuk Lambat Black Muscat", „Prince Golitizin Seventh Heaven" und „Prince Golitizin Kush-Kaya" sind Namen, die nach orientalischen Potentaten klingen, doch sie stehen für edelsüße Weine – und was für welche! Es handelt sich um Gewächse vom Weingut Massandra auf der Krim, dem Ex-Keller der russischen Zaren. Aus diesem monarchischen Vermächtnis hat sich Stalin unideologisch bedient, um 1945 seine Kollegen Churchill und Roosevelt bei der Konferenz von Jalta mit Süßweinen zu erfreuen. Unter dem bis heute firmierenden Titel „Massandra Collection" hat das Auktionshaus „Sotheby's" in einer spektakulären Aktion am 2. April 1990 in London 1.155 Flaschen in den Jahrgängen von 1830 bis 1917 sowie weitere 12.330 Bouteillen aus den Jahren zwischen 1918 und 1945 versteigert. David Molyneux-Berry hatte als Weinchef von Sotheby's zuvor 140 Weine vor Ort verkostet und sich begeistert über die Güte geäußert.

Die zur Ukraine gehörende Krim war die Riviera der russischen Aristokratie, hier hatten die Fürsten und der Zar ihre Paläste. Auf der Halbinsel ist seit Urzeiten Wein angebaut worden, und weil die klimatischen Verhältnisse sich besonders gut für süße Weine eignen, wie sie die Russen besonders goutieren, hat der letzte Zar, Niko-laus II, zwischen 1894 bis 1897 von georgischen Bergarbeitern die Massandra-Kellerei nahe Jalta als riesigen, dreigeschossigen Komplex mit sieben jeweils 150 Meter langen Tunnels in den Granitfels hauen lassen. Der Auftrag an den Verwalter war klar definiert: des Zaren süße Lieblingsweine von Port, Malaga und Sherry über Tokajer bis Madeira bestmöglich zu imitieren. Das gelang recht gut, die honigsüßen Massandra-Weine vermögen selbst als Methusalems auch westliche Gaumen zu entzücken.

In den Gewölben der Kellerei liegen noch solche Kostbarkeiten, und jährlich kommen neue Süßweine hinzu, denn neben trocken ausgebauten Weinen bildet das süße Segment nach wie vor den Schwerpunkt der Produktion. Die Weine sind auch als touristisches Souvenir begehrt, sodass offiziell vor Fälschungen wie dem süßen „Tscharny Doktor" gewarnt wird, die auf Märkten und zuweilen auch in verschwiegenen Haustoren angeboten werden. Dabei gibt es die Massandra-Kreszenzen jederzeit im westlichen Handel, trocken, schäumend und süß. Selbst Raritäten aus der von Sotheby's versteigerten "Massandra Collection" sind bei speziellen Händlern noch zu haben, auch noch in Deutschland – freilich zu Preisen von 400 bis 1.500 Euro pro Flasche.

Imposantes Gebäude: Die Kellerei Massandra wurde in den Jahren 1894 bis 1897 nahe der Stadt Jalta erbaut.

In den sieben, jeweils 150 Meter langen Tunneln des Gewölbekellers lagern die Kostbarkeiten von Massandra.

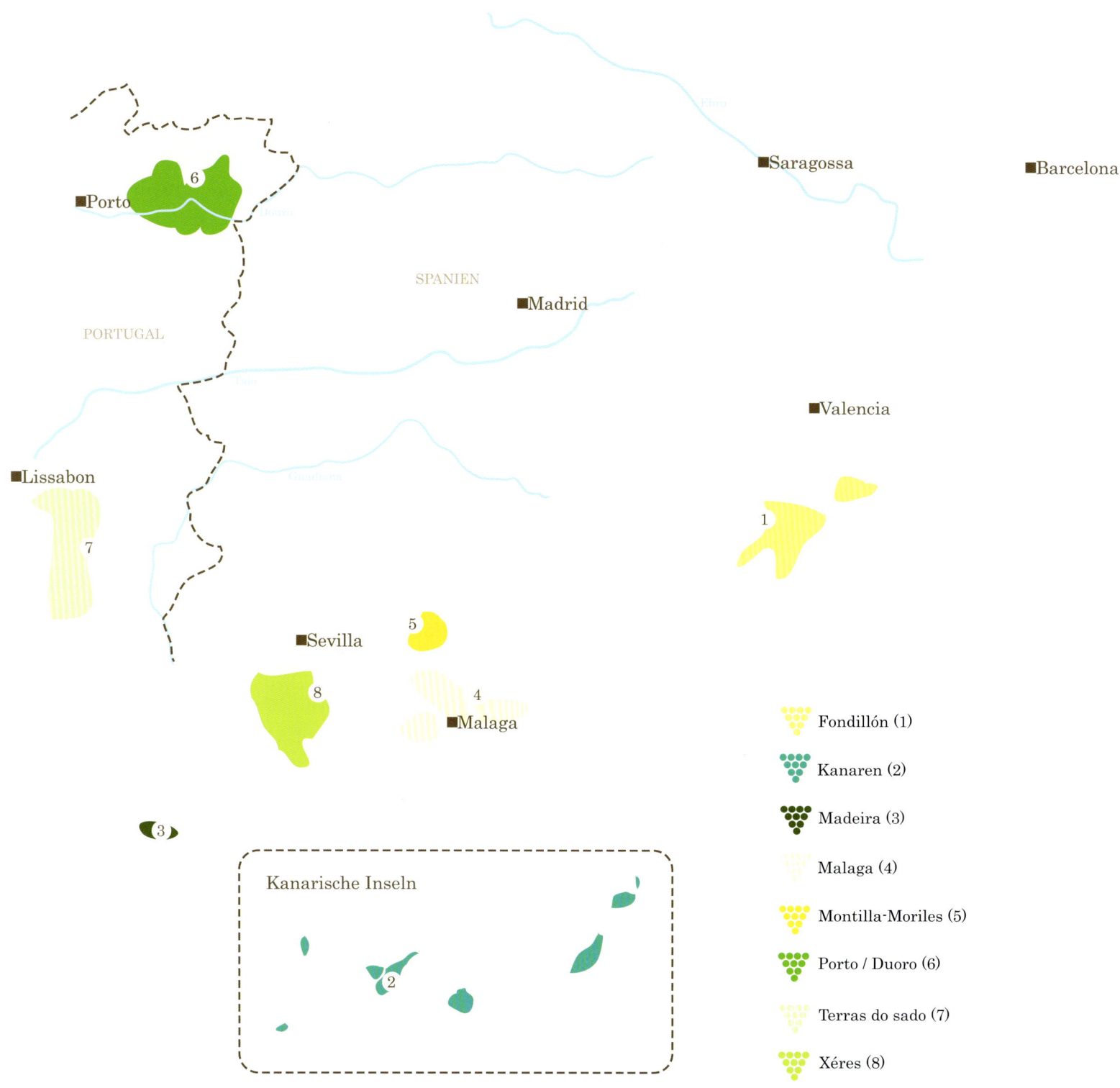

Saragossa

Barcelona

Porto

6

SPANIEN

PORTUGAL

Madrid

Valencia

Lissabon

1

7

5

Sevilla

8

4

Malaga

3

Kanarische Inseln

2

Fondillón (1)

Kanaren (2)

Madeira (3)

Malaga (4)

Montilla-Moriles (5)

Porto / Duoro (6)

Terras do sado (7)

Xéres (8)

Portugal

Bevor die natürliche Stärke Portugals für körperreiche Rotweine erkannt wurde und heute mit zunehmender Intensität genutzt wird, sind die Weine gemeinhin mit zwei populären Arten identifiziert worden: dem „Mateus Rosé" sowie dem „Vinho verde", einem im besten Fall süffig erfrischenden Weißwein aus der gleichnamigen Provinz.

Der Portwein vom Douro galt als landesunabhängiger Solitär, er wurde und wird bis heute nicht zwingend mit der Nation in Verbindung gebracht. Gleiches gilt für den Madeira, den edelsüßen Inselwein mit der großen Vergangenheit und den aktuellen Anstrengungen, ihn erneut oberhalb seines gegenwärtigen Hauptstatus als Saucenwein und „Oma-Likör" in eine glanzvolle Zukunft zu führen. Eher im Verborgenen blüht eine weitere edelsüße Spezialität: der Moscatel de Setúbal.

In der klassischen englischen Literatur kommt bei Charles Dickens und W. M. Thackeray der „Twobottleman" vor, womit respektvoll ein Mann gemeint ist, der zwei Flaschen Vintage-Port auf einmal trinkt und dann noch aufrecht geht. Aber selbst jene trinkstarken Lords, die außer Jagen, Reiten, Essen und eventuell noch Lieben kaum was anderes taten als eine Flasche nach der anderen zu köpfen, haben einen besonders alten Jahrgangsport, kurz Vintage genannt, nur zu speziellen Anlässen entkorkt. Das hatte nichts mit frömmelnder Stilisierung zu tun, sondern wurzelte in der Demut des kultivierten

Liebhabers vor dem Produkt und vielleicht auch der Erkenntnis, dass zu viel des Guten leicht Überdruss schafft. Schließlich gibt es für alle Tage ja noch den Tawny.

Der ist, erstklassige Herkunft vorausgesetzt, keineswegs minderbegabt als ein Vintage, halt nur anders als jener: Heller in der Farbe, nie üppig oder gar wuchtig gebaut, in seinen Aromen stets mehr sublim als reich geschichtet und von einer ätherischen Finesse als Folge der langen Reife im Holzfass. Ein als zehn Jahre alt deklarierter Tawny verfügt durchaus noch über eine primäre fruchtige Kraft, doch schon beim 20-jährigen und mehr noch bei einem 30- oder 40-jährigen Tawny vergeistigt sich das vordergründig Fruchtige in Duft- und Geschmacksnoten wie Mandel, Nuss, Orangenzesten, Rosen, Bitterschokolade, Bienenwachs. Fernab solcher seidiger Distinguiertheit ist freilich die Masse der Tawnys angesiedelt. Unter Tawny firmiert nämlich eine verwirrend große Zahl an Stilen und vieles davon ist ein mehr oder weniger simpler Verschnitt aus ganz einfachen Grundweinen ohne jegliche Tiefe.

Als Könige des Ports gelten die Vintages, die aus einem als besonders gut eingestuften Jahrgang gewonnenen Weine, die zwei bis maximal drei Jahre im Fass liegen und dann in die Flasche gefüllt werden, wo sie langsam ihrer Vollkommenheit entgegenreifen, die sich nicht selten erst nach Jahrzehnten einstellt. Der teuerste Port ist zugleich der am einfachsten zu bereitende, denn sobald ein Jahrgang als Vintage würdig eingestuft ist, werden die absoluten Spitzenweine miteinander vermählt und in Flaschen gefüllt. Die Haupttugend eines Vintage ist seine dichte, sich herrisch gebärdende Frucht in Kombination mit einer Vielfalt an Aromen und einer Süße, die stark sein kann, aber nie platt wirkt.

Rein trinktechnisch lässt sich natürlich auch ein Vintage-Port wegschlabbern wie nichts, quasi im Vorbeigehen. Will man jedoch das Genie eines großen Ports aus exzellentem Geburtsjahr wie 1945, 1948, 1955, 1963, 1970, 1977 und 1985 erleben, diese suggestiv wirkende Aromendichte nach dunklen Früchten, getrockneten Feigen, Rosen, Gewürzen, Minze, Bitterschokolade, gebrannten Sultaninen, Tee, Nuss, Mandeln und Kaffee genießen, dann ist schon deshalb Hingabe angebracht, um mit allen Sinnen und en détail dieses Geschmacksabenteuer zu erfahren. Ein Vintage ist das Gegenteil eines uniformen Getränks, die Kraft und Vielfalt der Geschmacksstoffe sowie ihre Wandelbarkeit mit zunehmender Reife machen ihn zu einem Getränk von hohem persönlichem Reiz.

Hier tanken die Portweine ihr Feuer

Das Mutterland dieses köstlichen Elixiers ist der Norden Portugals. Im oberen Dourotal, rund 100 Kilometer östlich von Oporto in Richtung Spanien, wachsen auf schwindelerregend steil angelegten, teils in den Granit und Schiefer hineingeschlagenen Terrassen die Trauben für den Portwein. „Die Reben essen Steine und trinken Sonne", sagen die Bauern, wenn im Sommer die Hitze so erbarmungslos vom Himmel brennt, dass die Luft flirrt und die Hunde allenfalls im Schatten bellen. Hier, in einer unwirtlichen Gegend, tanken die Portweine ihr Feuer, das sie später an den Menschen abgeben: der dunkelrote Ruby mit seiner knalligen, doch undifferenzierten Süße, der lohfarbene Tawny mit dem ziselierten Aroma, der fruchtstarke, individuelle Vintage.

Die sich verengende und dann wiederum breit ausufernde Landschaft entlang des Flusses wirkt auf märchenhafte Weise der Zivilisation entrückt. Es ist eine archaische Topografie, dramatisch wie wenige andere Weinlandschaften. Abertausende von Steinmauern, kunstvoll in trockener Bauweise ohne Mörtel aus Granit und Schiefer gestapelt, säumen die Hänge, die teilweise so steil sind, dass selbst Moselwinzer respektvoll erschauern. Wer hier siedelte, um Wein anzubauen, hatte weder Angst vor Einsamkeit noch störten ihn die 45 Grad im Schatten im August oder die Kälte im Winter. Seit 2000 Jahren wird hier Wein angebaut, was nicht wundert, denn die Sonne treibt die Süße in die Trauben, aus denen zunehmend auch ein Rotwein von achtbarer Güte gewonnen wird, dunkel, schwer und von feuriger Würze, aber nicht süß wie der Port, sondern trocken.

Blick vom Fluss Douro auf das Weingut Quinta de Napoles, das sich seit 1987 im Besitz von Niepoort befindet.

Die Bogenbrücke Ponte Dom Luis I. verbindet die Stadt Porto mit Vila Nova de Gaia, wo die Kellereien ihre Lagerhäuser haben.

Porto und Duoro: melancholisches Weltkulturerbe

Der Blick von der Ponte Dom Luis I. ist konkurrenzlos schön, sobald die frühmorgendlichen Nebelschwaden, in die sich Porto gerne züchtig wie eine scheue Elfe hüllt, schwinden, zerrieben von der Sonne. Die von Téophile Seyrig zwischen 1881 bis 1886 als zweistöckige Eisenkonstruktion erbaute Bogenbrücke überspannt waghalsig in 70 Meter Höhe den Douro und verbindet Porto mit Vila Nova de Gaia, der Zwillingsstadt, wo die Kellereien ihre Lagerhäuser haben, die den Ruhm und den Reichtum der Stadt über Jahrhunderte begründet und getragen haben. „Vinho dos Nobres" hat man den Portwein genannt, Wein für Edelleute.

Das Nebel-Sonne-Spiel spiegelt auch das Seelenleben einer Stadt, die sich anfangs schamhaft touristischen Voyeuren verweigert, sich fremden Blicken nur zögerlich öffnet, dann aber dem, der bereit zur Eroberung ist und eintaucht in die Tiefen von Porto, stolz und selbstbewusst zeigt, was sie hat. Das ist viel, die Konkurrentin von Lissabon lebt zwischen Tradition und Moderne, zwischen morbidem Charme in Form von Barock und Jugendstil und avantgardistischer Architektur, zwischen lässiger Beschaulichkeit und hektischer Betriebsamkeit. Wo sonst hat man ein mit goldener Schnitzkunst angefülltes Franziskanerkloster zur Warenbörse umfunktioniert? Die Portuenser sind zu Recht stolz auf ihre Vergangenheit, nehmen aber auch ihre Aufgabe ernst, chic und modern zu sein.

Harmonie zwischen Alt und Neu

Alt und neu sind keine Gegensätze, sondern verschmelzen, einander befruchtend und bedingend. Architektonisch beeindruckende Zeugen solcher Harmonie zwischen Alt und Neu sind das ehrwürdige, außen komplett verkachelte Kirchlein San Ildefonso und die kubistische Casa da Música, gestaltet von Rem Koolhaas. Am Duero-Ufer, direkt vis-à-vis von Vila Nova de Gaia, schwebt feingliedrig das „Café do Cais": Eine Glasbox auf einer Betonplattform. Im Villenviertel Foz an der Atlantikküste stehen drei ähnlich elegante, direkt ans Wasser gestellte Pavillons, jeder mit furchterregend umbrandeter Terrasse – wie das trendige „Praia da Luz". Alternativen in der Nachbarschaft sind das „Cafeina" und das „Oriental" mit seinen mit preußisch-blauen Seidenpapier gefütterten Glaswänden. Licht und leicht strahlt das „Museum de Serralves", das zeitgenössische Werk von Alvaro Siza Vieira, und gleich daneben imponiert im Art-déco-Stil der Fundacao de Serralves mit seinem lauschigen Englischen Garten.

Mit täglich Tausenden von Kameraklicks wird der 1915 gebaute Bahnhof Sao Bento im alten Geschäftsviertel fotografisch festgehalten. Die prachtvolle Halle unter dem filigranen Dach des Jugendstilbaus ist ein Denkmal. Blauweiße Friese künden in vielfältigen Bildern vom früheren Leben am Douro und seinen Nebenflüssen. Auf den insgesamt zirka 20.000 Kachel-Azulejos wird zudem die Geschichte der Mobilität vom Rad bis zur Eisenbahn dokumentiert. Den Start zu den Sehenswürdigkeiten leitet man idealerweise mit einem Tee oder Tawny-Port im „Majestic" ein, dem schönsten Café im Jugendstildekor mit Prägelederbänkchen, Eichenholzdecken und prächtig verzierten Kristallspiegeln. Die Kellner servieren Sandwiches, Melonensuppe und Gebäck in tausend Variationen, Wasser gibt es umsonst, und man kann die Zeitung in Muße von vorne bis hinten lesen, ohne sich gedrängt zu fühlen. Die Zeit scheint melancholisch stehen geblieben zu sein.

Das Hauptprodukt ist freilich nach wie vor der Port. Seine Rebstöcke prägen über 120 Kilometer lang die Weinberge entlang des Flusses bis hin zur spanischen Grenze. Der Douro entspringt in Spanien – wo er Duero heißt mit Betonung auf dem „e" – und mündet bei Porto in den Atlantik. Die Hänge an beiden Ufern steigen vom glatten Fluss

hoch bis zu 800 und manchmal auch 1.200 Meter, terrassiert bis in die Gipfelregionen und verbunden mit hunderten Steinstufen. Auf ihnen wachsen kniehoch die Rebstöcke, die vom Fleiß der Generationen künden. Der Alltag ist weit weg, niemand ist von Eile drangsaliert. Der Douro ist Balsam für die Nerven und dabei nie langweilig, denn hinter jeder Flussbiegung wandelt sich die Landschaft, sieht man Herrenhäuser und altehrwürdige Quintas. Die Region ist mit spektakulär noch untertrieben beschrieben. Am Douro verbinden sich Natur und Menschenwerk in faszinierender Harmonie, die Unesco würdigte das als Weltkulturerbe.

Den Wein macht die Natur, aber der Port, wie er seit Jahrhunderten erzeugt wird, ist eine Erfindung des Menschen. Der Überlieferung zufolge war es der Abt des Klosters in dem hoch über dem Douro gelegenen Winzerort Lamego, der als Erster dem Wein noch während und nicht nach der Gärung Branntwein zusetzte, wodurch die Hefen abstarben und ein süßer, alkoholstarker Wein entstand: der Prototyp des Portweins. Vor dieser Entdeckung hatten die Engländer bereits seit Ende des 17. Jahrhunderts roten Douro-Wein importiert, dem zur Stabilisierung vor der Verschiffung nach England das übliche Quantum an Brandy beigemengt worden war. Doch die süße Version begeisterte die Handelsherren und die Nation. Auf den Höhenflug folgte allerdings bald schon der Absturz, denn um 1730 wurde ein Skandal publik: Panscher hatten minderwertige Weine mit Zucker und Holundersaft frisiert.

Empfohlen, erlaubt, toleriert: rund 85 Rebsorten

Die portugiesische Regierung unter Premier Sebastiao Josè de Carvalho, dem späteren Marquês de Pombal, erließ mit königlicher Verfügung 1756 gesetzliche Maßnahmen, die inklusive etlicher Modifikationen im Kern bis heute wirksam sind. Das Anbaugebiet wurde geografisch eingegrenzt, die Weinberge und Reben sind klassifiziert worden. In den Weingärten am Douro stehen um die 85 Rebsorten, wovon die Hälfte für den Portwein zugelassen sind, unterteilt in drei Kategorien: empfohlen, erlaubt, toleriert. Tatsächlich sind für den roten Port fünf von Bedeutung: Touriga Nacional (kleinbeerig, aromastark, finessig), Tinta Barroca (samtig, blumig mit viel Zucker), Toriga Franca (fruchtdicht), Tinta Roriz (gerbstoffreich, kraftvoll, rosinig, in Spanien als Tempranillo bekannt), Tinta Cao (klein im Ertrag, elegant, feinwürzig).

Der weiße Port wird aus Malvasia Fina, Codega und Rabigato erzeugt. Die Portmogule sagen gerne, es sei „die erste Pflicht eines Ports, rot zu sein", aber süßen weißen Port hat es immer schon gegeben, wenn auch in Kleinstmenge als Nischenprodukt. Ein 1917er White Port, 1927 von Niepoort in Flaschen gefüllt, bestach auch 80 Jahre später noch durch ein transparentes helles Rosa und eine delikate Süße nach getrockneten Feigen nebst etwas Bienenwachs und einem Hauch von Kaffee. Die moderne Variante ist etwas körperreicher als Sherry und zeichnet sich durch ein apartes Feigen-Walnuss-Bananen-Bukett sowie eine sanfte Süße aus. Viele weiße Ports sind wohl übersüßt, aber einer von guter halbtrockener Art – wie zum Beispiel der „Chip dry" von Taylor (goldfarben, geschmeidige Fülle mit nussigen und vanilleartigen Aromen) – ist, angereichert mit einem Spritzer Zitrone, Eis und Mineralwasser (alternativ: Tonic), ein köstlicher Sommertrunk.

Beschwerliche Lese, langwierige Produktion

Sein Leben beginnt der rote Port mit einer beschwerlichen Lese per Hand in den letzten Septembertagen, diese dauert drei bis zu fünf Wochen. Die Trauben werden in den rechteckigen, etwa 60 Zentimeter hohen Granitwannen, den fünf- bis fünfzehntausend Liter fassenden Lagares, gesammelt und rhythmisch bei Musik mit den bloßen Füßen gestampft, ja zertanzt, bis die Frauen und Männer spätnachts kniehoch im purpurnen Saft waten. Dieses traditionsreiche Verfahren wird noch auf einigen Gütern für die Gewinnung besonders hochwertiger Weine praktiziert, die Trauben werden schonender als bei mechanischen Techniken „gepresst", die Kerne bleiben unverletzt und geben deshalb nicht ihre Bitterstoffe an den Wein ab. Der menschliche Fuß ist eben sanfter als jede Maschine.

Weil Arbeitskräfte teuer und Erntehelfer immer weniger bereit sind, nach der Lese noch stundenlang die Beeren zu treten, gaben viele Portweinkellereien die Lagares ganz auf, schafften moderne Pressen und Kühlsysteme an oder schufen Alternativen wie Autovinifikationstanks und die Roboter-Lagares, in denen das Füßestampfen mechanisch imitiert wird. Wichtig ist in jedem Fall, dass die Maischung, also das Auslaugen von Farbe, Tannin und Geschmacksstoffen aus den Trauben, so kräftig wie nur möglich vonstatten geht, weil der gärende Most bereits nach zwei bis drei Tagen aus dem Lagare in Holzbottiche oder Stahltanks umgefüllt wird, die zu einem Fünftel mit 77-prozentigem Weinbrand gefüllt sind. Der portugiesisch „Beneficio" geheißene Alkoholstoß tötet die Hefen ab, die Gärung stoppt abrupt, der Most mausert sich von da an zum jungen Port mit 19 bis 21 Prozent Alkohol und einem Restzuckergehalt um die 100 bis 130 Gramm pro Liter.

Im folgenden Frühjahr werden die Jungweine in Tanklastwagen nach Vila Nova de Gaia transportiert, der vis-à-vis von Oporto am anderen Ufer der Douromündung liegenden Stadt, in der die „Shipper" genannten Portweinhäuser ihre Keller haben, die „Lodges". Früher ist der Port in den „Pipes", den langen schlanken Fässern, auf den schmalen Segelbooten „Barcos rabelos" den Fluss hinunter geschifft worden – heute liegen einige Boote als touristischer Blickfang wie Fossile an den Kais. In den Lodges reift der Port in alten Fässern aus Memeleiche oder anderem Holz, mitunter sieht man auch Pipes aus Mahagoni, kündend von den guten alten Zeiten des Empire. Viele Portweinkellereien sind nach wie vor fest in englischer Hand.

Die Basisqualität des künftigen Portweins wie auch der Stil und in gewisser Weise der Typ entscheidet sich im Anbaugebiet, abhängig vom Rebsortenmix, der Güte der Beeren, dem Zeitpunkt der Lese, der Art des Traubenquetschens und dem Verlauf des Gärprozesses, bei dem ja durch früheres oder späteres Hinzufügen des Brandys der Süßegrad beeinflusst wird. Gewissermaßen die Feinarbeit im Sinne der endgültigen Zuordnung des jungen Weins in die einzelnen Typen von Ruby über Tawny bis Vintage sowie die diversen Nebenlinien erfolgt in den Lodges in Vila Nova de Gaia. Das geschieht selbstverständlich nicht willkürlich, sondern in kenntnisreicher geschmacklicher Abstimmung mit dem Glas in der Hand und unterstützt durch die analytischen Werte, die im Labor gewonnen werden.

„Kennen Sie den Bischof von Norwich?"

Einer alten englischen Tradition zufolge endet kein festliches Dinner ohne eine seit Jahrhunderten kultivierte Zeremonie. Die wird in Londoner Clubs ebenso gepflegt wie in den Portweinhäusern am Douro. Sobald der letzte Gang abserviert ist und die Krümmel vom Tisch gebürstet worden sind, nimmt der Gastgeber die Kristallkaraffe, in der seit Stunden ein großer Vintage-Port dunkelrot schimmert, Luft atmend, die in ihm ein Optimum an aromatischer Finesse fördert und freisetzt.

Der Hausherr füllt zunächst das Glas der zu seiner Rechten sitzenden Person und danach das eigene, bevor er die Karaffe an seinen linken Tischnachbarn weiter reicht. Der schenkt sich ein und gibt die Karaffe weiter, die nun im Uhrzeigersinn um den Tisch kreist, bis sie wieder beim Hausherrn landet. Dann, nachdem alle ihr Glas gefüllt haben, wird ein Toast auf die Queen und/oder den Ehrengast der Runde ausgebracht.

Beim Herumgeben der Karaffe kann es natürlich vorkommen, dass diese bei einem Gast hängen bleibt. Da es als unhöflich gilt, direkt nach dem Port zu fragen, stellt man die Frage „Kennen Sie den Bischof von Norwich?" Ist der Gast mit den Portzeremonien vertraut, wird er den Portwein sofort weiterreichen. Antwortet dieser jedoch mit einem simplen „Nein" lautet die Replik: „Er war ein sehr angenehmer Zeitgenosse, aber er vergaß immer, den Port weiterzureichen."

Langlebig und fein

Die außerordentliche Langlebigkeit eines Vintage-Ports zeigt sich immer wieder auf beeindruckende Weise bei Jahrgangsproben. Ein Star unter den Methusalems ist der 1931 Quinta do Noval Nacional, eine Rarität, die vor ein paar Jahren bei Christie's für mehr als 5.000 Euro versteigert worden ist. Der Vintage verfügt immer noch über eine Farbe von tiefem Rubin mit dunkelblauem Schimmer. Der Fruchtkörper ist dicht gewoben, die Süße markant und doch geläutert mit Noten von Cassis, Orangenzesten, Lakritze und etwas Bienenwachs.

Zu den feinsten Ports des 20. Jahrhunderts zählt auch der 1945er Taylor's mit seinem schönen Rot und der prächtigen, von Süße zart durchwobenen Frucht – ein offenbar unsterblicher Wein mit Noten von Honig, Nüssen, Vanille und Bitterschokolade. Ein Gigant ist der 1963er Taylor's, finessenreich gibt sich der 1966er mit seiner subtilen Aromatik nach Zimt, Kirschen und Zedernholz, wohingegen der Jahrgang 1977 wiederum den muskulösen Typ repräsentiert: dunkelrot, vollfruchtig, intensive Süße, sich nur zögerlich öffnend. Elegant

Kleinbeerig und aromastark: Beeren der Sorte Touriga Nacional.

trinkt sich der 1948er, groß ist der 1900er, der gerade auf dem Gipfel seiner Vollkommenheit angelangt ist.

Ein guter Port, ob Tawny, Vintage oder eine der Variationen, ist auch bei Tisch eine Bereicherung, denn Ports sind kulinarisch omnipotent. Sie passen vorzüglich zu frischem Ziegenkäse mit Quittengelee, zu fetten Käsesorten, besonders zu Blauschimmelarten wie Roquefort und Stilton. Harmonien gibt es mit gebratener Stopfleber von Gans oder Ente sowie zu Vorspeisen wie paniertem Kalbsbries mit Tomatenkompott. Geradezu ein Wonnegefühl löst ein junger Vintage zu einem Pfeffersteak aus.

Gute bis sehr gute Portweinhäuser

Cálem; Churchill; Croft; Dow; Ferreira; Fonseca; Gould Campbell; Graham's; Kopke; Krohn; Martinez; Niepoort (siehe S. 222); Quarles Harris; Quinta de la Rosa; Quinta do Noval; Ramos-Pinto; Rozès; Smith Woodhouse; Taylor's; Warre

Ausführliche Jahrgangstabellen zu Portugal finden Sie im Anhang.

Portweinstile

Ruby

Eine Mischung aus jungen Weinen, die im Schnitt zwei bis drei Jahre in unterschiedlichen Behältern gelagert worden sind, über die gewünschte dunkelrubinrote Farbe und vor allem eine von Beeren- und Kirscharoma erfüllte deutliche Süße von vordergründiger Wirkung verfügen. Ein Ruby ist nie ein großer Port und will es auch nicht sein. Vieles, was unter diesem Etikett feilgeboten wird, ist von bescheidener Güte, doch die besseren Abfüllungen, als Premium Reserve gekennzeichnet, sind ausdrucksstark und verfügen im Ansatz bereits über einen „Vintage-Charakter". Sie vermögen einem Nachmittagstee eine süße Ergänzung zu sein, zudem aromatisieren sie so manchen Vanillepudding und ähnliche Naschereien. In England ist der Ruby als „Pub port" geläufig, weil er dort glasweise serviert wird. „Port and Lemon" ist zwar außer Mode, aber noch zu bekommen: Ruby mit einem Schuss Limonensaft.

Tawny

Unter diesem Titel rangiert ein Sammelsurium an Qualitäten von belanglos bis exzellent. Tawny heißt so viel wie lohfarben und bezeichnet die zwischen Mahagoni (junger Wein) und Bernstein (älterer Wein) changierende Farbe. Klassisch ist unter einem Tawny ein länger im Fass gereifter Ruby zu verstehen – wie ja im Grunde jeder Port seine Karriere als Ruby, als blutjunger Wein, beginnt. Ist er von gehobener Qualität, lässt man ihn zum Tawny reifen, ist der Babywein von grandioser Güte, wird daraus vielleicht ein Vintage. Praktisch wird heute freilich viel Tawny als kommerzieller Verschnitt von leichteren Weinen mit hellerer Farbe und kaum mehr als drei Jahren Fassreife vermarktet. Diesen eher seichten Mixturen fehlt bedauerlicherweise das köstliche Aroma eines lange im Fass gereiften Weins nach Mandeln, Nüssen, Marzipan, Kirsche. Schon mehr Beachtung verdient ein goldbraun glänzender Reserva mit wenigstens sieben Jahren Fasslagerung.

Die Spitzen-Tawnys sind als 10, 20, 30 und 40 Jahre alt deklariert. Dabei handelt es sich um Durchschnittswerte, ein „10 years old Tawny" wird aus hochwertigen Grundweinen verschiedener Jahrgänge komponiert, von denen einige älter als zehn Jahre sind, andere vielleicht jünger. Das Abfülldatum ist stets auf dem Etikett vermerkt. Ein 10-jähriger Tawny ist naturgemäß dunkler in der Farbe und fruchtsüßer als ein 20-jähriger, der schon erste subtile Reifenoten ausweist und über ein besonders seidiges Gewebe verfügt. Entsprechend ätherischer sind die 30 und zumal die 40 Jahre alten Tawnys gebaut, denen auch sehr alte Qualitäten von 50 und mehr Jahren an Fassreife beigefügt worden sein können.

Diese Juwelen in der Tawny-Kategorie weisen nach der langen Fassreife keine als Depot oder auch Crust bezeichnete Rückstände auf und müssen daher auch nicht zwingend dekantiert werden. Im Gegensatz zu einem Vintage-Port halten sie sich, gut gekühlt, auch in der angebrochenen Flasche noch etliche Tage bis Wochen, ohne an Delikatesse zu verlieren.

Colheita

Colheita heißt Ernte, steht auch für Jahrgang. Unter diesem Begriff wird ein Tawny aus einem einzigen Jahrgang (steht groß auf dem Etikett) angeboten, der mindestens sieben Jahre lang im Fass gelegen hat. In der Regel haben Colheitas weit mehr Jahre an Fassreife hinter sich. Ein Colheita wird wegen der Jahrgangsangabe auf dem Etikett leicht mit einem Vintage verwechselt, doch das sind zwei völlig verschiedene Porttypen. Ein Colheita ist ein Jahrgangstawny mit allen Vorzügen eines lange holzfassgereiften Ports, der sich von einem 20 oder auch 30 Jahre alten Tawny eben dadurch unterscheidet, dass die Weine aus einem Jahrgang stammen. Ein Spezialist für Colheitas ist das Haus Niepoort, das über große Bestände an alten Jahrgangstawnys verfügt (wie den legendären 1900er). Kommt ein Colheita zu spät auf den Markt, kann es sein, dass er holzig schmeckt, auch brandig und wie gekocht.

Crusted Port

Selten und eigentlich nur in Großbritannien auf dem Markt. Dabei handelt es sich um einen Verschnitt hochwertiger Rubys aus mehre-

ren Jahrgängen, der jung – im Schnitt nach 3 bis 4 Jahren im Fass – und ohne Filtration in Flaschen gefüllt wird, wo er reift und das typische Depot entwickelt. „Crusted" leitet sich eben vom Depot her. Mit diesem relativ neuen Typ will man einen Port von sehr guter Qualität und mit Eigenschaften anbieten, die einem Vintage ähneln, der aber deutlich früher trinkreif ist und zudem deutlich weniger kostet.

Late Bottled Vintage
Kurz LBV genannter Port eines Jahrgangs von sehr guter Qualität, aber nicht so unwiderstehlich, um ihn als Vintage zu deklarieren. Gute LBV-Portweine haben die geschmacklichen Merkmale eines Vintage-Ports, doch nicht ganz dessen konzentrierte Fülle. Ein LBV reift um die vier bis sechs Jahre im Fass und hat, sofern er vor dem Abfüllen gefiltert worden ist, kein Depot, braucht also nicht dekantiert zu werden. Höher im Ansehen der Portfans ist die ungefilterte Version, die früher als „Traditional" ausgewiesen worden ist und heute als „Bottle matured" gekennzeichnet wird. Dieser Typus bildet Depot und bedarf des Dekantierens.

Vintage-Port
Der Fürst, ein regierender König unter den Ports, der nur in besonders guten Jahrgängen erzeugt wird und rar ist: Sein Anteil an der Gesamtproduktion liegt näher bei einem als bei zwei Prozent. Im Schnitt werden in einem Jahrzehnt nur drei Jahrgänge zum Vintage gekürt. Dafür werden nach zwei bis spätestens drei Jahren im Fass die besten Weine des Jahrgangs (Vintage) miteinander vermischt und

in Flaschen gefüllt, wo die eigentliche Reife beginnt und sich über Jahrzehnte hinziehen kann. Traditionell sind die Flaschen für den Vintage besonders dick und dunkel.

Ein Vintage ist in seinen ersten zehn Jahren selten ein großer Genuss. Frucht, Süße, Tannine und vor allem der Alkohol – immerhin um die 19, 20 Prozent – bilden ein Gemenge, in dem die Wucht vorherrscht. Alles ist überzeichnet, noch nicht im Einklang mit sich selbst. Einem jungen Vintage mangelt es an Ausgewogenheit. Die kommt erst nach entsprechender Reife, die je nach Philosophie der Kellerei, dem Charakters des Jahres und der Kraft der Grundweine mindestens 10, in der Regel bis zu 20, 30 und mehr Jahre andauern kann, ehe der Wein sein Idealbild erreicht hat. Im Laufe der Flaschenreife bildet sich das für Vintage-Ports typische Depot, jener Bodensatz aus abgestorbenen Farbpigmenten, Gerbstoffen und kristallisierten Mineralsalzen, das durch behutsames Umfüllen von der Flasche in eine Karaffe entfernt werden muss (siehe dazu auch das Kapitel über den Umgang mit Süßweinen).

Ist der Vintage entkorkt, sollte man ihn auch trinken; die Frucht, sein Kapital, hält sich zwei, maximal drei Tage. Danach zehrt sie sich sukzessive aus. Für Dominic Symington vom gleichnamigen Port-Konzern, zu dem Graham's, Dow's und auch Warre's gehören, ist das kein Thema: „Wenn die Flasche einmal geöffnet ist, trinkt man die doch sowieso aus!"

Single Quinta Vintage

Hierbei handelt es sich um einen Vintage, der aus den Weinen eines einzigen Jahrgangs und eines bestimmten Weinguts, am Douro Quinta genannt, produziert wird. Die großen Shipper, die über Quintas am Douro verfügen, bringen einen Single Quinta Vintage allgemein in sehr guten Jahren heraus, in denen sie keinen eigenen Vintage-Port deklarieren. In herausragenden Jahren benötigen sie den Quinta-Jahrgang für ihr Flaggschiff, den Vintage-Port. Die Herstellung des Single Quinta Vintage gleicht dem klassischen Vintage-Port, der Wein wird nach zwei bis drei Jahren im Fass in Flaschen gefüllt, wo er weiter reift. Generell ist der Quinta-Vintage etwas früher trinkreif und im Zweifel nicht ganz so mächtig und komplex wie der reguläre Vintage eines Portweinhauses.

Eine spezielle Variante sind die Vintages von kleineren Weinbergsbesitzern, die früher ihre Grundweine an die großen Häuser verkaufen mussten, weil Port laut Gesetz über Vila Nova de Gaia exportiert werden musste. Seit diese Vorschrift 1986 gelockert worden ist, haben die privaten Quinta-Besitzer die Möglichkeit, eigenen Vintage zu produzieren und zu vermarkten, was auch zunehmend geschieht. Eine weitere Spezialität und Rarität sind Quinta-Weine von sehr alten Rebstöcken. Quinta do Noval besitzt beispielsweise eine Parzelle mit uralten Reben aus dem 19. Jahrhundert, die in großen Jahrgängen exklusiv gekeltert und als „Nacional" vermarktet werden – maximal 3.000 Flaschen. Taylor's kultiviert in seiner Quinta da Vargellas in exzellenten Jahren aus 75-jährigen Rebstöcken einen Vintage mit dem Zusatz „Vinho Velha".

Garrafeira-Port

Dieser sehr eigenständige Portweintyp ist erst 2002 vom allmächtigen Portweininstitut amtlich abgesegnet worden. Bis dahin hat

nur Niepoort exklusiv den Stil kultiviert. Dabei wird hochwertiger Grundwein nach drei- bis sechsjähriger Fasslagerung in Glasballons von fünf bis zehn Liter abgefüllt, wo er weitere Jahre reift, ehe er in Flaschen gefüllt wird. Der Port darf als Garrafeira etikettiert werden, wenn er einem einzigen Jahrgang entstammt und vor der Flaschenfüllung mindestens sieben Jahre in den Ballons lag.

In der Praxis lässt man den Wein wesentlich länger im Glas reifen, nämlich bequem 30, 40 Jahre und mehr. Auf seinem Höhepunkt vereint der Garrafeira die dichtfruchtige Mitgift des Vintage mit der seidigen Delikatesse eines Tawny. Auf dem Etikett müssen drei Daten stehen: das Jahr der Lese, der Zeitpunkt des Umfüllens in die Ballonflasche sowie das Datum der Flaschenfüllung.

White Port

Von Veteranen ist gelegentlich noch zu hören, ein Portwein habe gefälligst rot zu sein. Tatsächlich wächst am Douro auch viel Weißwein – und der White Port erlebt sogar mittlerweile einen Aufschwung. Nahezu jede Kellerei produziert weißen Port, der im Prinzip ähnlich hergestellt wird wie sein roter Bruder; lediglich die Maischung während des Gärprozesses ist kürzer angelegt oder wird überhaupt unterbunden. Das Gros wird nach einer Reifezeit von etwa 18 Monaten in Stahltanks in Flaschen gefüllt. Hauptmärkte für diese Weine mit unterschiedlichen Süßegraden von dry (trocken) bis lagrima (süß) und einem Alkoholgehalt um die 16,5 bis 17 Prozent sind Frankreich und die Vereinigten Staaten von Amerika.

In Jahren mit außerordentlich gutem Rebmaterial wurden und werden geringe Mengen jahrelang in Holzfässern ausgebaut, was diesen weißen Ports neben einer goldenen Farbe auch ein komplexeres Aroma verleiht. Neuerdings werden weiße Ports gehobener Güte wie rote Tawnies auch in Alterskategorien als 10, 20, 30 und 40 Jahre alt

Ausblick vom Porthaus Graham's auf den Duoro.

angeboten. Häuser wie beispielsweise Andresen, Dalva (C.da Silva), Nieepoort, Burmester und Ferreira produzieren solche Weißport-Tawnies. Besonders rar sind weiße Ports mit Jahrgang. Schon eine Legende ist der 1917er White Port von Niepoort, 1927 in Flaschen gefüllt: Er präsentiert sich Rosafarben. Ein dichtes, köstlich duften-des Fruchtbündel mit Noten von Bienenwachs, eingelegten Apriko-sen und Feigen nebst gebrannten Mandeln sowie einem Hauch von Kaffee. Die Süße ist moderat und lange anhaltend.

Weiße Ports eignen sich kühl getrunken vorzüglich als Aperitif, pur oder vermischt mit Zitrone und Tonic. Sie passen gut zu pikanten Fischgerichten, Muscheln und Krustentieren sowie zu Pasteten, Speisen mit Oliven, zu nussigen und schokoladigen Mehlspeisen sowie Mandelgebäck.

Portweinhäuser

Jede Kellerei hat ihren individuellen Stil, der sich im Tawny und speziell dem Vintage ausdrückt. Taylor's, 1692 gegründet, ist berühmt für seine kraftvollen und zugleich eleganten Weine. Die Kellerei ist so etwas wie der Latour vom Douro. Das Schwesterhaus Fonse-ca kultiviert einen eher samtigeren Stil, burgundisch angehaucht. Cockburn pflegt die körperreiche, etwas trockene Linie, Graham's sowie Dow stehen für muskulöse Ports. Neben Niepoort zählen zu den besten Porthäusern unter anderem: Taylor's, Fonseca, Quinta do Noval, Warre, Graham's, Dow und Ramos-Pinto. Reputation genießen ferner: Cálem, Churchill, Croft, Ferreira, Gould Campbell, Kopke, Krohn, Martinez, Quarles Harris, Quinta de la Rosa, Rozès und Smith Woodhouse.

Niepoort, Vila Nova de Gaia

Mag schon sein, dass Dirk van der Niepoort zu bestimmten Anlässen von hoher Feierlichkeit wie bei einem Empfang im Buckingham Palace eine Krawatte trägt. Ansonsten sieht man ihn quer durch die Welt in Hemd und Pullover, freilich genau darauf bedacht, dass nur der oberste Kragenknopf geöffnet ist. So viel Stil darf schon sein. Wie die Kleidung ist der Mann: unkonventionell und leger im Umgang mit Menschen, was allerdings nicht mit Lässigkeit verwechselt werden darf. Im Gegenteil, der Mann mit dem

ungebändigten Wuschelkopf, Jahrgang 1964, der das renommierte, 1842 gegründete Portweinhaus Niepoort in fünfter Generation in die Zukunft führt, hat einen wachen Geist und ist allem Neuen gegenüber erstmal aufgeschlossen.

Er nimmt nichts so einfach hin, alles wird geprüft und überprüft. Niepoort ist im besten Sinne ein neugieriger Mensch, der wissen will, wie etwas funktioniert, auch und gerade hinter den Kulissen. Dabei ist er

Bei Niepoort werden Tradition und Fortschritt, gutes Altes und gutes Neues aufs Harmonischste miteinander verbunden.

kein ungestümer Stürmer und – bei allem modernen Denken – ganz und gar kein Modernist. Dirk van der Niepoort gelingt es, Tradition und Fortschritt, gutes Altes und gutes Neues aufs Harmonischste miteinander zu verbinden. Das belegt die Art, wie er neben dem Portwein als angestammtem Hausprodukt eine neue Weinlinie aufgebaut hat. Auf seine dynamische Initiative hin haben sich 2002 die inzwischen schon so legendären „Douro-Boys" zusammengetan, eine lockere, doch effektive Vereinigung von fünf Winzern mit dem Ziel, den Wein vom Douro publik zu machen und ihm, warum nicht hoch greifen, vielleicht Weltgeltung zu verschaffen.

Niepoort wäre nicht er, wenn es ihm nicht bravourös gelänge, neben der neuen Generation an roten (Redoma tinto, Batuta, Charme) und weißen (Redoma Branco, Tiara) Weinen vom Douro auch gleichzeitig beim Port für frischen Geist zu sorgen. „Ich probiere gerne viele Dinge gleichzeitig aus, auf diese Weise kann man viel schneller Erfahrungen sammeln", erklärt er und verweist lächelnd auf den 1999 erstmalig aufgelegten „Secundum", seinen zweiten Vintage-Port neben dem Hausklassiker. Der „Secundum" ist leichter angelegt, zugänglicher als der nach wie vor komplexe Niepoort. Und quasi nebenbei hat er 2007 in Santo Adrão ein neues Weingut gebaut, an dem er neun Jahre lang gezeichnet und getüftelt hat.

Dirk van der Niepoorts besondere Liebe gilt dem Garrafeira-Port, einer exklusiven Spezialität des Hauses. Das ist ein Portwein, der seine ersten drei bis sechs Lebensjahre im Holzfass verbringt und dann als Jahrgangswein in alte mundgeblasene Glasballons umgefüllt wird, sogenannte Demijohns mit einem Volumen zwischen sieben und elf Litern. Für Niepoort sind die Garrafeiras „die elegantesten Portweine. Diese Art der Alterung verleiht ihnen eine enorme Feinheit."

„Ich schätze die ganz alten Portweine besonders: 1927, 1942 (jetzt besonders gut zu trinken), 1945 und 1955. 1970 ist einer meiner Lieblingsportweine überhaupt. Ich denke, dass wir seit 2000 wieder ganz ganz oben sind bei der Qualität, vor allem der 2005er."
Dirk van der Niepoort

Portwein ist immer ein Wein der Muße. Ein Wein, der für Stimmung und Gespräche sorgt. Am liebsten trinke ich ihn in einer kleinen Runde, wo alle miteinander reden und den Wein genießen.   *Dirk van der Niepoort*

Portugals Spezialitäten

Moscatel du Setúbal

Die allgegenwärtige Muskatellerrebe bildet den Basiswein für den mit Alkohol angereicherten Moscatel du Setúbal aus dem portugiesischen Süden. Die Geschichte dieses süßen Weins beginnt 1834, als sich der aus Nordportugal zugereiste José Maria da Fonseca in Azeitao niederließ, um Wein anzubauen. Er widmete sich intensiv dem Muscat. Früher war der Setúbal im Regelfall eine Mischung aus etwa zwei Drittel Muscat und einem Drittel aus anderen weißen Trauben, die, so heißt es, zugesetzt worden seien, um durch Säure mehr Frische in den durch Gärungsstopp sehr süß gehaltenen Moscatel zu bringen. Das ist laut EU-Recht seit 1997 so nicht mehr möglich: ist die Rebsorte auf dem Etikett genannt, muss der Wein davon mindestens 85 Prozent enthalten.

Die Herstellung ähnelt im Kern dem von anderen Süßweinen: Die spät vollreif gelesenen Trauben, hauptsächlich Muscat d'Alexandrie, teils auch die feinere Muscat blanc à petits grains, werden entstielt und nur leicht gequetscht in Tanks oder Fässer gegeben, wo sie nach einer kurzen Gärphase, sobald der Alkohol um die 12 Prozent liegt und ein Restzuckergehalt von etwa 100 Gramm pro Liter erreicht ist, mit Weingeist aufgespritet werden. Die Hefen sterben ab, die Gärung wird abgebrochen, und der Zucker bleibt erhalten. Anschließend wird das Gemenge aus Traubenfleisch und Saft mitsamt den Farbe, Tanninen und Geschmacksstoffen enthaltenen, besonders duftstarken Beerenhäuten fünf bis sechs Monate oder auch ein Jahr als Maische gelagert, danach erst gepresst. Diese als Mazeration bezeichnete Auslaugung der Schalen verleiht dem Wein sein spezielles würziges Aroma.

Nach durchschnittlich fünf Jahren währender Reife in Holzfässern wird der 17 oder 18 Prozent Alkohol starke Wein in Flaschen gefüllt. Neben Jahrgangsfüllungen und einer aus der Moscatel Roxo (roter Muskateller) bereiteten Rarität gibt es den Moscatel du Setúbal vor allem aus längerer Fasslagerung, 10, 20 Jahre und mehr, was auf dem Etikett angegeben wird. Im Hause da Fonseca werden zudem Jahrgangscuvées als sehr rare Verschnitte aus mehreren alten Vintages angeboten. In seiner idealen Version verfügt ein länger gereifter Moscatel über eine reich geschichtete Geschmacksfülle mit Aromen nach kandierten tropischen Früchten, Orangenschalen und Honig nebst gewürzigen Noten à la Muskat, Zimt, Koriander. Sehr alte

Weine haben eine cremige Konsistenz und schmecken auch nach Karamell, Nougat, Kaffee und Schokolade.

Weingut mit Moscatel du Setúbal
José Maria da Fonseca; Bacalhao Vinhos

Madeira – eigenwilliger Individualist

Aus der Vogelperspektive wirkt Madeira wie ein Eckzahn, der steil bis 1862 Meter hoch aus dem Atlantik ragt. Die Insel liegt 650 Kilometer westlich von Casablanca, ist portugiesisch, sonnig, fruchtbar und dank des milden Klimas ein idealer Platz zum Überwintern. „Hier ist es wunderbar, sehr gepflegt, sehr englisch", schwärmte Gustav Gründgens von der Insel, die berühmt ist für ihre Blumen, Früchte und vor allem den nach ihr benannten Wein, der zu den besten und berühmtesten Süßweinen der Welt gehört: ein eigenwilliger Individualist, stark, reich an Alkohol (zwischen 17 und 22 Prozent) und Aromen, in Spitzenklasse nahezu unbegrenzt haltbar. Den edelsüßen Malmsey – das ist die angelsächsische Verballhornung der Rebsorte Malvasia – trank die englische Oberschicht zur Schildkrötensuppe, während Auguste Escoffier im „Ritz" mit dem leichteren Bual die Madeirasauce für die getrüffelten und mit einer Gänseleber bedachten Tournedos Rossini zubereitete.

Die Schildkrötensuppe ist inzwischen geächtet und nur wenige Köche kennen noch die Rezeptur für das Rossini gewidmete kulinarische Meisterwerk. Und die Madeiras aus herausragenden Jahren wie 1954, die heute noch genussvoll zu erleben sind, lagern in privaten Kellern und werden hin und wieder auf Auktionen angeboten, freilich zu höheren dreistelligen Summen. Die Zeiten haben sich geändert und mit ihnen der Madeira, der sich Schicksalsschlägen wie der Reblaus, die ab 1873 nahezu alle Rebsorten vernichtete, zwar tapfer widersetzte, aber danach eine viele Jahrzehnte während Schwächephase durchlitt bis zur Auferstehung gegen Ende des 20. Jahrhunderts, als die Inseloberen endlich neue Gütemaßstäbe setzten und 2001 auch noch den Export der qualitativ höchst fragwürdigen Fassware untersagten.

Um den Wert des Aufbruchs zu verstehen, muss man wissen, dass noch in den späten 1980ern die klassischen und als edel geltenden Rebsorten wie Sercial, Verdelho, Bual und Malvasia nur rudimentär vorhanden waren. Sie sind im Rahmen der Qualitätsoffensive in mühseliger Kleinarbeit neu selektiert und angebaut worden – eine Maßnahme, die naturgemäß erst viele Jahre später erste Früchte in Form von hochklassigen Weinen einbrachte und dem Madeira wohl die Zukunft sichern wird. Nach der Attacke durch die Reblaus war neben anderen langweiligen Sorten bevorzugt die rote Tinta negra mole gepflanzt worden, die massig Erträge sicherte bei mäßiger Klasse und in Flaschen abgefüllt wurde, denen man ein Wertigkeit vortäu-

schendes „Bual" oder „Malmsey" aufgepappt hatte, ohne dass darin ein Tropfen von Trauben solchen Namens zu finden gewesen wäre.

An der Erzeugung hat sich prinzipiell gegenüber früher nichts geändert, abgesehen von moderner technischer Ausrüstung. Wesentlichen Einfluss auf den Herstellungsprozess hatte die im 17. Jahrhundert gewonnene Erkenntnis, dass Madeira, der damals schon nach Amerika und bis Indien verschifft wurde, auf seiner Reise durch tropische Zonen an Finesse gewann. Um diesen einmaligen „Kochton" ohne Umwege über langwierige Schiffsreisen zu erreichen, verfielen findige Winzer auf die Idee, den Wein zu erwärmen. Dies geschieht auf unterschiedliche Weise, je nach Art des Grundweins und der angestrebten Qualität.

Nach der üblichen Prozedur des bei alkoholverstärkten Weinen obligaten Gärungsstopps durch die Zugabe von hochprozentigem Branntwein, erfolgt die Erwärmung der einfacheren Weine in Stahltanks mittels Heizschlangen oder andere Geräte, durch die heißes Wasser gepumpt wird, das den Wein drei Monate lang auf 50 Grad hält. Die feinsten Madeiras lässt man immer noch Jahre lang in den 650-Liter-Holzfässern unmittelbar unter den Dächern der oberirdisch gebauten Kellereien reifen, wo sie den natürlichen Klimaschwankungen wie vor allem der Sonnenwärme ausgesetzt sind. Auf diese Weise wird die ehedem im Bauch der Schiffe erfolgte Reifung imitiert.

Billiger Madeira wird auch heute noch billig erzeugt, beispielsweise, indem die Moste ohne die Zugabe von Alkohol zu Ende gären, danach mit einer Art aufgespritetem Süßmost (vinho surdo) gesüßt und nach der Estufa genannten Erwärmung zusätzlich durch Karamell farblich aufgehübscht werden. Solche Durchschnittsware dient anspruchslosen Naschkatzen zum Pläsier und kommt bei bescheiden arbeitenden Köchen in die Sauce. Der Kenner wird sich an der Spitze orientieren, und die beginnt bei den länger gereiften Weinen wie einer Twenty Years Old Reserve aus einer der edlen Sorten. Relativ neu auf dem Markt sind Colheita-Abfüllungen, also Madeiras mit Jahrgangsangabe. Diese Colheitas dürfen schon nach mindestens fünfjähriger Fasslagerung gefüllt werden, der Start war 1994. Klassische Vintage-Madeiras mussten früher 20 Jahre im Fass reifen.

Madeirastilrichtungen

Traditionell wird Madeira in vier Stilrichtungen abgefüllt, die sich mit den als edel eingestuften Rebsorten decken: Sercial (blassfarben, sanfte trockene Herbe, nussig, limonig), Verdelho (goldgelb, halbtrocken, zarte Süße, Trockenfrüchte, Kaffee), Bual (auch Boal genannt, goldfarben bis Bernstein, voller Körper, süßlich, Orangenschale, Kaffee, Aprikose, Trockenfrüchte, zeigt Größe), Malvasia (Malmsey, bernsteinfarben bis dunkelbraun, voller Fruchtkörper, feine bis ölige Süße, die sich im Alter rundet, Vanille, kandierte Früchte, Toffee). Diese Regelung darf nicht allzu eng ausgelegt wer-

den, sie ist als Richtwert zu verstehen. Die Süßegrade können sich erheblich überlappen, sodass ein Sercial süßer ausfallen kann als ein Verdelho und der Verdelho süßer als ein Bual. Eines ist allerdings sicher: ein Malmseys ist stets der Süßeste. Und ebenso gewiss ist, dass sich die besten Madeiras durch ein feines Rancio-Aroma sowie eine lebendige Säure auszeichnen.

Weitere Rebsorten wie die weiße Terrandez und die rote Bastardo, die grandiose Weine ergeben, sind fast völlig verschwunden. Weine aus Tinta negra mole werden als dry, medium-dry, medium-sweet und sweet oder rich vermarktet, wobei dry nicht knochentrocken ist und sweet über 100 Gramm Restzucker pro Liter enthalten kann.

Unter den Madeiras gibt es wohl die ältesten Flaschen mit Jahrgang, die noch im Handel erhältlich sind wie beispielsweise ein 1795 Madeira Terrantez, 1870 Madeira Boal, 1894 Madeira Malmsey Solera, 1900 Madeira Malvasia, 1899 Madeira Terrantez, 1853 Madeira Old Malmsey Solera Magnum oder auch ein 1900 Madeira Century Malmsey Solera.

Beim Solera-Verfahren werden die den Fässern entnommenen beziehungsweise natürlich verdunsteten Weine durch jüngere Ernten ersetzt. Der auf der Flasche schließlich angegebene Jahrgang entspricht dem Erntejahrgang, also dem Basiswein, der infolge der laufenden Zuflüsse freilich nur noch zum Teil originär erhalten ist

Weingüter mit Madeiraweinen
Artur de Barros e Sousa; Henriques & Henriques; Justino Henriques; Madeira Wine Company; Pereira d'Oliveira; Vinhos Barbeito

Ausführliche Jahrgangstabellen zu Madeira finden Sie im Anhang.

Bual kennzeichnet eine der vier Stilrichtungen eines Madeiras: gold- bis bernsteinfarben, voller Körper, süßlich.

Spanien

A uch beim süßen Wein gibt es Moden. Es ist noch gar nicht so lange her, da reichte es, die Namen von andalusischen Elixieren wie beispielsweise Málaga oder Sherry Pedro Ximénez leichthin zu erwähnen, um augenblicklich Begehrlichkeit ausstrahlenden Glanz in die Augen von Kennern zu bringen. Unter dem zeitweiligen Diktat der trockenen Gewächse in Verbindung mit Fitness-Gurus und deren wider Fett und Zucker hocherhobenen Zeigefinger hatten Süßweine einen enorm schweren Stand. Inzwischen erleben sie jedoch eine neue Wertschätzung, kramen die Winzer in ihren Kellern nach lange vergessenen Schätzen und werden tatsächlich fündig – wie das seit 1729 im südspanischen Montilla-Moriles ansässige Haus Alvear, das kürzlich mit einem 1927er Pedro Ximénez überraschte, einer Essenz von stupender Finesse.

In Jerez und in Málaga, anderen Zentren andalusischer Süßweine, schlummert in tiefen Kellern und Soleras ebenfalls noch so manches Juwel, das der Hebung bedarf, sozusagen eines Dornröschenkusses. Neben Klassikern gibt es unter den „Vinos generosos", wie der Spanier die mit Alkohol angereicherten und süß gehaltenen Weine nennt, zunehmend Vertreter einer neuen Generation von Süßweinen. Diese Gewächse sind farblich heller, fruchtiger, leichter, vielleicht auch schlanker und feiner angelegt, jedenfalls früher trinkreif. Ob sie an Charakterstärke an die traditionellen Süßweine heran reichen, wird sich weisen. Das ist auch eine Frage des persönlichen Geschmacks. Jedenfalls wird das edelsüße Spektrum erweitert durch ein Nebeneinander moderner „Vinos dulce" mit den klassischen Kreszenzen barocken Zuschnitts, die oft Jahrzehnte der Reife bis zu ihrer Vervollkommnung benötigen.

In einem sonnenreichen Land wie Spanien wachsen die Süßweine, salopp formuliert, wie von selber. Präziser gesagt sind dies Kreszenzen aus getrockneten Beeren, denn die Botrytis kann sich in dem trockenen Klima nicht entwickeln. Hingegen lassen sich in jeder Region aus Trauben, die lange genug an den Stöcken hängen und gegebenenfalls nachrosiniert werden, süße Weine erzeugen. Dies geschieht immer häufiger, von der Auslese bis hin zum Eiswein.

Aus roten Sorten wie beispielsweise Garnacha tinta (Grenache), Monastrell (Mourvèdre) oder Syrah werden gleichfalls Weine von begeisternder Süße gekeltert. Die edle Moscatel de grano menudo, spanisch für Muscat blanc à petits grains, erlaubt besonders in

Weinberge in Katalonien.

Navarra die Herstellung goldgelb schimmernder und raffiniert traubig duftender natursüßer Weine. Aus der rustikaleren Moscatel de Alejandria bzw. Moscatel de Málaga (spanisch für Muscat of Alexandria) werden Dessertweine von fülliger, oft freilich nur banal-süßlicher Machart produziert.

Kanaren

Der süße Malvasier von den Kanaren hatte seine große Blütezeit bis ins späte 17. Jahrhundert. Die Weine von den glücklichen Inseln Teneriffa, La Palma und Lanzarote waren so berühmt wie der Madeira. Shakespeare ließ in „Was ihr wollt" seinen Sir Toly Belch „a cup of canary" ordern, und ein 1760er Canary, 1981 in einem illustren Kreis von Liebhabern entkorkt, zeugte – laut Etikett 1900, 1927 sowie 1953 jeweils neu verkorkt – mit samtroter Farbe und kraftvoller, noch höchst lebendiger Frucht von der Stärke der süß ausgebauten Malvasiarebe. Doch zu Beginn des 18. Jahrhunderts begann der Canary infolge der spanischen Erbfolgekriege sowie vor allem des englischen, Port, Sherry und Madeira begünstigenden Protektionismus international zu verblassen.

Die Baisse hat eine kleine Ewigkeit gedauert, erst seit Ende des vorigen Jahrhunderts wagte man sich beispielsweise bei El Grifo, Mozaga und den Bodegas Insulares de Tenerife an die Wiederbelebung edelsüßer Weine aus den klassischen Rebsorten Malvasia und Moscatel heran. Mit Erfolg: Diese Gewächse dokumentieren die neue Qualität des insularen Weinbaus im Kontrast zu den vielen billigen Weinchen auf touristischem Niveau.

Jerez – Xérès – Sherry

Geboren wird der in breiter Geschmackspalette von trocken bis süß erzeugte Wein tief im andalusischen Süden, im geografischen Dreieck der Städte Jerez de la Frontera, Puerto de Santa Maria und Sanlúcar de Barrameda. Palomino ist mit 95 Prozent die dominierende Leitrebe des Sherry – der Name ist übrigens die anglisierte Form von Jerez. Aus Pedro Ximénez (3 Prozent), kurz PX genannt, sowie Moscatel werden sortenreine Süßweine gewonnen, aber auch Traubensirup, mit dem später den Typen à la Cream und Medium die vom Marketing gewünschte Dosis Süße injiziert wird. Die nicht mit Süßmost, sondern mit PX-Wein gesüßten Creams sind naturgemäß von besserer Qualität.

Sherry ist keine Erfindung der Natur, er ist ein stilisierter Wein. Die Natur liefert den Grundstoff, aber erst der Mensch macht daraus den Sherry. Dazu bedarf es eines komplexen Verfahrens, das im Zufälligen ebenso wurzelt wie in der Neugierde und im Spieltrieb des Menschen, jenen zwei Eigenschaften, ohne die wir vermutlich heute noch in Höhlen hausen und vom Erdboden essen würden. So

In solchen Fässern schlummern sie, die Süßweine Spaniens.

waren denn Jahrhunderte nötig, um aus einem von Haus aus banalen und rustikal süßen Südwein ein faszinierendes, zugleich auch noch originäres Getränk zu machen, von dem der angelsächsische Lyriker und Dramatiker Thomas S. Elliot (1888-1965) unwiderleglich sagte: „Alles, was ein zivilisierter Mensch braucht, sind ein oder zwei Glas Sherry vor dem Essen."

Die Vinifizierung des Grundweins ist unspektakulär und unterscheidet sich im Prinzip nicht von der Süßweinproduktion in anderen Weingegenden. Die Trauben werden gepresst und der Most vergärt in Stahltanks bei kontrollierter Temperatur zum trockenen Jungwein. Der bietet geschmacklich nichts, denn der einmalige Sherrycharakter entwickelt sich allmählich und unterschiedlich je nach angestrebtem Stil, den der Kellermeister nach routinierter Verkostung noch im Jungweinstadium bestimmt. Für den Fino (und den in Sanlúcar de Barrameda an der Küste erzeugten Manzanilla mit der zarten Salznote) werden die als besonders delikat und finessenreich eingestuften Moste auf rund 15 Prozent Alkohol verstärkt und in Holzfässern dem Flor genannten Naturereignis der Blumenhaut ausgesetzt.

Der alljährlich wiederkehrende, angenehm nach frischem Brot duftende Flor ist eine spezielle Kahmhefe, die in den Bodegas reichlich vorhanden ist, sich von Alkohol, Zucker und Sauerstoff ernährt und millimeterdick den Fino vor Oxidation schützt. Die Reifung erfolgt in einem ausgeklügelten System von übereinander geschichteten Reihen von Fässern, der pyramidenförmig gebauten Solera. Die funktioniert als kontinuierliches Alterungsverfahren durch fortwährendes Umfüllen, indem regelmäßig aus der unteren, Solera genannten Fassreihe der ältere, mehrere Jahre gereifte Wein als fertiger Fino abgezogen und die darüber liegenden Fässer ebenso regelmäßig nachgefüllt werden. Die unterste Fassgruppe enthält jeweils den ältesten, die oberste den jüngsten Jahrgang des gesamten Stapels.

In einem sonnenreichen Land wie Spanien wachsen Süßweine, salopp formuliert, wie von selber.

Das Gesamtsystem wird mit jungem Wein der letzten Ernte versorgt. Während Fino und Manzanilla stets von trockenem Geschmack sind, reicht die Bandbreite beim Oloroso und damit verbundenen Arten von trocken bis süß.

Der für Oloroso vorgesehene Sherry wird aus gehaltvollen, extraktreichen Mosten ohne die Florhefe ausgebaut und deshalb mit neutralem, die Bildung des Flors verhindernden Branntwein auf 18 Prozent Alkohol angereichert, was der Fachmann in seiner uncharmanten, direkten Prosa Aufspriten nennt. Je länger der einer gewollten Oxidation ausgesetzte Oloroso in den Fässern reift, desto dunkler in Richtung Bernstein und Mahagoni (bei sehr alten Gewächsen) wird seine Farbe und desto intensiver entwickeln sich Duft sowie Geschmack. Noten nach Nuss, Honig, getrockneten Aprikosen, Rosinen, Rosen und auch Karamell nebst gewürzigen Tönen bestimmen zunehmend das Aroma.

Die wesentlichen Sherrytypen und -qualitäten
Fino
Trocken schmeckender, strohgelb bis hellgoldener Wein mit geringer Säure und Noten nach Mandeln, Nüssen, getrockneten Feigen, auch Brot und einem Hauch von Honig.
Manzanilla
Ein Fino aus Sanlúcar de Barrameda an der Atlantikküste von transparentem, sehr hellem Gelb mit herbem Aroma nach Äpfeln und Limetten nebst einem Anflug von Salz.
Manzanilla Pasada
Alter Manzanilla, der sich durch den Abbau der Florschicht in Richtung eines Amontillado entwickelt hat. Körperreicher als ein junger Manzanilla, bernsteinfarben mit raffinierten Noten nach gerösteten Mandeln, Honig, Birne. Rar gewordene Spezialität.

Amontillado
Ursprünglich ein Fino, der nach dem Absterben des Flors weiter im Fass lagerte. Bernsteinfarben und dunkler, mit deutlichen Aromen nach Nuss, getrockneten Feigen, auch Bienenwachs. Hochwertige Amontillados reifen jahrelang in eigenen Soleras und sind von trockener Eleganz. Viel wird als „Medium dry" aus Verschnitten mit Süßweinen in den Handel gebracht.
Palo cortado
Beginnt als Fino, dem jedoch entweder als Laune der Natur die Florschicht abhanden kommt oder sich gar nicht recht bildet. Der Wein bleibt länger im Fass, heraus kommt ein stilistischer Zwitter zwischen der Eleganz eines Amontillado und der Kraft eines Oloroso. Hat als „Single Sherry" Seltenheitswert mit seiner intensiven, zugleich samtenen Aromatik nach Mandeln, Zimtpflaumen, etwas Bitterschokolade.
Oloroso
Heißt direkt übersetzt so viel wie „der Wohlriechende", ist dunkelgoldfarben und verfügt über eine üppige Aromenvielfalt, geprägt von Nüssen, Rosinen, Honig, Bienenwachs, Gewürzen. Es gibt ihn trocken und süß.
Cream
Der klassische, süß gehaltene oder süß gemachte Sherry, goldbraun, dickflüssig und üppig im Geschmack. Er entsteht aus Oloroso, der mit süßem Wein aus Pedro Ximénez oder Moscatel verschnitten wird. Für beste Qualität reifen die beiden Weine getrennt, werden dann gemischt und als Cream in der Solera ausgebaut (bis zu 140 Gramm Restzucker pro Liter).
Pale Cream
Mischung aus Fino mit hellem Süßwein. In der Regel sehr simple, auch gefärbte und mit Süßmost oder aufgespritetem Moscatel angereicherte Verschnitte.

Pedro Ximénez

Süßwein aus der gleichnamigen Traube von dunkler bis nahezu schwarzer Farbe, extrem konzentriert, süß, reich duftend und langlebig, zwischen 170 und 400 Gramm Restzucker pro Liter. Genau genommen kein Sherry, wird jedoch von den Sherrybodegas in der Jerez-Xérès-Sherry-Region erzeugt.

Almacenista

Keine Sorte, sondern die Bezeichnung für eine seltene Sherryraritäten aus alten Soleras. Oft sind die Almacenistas auch selber Winzer. Ein Spezialist für diese Weine ist das Haus Emilio Lustau.

Málaga

Die Sonne heizt in Málaga schon am Morgen gnadenlos auf die Erde, dass die Luft flimmert und die Hunde selbst im Schatten zu müde zum Bellen sind. Flamenco, Pferde, Stiere, Wein – die Reihenfolge ist egal, in Málaga dreht sich alles um diese Dinge, und darüber plaudert es sich am besten in einer Bar mit einem kühl servierten Molino Real 2002 von Telmo Rodriguez, einer köstlich nach Blüten, kandierten Zitronen und exotischen Früchten duftenden edelsüßen Essenz, die aufs Trefflichste den neuen Málagastil verkörpert.

Aus historischen Unterlagen geht hervor, dass der Urmálaga auf natürliche Weise süß ausgebaut worden ist, was ja nicht überrascht, denn die Trauben erreichen unter andalusischer Sonne hohe Reifegrade und wurden nach griechischem Vorbild im Anschluss an die Lese auf Matten rosiniert, um ihnen zusätzliche Zuckergrade zu verleihen. Die Zugabe von Weinbrand erfolgte erst im 17. Jahrhundert, um den damals in Amerika und England beliebten „Mountain Wine" für den Schiffstransport stabil zu halten. Das Verfahren wurde beibehalten, bis heute erhält der traditionell aus den Rebsorten Pedro Ximénez (lokal Pero Ximén geheißen) und Moscatel erzeugte Málaga seine Süße durch das Abbrechen der Gärung mittels Weingeist. Außerdem kann eine Anreicherung durch „Arrope" erfolgen, einem unvergorenen Traubenmost, der durch Hitze auf etwa ein Drittel seines ursprünglichen Volumens eingedickt wird und dem Wein eine Karamellnote mitgibt.

Konträr dazu setzt Telmo Rodriguez auf natürlich süßen Málaga. Der agile und visionäre Winzer, der auch ein Weingut in der Rioja (Remelluri) besitzt, hat das regionale Potenzial für elegante Süßweine erkannt und 1994 die Compañia de Vinos Telmo Rodriguez aufgebaut. Sein „Molino Real" zeigt signaturhaft, dass sich mit moderner Vinifikation sehr wohl auch im Süden ein finessenreicher Moscatel erzeugen lässt. Die Trauben werden an der Sonne rosinig getrocknet und ohne die Beigabe von Alkohol in Barriques vergoren. Der Gehalt an natürlichem Traubenzucker ist hoch genug, um den fertigen Wein auch nach dem Gärprozess mit delikater Muskatsüße um die 300 und mehr Gramm pro Liter zu versorgen.

Attraktives Feriendomizil in den Weinbergen: Villa Clos la Plana, in Sitges.

Weil bekanntlich nichts erfolgreicher ist, als der Erfolg, folgten dem Pionier Rodriguez bald weitere Winzer, allen voran Jorge Ordonez, der, in Málaga geboren und als Weinhändler in den USA zu Vermögen gekommen, den österreichischen Süßweinfürsten Alois Kracher als Berater engagierte und ebenfalls in schieferhaltigen Berglagen von 500 bis 900 Metern Höhe östlich von Málaga den Moscatel de Alejandria kultivierte. Der Jungfernwein von 2004, „naturalmente dulce" (naturally sweet) ausgebaut, also wie der wegweisende „Molino Real" ohne alkoholischen Gärstopp und ohne „Arrope", entspricht mit seiner frischen, von gelben Früchten (Pfirsich, Aprikose) flankierten Frucht der heute international geschätzten Süßweinstilistik. Nach dem Tod von Alois Kracher im Dezember 2007 betreut dessen Sohn Gerhard das Málagaprojekt.

Es wäre ein Fehler, nun modernen gegen traditionellen Málaga zu stellen. Es ist allein eine Frage des persönlichem Geschmacks und der Stimmung, welcher Version man wann den Vorzug gibt. Für die Region sind beide Weinstile von Bedeutung, weil sie Vielfalt bieten und dazu beitragen, dass der einst so hymnisch bejubelte und dann vergessene edelsüße Málaga neuen Glanz bekommt. Im 19. Jahrhundert, bevor die aus Amerika eingeschleppte Reblaus die Weingärten radikal vernichtete, umfasste die Rebfläche 113.000 Hektar – heute sind es runde 1.200, bewirtschaftet von 30 Bodegas. Billigst produzierte Verschnittweine und die Verramschung selbst anständiger Qualitäten in den Supermärkten haben das Image beschädigt und den Verfall beschleunigt. Doch nicht zuletzt dank der initiativ wirkenden Weine von Telmo Rodriguez kam Bewegung in die Szene, ließen sich Bodegas wie auch die hochrenommierte von López Hermanos qualitativ inspirieren. Wer weiß, vielleicht gibt es bald wieder einen edelsüßen Málaga wie den 1830 erzeugten „Molino del Rey", den der populäre Weinautor Hugh Johnson als „einen der feinsten Dessertweine, orangig und rauchig" gerühmt hat.

Malagaklassifizierung

Dass Vielfalt auch Verwirrung stiften kann, zeigt sich besonders eindringlich in den Bars, wo nicht nur Touristen vor der Bestellung eines Málagas angesichts der vielen Kategorien irritiert umher schlittern wie Butter in der heißen Pfanne. Das Klassement erlaubt den Winzern die Wahl unter mehr als 20 Kennzeichen je nach Farbe, Alter, Süße und Art der Trauben für den Wein. „Dulce" steht für einen Wein von mehr als 45 Gramm Restzucker pro Liter (semidulce: 12 bis 25 Gramm). Ein Málaga Noble wird zwei bis drei Jahre im Fass ausgebaut, beim Málaga Anejo sind drei bis fünf Jahre vorgeschrieben und beim Málaga Trasanejo müssen es mehr als fünf Jahre sein.

Ein Pajarete ist ein reifer, dunkelfarbiger Wein ohne Zugabe von Mostsirup mit einem Restzuckergehalt zwischen 45 und 140 Gramm pro Liter. Unter Lágrima firmiert Wein, der ausschließlich aus dem schwer durch Eigendruck tropfenden Most von Rosinen gewonnen wird, also ohne mechanische Pressung und vergleichbar der Eszencia beim Tokajer. Lágrimae Christi heißt: über zwei Jahre alter Lágrima. Weitere Kennzeichen betreffen die Klassifizierung nach Farben (von Dorado – golden, bis Negro – dunkel) und Zuckergehalt: Dry Pale – ohne Beigabe von Mostsirup mit Restzucker bis 45 Gramm; Pale Cream – ohne Mostsirup, dulce natural (oder naturalmente dulce) gewonnen mit Restzucker von 45 bis 100 Gramm; Dulce crema – gealtert, bernsteinfarben mit 100 bis 140 Gramm Restzucker; Sweet – bernstein bis fast schwarzfarben mit über 140 Gramm Restzucker.

Fondillón

Der aus der Rotweinsorte Monastrell gekelterte Süßwein aus Alicante wird von überreifen Trauben gewonnen und ohne Zusatz von Alkohol in Holzfässern ausgebaut. Der Wein muss mindestens acht Jahre lang reifen und erreicht bei hoher Süße einen Alkoholgehalt um die 16 bis 18 Prozent. Er gilt als önologische Reliquie, weil er als Weintyp zwar einerseits uralt ist (15. Jahrhundert). Doch ab dem frühen 20. Jahrhundert büßte der Wein an Prestige ein, wurde zur Rarität, der sich nur wenige Winzer widmen. Der Wein besticht durch einen reich gefächerten Bogen an gereiften Aromen. Einige Betriebe hüten alte Weine in ihren Schatzkammern. Die Bodegas Brotons besitzen noch von der Reblaus übersehene wurzelechte Rebstöcke. Eine modernere Version des Fondillón bietet Felipe Gutierrez de la Vega.

Montilla-Moriles

Die hügelige Gegend südlich von Córdoba wird von Pedro Ximénez dominiert, die hier in einer der heißesten Regionen zeigen kann, was in ihr steckt. Neben frischfruchtigen Weißweinen (Vino Joven) und den trocken bis süß gehaltenen Gewächsen im Sherrystil haben vor allem die süßen PX-Kreszenzen den Ruf des Anbaugebiets begründet. Die Trauben werden nach der Lese auf Matten in der Sonne trocken rosiniert, was den Zuckergehalt dramatisch erhöht. Der extrem dickflüssige Most wird teils mit Alkohol angereichert, teils natürlich belassen und reift viele Jahre lang in Eichenfässern. Alte PX-Weine sind kostbare Raritäten. Zu den besten Bodegas mit alten edelsüßen PX-Weinen gehören: Alvear, Pérez Barquero.

Weingüter mit Süßweinen
Alvear, Montilla; Bodega El Grifo, Lanzarote; Bodegas Brotons, Petrer; Bodegas Gutierrez de la Vega, Alicante; Bodegas Insulares de Tenerife, Teneriffa; Bodegas Lustau, Jerez de la Frontera; Bodegas Mozaga, Lanzarote; Bodegas Pérez Barquero, Montilla; Compania de Vinos Telmo Rodriguez, Lanciego (Álava); Jorge Ordóñez, Vélez, Málaga; López Hermanos, Málaga

Süßweine
abseits traditioneller Süßweinregionen

Australien

Der sonnenreiche Koloss ist international vor allem für seine vollmundigen bis opulenten Roten und dichtfruchtigen bis schwergewichtigen Weißen bekannt. Die Bandbreite reicht von qualitativ erbärmlichen Massenweinen bis hin zu Weinen von eigenständigem Profil, wozu auch süße Gewächse zählen. Dazu gehören aufgespritete Likörweine wie durchaus gelungene Portversionen, sanftsüße Adaptionen rheinischer Rieslingauslesen sowie kapitale Botrytisweine von Gewürztraminer, Muskateller, Semillon, Sauvignon blanc und Riesling. Beim Rheinriesling orientieren sich die Kellermeister an der Finesse deutscher Prototypen, wohingegen man bei den anderen Rebsorten wie speziell den Cuvées mit Semillon dem Sauternes-Stil in Form von Weinen mit geschmeidiger bis wuchtiger Fülle zuneigt. Aromen von Sahnebonbon, Feigen, Rosinen, Trockenfrüchte und Schokolade sind das geschmackliche Kennzeichen der mit Alkohol versetzten, melasseartigen Muscatweine, auch Brown Muscat genannt.

Weingüter mit Süßweinen

Wolf Blass, Barossa Valley; Baileys, Glenrowan; D'Arenberg, McLaren Vale; De Bortoli, Yarra Valley/Hunter Valley; Henschke, Barossa Valley; Penfolds, Magill-Adelaide; Petaluma, Adelaide Hills; Pirramimma, McLaren Vale; Rymill, Coonawarra; Seville Estate, Yarra Valley; Vasse Felix, Margaret River; Xanadu, Margaret River; Yalumba, Barossa Valley

Das Barossa Valley, nordöstlich von Adelaide, zählt zu den bekanntesten Weinbaugebieten Australiens.

Griechen-land

Die alten Griechen haben den Wein nicht erfunden, aber die Kultur des Trinkens geschaffen. Zahlreiche, bis zu 4.000 Jahre alte Belege zeugen von der Bedeutung des Weins im sozialen und vor allem auch religiösen Leben der Hellenen. Sie besangen ihn hymnisch und schufen ihm zur Ehre eine Gottheit, den olympischen Dionysos, aus dem die Römer später ihren Bacchus machten. Das mediterrane Klima mit kurzen Wintern und langen Sommern, in denen die Trauben unter der Sonne mächtig Zucker tanken, begünstigte damals wie heute die Erzeugung süßer Weine. Die waren in der Antike so sehr begehrt, dass man säuerliche Weine auch mit Honig, Gewürzen und speziellen Zutaten lieblich schminkte.

Das Bild vom süßlichen, qualitativ minderen Griechenwein haftet dem Land bis heute wie ein klebriges Image an. Schuld daran ist nicht zuletzt die griechische Gastronomie, in der gerne billige Massenware ausgeschenkt wird. Die gibt es nach wie vor, viele Süßweine sind Ramsch. Doch in den letzten Jahrzehnten sind die Winzer erwacht, hat sich durch den Einfluss einer neuen Generation von Önologen oberhalb der Retsina-Tiefebene eine moderne Weinhochkultur gebildet. Neben ausgezeichneten trockenen Rotweinen werden delikate Süßweine erzeugt, gehen Tradition und Innovation Hand in Hand.

Seit eh und je ein Klassiker ist der Samos von der gleichnamigen, der Türkei vorgelagerten Insel mit Weingärten, die sich, teilweise auf engen Terrassen, bis zu 800 Meter hoch die Berghänge hinauf ziehen. Die Leitrebe ist der weiße Muskateller, die feine Muscat blanc à petits grains, aus der die Union der Winzergenossenschaften (EOSS) als Monopolist mehrere Samos-Varianten herstellt: Für den normalen, weltweit populärsten „Samos Doux" wird dem aus reifen Trauben gepressten Saft sehr früh Weingeist zugesetzt, was die Gärung stoppt und dem Wein neben viel Zucker das geschätzte frische Muskataroma erhält. Weit anspruchsvoller ist der „Samos Nectar", wie eine Auslese aus überreifen Beeren selektiert, die zusätzlich einige Tage lang in der Sonne zu Rosinen trocknen, was den Zuckergehalt auf über 200 Grad Oechsle konzentriert. Nach einer Reife von fünf bis acht Jahren in großen Eichenfässern glänzt der sogenannte „Nectar" bernsteinfarben mit feurigen Aromen nach Honig, getrockneten Südfrüchten, Orangenschalen, Rosinen, Karamell und der suggestiven Muscatwürze.

Beachtenswert ist der süße Mavrodaphne aus Patras und von der Insel Kefalonia. Das Beimischen von Alkohol erhält dem rötlich-braunen Wein von der Rotweinsorte Mavrodaphne eine kräftige, portweinartige Süße. Klasse hat die „Cellar Reserve" von Evangelos Tsantalis, die, verschnitten mit der Black Corinthian und leicht aufgespritet, fünf Jahre in Fässern reift und danach großzügig ihre üppige Aromatik nach eingelegten Pflaumen, Feigen, Rosinen, getrockneten Aprikosen sowie etwas Vanille nebst Gewürzen verströmt. Likörige Muscatgewächse, deren Güte stets von der Reputation des Winzers beziehungsweise der Kellerei abhängt, werden auf Rhodos und Lemnos erzeugt. Der Winzer Paris Sigalas ist bekannt für einen sehr guten „Vinsanto" aus rosinierten Trauben von der Insel Santorin: goldfarben, dicht, voluminös mit Noten nach Honig, getrockneten gelben Früchten, frischen Mandeln, Rosinen, Orangenzesten und einem zarten Hauch nach Bienenwachs.

Weingüter mit Süßweinen
EOSS, Samos; Paris Sigalas, Santorin; Evangelos Tsantalis, Agios Pavlos, Chalkidiki

Kanada

Wegen des lange vorherrschenden Irrglaubens, dass nur einheimische Reben die kalten Winter überstehen könnten, hat es lange gedauert, bis kühne kanadische Winzer gegen Ende des 20. Jahrhunderts auch edle europäische Sorten vom Riesling über Chenin blanc, Chardonnay und Weißburgunder bis hin zu roten Klassikern wie Cabernet und Merlot anbauten. Die amerikanischen Hybriden à la Maréchal Foch oder Vidal verstören mit ihrem typischen Foxton nach Beerenfrucht und nassem Hundefell die europäische Nasen. Inzwischen gewinnen die Kanadier aus Riesling & Co auch edelsüße Kreszenzen wie vor allem Eisweine. Es gibt achtbare Beerenauslesen vom Riesling (Special Late Harvest), doch geradezu unschlagbar ist Kanada mit seinem Icewine. Kanada erzielt als weltgrößter Produzent dieses süßen Typs jährlich Mengen um die drei- bis vierhunderttausend Liter.

Neben der Quantität beeindruckt die Vielfalt des Angebots, denn es scheint keine Rebsorte zu geben, die in den beiden Hauptanbaugebieten Ontario und British Columbia im äußersten Westen nicht der natürlichen Vereisung ausgesetzt wird. Der Frost kommt quasi im Abonnement, problematischer sind allenfalls Wildtiere wie Bären oder Elche, die es auf die kostbaren Trauben abgesehen haben. Dass kanadischer Icewine ein Exportschlager ist, überrascht nicht bei Preisen um die 20 bis 50 Euro pro 0,375-Liter-Fläschchen in erstklassiger Qualität.

Trauben in Kanada.

Weingüter mit Süßweinen

Cave Spring Cellars, Ontario; Château de Charmes, Ontario; Domaine Combret, British Columbia (BC); Gehringer Brothers, BC; Gray Monk, BC; Hawthorne Mountain Vineyards, BC; Henry of Pelham, Ontario; Hillebrand Estates, Ontario; Inniskillin, Ontario; Jackson-Triggs, Ontario; Konzelmann, Ontario; Mission Hill, BC; Paradise Ranch Wines, BC; Pillitteri, Ontario; Quails Gate, BC; Stratus, Ontario; Sumac Ridge, BC; Tinhorn Creek, BC; Vineland Estates, Ontario

Neuseeland

Den ersten Wein auf neuseeländischem Boden soll der englische Missionar Samuel Marsden 1819 gepflanzt haben. Das Ergebnis war offenbar wenig berauschend, und auch nachfolgende englische Siedler hatten wenig Ahnung vom Weinbau, sodass man versuchte, europäische Winzer ins Land zu holen. Tatsächlich landete ein Schiff mit deutschen Weinbauern bei Nelson auf der Südinsel, doch die mit dichtem Buschwerk bedeckten Hügel schreckten derart ab, dass die Männer nach Australien weiter fuhren. Dalmatinische Einwanderer forcierten um 1900 den Anbau von Reben, doch das waren charakterarme Massenträger, aus denen bevorzugt Billigwein sowie Sherry- und Portverschnitte produziert wurden. Hinzu kam, dass die Prohibition die Weinkultur bremste (bis 1960 war Wein in Restaurants verpönt).

Erst ab 1970 begann die neuseeländische Weinblüte, ausgelöst durch Versuche mit Sauvignon blanc sowie Chardonnay, gefolgt von Chenin blanc, Riesling und sogar Gewürztraminer – edle Rebsorten, die zunehmend den bis dato dominierenden Müller-Thurgau ablösten und die Erzeugung von edelsüßen Gewächsen bis hin zu Botrytisrieslingen ermöglichten. Parallel zeigte sich, dass im gemäßigten, dabei vielschichtig angelegten Klima des Landes auch Rotweinsorten wie Cabernet Sauvignon, Merlot, Syrah und speziell Pinot noir gut gediehen. Für den bald einsetzenden internationalen Erfolg zeichnen auch eingewanderte Winzer verantwortlich – wie beispielsweise Karl H. Johner aus dem badischen Vogtsburg, der neben trocken ausgebauten Weinen 2009 einen edelsüßen Noble Sauvignon blanc mit stattlichen 180 Gramm Restzucker präsentierte.

Weingüter mit Süßweinen
Alpha Domus, Hawkes Bay; Ata Rangi, Martinborough; Cloudy Bay, Marlborough; Forrest, Marlborough; Huia, Marlborough; Isabel Estate, Marlborough; Jackson Estate, Marlborough; Johner Estate, Wairarapa; Konrad & Co, Marlborough; Ngatawara, Hawkes Bay; Pegasus Bay, Waipara; Seifried Estate, Nelson; Sileni, Hawkes Bay; Villa Maria, Auckland; Vinoptima, Gisborne

Schweiz

Der mit langjährigem Protektionismus verbundene Kantönligeist in dem Sinne, dass auch beim Wein alles Schweizerische das allein selig machende Maß ist, hat dem Land nicht sehr gut getan. Im Gegenteil. Man schottete sich ab und prägte beim Weißwein den eidgenössischen Stil mit Gewächsen, die weich und trocken schmeckten, oft auch alkoholisch geprägt waren, weil die Säure als Makel, nicht als Tugend galt und weitgehend abgebaut wurde. Zunehmende Importe von Rieslingen aus Deutschland und auch Österreich zeigten freilich, dass es auch in der Schweiz einen Markt für Weine mit Rasse und Finesse gibt.

Die Antwort ambitionierter, über ihren nationalen Rand weit hinaus blickender Winzer ließ nicht lange auf sich warten. Süßweine sind speziell in der Westschweiz dank des warmen Klimas seit jeher

erzeugt worden, doch in bescheidenem Umfang. Das beginnt sich zu ändern, immer mehr Güter widmen sich dieser Königsdisziplin und erzeugen edelsüße Gewächse von beachtlichem Format. In der Ostschweiz, speziell im Bereich der „Bündner Herrschaft", trumpfen Winzer wie Gantenbein und Donatsch mit Föhnbeerenauslesen auf. Kapitale Süße wird auch aus Strohweinen erzeugt. Die Genfer Domaine Charles Novelle hat mit Süßweinen aus Beeren reüssiert, die zwei Monate lang in beheizten Räumen getrocknet worden sind. Auch Eisweine gibt es, teils mit Hilfe der Cryoextraktion hergestellt, also durch künstlich herbei geführte Vereisung der Trauben.

Im Wallis hat sich Marie Thérèse Chappaz einen Namen gemacht. Auf der 150-jährigen Walliser Domaine du Mont d'Or gehören süße Spätlesen zum Standard. Es gibt edelsüße Weine nach dem klassischen Passerillée-Verfahren, also gewonnen aus rosinig am Stock eingetrockneten Beeren mit hoher Natursüße. Im Wallis werden diese Weine „grain flétri" oder bündig auch nur „Flétry" genannt, erzeugt aus Rebsorten wie Ermitage, Petit Arvine und Amigne. Fletry heißt so viel wie welk und deutet auf den Zustand der Trauben hin. Weine aus edelfaul gewonnenen Beeren werden als „grain rôti" bezeichnet. Im Gegensatz zu den Flétry-Gewächsen, bei denen der Charakter der Rebsorte deutlich zu erkennen ist, werden bei den Botrytisweinen höhere Zuckerwerte erzielt. Zudem verfügen diese Kreszenzen über weit mehr Komplexität und Viskosität, was sich mit „öligem Fluss" übersetzen lässt.

Tatsache ist, dass die Winzer im Wallis lange der Meinung waren, ihr Klima eigne sich nur für Flétry-Weine, doch in den letzten 15 Jahren hat sich gezeigt, dass es kaum einen Jahrgang ohne mehr oder weniger Botrytis gab. Das hat Winzer animiert, 1996 eine Vereinigung namens „Grain-noble-Confidentiel" mit dem Ziel zu gründen, hochwertige edelsüße Gewächse ohne künstliches Zutun zu erzeugen. In einer Charta ist festgelegt worden, dass nur die traditionellen Rebsorten wie Amigne, Arvine, Ermitage, Johannisberg (Schweizer Synonym für Sylvaner) und Malvoisie aus besten Lagen verwendet werden dürfen und der Most mindestens 130 Grad Oechsle aufweisen muss.

Weingüter mit Süßweinen
Marie-Thérèse Chappaz, Domaine de la Liaudisaz, Wallis; Henri et Vincent Chollet, Waadt; Domaine Cornulus, Wallis; Fabienne Cottagnoud, Wallis; Philippe Darioly, Wallis; Thomas Donatzschn, Graubünden; Martha und Daniel Gantenbein, Graubünden; Domaine du Mont d'Or, Wallis; Domaine de Miolan, Choulex; Charles Novelle et Fils, Genf; Provins, Wallis

Weinberge in Neuseeland.

Südafrika

Weinhistoriker bekommen glänzende Augen, wenn vom Constantia die Rede ist, diesem legendären edelsüßen Muskateller, den Napoléon und Bismarck liebten, der an den Tischen der europäischen Hocharistokratie geschlemmt wurde, den Klopstock besang und Charles Dickens sowie Baudelaire literarisch verewigten. Der dem Tokajer und Madeira gleichgestellte Wein vom Kap hatte schon im 18. Jahrhundert einen Ruf wie Donnerhall, als sich die heutige Bordeaux-Prominenz der Rothschilds und selbst der große Yquem gerade erst anschickten, berühmt zu werden. In den neunziger Jahren des 19. Jahrhunderts war es mit der Pracht und Herrlichkeit jedoch vorbei, als die Reblaus in Südafrika einfiel und den Reben den Garaus machte. Von da an erholte sich das Weingut Groot Constantia nicht mehr, war der edelsüße Constantia nur noch Geschichte.

Aber Legenden haben nicht nur ein zähes Leben, sie können auch neu geschaffen werden. Das geschah, als der südafrikanische Wein- und Spirituosenhändler Duggie Jooste 1980 das ramponierte Gut Klein Constantia – ehedem mit Groot Constantia vereint – erwarb, kräftig investierte und sich mit Ross Gower einen in Deutschland ausgebildeten Spezialisten für Muskatellerweine als Betriebsleiter holte. Zehn Jahre später war es so weit, konnte 1990 der erste edelsüße Muskateller der neuen Generation präsentiert werden, „Vin de Constance" getauft: ein Gewächs mit 14 Prozent Alkohol und im Schnitt um die 100 Gramm Restzucker, gewonnen aus stark am Stock rosinierten Trauben der edlen Sorte Muscat blanc à petits grains, die nach sanfter Pressung zwei Jahre in kleinen Eichenfässchen reifen. Der goldgelbe Wein entzückt durch seine Aromenvielfalt nach getrockneten Aprikosen, Rosinen, Orangenzesten, Honig, Nüssen, einem Hauch von Brioche und zarten Gewürznoten wie Muskat.

Die südafrikanische Weinwirtschaft hatte eine beschwerliche Zeit hinter sich, bedingt durch politische Probleme und wirtschaftlichen Boykott seitens westlicher Staaten, bevor es ab etwa 1990 langsam aufwärts ging. Heute ist die Baisse überwunden, befindet sich das Weinland stark im Aufwind, werden die jahrzehntelang produzierten Massenweine sukzessive durch hochwertige Gewächse ersetzt. Das gilt für Weißweine wie für Rotweine, für trockene sowie süße Kreszenzen. Gewiss gibt es schmalbrüstige Weine und wird es sie immer geben wie den aus der Chenin blanc, dort als Steen geläufig, gekelterten lieblichen Wein von sehr biederer Art, der, gefüllt in Fünfliterkartons, zu den "braai" genannten Grillpartys getrunken wird.

Aber oberhalb der Biederware hat die Kapregion süße Weine der gehobenen Art zu bieten. Ein Pionier war Günter Brözel, der aus Deutschland stammende Kellermeister bei Nederburg Wines, der 1969 den ersten aus Edelfäule gewonnenen „Edelkeur" vorstellte,

Der erste edelsüße Muskateller der neuen Generation in Südafrika.

gewonnen aus Chenin blanc. Andere Güter zogen nach, und es entwickelte sich die mittlerweile Tradition gewordene Noble Late Harvest-Klasse (steht für Trockenbeerenauslese, Special Late Harvest entspricht einer Beerenauslese) mit edelsüßen Essenzen von Riesling, Sauvignon blanc, Chenin blanc, Semillon und Chardonnay. Bedeutend ist das Land mit seinen Port-Styled-Weinen. Des Weiteren wird aus der Muscatrebe ein aufgespriteter Süßwein nach Vorbild der französischen Vins doux naturels hergestellt.

Weingüter mit Süßweinen

Allesverloren, Swartland; Bon Courage, Robertson; J.P. Bredell, Stellenbosch; Klein Constantia, Constantia; Landskroon, Paarl; Lievland, Stellenbosch; Nederburg, Paarl; Neethlingshof, Stellenbosch; Simonsig, Stellenbosch; Stellenbosch Farmer' Wineries, Stellenbosch; Stellenzicht, Stellenbosch; Vergelegen, Somerset West; Weltevrede, Robertson; de Wetshof, Robertson

Groot Constantia ist das älteste Weingut Südafrikas und steht unter Denkmalschutz. Heute beherbergt es ein Museum.

USA

Das erste Weinwunder geschah laut biblischer Überlieferung in Kana, wo Jesus aus Wasser ein angeblich superbes Tröpfchen zauberte, das kein Nachgeborener – und sei es der blumigste Aromenfetischist – je wird beschreiben können. Leichter tut man sich beim kalifornischen Weinwunder. Obwohl es kein Bundesland ohne Weingarten gibt, ist Kalifornien der Primus inter Pares. Ein Kenner der Verhältnisse hat ermattet eingeräumt, der Versuch, den in atemberaubender Geschwindigkeit ablaufenden Wandel zu verfolgen, sei mit der Volkszählung in einem Kaninchenstall zu beschreiben. Nirgendwo anders entstehen so viele neue Weingüter, gibt es derart rasante Besitzerwechsel, so viel Auf und Ab.

Das gilt speziell auch für süße Weine, die modischen Strömungen stärker ausgesetzt sind als ihre trockene Verwandtschaft. In den siebziger Jahren des vorigen Jahrhunderts waren edelsüße Weine en vogue und die Kellermeister bereit, die Nachfrage zu befriedigen. Robert Mondavi erntete zu Recht viel Applaus für seine Botrytisweine aus Sauvignon blanc. Feine edelsüße Rieslinge gab es bei Joseph Phelps, angestoßen vom deutschstämmigen Walter Schug als Kellermeister, der sich später selbstständig machte. Um 1990 herum drehte sich der Trend, zeigte er eher in Richtung sanftsüße Gewächse. Doch seit Beginn des 21. Jahrhunderts sind erneut edelsüße Kreszenzen von Gewicht gefragt, und die gibt es in allen nur praktizierbaren Stilen.

Zwar existieren noch scheußlich liebliche „Jug wines", offen wie Bier ausgeschenkte Krugweine. In den Kellern und Weinbergen wird experimentiert und hat noch längst nicht jede Rebsorte das ihr genehme Terroir zugewiesen bekommen. Aber die Zeit, in der man der Sonne mehr Bedeutung zugemessen hatte als dem Boden, sind vorbei. Allerdings sind die Amerikaner bei der Herstellung süßer Weine ziemlich frei in der Wahl ihrer Mittel. Anders als in Europa, wo das als Cryoextraktion bezeichnete Verfahren zur Gewinnung von Eiswein in großen Kältemaschinen sehr kontrovers diskutiert worden ist, wird das in den Staaten eher als technische Errungenschaft zur Überlistung der Natur gefeiert – wie auch die Methode, die Edelfäule zu locken, indem Weingärten intensiv feucht gehalten und vollreife Reben mit Sporen von gezüchteten Botrytisschimmelpilzen infiziert werden; solche botrytisierten Weine sind freilich die Ausnahme. Hingegen ist es nicht ungewöhnlich, dass ein Kellermeister wie Jeff Sowells unter „Topaz" edelsüße Weine im klassischen Sauternes-Stil keltert, ohne selber Weingärten zu besitzen. Er kauft die Trauben – und bietet Besuchern an, Sauternes Gewächse mitzubringen, um die mit seinen Special-Late-Harvest-Süßen zu vergleichen.

Das Napa Valley ist Aushängeschild des amerikanischen Weinbaus.

Generell lässt sich konstatieren, dass die amerikanischen Edelsüßen aus Hauptanbaugebieten wie Kalifornien, Oregon, Washington und auch New York State gegenüber früher charaktervoller, ausgeglichener, hochwertiger sind, ob es sich um Botrytisweine nach Art der Sauternes handelt, um Rieslingauslesen auf rheinisch, um Eisweine, Strohweine oder alkoholverstärkte Muscatvarianten à la französische Vins doux naturels.

Weingüter in Kalifornien mit Süßweinen
Arrowood, Sonoma; Baretto's Santa Cruz Winery, Santa Cruz; Chapellet, Napa; Bonny Doon, Santa Cruz; Far Niente, Napa; Firestone, Santa Barbara; Freemark Abbey Winery, Napa; Greenwood Ridge Vineyards, Mendocino; Château St. Jean, Sonoma; Jekel Vineyards, Monterey; Navarro Vineyards, Mendocino; Joseph Phelps Vineyards, Napa; Quady Winery, Central Valley; Sine Qua Non, Santa Barbara; Tablas Creek, Maso Robles; Philip Togni Vineyards, Napa; Topaz, St. Helena; Wente Vineyards, Monterey; Zaca Mesa, Santa Barbara

Weingut in Oregon mit Süßweinen
Elk Cove Vineyards; Montimore Vineyards

Weingüter in Washington State mit Süßweinen
Covey Run; Hyatt Vineyards; Kiona Vineyards; Château Ste. Michelle; Washington Hills Cellars

Zukunft gesichert: Schon seit 1968 gilt das Napa Valley als „Agricultural Preserve", und wurde dadurch vor der Bebauung mit Häusern geschützt.

Weingut in New York State mit Süßweinen
Dr. Frank's Vinifera Wine Cellars

Zypern

Es werden schon einige tausend Jahre sein, dass auf Zypern, der im Osten des Mittelmeeres liegenden Insel mit 330 Sonnentagen im Jahr, süße Weine erzeugt werden. Altgriechische Dichter haben den „Nama" gerühmt, den antiken Vorgänger des „Commandaria", dessen Name sich vom Hauptsitz des Johanniterordens „Grande Commanderie" ableitet. Der Commandaria ist demnach auch schon einige hundert Jahre alt und wird heute noch nach ähnlichem Prinzip wie damals zubereitet.

Gewöhnlich ist der Commandaria eine Cuvée oder Blend genannte Liaison aus zwei Rebsorten, der roten Mavro und der weißen Xynisteri, die Finesse in die Ehe einbringen soll (es gibt auch Commandaria aus der weißen Xynisteri). Bei der Lese müssen die Trauben der Xynisteri mindestens 212 Grad Oechsle betragen, bei der Mavro werden 258 Grad verlangt. Das sind respektable Zuckerwerte,

die sich noch deutlich erhöhen, weil die Trauben vor dem Pressen eine Woche bis zehn Tage lang an der Sonne zu Rosinen eingetrocknet werden. Der Gärprozess kommt wegen des enormen Zuckers, der nur zum Teil vergärt, bald zum Erliegen. Dem Most darf danach reiner Weingeist zugesetzt werden, was den Alkoholgehalt in der Regel auf 15 Prozent stabilisiert. Schließlich reift der Wein in Fässern aus Eiche und Kastanie; zwei Jahre sind vorgeschrieben, doch im Regelfall dauert die Fasslagerung weit länger. In kleiner Menge gibt es einen Jahrgangs-Commanderia.

Wie überall gibt es auch beim Commandaria qualitative Schwankungen unter den Herstellern: Die besseren Weine sind trotz der mächtigen Süße (im Schnitt um die 175 bis 200 Gramm Zucker pro Liter) und der geringen Säure (um die vier bis fünf Gramm) keine eindimensionalen, klebrig schmeckenden Brocken, sondern bronzefarbene Gewächse mit viel Frucht und reicher Aromatik nach Rosinen, Trockenfrüchten, Röstnoten (Mokka), Walnuss, Orangenschalen und malzigem Assam-Tee. Ölig und wuchtig ist der Commandaria, ja, aber er kann auch über eine gewisse Grandezza verfügen. Eine gute Adresse ist der Commandaria Alasia von Loel in Limassol.

Weingut mit Süßweinen
Loel, Limassol

Kochen mit Süßweinen, edelsüße Weine als Speisenpartner und Rezepte

ls Noah nach verflossener Sündenflut die Arche verließ, wurde ihm sozusagen von höchster Instanz auch der Genuss von Fleisch erlaubt. Im ersten Buch Mose heißt es: „Alles, was sich regt und lebt, das sei eure Speise." Der alte Menschenvater dachte kulinarisch weiter. Er legte einen Weinberg an und betrank sich an der ersten Ernte. Das haben Moralprediger später zürnend als Verlust des rechten Maßes gebrandmarkt. Dies kann man generöser, genüsslicher sehen und Noah als ersten Gourmet hochleben lassen: Er pflanzte Reben, weil er ahnte, dass Essen erst in der Verbindung mit Wein zu einem abgerundeten Stück Kultur wird, zu einem Gesamtgenusswerk.

Das gastronomische Yin und Yang

Essen und Trinken sind wie Frau und Mann: Von Geburt an füreinander bestimmt, doch deswegen freilich nicht beliebig kombinierbar. Berücksichtigt werden sollte, dass Wein zu einer Speise anders wirkt als im Solo getrunken. Gewürze wie Pfeffer, Safran, gar Ingwer, Curry und Zitronengras können einen müde gewordenen Wein aufbauen, einen fein Ziselierten jedoch unbarmherzig kreuzigen. Auf die Dosis kommt es an. Grundsätzlich gehört das Kombinieren von Speisen und Wein zu den einfachsten und zugleich schwierigsten Übungen der Kulinarik – je nach Anspruch. Eine Voraussetzung für

das gastronomische Yin und Yang ist, dass bei der Zubereitung des Gerichts nichts dem Zufall überlassen wird, sondern der Wein bereits miteinbezogen wird, sei es als Ingredienz oder in Bezug auf seine Eignung als Begleiter. Mal ist das Gericht das männliche Element und Wein das Weibliche, mal umgekehrt. Verpönt ist die Dominanz des einen, gesucht die Harmonie. Wahre kulinarische Balance basiert darauf, dass zwei eigenständige, gleich starke Kräfte einander begegnen, sich geschmacklich ergänzen und schließlich zu spannungsvoller Einheit summieren.

Pas-de-deux

Die simpelste Partnerschaft ist die genialste und obendrein bibelfest: Brot und Wein. Unproblematisch ist die Suche nach dem rechten Wein, wenn man sein Essen angenehm, aber nicht unbedingt perfekt begleitet haben will, denn es gibt Joker unter den Weinen, die sich sauber jedem Menü anpassen. Und man mache sich den Spaß, blind mit dem Zeigefinger in eine Weinkarte zu tippen: In der Mehrheit der Fälle wird der Zufallstreffer passen, vorausgesetzt, man isst nicht gerade Forelle blau und hat die Seite mit den roten Bordeaux aufgeschlagen. Kompliziert kann die Partnersuche werden, wenn absoluter Zusammenklang zwischen Speise und Getränk gewünscht ist, egal, ob es um die Inszenierung der großen Gourmet-Oper geht oder nur um ein Gericht. Da helfen Erfahrung, mehr noch die praktische Übung am Objekt und die Unbekümmertheit, auch mal wider alle Regeln zu verstoßen.

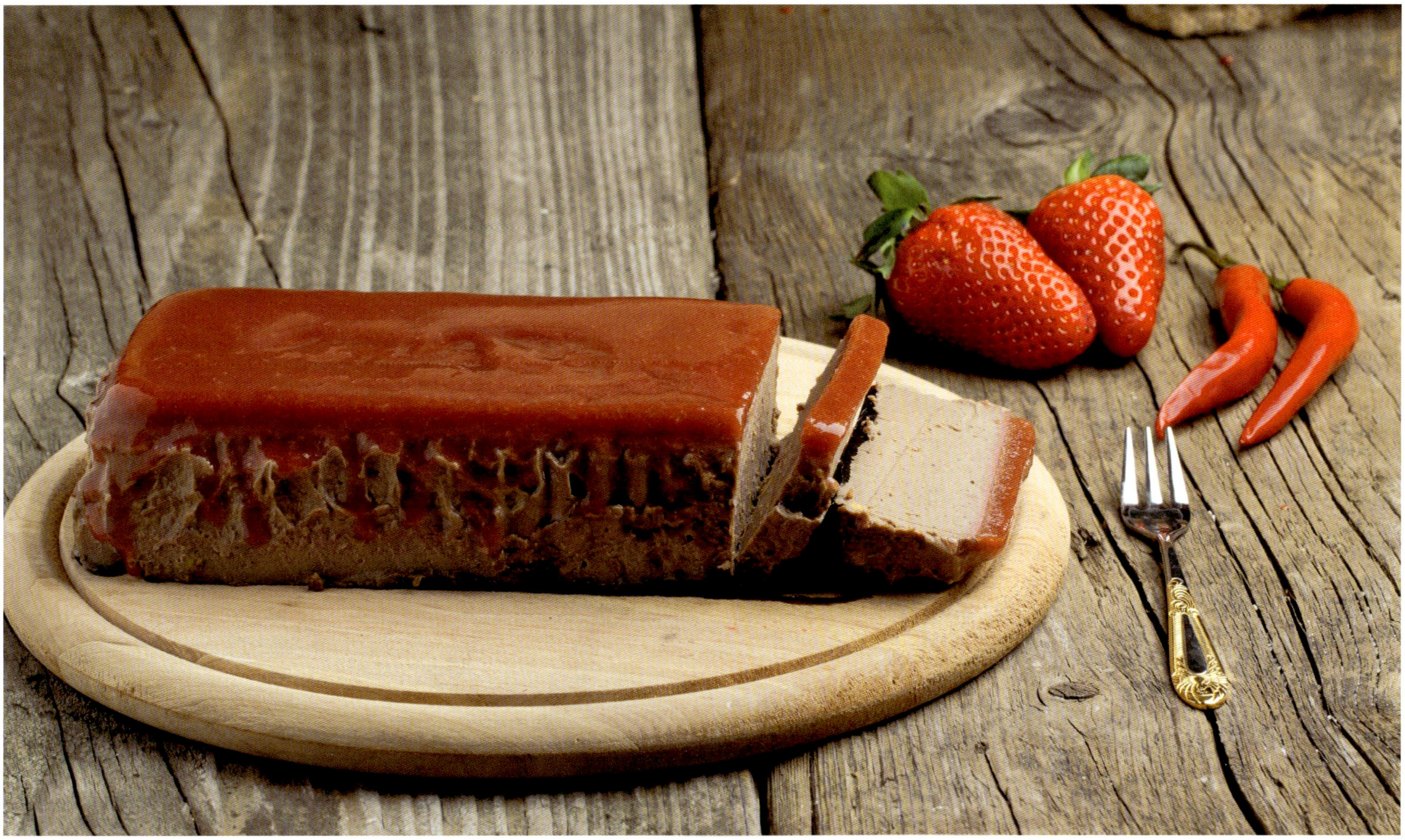

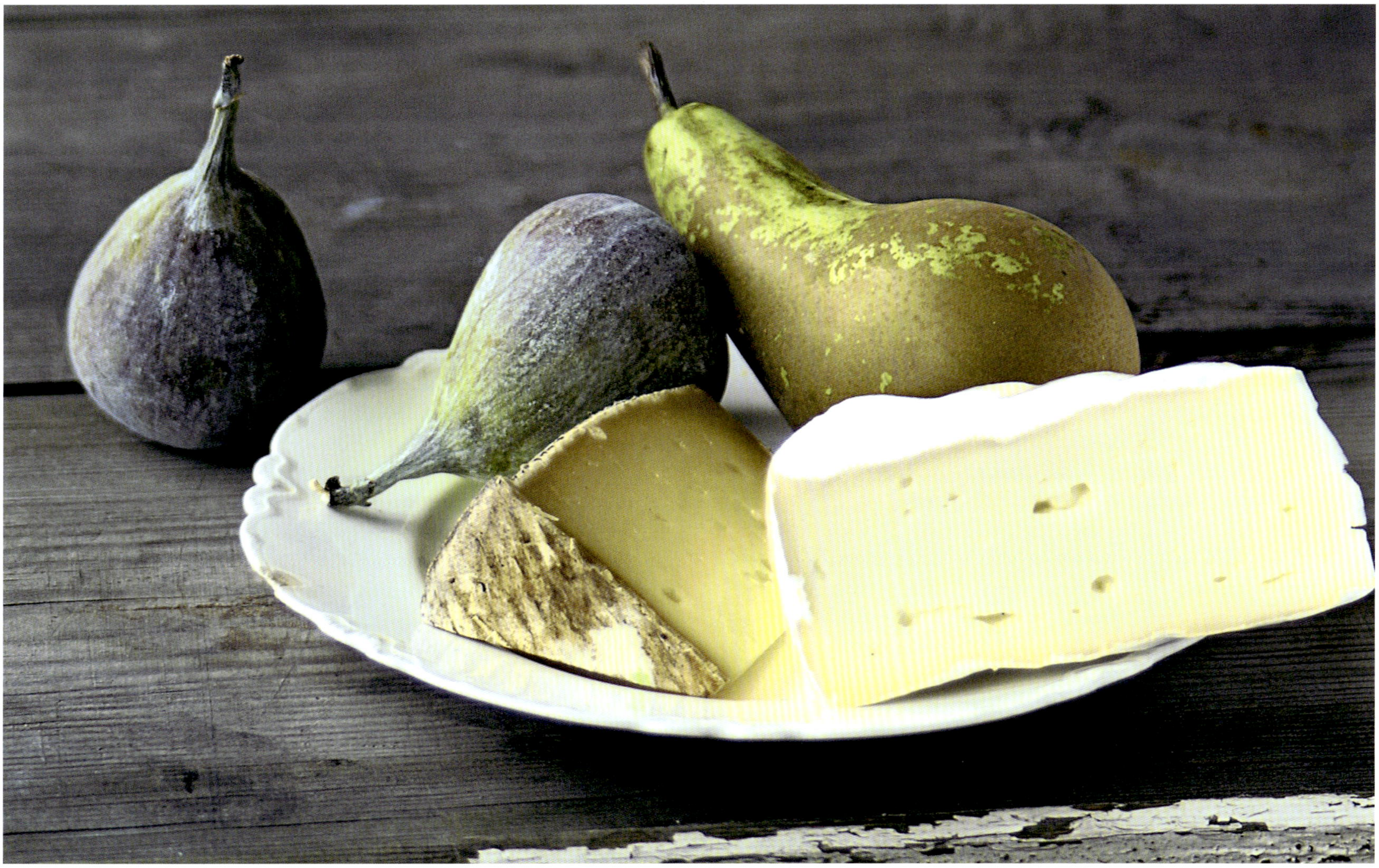

Ein spezielles Kapitel im großen Kosmos der Speise-Wein-Beziehungen betrifft die edelsüßen Weine. Da liegt noch vieles brach. Es ist, als habe irgendeine Autorität einmal die Süßen kategorisch vom Esstisch verbannt, und das ist ebenso unsinnig wie schade, denn mit Edelsüßen lassen sich lohnende Geschmackserlebnisse erzielen.

Solche Essenzen sind Meditationsweine, aber genauso gut lassen sich mit ihnen prächtige Kombinationen mit bestimmten Speisen inszenieren, und dies weit über die biedere Partnerschaft mit Gänseleber hinaus. Geläufig ist die Verbindung von Auslesen mit Blauschimmelkäse oder dick mit Kalbsleberwurst bestrichenem Rosinenbrot. Weniger bekannt ist die Liaison zwischen Austern und Süßweinen. In der Belle Epoque war diese Ehe gang und gäbe, und tatsächlich löst sich die anfänglich kontrastreiche Spannung zwischen herb und süß am Gaumen in reizvoller Weise auf. Täglich Austern mit Yquem, Tokajer oder deutschen Trockenbeerenauslesen wäre nicht mein Pläsier, doch hin und wieder genieße ich solche ungewöhnlich anmutenden Zweierbeziehungen. Ein Bauernbrot, mit Knoblauchbutter kühn bestrichen und kross geröstet, wird durch einen edelsüßen Wein auf aparte Weise komplett. Die Rustikalität des Gerichts bekommt durch die feine Süße eine elegante Note.

Edelsüß begleitete Tafelfreuden

Mit Ziegenkäse gefüllte Ravioli in Roquefortcreme mit Schinken
Gelee von grünem Apfel mit Hummer und Orangenkaviar
Lauchterrine mit Entenlebercrostini
Gelierte Kalbsschwanzessenz mit Kaviar und Crème fraîche
Schweinskopfsülze mit goldbraun gerösteten Bratkartoffeln
Morchelrahmsuppe
Senfsuppe mit Croûtons
Fischbouillon mit Scampi, Jakobsmuscheln und Fenchelravioli
Seeigel roh oder mit cremiger Brouillade
Bouillabaisse mit Knoblauchcroûtons und Aïoli
Ragout von Kalbsbries mit schwarzen Trüffeln, Gänseleber und Hahnenkämmen Hummerfrikassee à la crème de Sauternes
Trüffelravioli mit Morchelcreme
Paniertes Kalbsbries mit Tomatenkompott
Ravioli mit geräuchertem Feta und mediterranem Gemüsesugo
Geschmorte Lammschulter pikant gewürzt mit Honigkarotten
Kalbsnieren mit Sellerierösti
Wildschweinragout mit Schokoladensauce
In Banyuls geschmorter Ochsenschwanz
Rosa gebratener Hirschrücken auf Balsamicokirschen und Petersilienwurzeln
Rehnüsschen in Honigsauce
Ente mit Honigsauce
Gegrilltes Hähnchen mit goldbraun getoastetem, mit Knoblauchbutter bestrichenem Landbrot
Poulardenbrüstchen mit Honig, Ingwer und Gemüsestreifen
Frischer Ziegenquark mit Kürbischutney und Ingwer
Strudel von Gorgonzola und Birne

Edelsüße sind polygam

Edelsüße sind polygam, sie harmonieren mit weit mehr Gerichten als sich die gastronomische Schulweisheit träumen lässt. Man kann zu einer Schweinskopfsülze mit goldbraun gerösteten Bratkartoffeln durchaus eine große Auslese trinken. Scheut man sich vor solch ungewöhnlich wirkenden Kombinationen, bringt man sich um reizvolle Experimente und so manche geschmacksinnige Entdeckung. Bedauerlicherweise leidet das Glück des Genusses immer noch unter der Diktatur gewisser Weinpropheten, denen nur trockene Gewächse zum Essen einfallen. Deren Absolutheit ist ein Verrat an der Freude.

Auf dem Baum der Erkenntnis ist jedenfalls schon ein gutes Stück höher geklettert, wer zu kross geröster Blutwurst, Krebsen in Rieslinggelee, Wildpasteten, einem Entenconfit, einer Lauchterrine mit Entenlebercrostini oder Mohntorte und Obstsalaten edelsüß einschenkt. Klassische Wildterrinen sind Gerichte, die ebenso durch edelsüße Kreszenzen gewinnen wie ein fein paniertes Kalbsbries oder eine mit Gänseleber gefüllte Taube. Mehr Courage gehört zur Verbindung von Süßweinen mit Meeresfrüchten und Fischen. Degoutant, mag mancher raunen. Probieren, lautet die Empfehlung, beispielsweise zu klassischem Hummer „à l'armoricaine", zu souffliertem Steinbutt in Sauternes, zu gebratener Forelle mit Mandelsplittern. Hummer und Fisch assoziiert die Lehre automatisch mit trockenem Wein, doch sie vertragen sich auch bestens mit edelsüßen Gewächsen. Hingegen ist der weithin gebräuchliche Service von süßem Wein zu hochsüßen Desserts problematisch, denn Süße mit Süße gebiert leicht Langeweile: Ein Zuviel an Zucker lähmt die Sinne.

Mut zum Ungewöhnlichen

Manches Experiment gleicht einem Lotteriespiel, zugegeben, anderes ist im ersten Moment vielleicht verwirrend, weil ungewohnt, doch wer darauf verzichtet, wird nie jenes elektrisierende Gefühl spüren, das sich beim Entdecken bislang ungekannter gastronomischer Welten einstellt. Neue kulinarische Ufer erreicht man mit dem Mut zum Ungewöhnlichen. Zu karamellisiertem Apfelkuchen (leicht mit Zimt gewürzt) passt gleichermaßen eine feinste Rieslingauslese vom Rhein wie ein Ruster Ausbruch. Pralinen harmonieren bestens mit Portwein sowie dem rotsüßen Klassiker Banyuls, der an den abenteuerlich steilen Meeresuferhängen zu Füßen der Pyrenäen wächst und mit den Aromen von getrockneten Pflaumen, Gewürzen, Kakao sowie Kirsche der ideale Partner zu allem Schokoladigen ist, von der Torte über die Mousse bis zur Tafel pur. Stilton verheiratet sich schön mit altem Cream Sherry. Das sind Akkorde, die dem Gaumen schmeicheln und uns dem Zustand des vollkommenen Glücks doch etwas näher bringen.

Entscheidend für die Wahl des Getränks ist der Anlass, gekoppelt mit der Stimmung. Wenn einem danach ist, soll man in heiterer Missachtung der steifleinenen Doktrin auch zu Gerichten einen Rotwein trinken, zu denen ein Weißwein objektiv besser passen würde – und umgekehrt. Schließlich genießt man für sich und nicht für Oberbuchhalter in Geschmacksfragen. Entweder man hat Stil oder man hat keinen. Anders gesagt: Wer die Form beherrscht, darf sie auch durchbrechen. Auch und gerade bei Tisch sollte man Grundsätze schon mal über den Haufen werfen. Mit einer Ausnahme: Eine Flasche muss stets in Reserve gehalten werden, denn nichts ist ernüchternder als ein Essen, das mit leeren Gläsern endet.

Gute Weine, ein Muss für feine Saucen

Es gibt Geschichten über Wein, die sind grotesk und dennoch lehrreich wie jene von einer Dame, die über einen korkig schmeckenden Wein sagte: „Macht nichts, den nehme ich zum Kochen." Was für ein Missverständnis, zu meinen, mit billigen oder gar fehlerhaften Kreszenzen gut kochen zu können. Zwar wird sich ein leichter Korkfehler durch das Erhitzen wohl verflüchtigen, doch ein kapitaler korkkranker Wein dient keiner Sauce, und dies schon deshalb nicht, weil der Korkengout jede Fruchtnote radikal ausradiert. Gewiss wird man für eine Schmorbratensauce oder auch eine Marinade keine Rarität nehmen, aber je besser der Wein, desto aromatischer und delikater gerät die Speise.

Dem Profi wie dem Hobbykoch ist selbstverständlich, dass eine Küche nur so gut sein kann wie die Qualität der verwendeten Produkte. Dieses Prinzip gilt auch für den Wein, der in der Hochküche ebenso eine tragende Säulenfunktion hat wie in der regionalen Küche, wobei auch ein sozusagen bürgerlicher Wein der Sauce den nötigen Halt zu geben vermag. Für den Esprit, das spezielle aromatische i-Tüpferl bedarf es freilich einer besonderen Kreszenz. Ein Ochsenschwanz, üblicherweise in einem Rotwein von samtiger Fülle geschmort, ist gewiss eine Delikatesse. Aber zum hochsinnlichen Erlebnis wird dieses Endstück vom Rind, wenn es im Schmortopf von einem Banyuls erwartet wird, dem edelsüßen Rotwein aus dem französischen Südwesten. Vergleichbare Wonnen löst ein Rezept von Alexandre Dumas aus, der einen Eintopf aus Muscheln und Kartoffeln mit einer auf Süßwein basierenden Sauce begoss.

Wein ist nun mal in der Küche unersetzlich, bei Marinaden und insbesondere für Saucen. Konträr zu trockenen Weinen, deren geschmacklicher Charakter sich durch lange Reduktion in den Tiefen der Töpfe leicht verliert, sodass letztlich nur Farbe und Säure übrig bleiben, bewahren edelsüße Weine viel von ihrem Eigenaroma. Die mit einem trockenen Wein zubereitete Dillsauce zum Aal ist ein Klassiker. Das Gericht schmeckt, wirkt aber betulich gegen die gleiche

Sauce auf der Grundlage einer veritablen Auslese vom Rhein oder der Mosel. Gleiches gilt für ein kurz gebratenes Filet vom Schwein, dessen Bratenfonds ungemein durchs Ablöschen mit Madeira, Port (Tawny, auch Late Bottled Vintage) oder einem anderen Süßwein von kräftiger Statur aufgewertet wird.

Meeresfische werden gewöhnlich von einer „Beurre blanc" begleitet, die mit trockenem Weißwein zubereitet wird. Das Ergebnis ist eine Buttersauce der geschmeidigen Art, die jedoch deutlich an Finesse gewinnt, wenn man anstelle des trockenen mal einen edelsüßen Weißwein verwendet. Für einen Steinbutt, einen Seeteufel oder sanft angebratene Jakobsmuscheln ist so eine Sauce mit gleichermaßen diskreter wie eleganter Süße ein idealer, weil kulinarische Spannung erzeugender, Partner. Das von Haus aus zart süße Aroma von Krustentieren wie beispielsweise Hummer und Languste wird durch eine großmütig mit Sauternes oder einer Beerenauslese eingeköchelten Sauce perfekt unterstützt.

Für Schmorgerichte wie auch andere Garmethoden, bei denen wenig Flüssigkeit eingesetzt wird, sind edelsüße Weine bestens geeignet. Mit Alkohol angereicherte Gewächse wie Madeira, Marsala, Málaga, auch Port, Sherry und die diversen Muskatvarianten aus den mediterranen Regionen geben dem Gericht nicht nur einen feinen süßlichen Akzent mit. Eine weitere Mitgift ist ein würziges, teils auch nussig geprägtes Aroma, das komplexer ist als bei der Verwendung von trockenem Wein. Solcherart aromatisierte Saucen eignen sich vorzüglich für Fisch- und Gemüsespeisen wie auch Sülzen und Pilzgerichte. Außerdem heben sie Speisen, die ansonsten gewohnheitsmäßig mit trockenem Wein zubereitet werden, in eine neue Geschmacksdimension.

In Aufsätzen über Wein & Speisen ist zu lesen, dass man den gleichen Wein, mit dem das Gericht zubereitet worden ist, auch dazu trinken solle. Dagegen ist nichts einzuwenden, vorausgesetzt, man hat ein achtbares Gewächs verwendet. Allerdings hat diese mit erhobenem Zeigefinger postulierte Forderung nur den Wert einer Empfehlung. Tatsache ist, dass durch das Kochen die Aromen des jeweiligen Weins nicht so klar erhalten bleiben, dass der gleiche Wein unbedingt auch bei Tisch serviert werden müsste. Es ist kein Verstoß gegen die Harmonielehre, zum Trinken ein Gewächs zu nehmen, das dem Kochwein vom Typ her ähnelt, doch geschmacklich einer viel höheren Klasse entstammt.

Edelsüße und Käse

Es gibt das Bild vom Paradies als einem Ort, in dem man wunschlos glücklich dem Harfenspiel der Engel lauscht. Das ist der Gipfel an Langeweile, in etwa so leidenschaftlich wie lauwarmes Wasser. Zum wahren Glück gehört auch das Begehren, das ewig spannende Wechselspiel zwischen Sehnsucht und Erfüllung. Das gilt auch für kulinarische Genüsse wie die heilige Trinität der Tafel: Brot, Wein und Käse. Käse und Wein, das ist die unendliche Geschichte der Feinschmeckerei. Beide bilden ein schönes Paar und brauchen sich nicht lange zu suchen, sie ergänzen einander wie Liebende. Und wenn ein einsames Glas Wein der Gesellschaft bedarf, so findet sich kein besserer Freund als ein Stück Käse.

Das heißt freilich noch lange nicht, dass jede x-beliebige Kombination zum Hochgenuss führt. Man muss schon Dutzende von Käsesorten und noch mehr Weine wechselweise miteinander ausprobiert haben, um herauszufinden, was ideal zusammenpasst. Auf der einen Seite ist die Käse-Wein-Allianz höchst simpel. Man nehme einen Brie, Reblochon, Gaperon, Chevre, Vacherin, Appenzeller oder sonst einen Käse und entkorke dazu eine Flasche Wein, irgendein Gewächs achtbarer Herkunft. Beides zusammen wird – mal mehr, mal weniger – gut schmecken. Nicht viel anders ergeht es schließlich dem Gast im Restaurant, wenn ihm der Kellner fünf, sechs Sorten Käse unterschiedlicher Provenienz zu einem einzigen Wein vorlegt. Man isst, trinkt und schwelgt, ohne bei jedem Bissen nachzusinnen, ob das nun die große kulinarische Einheit ist, jene Mariage, von der uns die Geschmackslehrer so viel erzählen.

Erlebenswerte Allianzen

Weil es einer umfangreichen Doktorarbeit gleichkäme, jedem halbwegs bekannten Käse einen oder mehrere Idealweine zuzuordnen, können nur einige konkrete Beispiele angeführt werden. Als erstes muss mit der Legende gebrochen werden, dass einzig oder hauptsächlich Rotweine zum Käse schmecken sollen. Das hat ein Rotweinwinzer erfunden. Gewiss: Bordeaux und Gouda passen gut zusammen, rote Burgunder empfehlen sich zu Brie, Barolo zu Parmesan. Als Erfahrungswert gilt, dass jugendliche Rotweine mit fruchtiger Kraft besser mit Käse harmonieren als ausgereifte Weine mit bereits filigranem Körper und der für große Kreszenzen typischen zarten Süße. Das feine Gewebe solcher Weine würde in der dichten Aromatik des Käses hoffnungslos untergehen.

Bei bewusstem Probieren und Vergleichen schmeckt man schnell heraus, dass es unter Weißweinen mehr Kombinationsmöglichkeiten mit Käse gibt. Vor allem Frischkäse sowie junge Ziegen- und Schafskäse tun sich mit weißem Wein leichter als mit rotem. Eher salzig geprägte Sorten wie beispielsweise Emmentaler, reifer Alp-Gruyère, alter Comté, Sbrinz, Mimolette, Tête de Moine, Bauerncheddar und Manchego beißen sich wiederum leicht mit jungen, zumal herben Weißweinen. Zu solchen kräftigen Käsetypen passen edelsüße Weine. Deren liebliche, cremige und oft mit belebender Säure gepaarte Kraft gleicht das markante bis aggressive Aroma pikanter Käse aus.

Geradezu triumphal schlägt die Stunde der edelsüßen Weine im Verein mit Blauschimmelkäse: Roquefort, Stilton, Bleu de Bresse,

Fourme d'Ambert, Gorgonzola, Bleu d'Auvergne etc. Die kreuzigen jeden eleganten Wein, ob weiß oder speziell rot. Welchen edelsüßen Wein man wählt, hängt von der Würze sowie dem Salzgehalt des Käses ab. Ein weicher Gorgonzola oder junger Fourme d'Ambert wird sich mit einer komplex gegliederten Auslese (Scheurebe, Riesling, Weißburgunder) gut verheiraten. Ein markiger Stilton oder Roquefort sind da schon wesentlich fordernder in Richtung Gewächse mit deutlicher Süße à la Sauternes, Vin Santo, Trockenbeerenauslese, Port und Tokaj. Sehr delikat ist die Kombination von Stilton und altem Cream Sherry – das Salzige des Käses und die sanfte Süße des Sherrys ergänzen sich wunderbar.

Gastronomische Ehen voller Sinneslust werden auch gestiftet zwischen uraltem Gouda oder Cantal mit einer feinen Rieslingauslese, zwischen einem Chevrotin mit Vouvray demi sec, einem Bavaria blu mit Tokajer, einem Munster mit einer Grauburgunderauslese. Milder Butterkäse macht sich gut mit einer zurückhaltend süß ausgebauten Scheurebe. Tilsiter harmoniert mit einer Silvanerspätlese. Reintönige Akkorde, die dem Gaumen schmeicheln, ergeben sich ferner, wenn Käse mit Fruchtigem kombiniert wird. Ein Gelee von Quitte, Johannisbeere oder Apfel zum Ziegenkäse führt zu einer geschmacklichen Erhöhung zweier Produktelemente, die für sich allein zwar lecker sind, doch zusammen an kulinarischem Wert zulegen. Spanische Bauern genießen seit jeher zu dünn geschnittenem Schafskäse ein frisch gemachtes Quittenmus. Das Pikante des Käses ergänzt sich mit dem feinen süßsauren Aroma des Fruchtigen zu einer delikaten Harmonie.

Das gilt auch für warm angemachte Käsekreationen wie ein Soufflé von Ziegenricotta mit einem kräftig gewürzten Kompott aus Aprikosen. Dazu passt eine reife Trockenbeerenauslese vom Riesling aus dem Rheingau. Ein frischer Ziegenquark, flankiert von einem Kürbischutney und Ingwer, harmoniert mit einer Beerenauslese von Scheurebe oder Riesling. Tartelettes vom Blauschimmelkäse wie Roquefort summieren sich mit einem Ruster Ausbruch oder einer Trockenbeerenauslese von der Mosel zu einer Gaumenwonne der besonderen Art. Gleiches gilt für eine Eiscreme aus echtem Parmesan, serviert mit karamellisierten Birnen.

Frischer Ziegenkäse wie beispielsweise der stangenförmige Saint-Maure, die bekannten Pyramiden, der nussige Tomme de l'Ardeche oder der talerartige Le Rocamadour ergänzen sich mit Nuss-, Früchte- oder Rosinenbrot sowie Fruchtgelees zu einem kulinarischen Weltereignis. Zu klassischen Partnern von körnigem Frischkäse gehören beispielsweise Honig, Trockenfrüchte und selbst Anislikör. Letzteres ist in Spanien Tradition. Noch jung an Jahren, aber schon legendär und international eine kleine Berühmtheit ist der sogenannte Kracher-Käse. So heißt der Schärdinger Grünschimmelkäse, der mit einer edelsüßen Beerenauslese des burgenländischen Kultwinzers Gerhard Kracher affiniert wird und streichfähig zu genießen ist. Zu diesem „Kracher Grand Cru" ist ein edelsüßer Weißwein die ideale Begleitung, und es entwickelt sich keine schlechte Affäre, wenn man dazu ein paar Trockenfrüchte serviert.

Das schönste Bekenntnis zur Käse-Wein-Ehe stammt übrigens vom schwedischen Schriftsteller Lars Gustafsson, der auf die Frage nach seiner Lieblingsbeschäftigung antwortete: „An einem sonnigen Tag im Juli in das seichte nördliche Gebiet des Sees Amänningen zu segeln, bei sehr schwachem Wind, mit einer wunderschönen Frau und einem Korb mit Weinflaschen und Käse an Bord." Das zeugt von Lebenskunst und nichts spricht dagegen, ähnliches zu tun, ob man Käse und Wein nun rein aus dem Bauch heraus oder mit Bauch und Hirn kombiniert.

Edelsüße und Desserts

Es gibt Naschlustige, die das süße Finale eines Essens erwarten wie ein geliebtes Wesen. Ein süßes Ende ist nämlich immer ein gutes Ende. Es ist das Dessert, das jedem kulinarischen Fest den entscheidenden Glanz gibt; vor allem ein großes Menü bliebe ohne die Kunst des Konditors unvollkommen wie ein Torso. Süßigkeiten gelten seit jeher als Gaben der Überirdischen. Man sprach nicht ohne Grund von „Götterspeisen", und die Konditoren trumpften bei großen Gastmahlen mit dekorativen Kunstwerken auf, beispielsweise den Heldentaten des Herakles, prächtigen Schlössern, Jagdszenen und Fabelwesen, bildnerisch gefertigt aus Zuckerwerk zum Ergötzen der hochadligen Gesellschaft.

Die Frage heißt seit Tausenden von Jahren also nicht, ob es ein Dessert sein darf, sondern nur: welches? Schon im ersten Jahrhundert nach Christus gab es in Rom neben dem Koch und dem gewöhnlichen Brotbäcker den „dulcinarius", einen Mann, der ausschließlich für die süße Abteilung zuständig war, für die „dulces", die süßen Sachen. Der Dichter Martial, ansonsten gefürchtet wegen seiner bissigen Verse, schrieb über diese ersten Patissiers des Abendlandes bewundernd: „Tausend süße Figuren baut dir diese Hand."

Wenn heute solche Desserts locken, wird so mancher Weinfreund freilich mutlos. Nichts in der Küche hat mehr Anmut als die Schöpfungen der Patisserie, doch nichts ist schwieriger als die Wahl des dazu passenden Getränks. Herbe Weißweine sind nicht nur chancenlos gegen Süßes, sie würden jedes noch so delikate Naschwerk gnadenlos konterkarieren und schließlich selbst auf der Strecke bleiben. Weiße von geschmeidiger Fülle wie kapitale Spätlesen vermögen teigige Mehlspeisen wie Kaiserschmarrn oder Quarkknödel passabel zu begleiten. Gewisse Rotweine von feuriger und würziger Kraft lassen sich wohl anständig zu manchen schokoladigen Desserts trinken. Champagner ist nie verkehrt, aber keineswegs immer ideal. Zu einer fruchtbetonten Nachspeise wie etwa einer Schwarzwälder Kirschtorte lässt sich ein Kirschbrand denken, zum Bratapfel auch ein alter Calvados. Aber die ausgesprochen hohe Schule angewand-

ter Trinkkultur ist und bleibt der edelsüße Wein als quasi naturgeborener Partner zum Dessert.

Kreative Spannung gefragt

Damit die Kombination von süßem Wein zu süßer Speise nicht zur Mesalliance gerät, sollten freilich einige Erfahrungswerte beachtet werden. Eine Faustregel lautet, dass der Wein mindestens so süß sein sollte wie das Gericht. Ferner gilt, dass schiere, nicht von Fruchtsäuren, Röstnoten, pikanten oder würzigen Aromen flankierte Süße im Verein mit einem sehr süßen, nicht von Säure gestütztem Wein problematisch ist. Das ergibt Beziehungen von langweiliger Art, eine platte Süße zerfließt mit der anderen plumpem Süße zu einem faden Akkord. Ein Zuviel an undifferenzierter Süße kandiert und lähmt die Zunge, führt, kurzum gesagt, zu Überdruss. Zwar reibt sich dabei nichts Störendes am Gaumen, aber es fehlt die Spannung, die auftritt, wenn sich Gegensätze erst gegenüber stehen und dann miteinander in genussvollen Schwingungen verschmelzen. Der Kenner wird stets dafür sorgen, dass zwischen Teller und Glas eine kreative Spannung herrscht.

In jeder Kunst und insbesondere der Kochkunst besteht das höchste Raffinement in der Synthese, also dem Zusammenfügen der einzelnen Elemente – wie beispielsweise süß und sauer, weich und knusprig, warm und kalt, sanft und herrisch, mild und scharf – zu einem glücklichen Ganzen. Man tische zu einer hochfeinen Auslese von der Mosel eine Herzkirschensuppe mit karamellisierten Schneeklößchen auf, einen würdig gereiften Ruster Ausbruch zu Haselnusscrêpe mit glasierten Weintrauben und Muskatellersabayone, zu Aprikosenknödel mit Mohneis einen 30-jährigen Tawny-Port, zum gefüllten Bratapfel einen Eiswein, eine ältere Trockenbeerenauslese vom Rhein oder der Pfalz zu einer geschmorten Honigbirne, zur unwiderstehlichen Crêpes Suzette einen Sauternes – und wird erleben, wie sich Speise und Wein einander stimulierend erhöhen.

Von Bedeutung für eine gelungene Dessert-Süßwein-Verbindung ist die wechselweise wirkende Belebung. Mal profitiert die Speise von der Säure und den Aromen des Weins, dann wiederum verleiht das Gericht durch seine pikanten Zutaten dem Wein eine frischere, lebendigere Identität. Die cremige, honigartige Süße eines Jurançon bekommt einen rassigen Schliff durch ein Orangenparfait. Kandierte Früchte und geröstete Nüsse sind reizvolle Partner eines Sherry Oloroso, eine Crème brûlée bedarf der subtilen Säure eines reifen süßen Vouvrays. Die markanten, an orientalische Spezereien erinnernden Aromen eines Muscat de Rivesaltes ergänzen sich bestens mit einem Omelette, flankiert von einem Kompott aus Südfrüchten. Eine aus Nüssen, Honig und exotischen Früchten kombinierte Nascherei ergibt mit einem edelsüßen Gewürztraminer einen Nase wie Gaumen beglückenden Akkord.

Wie schön, dass Wissenschaftler herausgefunden haben, dass Süßigkeiten für gute Laune sorgen. Zucker fördert die Bildung von Serotonin im Körper, was, bündig formuliert, die Stimmung hebt. „Er macht die Menschen positiver", sagen Ernährungswissenschaftler, womit von sozusagen professoralem Katheder aus eine alte Volksweisheit kanonisiert wird: Süßes lässt Saures vergessen. Desserts sind in Verbindung mit edelsüßem Wein also so etwas wie Doppelboten zur sinnlichen Erbauung.

Edelsüße und Schokolade

Getreu der Erkenntnis des alten Epiktet, wonach nicht Tatsachen, sondern Meinungen über Tatsachen das Bewusstsein des Menschen bestimmen, haben Legenden auch in der Feinschmeckerei ein zähes Leben. So geisterte lange der Satz durch gastronomische Lehrbücher: „Schokolade und Wein – unmöglich!" Dieses genusshemmende Verdammungsurteil hat die Schokolade als kakaogeborene Diva überhaupt nicht erschreckt und siehe da: Selbst altbackene Exegeten sind heute weiser und rühmen als angemessene Partner zu Schokolade neben Cognac, Rum und Rotweinen von feuriger Würze vor allem edelsüße Gewächse. Schokoladige Kreationen von der Torte über Mousse, Praline, Eis und Trüffel ergeben mit Banyuls, Portwein, gereiftem Malmsey aus Madeira, Pedro Ximénes Sherry, einem Recioto della Valpolicella oder Eiswein ein mit Worten nur unzulänglich beschreibbares Hinschmelzen auf der Zunge – freilich mit der vollautomatisch eingebauten Gefahr, danach süchtig zu werden.

Süßes hebt die Stimmung und das Wohlbefinden. Vom Kakao weiß man, dass er ebenfalls Glückshormone auszulösen vermag. In einer deutschen Schrift aus dem 17. Jahrhundert heißt es bereits vielversprechend: „Es stärcket nemlich der Cacao den Magen, macht Lebensgeister hurtig, verdünnt die Säfte und Geblüht, hilft zur Venus-Lust, stärcket das Haupt, lindert Schmerzen und ist sein Lob sowohl zur Nahrung wie als Medicament nicht genug fast zu beschreiben." Das klingt in den Ohren von Schokoladeliebhabern wie Mozart im Mai. Ein Wunsch, ein Traum, ein Wahn, was ist Einbildung, was Tatsache? Wissenschaftlich erhärtet ist, dass allein schon das unvergleichliche Aroma von Kakao von Haus aus das Gemüt charmiert, was auch den geheimnisvollen Wert der Schokolade als Liebesersatz und seelisches Trostpflaster erklärt. So mancher Kakao, so manche Tafel Schokolade dient der Gemütsmassage.

Warum also nicht doppelt glücklich werden mit Edelsüßem zu Schokoladigem?! Da vereinen sich zwei Elemente von besonders intensiver Genusspotenz zu einer Allianz, die wie keine andere körpereigene Morphine aus ihren Schlupflöchern zu locken vermag. Nur sollten sich Wein und Schokolade ergänzen, nicht gegenseitig übertrumpfen. Als Faustregel gilt: Je höher der Kakaoanteil ist – wie bei hochwertigen Edelbitterschokoladen von 75 und mehr Prozent –, desto kräftiger darf der Wein sein. In diese Kategorie fallen Port, PX-Sherry, gereifte Trockenbeerenauslesen, kalifornische Black Muscat,

Tokaj, Banyuls & Co. Eher sanfte Desserts auf Schokoladenbasis bedürfen wiederum eines Partners, der wohl über Finesse verfügt, doch weder über zu viel Süße noch Wucht.

Beispielhafte Harmonien

Zu einem Schokopudding mit Vanillesauce wird eine duftige Auslese passen, wohingegen eine Mousse au chocolat, begleitet von einem Kirschragout, mit einem Banyuls, dem portweinähnlichen Vin doux naturel aus dem französischen Südwesten, den Zungenschlag des Genusses auslöst. Die ungemein köstlichen dunklen Schokotrüffel namens Lamorresi al Barolo werden durch einen Mas Amiel aus dem Roussillon, Beerenauslesen von Muskat-Ottonel oder Spätburgunder sowie einem 20-jährigen Tawny-Port fein begleitet. Alter Madeira, Sherry Oloroso und dicht gewobene Auslesen, wie sie in der Pfalz und im Badischen gewonnen werden, harmonieren mit Desserts von der fruchtigen Sachertorte über ein Soufflé mit Vanilleschaum bis hin zu einem Savarin von Schokolade mit karamellisierter Orangensauce.

Weitere Traumpaare sind: Eiswein und Schokoladenparfait mit Mangosauce, Sauternes zu Schokoladentorte, Sorbet von Kakao und Schokolade mit Tokajer, Schokoladeneis mit Zwetschgensauce und Muscat de Beaumes-de-Venise, Schokoladensoufflé mit Waldbeerenragout und Rosenmuskateller aus Südtirol, weiße Schokoladenmousse und Moscato d'Asti, Schokopudding und mit Schokolade gefüllte Palatschinken zu Beerenauslesen von Riesling, Ruländer und Scheurebe. Ein Schokoladen-Millefeuille mit Ingwer-Trüffel-Crème verheiratet sich bestens mit einem Sauternes oder einem reifen Eiswein. Sehr exquisit ist die Kombination von Pralinen mit edelsüßen Weinen, allerdings nicht einfach, denn die Wahl der Flasche hängt entscheidend von der Art der Füllung ab, aber eine vollblütige Rieslingauslese, also eine mit Kraft und Eleganz, wird nie verkehrt sein.

Schokoladige Kreationen ergeben mit Süßweinen ein mit Worten nur unzulänglich zu beschreibendes Hinschmelzen auf der Zunge.

Mille feuille
von der Gänseleber

Zutaten für 6 Personen

Sauternes-Gelee
750 ml Sauternes
5 Blatt Gelatine

Mille feuille
120 g Gänseleber
25 g schwarze Nüsse
150 ml Sauternes-Gelee
ca. 2 mittelgroße Walnüsse

Brioche (ergibt 50 Stück)
550 g Mehl
40 g Hefe
60 g Zucker
80 ml Milch
190 g Butter
12 g Salz
125 g Vollei
50 g Eigelb zum Bestreichen

Anrichten
Marmelade
Apfelmus
Feigenchutney

6 Plastik- oder Metallringe (Ø 5 cm, Höhe 16 cm), mit Folie ausgelegt

Sauternes-Gelee

Sauternes auf ca. 400 ml einreduzieren und die eingeweichte Gelatine unterziehen. Auskühlen lassen.

Mille feuille

Die Gänseleber zwischen zwei Lagen Backpapier auf ca. 0,5 cm Dicke ausrollen. Dann ca. 30 Minuten einfrieren. In 18 runde Plättchen von ca. 3,5 cm Durchmesser ausstechen. Die schwarzen Nüsse in 18 Scheiben schneiden und mit der Gänseleber schichten. Mit einer Rouladennadel das Lebertörtchen aufspießen und möglichst mittig in den Ring einsetzen. Mit dem leicht gekühlten Sauternes-Gelee bis zur Hälfte des Törtchens auffüllen und dann kühl stellen. Nach 5 Minuten den Rest auffüllen und das Törtchen leicht mit Gelee bedecken. Kühl stellen.

Brioche

Mehl in eine Schüssel sieben, eine Mulde hineindrücken, Hefe, Zucker und lauwarme Milch hineingeben und alles zu einem Vorteig verkneten. Diesen 10 Minuten an einem warmen Ort gehen lassen. Die Butter schmelzen und lauwarm zusammen mit den restlichen Zutaten zum Vorteig geben. Alles zu einem geschmeidigen Hefeteig verkneten. Zugedeckt an einem warmen Ort gehen lassen, bis der Teig das doppelte Volumen bekommen hat. Anschließend den Teig in Stücke teilen und aus jedem Stück eine kleine und eine große Kugel formen. Brioche-Förmchen buttern und mehlen, die große Kugel hineinlegen. Mit dem Daumen ein Loch in die große Kugel drücken, die kleine Kugel hineinsetzen. Mit Eigelb bestreichen und im vorgeheizten Backofen bei 170 °C ca. 25 Minuten goldbraun backen.

Anrichten

Ein Mille feuille auf einen Teller setzen und anschneiden. Dazu ein Brioche mit einem Klecks Marmelade setzen. Apfelmus und Chutney auf den Teller geben.

Tipp

Die restlichen Brioche können problemlos eingefroren werden. Nach dem langsamen Auftauen ein wenig mit Milch bepinseln, dann etwa 10 Minuten bei 125 °C aufbacken.

Eine Gänseleber in Sauternes, angerichtet mit schwarzen Nüssen, Apfelmus und Feigenchutney, kann nur ein großer Edelsüßer vervollkommnen, ja ihr überhaupt gerecht werden. Die alte Regel, den Kochwein auch zum Tischwein zu machen, kann bei einem Sauternes durchaus angewandt werden. Also spricht nichts gegen Yquem & Co. Aber ein reifer Tokajer oder eine große Trockenbeerenauslese sind ebenso eine gute Wahl.

Getränktes Bauernbrot

mit gebratener Gänsestopfleber, Schalottenconfit und Trüffelfond

Zutaten für 4 Personen

Trüffelfond

200 ml heller Kalbsfond
60 g Butter
20 g Wintertrüffel
4 g Meersalz

Bauernbrot

2 Scheiben Bauernbrot
mit 70% Roggenanteil
10 ml Olivenöl
60 g Shiitakepilze
1 EL Kalbsjus
1 Thymianzweig
50 g Kartoffelpüree

Schalottenconfit

30 g Zucker
200 ml roter Portwein
100 g Schalottenwürfel
30 ml Olivenöl
1 Lorbeerblatt
100 ml Rotwein

4 Scheiben Gänsestopfleber à 60 g
etwas Mehl
Fleur de sel und Pfeffer aus der Mühle

Trüffelfond

Den Kalbsfond auf die Hälfte reduzieren und mit Butter anschließend zu einer leichten Bindung montieren. Die Trüffel schälen, würfeln und zugeben. Mit Meersalz abschmecken.

Bauernbrot

Das Brot in 2 cm dicke Scheiben schneiden und rund ausstechen (ca. 6 cm). Olivenöl in eine Pfanne geben und die Brotscheiben kurz goldbraun auf beiden Seiten backen, sodass sie in der Mitte noch weich sind. Die Shiitakepilze in feine Würfel schneiden (ca. 5 mm) und ebenfalls in Olivenöl anbraten, mit Salz und Pfeffer abschmecken und Kalbsjus und den Thymianzweig dazugeben. Dann das Brot halbieren und das Kartoffelpüree dünn auf die krossen Seiten aufstreichen. Die Pilzmasse auf das Püree auftragen und ein Brot auf das andere setzen.

Schalottenconfit

Den Zucker in einem Topf karamellisieren lassen und mit etwas Portwein ablöschen. Die fein geschnittenen Schalottenwürfel in Olivenöl dünsten und anschließend zusammen mit dem Lorbeerblatt zu der Zuckermischung geben, mit dem restlichen Portwein und dem Rotwein aufgießen und so lange reduzieren lassen, bis die Schalotten gar sind.

Anrichten

Die Leber auf beiden Seiten etwas mehlieren und kurz vor dem Servieren braten (ca. 2 Min je Seite). Abschließend die gebratene Stopfleber mit Fleur de sel und Pfeffer würzen.
Zum Anrichten das Bauernbrot mittig in einen tiefen Teller geben, darauf die Leber setzen und dann das Schalottenconfit obenauf setzen. Den Fond angießen.

Da schlägt die Stunde eines dicht gewirkten Edelsüßen à la Tokajer, Sauternes oder reifer Trockenbeerenauslese vom Rhein. Und wenn die Stimmung danach ist, darf es auch ein wenig üppiger sein, in Richtung Ruster Ausbruch oder Portwein. Gänseleber, karamellisierte Schalotten sowie schwarzer Trüffel sind klassische Freunde edelsüßer Kreszenzen.

Mosaik von Gänsestopfleber
und Périgord-Trüffel

Zutaten für 4 Personen

Gänsestopfleber

600 g Gänsestopfleber

Sauternes

weißer Portwein

1 EL Honig

6 g Pökelsalz

Kunstdarm, Ø 60 mm

100 g Perigord-Trüffel, gegart

Salz, Pfeffer

Portweingelee

12 Blatt Gelatine

175 ml roter Portwein

250 ml weißer Portwein

300 ml Sauternes

90 ml Madeira

100 ml Trüffelsaft

25 g Zucker

Gänsestopfleber

Die Gänsestopfleber von den Adern befreien und klein schneiden. Mit etwas Sauternes, Portwein, Honig, Pökelsalz, Salz und Pfeffer marinieren, über Nacht kühl stellen. Anschließend in den Kunstdarm füllen und bei 65 °C etwa 15 Minuten pochieren. Dann erneut einen halben Tag kalt stellen. Trüffel in 2 Millimeter dicke Scheiben schneiden.

Portweingelee

Die Gelatine einweichen. Den Rest der Zutaten zusammen aufkochen. Die Gelatine ausdrücken und zu dem Fond geben, anschließend durch ein Spitzsieb abpassieren und leicht abkühlen lassen.

Anrichten

Von der pochierten Gänsestopfleber den Kunstdarm entfernen und mit der Aufschnittmaschine in 16 Scheiben à 4 Millimeter Dicke schneiden.

Zwölf Scheiben mit dem geschnittenen Trüffel belegen und zu Törtchen zusammenbauen. Auf die oberste Scheibe Gänsestopfleber eine schöne ausgestochene Trüffelscheibe legen und das Törtchen ein wenig zusammendrücken. Den Rand glatt streichen. Nun ¼ des Portweingelees 2 Millimeter dick in ein tiefes Blech eingießen und kalt stellen. Die Gänselebertörtchen auf das Blech setzen, einen Ausstecher (Ø 8 Zentimeter) darübersetzen. Nun die Törtchen mit dem restlichen Gelee eingießen. Einen halben Tag kalt stellen, dann den Ring entfernen.

Schon der Name klingt verheißungsvoll und weckt augenblicklich den Wunsch nach einem gleichermaßen eleganten wie starken Edelsüßen. Ein Sauternes à la Yquem & Co. trinkt sich dazu wie naturgeboren. Auch eine ausgereifte Trockenbeerenauslese, die das Ungestüme der Jugend bereits abgelegt hat, ist eine Empfehlung – ob vom Rhein oder der Mosel. Ein ausgereifter elsässischer Grauburgunder wie die Quintessence de Grains Nobles der famosen Madame Faller wird sich gleichfalls mit dem Gericht zu einem privaten Weltereignis bündeln.

Gravensteiner Apfel,
Blunzen und Langustine Royale

Zutaten für 4 Personen

Äpfel

4 Äpfel (Gravensteiner)
30 g Feinkristallzucker
250 ml Apfelnektar
40 ml weißer Balsamico
½ Sternanis
¼ Zimtstange

Blunzenfüllung

1 Schalotte
Olivenöl
120 g Blunzen
1 Knoblauchzehe
frischer Majoran
Salz, schwarzer Pfeffer

Kraut

250 g Spitzkraut
1 rote Zwiebel, geschnitten
1 EL Bauchspeck, fein geschnitten
1 Knoblauchzehe, angedrückt
20 ml Olivenöl
50 ml Weißweinessig
50 ml Rindersuppe
Kümmel, Salz, Pfeffer

Langustinen

4 große Langustinen
Olivenöl
1 TL kalte Butter
4 Thymianzweige
20 ml kräftiges Olivenöl
Meersalz

Äpfel

Die Äpfel schälen und entkernen. Daraus Ringe mit ca. 4 cm Durchmesser und 5 cm Höhe ausstechen. Zucker karamellisieren, mit Apfelnektar und Balsamico ablöschen und die Gewürze zugeben. Aufkochen lassen und die Apfelringe damit übergießen. Das Ganze mindestens 1 Stunde durchziehen lassen.

Blunzenfüllung

Die Schalotte würfeln, in Olivenöl anschwitzen lassen. Geschnittene Blunzen und angedrückte Knoblauchzehe dazugeben. So lange rösten, bis die Blunzen ganz weich ist. Knoblauch wieder entfernen und mit frischem Majoran und eventuell Salz und Pfeffer abschmecken. Blunzenmasse in die Apfelringe füllen und im Ofen bei 170 °C 10 Minuten backen.

Kraut

Kraut salzen und 1 Stunde ziehen lassen. Zwiebel, Speck und Knoblauch in Olivenöl anschwitzen, mit Essig und Suppe ablöschen und auf das Kraut gießen. Kümmel und Pfeffer zugeben. Eine Stunde ziehen lassen und gegebenenfalls nochmals etwas nachwürzen.

Langustinen

Langustinen bei milder Hitze in Olivenöl anbraten, Butter und Thymian zugeben und in etwa 1 Minute fertig garen. Dabei immer wieder mit der aufschäumenden Butter übergießen. Mit Meersalz würzen und auf den Apfelringen platzieren. Etwas kräftiges Olivenöl darüberträufeln.

Vorhang auf und Bühne frei für gehaltvolle Auslesen, die einerseits reif sein sollen, um der Blutwurst und den Langustinen sozusagen auf Augenhöhe zu begegnen, jedoch andererseits über eine subtile Säure verfügen, um gegen Apfel und Kraut zu bestehen und dem Gericht einen Hauch von Leichtigkeit mitzugeben. Ältere Tokajer und Sauternes sowie ausgereifte Auslesen kommen dafür in Frage.

Seeteufelpraline,
Langostino und Artischocken

Zutaten für 4 Personen

Getrocknete Tomaten

150 g Kirschtomaten
je 1 Rosmarin- und Thymianzweig
1 Knoblauchzehe

Artischockengemüse

2 Artischocken
1 Zitrone für das Wasserbad
50 g getrocknete Tomaten, fein gewürfelt
10 g schwarze Oliven, entkernt und gehackt
1 Knoblauchzehe, geschält und fein gewürfelt
5 g gehackte Blattpetersilie
1 l Olivenöl

Artischockensauce

20 g durchwachsener Speck
20 g getrocknete Steinpilze
4 Artischocken
3 Zitronen
200 ml Geflügelfond
je 1 Rosmarin- und Thymianzweig
¼ Lauchstange
50 g Sellerie
je 1 Karotte und Knoblauchzehe
Olivenöl

Seeteufelpraline

500 ml Olivenöl extra virgine
je 20 g fein gewürfelte
Artischocken, Karotten, Sellerie und Schalotten
20 g grüne Oliven, entkernt und gehackt
30 g getrocknete Tomaten, fein gewürfelt
8 Langostinos, geputzt, entdarmt
320 g Seeteufel
4 Basilikumblätter

Zucker, Fleur de sel, schwarzer Pfeffer aus der Mühle

Getrocknete Tomaten

Kirschtomaten in kochendes Wasser tauchen. Anschließend in Eiswasser abschrecken, häuten, vierteln und die Kerne entfernen. Auf ein geöltes Backblech legen. Knoblauch, Thymian und Rosmarin fein hacken und die Tomaten damit bestreuen. Mit Salz und Pfeffer würzen. Zum Schluss mit Olivenöl beträufeln und bei 90 °C 3–4 Stunden im Backofen trocknen.

Artischockengemüse

Artischocken in feine Scheiben schneiden und in Olivenöl goldgelb backen. Dann Knoblauch, Oliven und Tomaten zugeben, mit Salz und Pfeffer würzen und die Petersilie einschwenken.

Artischockensauce

Speck und Steinpilze in Olivenöl kurz anbraten. Artischocken putzen und die Böden in Zitronenwasser 10 Minuten garen. Die fleischigen Blätter mit Geflügelfond, Rosmarin, Thymian, Lauch, Sellerie, Karotte, Knoblauch, Speck und Steinpilzen ca. 1 Stunde leise köcheln lassen. Im Mixer pürieren, passieren, mit reichlich Olivenöl aufmontieren und anschließend mit Zucker, Salz und Pfeffer abschmecken.

Seeteufelpraline

Olivenöl in einer Pfanne erhitzen. Zuerst Artischockenwürfel, danach Sellerie-, Karotten- und Schalottenwürfel einschwenken. Einige Minuten garen. Gehackte Oliven und Tomatenwürfel dazugeben, mit Salz und Pfeffer abschmecken und auskühlen lassen. Vier Langostinos fein hacken und mit dem kalten Gemüse mischen. Daraus vier Kugeln formen. Seeteufel in vier Stücke schneiden und zwischen Frischhaltefolie ca. 3 mm dünn plattieren. Mittig auf jedes Stück erst ein Basilikumblatt, dann die Gemüsekugel legen. Die überstehenden Ränder über die Kugel schlagen und zur Praline formen. Das Olivenöl in einer kleinen Sauteuse auf 70 °C erhitzen. Praline mit Salz und Pfeffer würzen und ca. 4 Minuten im Öl gar ziehen lassen (Praline muss mit Öl bedeckt sein). Restliche vier Langostinos mit Salz und Pfeffer würzen und 1 Minute vor Ende der Garzeit mit ins Öl geben.

Anrichten

Artischockensauce mittig auf den Teller geben. Das Gemüse auf der Sauce anrichten, die Praline aufsetzen und als Krönung die Langostinos auf die Praline legen.

Artischocken werden, wie Tomaten, in Lehrbüchern oft als Feind des Weines bezeichnet. Da denken die Theoretiker zu kleinmütig. Diese mit süßlichem Gemüse, Speck, Steinpilzen und Gewürzen pürierten Artischocken ergeben ein hocharomatisches Gemenge, das sich im Verein mit den Langostinos und dem Seeteufel bestens mit kapitalen, gereiften Spätlesen bis hin zu älteren Sauternes und Edelsüßen aus Vouvray liiert.

Gebratene Jakobsmuscheln

mit Flor de Sal „Sri Lanka" auf Korianderperlgraupen in Kokos-Zitronengras-Sauce

Zutaten für 4 Personen

Jakobsmuscheln

8 Jakobsmuscheln in der Schale
Flor de Sal „Sri Lanka"
geklärte Butter

Kokos-Zitronengras-Sauce

6 Stangen Zitronengras
2 EL Butter
20 g Kokosflocken
1 EL Mumbai-Curry
20 ml Noilly Prat
20 ml weißer Portwein
40 ml Weißwein
1 Dose ungezuckerte Kokosmilch
1 l Geflügelfond
50 g kalte Butter

Korianderperlgraupen

1 Schalotte
etwas Butter
75 g feine Perlgraupen
500 ml Gemüsebrühe
1 Msp. Safranpulver
3 EL Parmesan
1 EL gehacktes Koriandergrün
1 EL Chiliwürfel, blanchiert
Salz

Zuckerschoten

100 g Zuckerschoten
etwas Butter
100 ml Gemüsebrühe

Jakobsmuscheln

Die Jakobsmuscheln mit einem robusten Messer öffnen und den Muskel herauslösen. Die Muschel von Innereien und Rogen trennen und unter kaltem Wasser abspülen. Die Jakobsmuscheln mit Flor de Sal „Sri Lanka" würzen und in heißer geklärter Butter ca. 3 Minuten von beiden Seiten anbraten.

Kokos-Zitronengras-Sauce

Zitronengras in Scheiben schneiden und in etwas Butter anschwitzen. Die Kokosflocken dazugeben, mit dem Currypulver abstäuben und unterrühren. Mit Noilly Prat und weißem Portwein ablöschen, Weißwein und Kokosmilch dazugeben und kurz reduzieren lassen. Den Geflügelfond dazugeben und das Ganze um ein Drittel reduzieren, passieren und mit der kalten Butter aufmixen. Nochmals abschmecken.

Korianderperlgraupen

Die Schalotte in feine Würfel schneiden, die Würfel in Butter anschwitzen. Perlgraupen dazugeben, mit etwas Salz würzen. Mit Gemüsebrühe auffüllen, Safran einrühren und die Graupen bei geringer Hitze weich kochen.
Zum Schluss den geriebenen Parmesan, gehackten Koriander und Chili einrühren.

Zuckerschoten

Die Zuckerschoten in Streifen schneiden. Butter im Topf zerlassen und Zuckerschoten dazu geben. Mit der Gemüsebrühe aufgießen und schwenken, bis die Zuckerschoten bissfest und mit dem Fond glasiert sind. Alles anrichten und sofort servieren.

Allein schon zu einer solistisch in brauner Butter gebratenen Jakobsmuschel passt ein Wein mit zarter Edelsüße à la Auslese. Umso fordernder wird die Wahl des Tischpartners durch das ausgeklügelte Spiel mit Aromen wie Kokos, Safran, Parmesan, auch Chili, Zitronengras und Koriander. Das Gericht bedarf eines markanten Kontrapunktes, also greife man ohne Scheu zu einem kraftvollen Wein mit geläuterter, ideal gereifter Edelsüße. In Frage kommen eine Auslese vom Rhein gleichermaßen wie ein Sauternes oder auch ein Vouvray von der Loire.

Gebackene Sylter Royal-Austern
auf Champagnerrahmkraut

Zutaten für 6 Personen

Weißkraut

500 g Weißkraut
40 ml Champagneressig
1 Gemüsezwiebel
etwas Butter
1 Prise Backpulver
100 ml Weißwein
1 EL Crème fraîche
etwas Zitronensaft
5 große Blätter frische Minze
Nelke, Piment, Salz, Pfeffer, Zucker

Sauce

60 g Schalotten
60 g Staudensellerie
60 g Champignons
40 g Butter
50 ml Noilly Prat
50 ml Weißwein
50 ml Champagner
50 ml Fischfond
250 ml Sahne
Salz, Pfeffer, Zitronensaft

Austern

36 Sylter Royal-Austern
etwas Mehl
2 Eier
40 ml Milch
200 g getrocknetes Weißbrot
Butter zum Ausbacken

Weißkraut

Das Weißkraut in feine Streifen schneiden und über Nacht in Salz, Zucker und Champagneressig marinieren.

Die Gemüsezwiebel in feine Streifen schneiden und in Butter ohne Farbe anschwitzen. Das marinierte Weißkraut dazugeben und weiter anschwitzen. Die Gewürze und den Weißwein beifügen und alles im zugedeckten Topf ca. 1 Stunde garen. Zum Schluss die Crème fraîche dazugeben und nochmals 10 Minuten köcheln lassen. Mit ein paar Tropfen Zitronensaft, Zucker, Pfeffer und Salz abschmecken. Vor dem Servieren die fein gehackte frische Minze dazugeben.

Sauce

Das Gemüse fein schneiden, in frischer Butter kräftig anschwitzen, mit Noilly Prat ablöschen, Champagner, Weißwein und Fischfond aufgießen. Auf die Hälfte einkochen lassen und anschließend Sahne ngießen. Nochmals ca. 10 Minuten köcheln lassen. Alles mixen, sodass das Gemüse vollständig püriert wird. Durch ein feines Sieb streichen und abschmecken.

Austern

Die ausgelösten Austern leicht in Mehl wälzen, durch die aufgeschlagene Ei-Milch-Mischung ziehen und sofort in den frisch geriebenen Weißbrotkrumen wälzen. Nur ganz leicht andrücken. Die panierten Austern ganz kurz und sehr heiß in geklärter Butter backen. Sofort auf ein Abtropftuch legen.

Anrichten

Die leeren Austernschalen vorwärmen. Je einen Esslöffel Champagnerkraut einfüllen, die aufgemixte Champagnersauce daraufgeben. Die Austern auf dem Champagnerrahmkraut servieren.

Ein fein facettiertes Gericht, das der Auster weitgehend ihren natürlichen Geschmack erhält und sie zugleich auf raffinierte Weise bereichert. Dazu muss als Partner auch ein charaktervoller Wein mit subtiler Süße her. Das herbe Aroma der Auster – sanft gebändigt durch die Panier – und die diskret angelegte, würzig flankierte Säure des Krauts sowie die weinig-spritzige Note des Champagners korrespondieren mit Weinen von ziselierter Süße wie Rieslingauslesen von Rhein, Mosel und Nahe. Ein Vouvray von der Loire mit seiner kernig unterlegten Süße kann eine reizvolle Alternative sein.

Zander mit Kakao,
Ratatouille von Rosenkohl und Karotten-Ingwer-Reduktion

Zutaten für 4 Personen

Zander

4 Stück frischen Zander à 80 g,
ohne Haut und Gräten
20 g flüssige Butter
2 EL frische Toastbrotkrümel
1 TL ungesüßtes Kakaopulver
Fleur de Sel

Karotten-Ingwer-Reduktion

500 ml Karottensaft
1 EL frischer Ingwer, gehackt
etwas Butter
Salz

Ratatouille von Rosenkohl

100 g Rosenkohl
je ¼ rote und gelbe Paprika
1 EL Butter
1 EL Olivenöl
3 EL Tomatenwürfel
etwas Sherry
etwas Safran
1 EL Pinienkerne, im Ofen leicht geröstet
1 EL Korinthen, eingeweicht
Salz, Pfeffer

Zander

Die Zanderstücke mit Butter bepinseln, auf einen Teller geben und bei 62 °C im Ofen ca. 15 Minuten ziehen lassen. Brotkrümel und Kakaopulver mischen und die Zanderstücke darin wälzen. In der Pfanne mit etwas Butter rundum kurz anbraten. Wenn der Fisch angerichtet wird, nochmals mit der Kakaokrümelmischung bestreuen und mit einer Prise Fleur de Sel garnieren.
Tipp: Es ist sehr wichtig, dass der Fisch nur sehr sanft gegart wird und fast keiner Hitze ausgesetzt wird. So bleibt er sehr saftig und glasig, ohne roh zu sein.

Karotten-Ingwer-Reduktion

Karottensaft mit dem Ingwer reduzieren bis eine leicht ölige Konsistenz erreicht ist. Dann abseihen und mit ein wenig frischer Butter aufmontieren. Nach Bedarf leicht salzen.

Ratatouille von Rosenkohl

Die Blätter vom Rosenkohl einzeln ablösen, in Salzwasser blanchieren und abkühlen. Die Paprika mit dem Sparschäler schälen und in Rauten schneiden. Butter und Olivenöl in der Pfanne erhitzen und Paprika und Tomatenwürfel darin anschwitzen. Wenn die Flüssigkeit anzieht, sofort die Hitze reduzieren und den Rosenkohl hinzufügen. Mit Salz, Pfeffer, einem Spritzer Sherry und einem Hauch Safran würzen. Zum Schluss die Pinienkerne und Korinthen darüberstreuen. Das Ratatouille sollte fast trocken bleiben, aber viel Geschmack haben.

Anrichten

Beim Anrichten sollten alle drei Komponenten separat bleiben, damit man jede einzeln degustieren und nach Belieben miteinander kombinieren kann.

Kakao, Karotten, Ingwer, Sherry, Safran und die Pinien und Korinthen sind geschmacksprägend. Diese Aromenmischung aus würzig, lieblich und herb fordert ein Gegengewicht in Form eines Weines, der über geschmeidige Fülle verfügt, gekoppelt mit feiner Süße bei geringer Säure. Das zielt auf eine perfekt gereifte Auslese, die das Wilde der Jugend hinter sich hat.

Kabeljau mit „Mixed Pickles",
Bratkartoffeln und Speck

Zutaten für 4 Personen

Kabeljau

4 Kabeljau-Loins à 70 g
Zitronensaft
40 ml flüssige, geklärte Butter
80 ml Kartoffelfond
feines Meersalz

Kartoffel-Espuma

325 g festkochende
Kartoffeln, gekocht
150 ml Kartoffelfond
185 ml Sahne
20 ml ausgelassenes Fett
vom Bauchspeck
30 ml flüssige Butter
1 EL Räucheröl
weißer Balsamico
Salz, Pfeffer, Zucker

Bratkartoffeln

4 Kartoffeln
geklärte Butter

Gurkengelee

150 ml passierten Gurkensaft
von ca. 3 ungeschälten Salatgurken
und 3 Gewürzgurken
4 g vegetarisches Gelatinepulver
2 EL sehr fein Salatgurkenwürfel
(ohne Schale und Kerne)
1 TL fein geschnittenen Dill

Rote-Bete-Gelee

150 g geraspelte Rote Bete
40 g Zucker
200 ml Cidre-Essig
250 g ungeschälte Rote-Bete-Knolle
4 g vegetarisches Gelatinepulver

Mixed Pickels

50 g gewürfelter Staudensellerie
80 g gewürfelte Zwiebeln
1 EL Traubenkernöl
100 ml Gemüsefond
2 Dillzweige
je 8 zerdrückte Wacholderbeeren,

Kabeljau

Kabeljau-Loins mit Salz würzen und mit Zitrone leicht säuern. In einen Vakuumbeutel legen, Butter und Kartoffelfond zugeben und versiegeln. Im Wasserbad bei 60 °C 6–7 Minuten pochieren. Vor dem Servieren nochmals mit Meersalz würzen.

Kartoffel-Espuma

Kartoffeln weich kochen, ausdämpfen und im Thermomix auf Stufe 4 bei 80 °C zu einer zähen Masse mixen. Dann Kartoffelfond, Sahne, Fett, Butter und das Räucheröl nach und nach einmixen. Mit Salz, etwas Zucker, Pfeffer und weißem Balsamico abschmecken. Fein passieren und in eine ISI Espuma-Flasche einfüllen und mit 2 Gaskartuschen unter Druck setzen. In einem Wasserbad bei 50 °C warm stellen.

Bratkartoffeln

Kartoffeln waschen, mit Schale in Salzwasser kochen. Kartoffeln aus dem Wasser nehmen, wenn sie noch gut Biss haben. Pellen und in 0,5 cm dicke Scheiben schneiden. Die Scheiben in 4 x 4 cm große Quadrate schneiden und mittig mit einem runden Ausstecher ein Loch ausstechen. Vor dem Servieren in geklärter Butter braten.

Gurkengelee

Gurkensaft mit der Gelatine verrühren. Auf 95 °C erhitzen, Gurkenwürfel zufügen und einmal aufkochen. Dill unterrühren, in kleine Silikonformen füllen und kühl stellen. Nach dem Abkühlen aus der Form drücken.

Rote-Bete-Gelee

Geraspelte Rote Bete, Zucker, Essig mit 200 ml Wasser einkochen und passieren. Rote-Bete-Knolle waschen und in Alufolie im Ofen bei 220 °C 1,5 Stunden garen, bis sie sehr weich ist. Schälen, würfeln und mit 250 ml warmen Rote-Bete-Fond mixen, bis eine sämige Konsistenz entsteht. Passieren und 150 ml des Fonds mit der Gelatine verrühren, aufkochen und sofort in Silikonformen abfüllen. Kühl stellen und danach aus der Form drücken.

Mixed Pickels

Staudensellerie und Zwiebelwürfel in Traubenkernöl anschwitzen und mit Gemüsefond kurz dünsten. 1 kg Eiswürfel und Gewürze zugeben. Zu einem Gewürzfond auf ¾ der Menge reduzieren, passieren und mit Balsamico abschmecken. Perlzwiebeln, Mini-Maiskolben-, Steckrüben-, Rettich- und Karottenstifte jeweils bissfest blanchieren und in Eiswasser abschrecken.
In Weckgläser nach Sorten verteilen, mit Gewürzfond angießen, sofort verschließen und 35 Minuten bei 85 °C dämpfen. Kühl stellen und mindestens 1 Tag durchziehen lassen.

zerstoßene Pimentkörner und weiße Pfefferkörner
8 g Salz, 20 g Zucker
weißer Balsamico
je 4 geschnittene Stifte (3,5 x 1cm) Senfgurke,
Mini-Maiskolben, Steckrübe, weißer Rettich, Karotte
4 kleine geschälte Perlzwiebeln

Süß-saure Sauce
200 ml Gewürzfond von den Mixed Pickels
100 ml Kartoffelfond
30 ml flüssige braune Butter
1 TL fein geschnittener Dill
Salz, Essig

Anrichten
1 EL fein gewürfelter, ausgelassener,
geräucherter Bauchspeck

Süß-saure Sauce

Gewürz- und Kartoffelfond auf 150 ml einkochen und braune Butter untermixen. Mit Salz und Essig abschmecken. Kurz vor dem Servieren den Dill zugeben.

Anrichten

Mixed Pickels, Gurken- und Rote-Bete-Gelee lauwarm auf Tellern arrangieren. Je 3 Bratkartoffelscheiben versetzt mit dem Loch mittig stapeln. Kartoffel-Espuma in die Löcher einspritzen und den ausgelassenen Bauchspeck darüberstreuen. Kabeljau-Loin auf die Teller geben und mit Sauce nappieren.

Eine Herausforderung für jeden Sommelier – und ein spannendes Gericht, das noch an Dramatik gewinnt, wenn es nicht herkömmlich von einem trockenen Weißwein, sondern mit einem Edelsüßen flankiert wird. Bratkartoffeln verheiraten sich gerne mit Edelsüße und die säuerlichen Komponenten der Mixed Pickles sowie speziell die Rote Bete werden durch kraftvolle Auslesen bis hin zu einem reifen Sauternes nicht nur in Schach gehalten, sondern erfahren eine Aufwertung. Süßes liiert sich mit Saurem zu einem genussvollen Finale.

Gegrillter Rochenflügel
mit geschäumter Kaffirlimetten-Butter

Zutaten für 10 Personen

Rochen

2 kg feinster Rochenflügel
Mehl
Maldon Sea Salt

Kaffirlimetten-Butter

2 Kaffirlimettenblätter
150 g Butter
2 g Soja-Lecithin
Salz

Ingwer und Wasabi

50 g kandierter Ingwer
1/2 Tube Wasabi

Perlgraupen

250 ml Milch
75 g Perlgraupen
1 Karotte
½ Zucchini
etwas heller Fond
Salz

Rochen vorbereiten

Rochenflügel parieren, portionieren, waschen und trocken tupfen. Auf Küchenkrepp auslegen.

Kaffirlimetten-Butter

150 ml Wasser aufkochen und anschließend vom Herd nehmen. Die Kaffirlimettenblätter mit der Butter ins 80 °C heiße Wasser geben und ziehen lassen. Leicht salzen. Anschließend passieren, würzen und bei 40–50 °C warm halten. Mit dem Soja-Lecithin emulgieren.

Ingwer und Wasabi

Den kandierten Ingwer in feine Streifen schneiden. Die Wasabipaste in eine Spritzhülle füllen.

Perlgraupen

250 ml Wasser mit der Milch aufkochen und mit Salz würzen. Die Perlgraupen hineingeben und ca. 45 Minuten sanft köcheln lassen. Anschließend abgießen, durchspülen und aufbewahren. Karotte und Zucchini in feine Würfel schneiden (1–2 mm) und separat bissfest blanchieren.

Gegrillter Rochen

Die 10 Rochenportionen würzen, mehlieren und auf einem Holzkohlegrill bissfest garen.

Anrichten

Den Rochen im Ofen 3 Minuten erhitzen. Die Perlgraupen mit dem Gemüse in etwas hellem Fond erhitzen. In die Mitte eines tiefen Tellers etwas Perlgraupengemüse geben. Feine Ingwerstreifen darumlegen und die Wasabipaste in Tupfern ansetzen. Den heißen Rochen auf die Perlgraupen legen. Die schäumende Butter emulgieren und auf den Rochen geben.

Was sich so harmlos liest, ist ein tiefes Geschmackserlebnis. Die sanfte Röstung des Rochens, verbunden mit dem kandierten Ingwer und der geschäumten Butter runden sich im Verein mit den Graupen, der Karotte und der scharfen Wasabipase zu einem komplex strukturierten Gericht, dem ein edelsüßes Gewächse weitere kulinarische Spannung verleiht. Eine Grauburgunder-Auslese mit subtiler Honignote, ein alter Tokajer, eine reife fränkische Silvaner-Auslese kommen in Frage. Experimentierfreudige Gourmets könnten es mit einem Sherry Oloroso wagen.

Marinierte Schwarzwurzeln
mit Sardelle, Zitrone und knuspriger Milzschnitte

Zutaten für 4 Personen

Milzschnitten

1 kleine Zwiebel
2 Knoblauchzehen
1 EL Schweineschmalz
1 EL Majoran, gerebelt
250 g gesäuberte Kalbsmilzmasse
1 Ei
2–3 EL Semmelbrösel
6–8 Scheiben Toastbrot
Pflanzenöl zum Ausbacken
Salz, Pfeffer

Schwarzwurzeln

300 g Schwarzwurzeln
24 g weißer Balsamico
25 ml Erdnussöl
20 ml Beerenauslese
10 g mild eingelegte Anchovis (ca. 3 Filets)
kandierte Schale von 1 unbehandelten Zitrone
Salz

Milzschnitten

Die Zwiebel und den Knoblauch feinwürfelig schneiden. Die Zwiebelwürfel im Schweineschmalz langsam goldgelb rösten und kurz vor Schluss Knoblauch und Majoran zufügen. Gemeinsam mit der Milzmasse durch die feine Scheibe des Fleischwolfes drehen, mit dem Ei und den Semmelbröseln vermengen. Mit Salz und Pfeffer würzen. Die Milzmasse auf die Toastscheiben aufstreichen und bei 160 °C in Pflanzenöl knusprig ausbacken. Erkalten lassen und anschließend mit Hilfe einer Aufschnittmaschine einige Milzschnitten in dünne Scheiben schneiden. Den Rest für eine anderweitige Verwendung beiseitestellen, zum Beispiel für eine Suppeneinlage.

Schwarzwurzeln

Die Schwarzwurzeln waschen, schälen und die Stangen in Salzwasser weich kochen.
255 Gramm gekochte Schwarzwurzeln in mundgerechte Stücke schneiden und mit dem weißem Balsamico, dem Erdnussöl und der Beerenauslese marinieren. Anchovis und kandierte Zitronenschalen in feine Steifen schneiden und unter die Schwarzwurzeln mengen. Mit Salz abschmecken.

Anrichten

Die marinierten Schwarzwurzeln anrichten. Die dünnen Milzschnitten auf beiden Seiten unter starker Oberhitze knusprig toasten und anschließend auf den Schwarzwurzeln anrichten.

Apart, raffiniert mit pikanten Noten. Ein Gericht mit Esprit, und den soll auch der Tischpartner aufweisen. Gesucht wird also ein Wein, der über eine ziselierte Süße und eine fein austarierte Säure verfügt. Ganz klar, so ein Steckbrief führt geradewegs zu einer eleganten Beerenauslese vom Riesling, egal ob deutscher Rheinriesling oder österreichischer Welschriesling. Ideal passt naturgemäß der Wein, der bereits generös zum Marinieren der Schwarzwurzeln entkorkt worden ist.

Birnen, Bohnen & Speck

Zutaten für 4 Personen

Schweinebauch

500 g frischer Schweinebauch
200 ml Schweinefond
1 Schalotte
1 Knoblauchzehe
1 Lorbeerblatt
10 Pfefferkörner
2 Bohnenkrautzweige
1 Msp. Pökelsalz
1 Msp. Kreuzkümmel
1 Msp. Kümmel
Zitronenzeste

Bohnen

100 g Schnittbohnen
2 EL Saubohnenkerne
2 EL Bohnenkrautbutter

Bohnenkrautschaum

1 Schalotte
3 weiße Champignons
20 ml Rapsöl
40 ml Riesling
200 ml Geflügelfond
5 Bohnenkrautzweige
Lecithin, Salz, Pfeffer

Bohnenkrautjus

1 Schalotte
50 ml Birnensaft
200 ml reduzierter Schweinebauchfond,
reduziert
3 Bohnenkrautzweige
¼ TL Kümmel, zerstoßen
5 Pfefferkörner, zerdrückt
etwas Pfeilwurzmehl
Salz, Pfeffer

Birnenconfit

2 Birnen (Abate)
25 g Zucker
100 ml Birnensaft
100 ml Riesling

Schweinebauch

Vom Schweinebauch die Schwarte ablösen. Den Bauch parieren und zuschneiden. Die Abschnitte und Rippchen mit 200 ml Wasser und den anderen Zutaten aufkochen und etwa eine Stunde bei schwacher Hitze ziehen lassen. Den Fond durch ein feines Sieb passieren und etwas abkühlen. Den Schweinebauch mit dem Fond in einen Beutel vakuumieren. Im Wasserbad bei konstant 65 °C etwa 36 Stunden garen. Den abgekühlten Schweinebauch in Würfel von 5 cm Kantenlänge schneiden, den Fond nach Geschmack einkochen und für die Bohnenkrautsauce verwenden.

Bohnen

Die Schnittbohnen in Salzwasser bissfest blanchieren und abschrecken. Die Bohnen auf 10 cm Länge portionieren und in feine Streifen schneiden. Backpapierstreifen mit Bohnenkrautbutter bepinseln und die Bohnenstreifen als Rechtecke von 5 x 10 cm auflegen. Wiederum mit Bohnenkrautbutter bepinseln. Die Saubohnen in Salzwasser blanchieren, abschrecken und die Haut abziehen.

Bohnenkrautschaum

Die Schalotte und die Champignons fein schneiden und ansautieren. Mit Riesling ablöschen und Geflügelfond auffüllen. Bohnenkraut zufügen, aufkochen und dann 20 Minuten ziehen lassen. Mit Salz und Pfeffer abschmecken, eine Messerspitze Lecithin zufügen, passieren. Zum Anrichten den Fond bei etwa 65 °C wie einen Milchschaum aufmixen.

Bohnenkrautjus

Die Schalotte fein schneiden und anschwitzen, mit Birnensaft ablöschen und mit dem Schweinebauchfond auffüllen. Bohnenkraut, Kümmel und Pfeffer zufügen und einmal aufkochen. Dann etwa 30 Minuten ziehen lassen, nochmals aufkochen und durch ein feines Sieb passieren. Nach Bedarf mit etwas Pfeilwurzmehl leicht binden und mit Salz und Pfeffer abschmecken.

Birnenconfit

Die Birnen schälen und vierteln. Den Zucker karamellisieren, mit Birnensaft und Riesling ablöschen. Die Birnen mit dem Fond vakuumieren und im Wasserbad bei 65 °C bissfest garen. Die Birnenstücke in gleichmäßige Würfel schneiden und cremig mixen. Mit etwas Fond zu einem cremigen Confit vermengen.

Birnengelee

Den Birnenfond mit Agar-Agar und Bohnenkraut 3 Minuten kochen. Die Gelatine darin auflösen und durch ein feines Sieb auf ein vorgewärmtes Kunststofftablett gießen. Das Gelee komplett verteilen und auf einer absolut ebenen Fläche erkalten lassen. Das feste Gelee in Quadrate von 7 cm Kantenlänge schneiden.

Birnengelee

220 ml Birnenfond vom Confit
2,5 g Agar-Agar
1 Bohnenkrautzweig
2 Blatt Gelatine

Bohnen-Esspapier

120 g Schneidebohnen, blanchiert
30 g weiße Bohnen, gekocht
1 Blatt Gelatine
1 Msp. Bohnenkraut, fein gehackt
Salz, Pfeffer

Anrichten

2 EL Palbohnen, gekocht
2 EL Risini-Bohnen, gekocht
rohe Birnenstücke
frische Bohnenkrautspitzen
geröstete Speckwürfel
Salz, Pfeffer

Bohnen-Esspapier

Die Bohnen sehr fein pürieren und erwärmen. Die eingeweichte, ausgedrückte Gelatine und das gehackte Bohnenkraut untermixen, mit Salz und Pfeffer würzen. Das grüne Püree auf Silpatmatten aufstreichen und bei 60 °C im Dehydrator trocknen lassen. Den krossen Bogen in die gewünschte Größe brechen.

Anrichten

Die Schweinebauchwürfel auf 60 °C temperieren, mit Salz und Pfeffer würzen, von allen Seiten leicht anbraten. Die Bohnenrechtecke mit dem Pergament im Backofen etwas 3 Minuten erwärmen und mit Hilfe des Pergaments exakt auf die Teller platzieren. Die restlichen Bohnen mit etwas Bohnenkrautbutter erhitzen, mit Salz und Pfeffer würzen und locker anrichten. Den Schweinebauchwürfel mit einer Geleescheibe bedecken und etwa 1 Minute mit Oberhitze temperieren, dann auf den Teller platzieren. Die rohen Birnenstücke und je eine Nocke vom lauwarmen Birnenconfit dazusetzen. Zum Schluss die Bohnenkrautjus anrichten und eine kleine Wolke vom aufgeschlagenen Bohnenkrautschaum auf den Teller geben. Mit den knusprigen Speckwürfelchen bestreuen, das Bohnenpapier anlegen und servieren.

Der schlichte Titel hat die Prädestination zum unterschätzten Gericht des Jahres. Beim Nachkochen spürt man den Atem eines Künstlers und beim ersten Bissen ist zu schmecken, dass an sich Rustikales wie Speck und Bohnen nicht zwingend den rustikalen Trinkpartner erfordern – und dies schon gar nicht, wenn die Birne als Saft und Gelee ins Spiel kommt. Es ist eine Speise mit Charme und Esprit, die pure Gaumenschmeichlerei, deren gleichermaßen pikante wie weiche und geröstete Noten eine raffinierte Spannung ergeben, die durch einen Wein von subtil geläuterter Süße und feiner Säure in Harmonie aufgelöst wird. Kurzum: Fürst Riesling lässt grüßen in Form einer ideal gereiften Auslese.

Geschmortes Kalbsbäckchen
mit Rote Bete und Périgord-Trüffel

Zutaten für 4 Personen

Kalbsbäckchen

8 geputzte Kalbsbäckchen

50 ml Pflanzenöl

je 60 g Karotten-, Sellerie-, Lauchwürfel

100 g Schalottenwürfel

1 Knoblauchzehe

150 g Tomatenwürfel

je 375 ml Rotwein, roter Portwein

2 Nelken

6 schwarze Pfefferkörner

1 kleiner Thymianzweig

1 Rosmarinspitze

1 Lorbeerblatt

Rote-Bete-Püree

2 Schalotten, gewürfelt

50 g Butter

100 ml Sahne

300 g Rote Bete, gekocht

Salz, Pfeffer, Muskat

Rote Bete

80 g Rote Bete

30 g Butter

50 ml Geflügelfond

Salz, Pfeffer, Muskat

Périgord-Trüffel

80 g Périgord-Trüffel

kalte Butter

etwas Port- und Rotwein

200 ml Kalbsjus

Trüffelsauce

100 g Schalottenwürfel

3 Knoblauchzehen

60 g Butter

500 g Champignons

1 Fl. weißer Portwein

1,5 l Geflügelfond

100 g Périgord-Trüffel

100 ml Trüffelfond

750 g Sahne

weißer Aceto Balsamico

Salz, Pfeffer, Cayennepfeffer

Geschmorte Kalbsbäckchen

Kalbsbäckchen in Öl anbraten und wieder aus dem Bräter nehmen. Das Gemüse hineingeben, braun rösten und zum Schluss die Tomaten zugeben. Mit Alkohol ablöschen und reduzieren. Die Gewürze in ein Säckchen füllen und hinzugeben. Die Bäckchen wieder einlegen und mit Wasser oder Kalbsfond auffüllen. Zugedeckt bei 150 °C im Ofen etwa 2 1/2 Stunden schmoren. Danach die Sauce passieren, etwas reduzieren und abschmecken.

Rote-Bete-Püree

Die Schalotten in Butter anschwitzen, Sahne zugeben und mit der klein geschnittenen Rote Bete in den Mixer geben, pürieren und fein abschmecken.

Rote Bete

Die Rote Bete würfeln, in Butter anziehen lassen. Etwas Geflügelfond zugeben und mit Salz, Pfeffer und wenig Muskat würzen.

Périgord-Trüffel

Trüffel in Streifen schneiden, in Butter anschwitzen und mit je einem Schuss Port- und Rotwein ablöschen. Reduzieren und mit Kalbsjus auffüllen. Dann auf die Hälfte reduzieren und mit kalter Butter aufmontieren.

Trüffelsauce

Schalotten und den angedrückten Knoblauch in 40 Gramm Butter hell anschwitzen. Champignons zugeben, mit Portwein ablöschen und stark reduzieren. Mit Geflügelfond auffüllen und auf etwa 300 Milliliter Fond reduzieren. Durch ein Sieb geben und Champignons ausdrücken. Trüffel fein würfeln und in der restlichen Butter anschwitzen. Mit etwas Trüffelfond ablöschen und stark einkochen. Mit Sahne und Trüffelfond auffüllen, aufkochen lassen und in den Mixer geben, bis der Trüffel ganz fein geworden ist. Mit Balsamico und Gewürzen abschmecken.

Anrichten

Das Püree auf die Teller geben, die Bäckchen daraufsetzen und mit etwas Kalbsbäckchensauce garnieren. Rote-Bete-Würfel dazugeben, mit Trüffelstreifen garnieren und kleine Tupfer der aufgeschäumter Trüffelsauce setzen. Mit Kartoffelstroh und Kerbel garnieren.

Eine Rotweinbeerenauslese (aus dem Rheingau, dem Badischen oder dem Burgenland) hat die erforderliche geschmeidige Kraft und Finesse, um dieses raffiniert – und kostspielig – komponierte Gericht gewinnbringend zu begleiten. Ist kein süßer Roter im Keller, wird ein 40-jähriger Tawny-Port, ein Ruster Ausbruch oder ein Amarone (genauer: ein Recioto delle Valpolicella) genügend Mumm haben.

Prielauer Rehrücken
im Strudelteig

Dieses souverän komponierte Gericht vereint geschmackliche Tiefe mit Raffinesse. Portwein, karamellisierter Zucker, Nüsse, Sellerie, der glasierte Apfel und die Schwarzwurzeln: Jede dieser Ingredienzien verträgt sich mit einem edelsüßen Wein und in der Summe, gemeinsam mit Reh und Leber, ergibt das einen Zusammenklang von derart reichem Wohlgeschmack, dass bei der Weinwahl keinerlei Skrupel angebracht sind. Von der rassigen Riesling-Auslese über Sauternes und Ruster Ausbruch bis zum Tokajer wird jedes Gewächs den Zungenschlag des Genusses auslösen. Auch ein schwermütiger roter Banyuls und sogar ein Tawny-Port von 20, 30 oder gar 40 Jahren sind angemessene Partner.

Zutaten für 4 Personen

Rehrücken
500 g Rehrücken
50 g Haselnüsse
25 g Walnüsse
25 g geschälte Mandeln
20 g Zucker
4 fertige Strudelblätter
zerlassene Butter
100 g Geflügelfarce
schwarzer Pfeffer aus der Mühle

Selleriewürfel
1 Sellerieknolle
125 ml Sahne
4 Blätter Frühlingsrollenteig
1 Eigelb
Salz, Pfeffer

Glasierter Apfel
1 Apfel
Saft von 1 Zitrone
100 g Zucker
250 ml Apfelsaft

Zweierlei Schwarzwurzel
2 Schwarzwurzeln
250 ml Milch
2 EL Butter
1 EL Maisstärke
2 EL Mehl
1 Ei
2 El Semmelbrösel
Pflanzenöl zum Ausbacken, Salz,
Pfeffer, Muskat

Anrichten
100 g Rehleber
Salz

Rehrücken

Rehrücken sauber parieren, in 4 gleich große Stücke teilen und mit Pfeffer würzen. Alle Nüsse in einem Topf mit dem Zucker karamellisieren und auf einem Blech zum abkühlen ausbreiten. Nach dem Erkalten die Nüsse fein mahlen. Ein Strudelblatt ausbreiten, mit zerlassener Butter bestreichen und mit den Nüssen gleichmäßig bestreuen. Ein Stück Rehrücken rundum mit Farce bestreichen und in das Strudelblatt einwickeln. Darauf achten, dass die Seiten nach unten umgeklappt werden. Mit den anderen Stücken ebenso verfahren. Auf einem Blech bei 180 °C ca. 10 Minuten rosa garen.

Selleriewürfel

Sellerieknolle schälen, 4 gleich große Würfel daraus schneiden. Die Reste in kleine Stücke schneiden und in der Sahne zu einem Püree verkochen. Die 4 Würfel in Salzwasser blanchieren und kalt abschrecken. Von je einer Seite einen Deckel abschneiden und den Würfel aushöhlen. Den Würfel mit dem Püree füllen und mit dem Deckel wieder verschließen. Die vier Teigblätter zu Kreuzen schneiden, mit Eigelb bestreichen und die Würfel darin einpacken. In einer Pfanne von allen Seiten goldgelb anbraten.

Glasierter Apfel

Apfel schälen, achteln und zu Halbmonden tournieren. Die Äpfel mit Zitronensaft beträufeln. Zucker karamellisieren und mit dem Apfelsaft ablösen. Solange kochen lassen, bis sich die Flüssigkeit reduziert und somit verdickt hat. Darin dann die Apfelhalbmonde garen.

Zweierlei Schwarzwurzel

Schwarzwurzeln waschen und unter lauwarmem Wasser schälen. Die geschälten Wurzeln sofort in die bereits erhitzte Milch einlegen und langsam garen. Dann aus der Milch nehmen und die Milch mit der Butter und den Gewürzen abschmecken und mit der aufgelösten Maisstärke anbinden. Kurz aufkochen lassen, durch ein Sieb gießen. Die gegarten Schwarzwurzeln in 0,5 cm dicke Stifte schneiden. Die Hälfte der Schwarzwurzeln mit Mehl, verquirltem Ei und Semmelbrösel panieren, die andere Hälfte wieder in die Milch geben. Die panierten Schwarzwurzeln in Pflanzenöl goldgelb gebacken.

Anrichten

Zum Schluss die Rehleber in einer heißen Pfanne von beiden Seiten kurz anbraten und bei 150 °C etwa 3–5 Minuten in den Ofen zu Ende garen.
Die Leber herausnehmen, leicht salzen und mit den anderen Komponenten servieren.

Geschmorte Lammschulter
mit Zwiebelmarmelade und Kürbispüree,
Rosinen und Pinienkernen

Zutaten für 4 Personen

Lammschulter

1 Lammschulter
50 g Butter
8 Knoblauchzehen, ungeschält
10 lange Schalotten, geschält
ca. 1 l heller Fond,
z. B. Gemüse- oder Lammfond
je 1 Rosmarin- und Thymianzweig
50 g Rosinen
50 g Pinienkerne
Meersalz, Pfeffer aus der Mühle

Zwiebelmarmelade

4 Zwiebeln, geschält
2 EL Gänsefett
5 EL Zucker
1 Lorbeerblatt
1–2 EL Himbeeressig
Meersalz, Pfeffer aus der Mühle

Kürbispüree

200 g Hokkaidokürbis, entkernt und geschält
1 EL brauner Zucker
Saft von 1 Zitrone
Meersalz, Cayennepfeffer

Lammschulter

Den Backofen auf 145 °C vorheizen. Die Lammschulter kräftig mit Salz und Pfeffer würzen. In einem schweren Bräter die Butter langsam aufschäumen lassen. Die ungeschälten Knoblauchzehen und die Lammschulter hineinlegen und langsam anbraten. Die Schalotten dazugeben und die Lammschulter im Ofen schmoren, ab und zu mit etwas Fond untergießen. Die Schulter aus dem Bräter nehmen, wenn das Fleisch weich ist. Die Kräuter in den Bratenfond legen und einige Minuten ziehen lassen. Den Bratenfond durch ein feines Sieb passieren, einreduzieren und abschmecken.

Vor dem Anrichten die Rosinen und Pinienkerne in der Sauce erwärmen.

Zwiebelmarmelade

Die Zwiebeln in schmale Streifen schneiden. Das Gänsefett und den Zucker in einem Topf erhitzen. Zwiebeln und Gewürze dazugeben und bei geringer Hitze zugedeckt weich schmoren. Mit Himbeeressig, Salz, und Pfeffer abschmecken.

Kürbispüree

Den Kürbis grob würfeln und dämpfen. In einem feinen Sieb etwas ausdrücken und im Mixer fein pürieren. Den braunen Zucker und Zitronensaft hinzufügen. Mit Salz und Cayennepfeffer abschmecken.

Anrichten

Die Lammschulter tranchieren und zusammen mit der Zwiebelmarmelade und dem Kürbispüree anrichten, mit der Sauce überziehen.

Der Volksmund kennt für ein solches Gericht das passende Wort: Schmackes! Man kann auch sagen: Üppigkeit ohne Scham. Schon der Schmorprozess mit dem Knoblauch und den Schalotten schafft eine sanfte Lieblichkeit, die durch die Rosinen und Pinienkerne verstärkt wird. Im Verein mit der Zwiebelmarmelade und dem Kürbispüree entsteht ein dichtes Geschmacksbündel, das einen Wein fordert, der geschmeidige Kraft mit reifer Süße verbindet. In Frage kommt demnach das breite Spektrum von älteren, doch nicht firnen Auslesen (Riesling, Weißburgunder, Chardonnay) bis hin zu reifen Sauternes.

Müritzlamm mit Lammsugo

in orientalischer Würze, Gewürzjoghurt und Safrancouscous

Zutaten für 4 Personen

Lammsugo

1 Schalotte, fein gewürfelt
2 Knoblauchzehen, fein gewürfelt
300 g Lammschulterfleisch,
ausgelöst, pariert, fein gewürfelt
300 ml dunkler Lammfond
1 Msp. Currypulver Madras
1 Msp. Raz el Hanout
1 EL gekochte Kichererbsen
1 EL gemischte, blanchierte Gemüsewürfel
Öl zum Braten

Lammkarree

2 ausgelöste Lammkarree (Knochen sauber geputzt)
etwas Butter, Rosmarin, Knoblauch
1 Msp. Garam Masala

Safrancouscous

½ grüne Zucchini
je ½ rote und gelbe Paprika, geschält
150 g mittelfeiner Couscous
1 Msp. Safran
250 ml Geflügelfond
1 EL Olivenöl
1 Knoblauchzehe
1 Msp. Raz el Hanout
4 Pfefferminzblätter, fein geschnitten
1 EL geröstete Pinienkerne
1 TL gehackte, schwarze Oliven

Gewürzjoghurt

2 EL Naturjoghurt
1 Msp. Currypulver
4 Pfefferminzblätter, fein geschnitten
ein Hauch Knoblauch
½ TL Zitronensaft
Salz, Pfeffer aus der Mühle

1 großer Artischockenboden, küchenfertig, geputzt
Öl zum Frittieren
Salz, Pfeffer aus der Mühle

Lammsugo

Schalotten und Knoblauch in Olivenöl anschwitzen, gewürfeltes Lammschulterfleisch beigeben, mit wenig Farbe anschwitzen. Lammfond aufgießen und etwa 2 Stunden bei schwacher Hitze köcheln. Mit den Gewürzen, Salz und Pfeffer abschmecken, eventuell leicht mit etwas Stärke abbinden. Als Einlage die Kichererbsen und die Gemüsewürfel hinzugeben.

Lammkarree

Ofen auf 200 °C vorheizen. Karrees würzen und von allen Seiten anbraten, die Fettschicht langsam ausbraten lassen. Butter in der Pfanne schmelzen, Karrees mit Gewürzen, Kräutern und Knoblauch einlegen und im Backofen 7–8 Minuten braten. Dabei immer wieder mit der Butter übergießen. Vor dem Anschneiden an einem warmen Ort ruhen lassen.

Couscous

Zucchini und Paprika in feine Würfel schneiden. Couscous in eine Schüssel geben, nach und nach mit dem safranisierten Geflügelfond aufgießen. 4–5 Minuten ruhen lassen, bis der Fond aufgesogen ist. In einem Topf Olivenöl erhitzen, Knoblauch und Gemüse farblos, aber scharf anbraten, die Hitze reduzieren und den Couscous beigeben. Mit Salz, Pfeffer und Raz el Hanout würzen. Kurz vor dem Servieren die Minze, etwas Olivenöl sowie die Pinienkerne und Oliven beigeben.

Gewürzjoghurt

Für den Joghurt alle Zutaten miteinander verrühren und dezent abschmecken.

Anrichten

Auf der Aufschnittmaschine den Artischockenboden dünn der Länge nach aufschneiden. Die Artischockenscheiben bei 160 °C in heißem Öl goldgelb frittieren.
Das auftranchierte Fleisch auf vorgewärmten Tellern anrichten. Daneben mit Hilfe eines Metallrings den Couscous anrichten und mit der frittierten Artischocke dekorieren. Auf die andere Seite eine Nocke vom Gewürzjoghurt setzen. Das Fleisch mit dem Sugo nappieren und den restlichen Sugo dazu servieren.

Die Gewürze und Kräuter erfordern einen selbstbewussten Wein mit Kraft wie einen reifen Sauternes. Auch eine kapitale Spätlese vom Rhein, der Pfalz oder dem Badischen (Riesling, Weißburgunder, Scheurebe) vermag das Gericht würdig zu begleiten.

Variation von Grand-Cru-Schokolade

Zutaten für 4 Personen

Schokoladenauflauf

80 g Butter
50 g Zucker
2 Eigelb
60 g Biskuitbrösel
60 g Mandelgrieß
30 g dunkle Kuvertüre
1 EL Kakao
2 Eiweiß
10 g Zucker

Schokoladenmousse

1 Ei
1 Eigelb
30 g Zucker
2 Blatt Gelatine
4 cl Grand Marnier
300 g dunkle Kuvertüre
100 g Vollmilch-Kuvertüre
350 g geschlagene Sahne

Ananaschutney

160 g Zucker
2 Nelken
½ TL Korianderkörner
Mark einer Vanilleschote
20 g frischer Zitronenthymian
125 ml Orangensaft
400 ml Ananaspüree
20 g Crèmepulver
½ Ananas, gewürfelt
½ EL Chilifäden

Schokoladenauflauf

Butter und Zucker schaumig schlagen, Eigelb hinzugeben und Biskuitbrösel und Mandelgrieß unterheben. Die Kuvertüre im Wasserbad erhitzen. Kakao und flüssige Kuvertüre unterrühren sowie das steif geschlagene Eiweiß vorsichtig unterheben. Die Masse in gebutterte und gezuckerte Formen füllen und im Ofen bei 200 °C ca. 25 Minuten backen.

Schokoladenmousse

Ei und Eigelb mit Zucker über einem heißen Wasserbad aufschlagen. Die Gelatine in Grand Marnier auflösen und der Eischaummasse beigeben. Die Kuvertüre im Wasserbad erhitzen. Die flüssige, nicht zu warme Kuvertüre unter die Eimasse rühren und zum Schluss die geschlagene Sahne unterheben.

Analog eine helle Mousse mit der Vollmilch-Kuvertüre herstellen.

Ananaschutney

Zucker karamellisieren lassen, die Gewürze sowie den Zitronenthymian zugeben und mit Orangensaft ablöschen. Das Ananaspüree ebenfalls dazugeben und aufkochen lassen. Nun die Fruchtsauce mit dem Crèmepulver abbinden, passieren und über die Ananaswürfel geben. Die Chilifäden hinzugeben.

Das Gericht ist eine Komposition aus Auflauf, Mousse und einem mit Gewürzen furchtlos gemixten Ananas-Chutney. Auflauf und Mousse werden sich mit einem Banyuls oder auch Port, zwei klassischen Schokopartnern, wunderbar ergänzen, doch das Chutney bringt eine würzige, süßsäuerliche Frische ins Spiel, sodass auch eine Beeren- oder Trockenbeerenauslese von Riesling oder Scheurebe für einen Genussakkord sorgen wird.

Crema Catalana „leger"
mit Ananas & Vanille-Safran-Eis

Zutaten für 4 Personen

Crema Catalana

500 ml Milch
250 ml Sahne
1 Vanilleschote
1 Zimtstange
50 g Zucker
3 Blatt Gelatine
25 g Stärke
6 Eigelb
50 ml Milch
80 ml Apricot-Brandy
2 ISI-Patronen
1 ISI-Flasche

Vanille-Safran-Eis

250 ml Sahne
250 ml Milch
30 g Glukose
50 g Zucker
Mark einer Tahiti-Vanilleschote
1 Msp. Safranfäden
1 Msp. Safranpulver
2 Eier, 2 Eigelb
180 g weiße Kuvertüre
Crema de Cacao, hell

Ananas

1 Ananas, in Würfel geschnitten (3 x 3 cm)
200 ml Ananassaft
1 Msp. Safranfäden
5 cl brauner Rum
etwas Speisestärke

Crema Catalana

Milch, Sahne, Vanilleschote, Zimtstange und Zucker in einem Topf zum Kochen bringen. Zwischenzeitlich die Gelatine in kaltem Wasser einweichen. Währenddessen die Stärke mit Eigelb und Milch verrühren. Sobald die Milch-Sahne-Mischung kocht, die Hälfte in das Eigelb-Stärke-Gemisch geben, verrühren und die gesamte Masse wieder in den Topf zurückgeben. Unter Rühren nochmals aufkochen lassen. Sofort danach passieren.

Mit dem Stabmixer die eingeweichte Gelatine und mit dem Apricot-Brandy einmixen. Kalt stellen.

Die kalte Masse noch einmal durchmixen, in den ISI-Siphon füllen und zwei Patronen eindrehen. Nach jeder Patrone die Flasche kräftig schütteln. Für 6 Stunden kalt stellen.

Vanille-Safran-Eis

Sahne, Milch, Glukose, Zucker, Vanillemark und Safran in einem Topf zum Kochen bringen. Eigelb und Vollei in den Thermomix geben, mit der heißen Flüssigkeit auffüllen und bei 85 °C 8 Minuten bei mittlerer Geschwindigkeit mixen. Zum Schluss die Schokolade und Creme de Cacao dazugeben und durch ein Sieb passieren. Nun die Masse in der Eismaschine frieren.

Ananas

Die Ananaswürfel mit den restlichen Zutaten vermischen und über Nacht marinieren. Aufkochen, mit etwas angerührter Speisestärke binden und kalt stellen.

Anrichten

Crema Catalana in einen Tumbler sprühen, mit braunem Zucker bestreuen und mithilfe eines Bunsenbrenners karamellisieren. Mit Eis und Ananas servieren.

Ein feine Auslese vom Rhein wird dieses apart komponierte Gericht angemessen begleiten. Ananas, Vanille und Safran verlangen nach gleichermaßen selbstbewußter wie ziselierter Süße. Auch ein ausgereifter Ruster Ausbruch oder ein Tokajer kann als Begleitung dienlich sein.

Wissenswertes

Wichtige Tipps zum Umgang mit Auslesen & Co.

Das Trinken feiner Weine ist über die Jahrhunderte für viele Menschen ein Stück Erotik. Und unabhängig von Monsterpreisen der immer knapper werdenden Raritäten hat sich eine neue Lust auf Wein entwickelt. Junge Leute, die ihr erstes Geld verdienen, pflegen ebenso wie etablierte Genusstrinker die Weinkultur als angewandte Lebensart, als Verschönerung des Alltags.

Freilich gilt auch für Süßweine, dass Kenntnis den Wert des Genusses erhöht. Gewiss, nichts ist einfacher als pures Trinken. Schlucken ist ein natürlicher Reflex, aber über die schiere, lebenserhaltende Flüssigkeitsaufnahme hinaus ist das Trinken von Wein auch ein kultureller Akt, der umso mehr an Bedeutung gewinnt, je mehr man über das Produkt weiß. Das gilt ganz besonders für edelsüße Kreszenzen, die ja innerhalb der großen Weinfamilie eine spezielle Rolle einnehmen. Kurzum: für den Umgang mit Auslesen & Co können einige Tipps dienlich sein.

Shop till you drop: der Einkauf

Es gibt drei klassische Wege zum Süßwein: den Handel, die Gastronomie und das Weingut. Vielfältig sind die Möglichkeiten, die der Handel und besonders die gehobene Gastronomie einem Weinliebhaber bieten, Weinbars inklusive. Hier wird einem die Internationale des süßen Weins ausgebreitet, von klassisch bis modisch, von billig bis teuer. Allerdings gilt bei diesen Einkaufszielen – wie selbstverständlich auch beim Winzer –, dass nicht blind, sondern immer mit Bedacht gekauft wird. Ein gewisses kontrolliertes Risiko sollte, ja muss natürlich eingegangen werden, will man in vinologisches Neuland vorstoßen und Süßweine probieren, deren Namen einem bis dato nur aus der Presse, von Empfehlungen her oder noch gar nicht weiter geläufig waren.

Vorsicht ist in jedem Fall geboten, wenn ein Wein allzu blumig oder in dem heute so leichthin gebrauchten Superlativ angepriesen wird. Hinweise, dass dieser Wein oft und jener sogar von einem Weinpapst privat gerne gekauft würde, sollte man ignorieren. Massengeschmack interessiert ebenso wenig wie die Vorliebe eines Leittieres. Solche Floskeln verraten nur einen Mangel an sachlichen Argumenten. Wer genau weiß, was er will, wird keiner Beratung bedürfen. Große Kaufhäuser verfügen über üppig bestückte Weinsortimente, doch sind sie personell nur bedingt zu einer individuellen Betreuung des Kunden in der Lage. Das wiederum ist die Domäne des gut geführten Fachhandels, wobei die Betonung selbstverständlich auf gut geführt liegt. Seriöse Beratung ist wichtiger denn je, weil es nie zuvor eine derart breite Palette an süßen Weinen gegeben hat, und weil nie zuvor das Angebot an belanglosen, nur lieblichen Gewächsen ohne Edelsüße so umfangreich war.

Dennoch wird man vor dem Weinkauf keine Doktorarbeit studieren müssen. Auch die Jahrgangstabellen braucht man nicht alle im Kopf zu haben. Entscheidend sind allein die persönliche Vorliebe sowie der Anlass, zu dem der Wein gesucht wird. Ein Eleganztrinker, der die diskreten Töne liebt, Weine mit Distinktion, die anklopfen, bevor sie sanft den Gaumen streicheln, hat andere Prämissen als der Körpertrinker. Dessen Wonne sind die wuchtigen Gewächse, die Fruchtprotze, die einem selbstbewusst über die Zunge fließen. Jeder Weinfreund hat seine Präferenz, aber es empfiehlt sich, offen zu sein und sowohl als auch zu verkosten.

Drei Kriterien von Belang

Billigweine unter den Edelsüßen sind auf jeden Fall zu meiden. Unter 20 Euro wird es keine feine Auslese geben, von Trockenbeerenauslesen ganz zu schweigen. Doch gibt es sehr wohl Muscatvarianten oder PX-Sherry unter 20 Euro, die durchaus Vergnügen bereiten können. Der Preis kann, muss jedoch kein Gütefaktor sein. Die Frage, ob ein 2005er Château d'Yquem 450 Euro wert ist, lässt sich nicht ultimativ beantworten. Solange der Markt es hergibt, wird die Qualitäts-Preis-Frage durch die Banalität von Angebot und Nachfrage geregelt.

Achten Sie darauf, niemals Flaschen zu kaufen, die im Handel ungeschützt der Sonne oder grellem Neonlicht ausgesetzt sind. Das kann dem Wein verheerend zusetzen, denn Überhitzung und Licht wirken auf Dauer wie schleichendes Gift. Wohl beteuern Händler, die Flaschen würden so flott umgesetzt, dass der Inhalt nicht Schaden nähme, aber das ist meist Wortgeklimper. Dicker Staub auf den in zweiter Reihe und dahinter stehenden Bouteillen beweist das Gegenteil.

Letztlich ist für die Güte eines Edelsüßen der Name des Weinguts in Verbindung mit der Lage, der Gütekategorie und dem Jahrgang entscheidend, egal welcher Preisklasse der Wein entstammt.

Die Jahrgangsmysterien

Verstohlen, wie einst beim Schummeln in der Schule, linste der Gast im Restaurant in eine jener handlichen Jahrgangstabellen. Dann erst bestellte er den Wein. Derlei Scham ist unangebracht. Einem notorischen Weinfreak werden die meteorologischen Daten jedes Jahrgangs zwar mindestens so vertraut sein wie die Maße seiner Freundin. Aber wozu soll man sich den Kopf mit Daten verrammeln, wenn es diese wunderbaren Kärtchen gibt, auf denen alles steht. Sie sind ein brauchbares Accessoire. Wichtig dabei ist nur, dass man die Jahrgangsbewertungen nicht pauschal als ultimative Wahrheit sieht, sondern wie einen Kompass zur Annäherung an den dem jeweiligen Anlass angemessenen Wein benützt.

Wie jedes starr angelegte Schema hat natürlich die punktemäßige Erfassung von Jahrgangsqualitäten ihre vollautomatisch eingebauten Unzulänglichkeiten. Ein klassisches Beispiel liefert der 2003er an Rhein und Mosel. Himmlisch soll er gewesen sein, wie vielfach zu hören und zu lesen war. Tatsächlich liegen Höhen und Tiefen gerade bei diesem angeblichen Jahrhundertjahrgang so nah beieinander wie selten sonst. Während viele trocken ausgebaute Gewächse bereits zur Müdigkeit neigen, trumpfen edelsüße Kreszenzen so richtig auf. Allgemeingültige Werte, wie sie Juristen aus dem Gesetzbuch schöpfen, kann es bei einem so lebendigen und sensiblen Produkt wie dem Wein gar nicht geben. Hingegen ist die Gefahr groß, dass man Jahrgänge meidet, die als durchschnittlich oder klein notiert sind, aber charmante Gewächse beinhalten.

Außerdem gibt es Jahrgänge, die anfangs schlicht falsch eingeschätzt werden und sich erst spät offenbaren. Keine Ernte kann so erbärmlich sein, dass überhaupt nichts Gutes aus ihr herauskäme. Zur Groteske wird die Punkterei der Jahrgänge durch die Chuzpe gewisser Naseweise, die als Oberbuchhalter des Geschmacks den Wein bereits bewerten und punktemäßig in ihre Schubladen quetschen, noch ehe der richtig vergoren ist. Nur: Die gute alte Mutter Natur hat schon so manchen Propheten, der den einen Jahrgang flink verteufelte und den anderen emporhob, hinterher, wenn die Weine ausgereift waren, verlegen aussehen lassen.

Hierfür zahlten Sammler mehrere Zehntausend Euro pro Flasche.

In jedem Jahrgang steckt ein Stück Spannung, und das macht jedes Jahr aufs Neue das Forschen nach den guten Weinen so aufregend. Allein die kleinklimatischen Verhältnisse können innerhalb einer überschaubaren Region so unterschiedlich sein, dass die Weine einander benachbarter Lagen im selben Jahr völlig konträr ausfallen. Das Werden des Weins hängt von der Weinbergspflege genauso ab wie von Art und Alter der Rebstöcke, dem Wetter, der Arbeit im Keller. Jeder Winzer hat seine Philosophie – oder auch keine. Der eine ist ein Schlamper, dem selbst in einem großen Jahr nur Mittelmaß gelingt, der andere ist ein Gerechter, der auch in schwachen Jahren gute Weine macht.

Auf dem einen Weingut wird noch bei Sonne geerntet, dem anderen, das vielleicht nur einen Tag später mit der Lese beginnt, platscht Dauerregen auf die Trauben. Der eine Winzer verarbeitet alle Reben, auch die unreifen oder die faulen, der andere selektiert per Hand und nimmt nur gute Qualität. In der Praxis bedeutet dies, dass in einem mit generell 17 Punkte bewerteten Jahrgang der eine Winzer einen Wein für 19 Punkte macht, wohingegen des Nachbarn Gewächse nicht einmal 14 Punkte wert sind. Es lebe die Differenzierung!

Jahrgangstabellen

Sie dienen als Richtschnur, doch sollte bei der Nutzung stets präsent sein, dass die Zahlen lediglich eine Orientierungshilfe sind und man bei den als durchschnittlich eingestuften Jahrgängen köstliche Gewächse entdecken kann. Wer sich ausschließlich auf best beleumundete Jahrgänge kapriziert, hat in der Regel wohl immer einen guten Drink im Glas, aber abgesehen davon, dass ein Zuviel des Guten leicht zu Überdruss und Sattheit führt, entgeht ihm der einem

Abenteuer gleichende Reiz, Unbekanntes zu entdecken, die häufig entzückenden Kleinen im Schatten der Großen.
Ausführliche Jahrgangsbeurteilungen zu den wichtigsten Süßwein-regionen finden Sie im Anhang dieses Buches.

Das entscheidende Kriterium bei der Wahl eines Weins sollte ohnehin nicht das ihm übergestülpte Renommeé sein, sondern der Anlass, zu dem er getrunken wird. Zur schönen blauen Stunde, wenn der Tag langsam zum Abend wird, passt ein anderer Wein als am späten Sonntagmorgen zum Brunch. Zum Imbiss nach der Wanderung schmeckt ein leichtes Möselchen besser als eine schwere Trockenbeerenauslese aus dem Burgenland.

Vorsicht vor Fälschungen

„Man kann auch aus Trauben Wein machen", verriet der alte Kellermeister im Sterbebett seinen beiden Söhnen, worauf die sich verständnislos ansahen und diagnostizierten: „Jetzt spinnt er auch noch." Dieses Geschichtchen, das bei Weinproben prompt einen Lacher auslöst, ist von der Realität längst überholt worden. Wie in der Kunst ist die kriminelle Phantasie der Fälscher auch beim Wein grenzenlos, und es gab schon Auslesen ohne die Spur von Traubensaft. Aus spanischen Quellen taucht immer wieder gefälschter Madeira auf – oft leicht zu erkennen an spanischen Beschriftungen.

Seit das Sammeln alter Weine auf der Hitliste des Luxus und der Moden einen vorderen Platz einnimmt und es in ist, mit vornehm etikettierten Gewächsen zu prunken, fällt zunehmend auf, dass bestimmte Weine, überwiegend solche aus dem teuren Fach der Kultweine, anders schmecken als gewohnt. Sie verblüffen durch intensive Aromen, die schon fatal an Kirschlikör erinnern, an Mandelessenzen, Vanilleextrakt und Kosakenkaffee. Bei manchen alten Portweinen oder Madeiras, auch einigen Sauternes, darf man sich in den Orient versetzt fühlen, derart gewürzig und spendabel ist der Wein. Aber zu viel Mokka, zu viel After Eight, zu viel Vanille, zu viel Maraschino, zu viel Honig, Kokos und Orangenlikör ist nicht nur ordinär. Das riecht nach Fälschung. Parallel mit den explosionsartig gestiegenen Preisen für Raritäten haben auch die Kuckucksweine zugenommen. Wo hohe Profite winken, sind die Betrüger notorisch zur Stelle.

Was ist Original, was Fälschung? Abgesehen davon, dass bei Flaschen aus dem 19. Jahrhundert bislang nur wenige Falsifikate bekannt geworden sind, bedarf es reichlicher Erfahrung, um einigermaßen zuverlässig die Spreu vom Weizen zu trennen, um zu erkennen, ob Glas, Kapsel, Etikett, Korken und schließlich Weingeschmack übereinstimmen. Weine lassen sich einfacher fälschen als Banknoten. Etiketten können mit moderner Lasertechnik problemlos kopiert werden, an Kapseln kommt man ziemlich mühelos heran, alte Flaschen in jeder gewünschten Form und Größe sind auf Flohmärkten und beim Trödler zu haben. Korken, sofern sie fest und

noch elastisch sind, können mit einem amerikanischen Korkenzieher nahezu unfallfrei herausgezogen werden. Eine leere Flasche zu füllen und dann täuschend echt zu verschließen, ist keine Zauberei. Noch leichter und unauffälliger ist die Methode, sich beispielsweise einige Kisten 1994er Château d'Yquem gekauft zu haben und die, sobald der 2009er auf dem Markt war, mit gefälschtem 2009er Etikett teuer anzubieten – ein 1994er kostet nur einen Bruchteil des großen 2009ers. Derartige Manipulationen fallen schon deshalb eher selten auf, weil die Käufer blutjunge Weine naturgemäß in den Keller legen und erst nach Jahren öffnen. Selbst dann ist bei Sonntagstrinkern, die zwar Geld haben, doch wenig Erfahrung, fraglich, ob sie den Schwindel durchschauen. Der Weg zum Händler ist in der Regel bis dahin nicht mehr nachvollziehbar, abgesehen davon, dass heute nach Ansicht von Beobachtern neben Schund auch viele Falsifikate via Online-Auktionen angeboten werden. Sachverständige haben in diesem unerschöpflichen Bereich schon Gewächse entdeckt, die es in Wirklichkeit gar nicht gibt.

„Ich fürchte, dass die Dunkelziffer gefälschter Weine erschreckend hoch ist", bangt denn auch Serena Sutcliffe, die als Weinchefin im Auktionshaus „Sotheby's" täglich mit solchen Kuckucksweinen konfrontiert wird und vor allem alte Flaschen akribisch auf ihre Echtheit untersuchen muss. Dennoch besteht kein Anlass zur Hysterie, weil die Zahl der gefälschten Süßweine, gemessen an den Originalen, gering ist. Aber es schadet nicht, sich beim Kauf von Raritäten genau zu informieren. Beim Winzer kann man völlig unbesorgt sein, im Fachhandel sowie bei Auktionen ist die Gewähr originärer Gewächse hoch.

Sanft gebettet: die Lagerung

Für wenige Flaschen oder Kisten bedarf es keines perfekten Lagers. Wer jedoch Wein sammelt und den bei sich bis zur Vollkommenheit ausreifen lassen möchte, kommt nicht ohne eine perfekte Lagermöglichkeit aus. Ein generelles Problem in vielen Häusern ist jedoch die Lagerqualität. Keller werden in erster Linie als Heizraum, Wäschekammer, Abstellfläche oder für ein Hobby genutzt. Nicht jeder mag oder kann sich einen Raum klimatisieren oder eine Kühlzelle anschaffen. In der Wohnung selbst sind die Weine im Verlauf der Jahreszeiten erheblichen Temperaturschwankungen ausgesetzt. Die Folge ist eine vorzeitige Alterung.

Junge Weine und solche von kraftvoller Struktur sind zwar robuster als gemeinhin angenommen wird. Kurzfristige Temperaturschwankungen, selbst heftiges Durchrütteln beim Transport kann ihnen in der Regel nichts anhaben. Doch sobald die Weine ihre Pubertät hinter sich haben, reagieren sie ziemlich sensibel auf die Umwelt. Insbesondere die Schwankungen zwischen Wärme und Kälte, Trockenheit und Feuchtigkeit schaden dem Wein auf Dauer mehr als eine klimatische Konstante, selbst wenn die objektiv wärmer ist als empfohlen.

Ein hochwertiger Klimaschrank, der die Flaschen nicht nur luftig und kühl, sondern auch feucht hält und nicht austrocknen lässt, ist als Ersatz für einen Naturkeller absolut brauchbar. Selbst hochklassige Gewächse können darin über Monate hinweg ohne Qualitätsverlust aufbewahrt werden. Der normale Kühlschrank eignet sich hingegen nur für eine sehr kurzfristige Lagerung. Ansonsten empfiehlt sich als Aufbewahrungsort der kühlste Raum in der Wohnung – vielleicht das Schlafzimmer, was zudem den Vorteil hat, dass dort keine geruchsintensiven Produkte wie Zwiebeln, Obst und Gemüse gelagert werden.

Tipps für die Lagerung edelsüßer Tropfen

1. Der Lagerraum soll dunkel sein, frei von Fremdgerüchen und gut durchlüftet werden.
2. Wesentlich ist eine hohe Luftfeuchtigkeit, die den Wein vor dem Verdunsten bewahrt. Darunter können die Etiketten zwar leiden, die man aber schützen kann, indem man sie sorgfältig mit Klarsichtfolie abdeckt.
3. Die ideale Lagertemperatur liegt bei sechs bis acht Grad. Auch zehn oder zwölf Grad und etwas mehr gelten noch als optimal, sofern diese Temperatur konstant eingehalten wird.
4. Grundsätzlich sollten edelsüße Weine liegend gelagert werden. Es gibt die These, wonach Weine mit viel Alkohol und kräftiger Säure wie Tokajer oder Madeira im Laufe der Zeit den Korken angreifen und durchlässig machen, aber solche Sorge ist unbegründet.

Das Ideal ist in jedem Fall ein kühler und dunkler Raum mit hoher Luftfeuchtigkeit – letztere verhindert ein Austrocknen des Korkens und somit ein Verdunsten des Weins über den natürlich und äußerst langsam ablaufenden Schwund hinaus. Wohl werden edelsüße Gewächse inzwischen auch alternativ verschlossen (Glasstopfen, Schraubverschluss), aber beim Gros der hochwertigen Auslesen, Trockenbeerenauslesen und Vintage-Ports kommt nach wie vor der Naturkorken zum Einsatz, der einerseits den Wein abdichtet und zugleich jenen hauchfeinen Austausch von Sauerstoff erlaubt, der für die Reife wichtig ist.

In den Schatzkammern von Weingütern lagern Raritäten unter optimalen Bedingungen.

Wohl temperiert:
die Trinktemperatur

Die Trinktemperatur ist eine Frage des Geschmacks. Der eine Genießer liebt seine Auslese eiskalt, der andere nur sanft gekühlt. Dennoch gibt es ein paar Regeln, denen man Beachtung schenken sollte: Jungen Weinen und solchen mit geringer Restsüße wird eine Serviertemperatur um die acht, neun Grad gut tun. Hochwertige Trockenbeerenauslesen und ausgereifte Edelsüße à la Tokajer, Sauternes und Vouvray vertragen Temperaturen um die zehn bis zwölf Grad und leicht darüber. Dies gilt auch für edelsüße Weine mit hohem Alkoholgehalt wie Port, Madeira, Málaga, Sherry & Co. Ein Vintage-Port kann getrost auch bei 16 und 17 Grad serviert werden (Tawny-Port mag es etwas kühler). Doch Vorsicht: Eine zu hohe Temperatur lässt die Restsüße stärker erscheinen und betont zudem den Alkohol.

Weil Wasser die Kälte effektiver leitet als Luft, lässt sich edelsüßer Wein am besten in einem Kübel mit Eiswasser auf die gewünschte Temperatur bringen. Eine normal warm gelagerte Flasche benötigt bis zur Trinktemperatur von acht bis zehn Grad im Kühlschrank ganze zwei Stunden, im Tiefkühler mindestens eine halbe Stunde, im Eisbad jedoch nur knappe 20 Minuten.

Luftdusche, oder nicht:
das Dekantieren

In den Ohren mancher Winzer mag allein schon die Erörterung der Frage, ob man einen Weißwein dekantieren soll, wie Kulturfrevel klingen. Unnütz, ja töricht und möglicherweise sogar geschmacksmindernd wäre es tatsächlich, einen zartblumigen, ätherisch gebauten Riesling einer starken Luftattacke auszusetzen. Filigrane Weine können an Grazie einbüßen. Und bei sehr alten Gewächsen gleicht das Dekantieren einem Würfelspiel: Die einen erblühen nochmals besonders schön – wie Rosen im Spätherbst. Andere hingegen werden durch den brutalen Luftstoß vorzeitig hingemeuchelt.

Ist der Wein jedoch von kräftiger Statur, was für viele hochwertige edelsüße Kreszenzen gilt, wirkt sich der Kontakt mit der Luft nicht bloß günstig aus. Der Sauerstoff vermag viel mehr, er belebt den Wein wie eine frische Meeresbrise. Der tiefe Atemzug tut jungen Weinen gut, die den Sauerstoff gierig in sich aufsaugen, aber besonders positiv reagieren ältere edelsüße Weine – oft erhöht schon ein kurzer Luftkontakt den Trinkgenuss.

Der Effekt lässt sich ungefähr so erklären: Große Edelsüße haben einen komplex strukturierten Körper aus Hunderten bis Tausenden von Geruchs- und Geschmacksstoffen, ergänzt um Mineralien

Beim Dekantieren wird der Wein mit Sauerstoff verwirbelt.

und zahlreiche andere Elemente. Vor allem Botrytisweine verfügen über ein dichtes Geflecht an Aromen. Der Weinkörper ist über Jahre hinweg in der Flasche eingesperrt. Das Entkorken bringt die erste Freiheit, der Körper dehnt sich, vergleichbar dem wohligen Räkeln des Menschen am Morgen. Der Sauerstoff lockert sozusagen die Weinmuskulatur, die Aromen können sich allmählich entfalten, sie blühen auf und gleichzeitig glätten sich die Säuren, werden die Gerbstoffe geschmeidiger.

Um nicht missverstanden zu werden: Dies ist kein Plädoyer für blindwütiges Dekantieren; das Umfüllen von Weißweinen ist kein Dogma. Schätzungsweise 99 Prozent aller Weißweine sollten konventionell behandelt werden im Sinne von entkorken, eingießen und trinken. Aber Experimente haben gezeigt, dass die Luft jungen wie älteren edelsüßen Gewächsen gut tut.

Mit starren Regeln lässt sich nicht dekantieren. Man muss Erfahrung haben und wissen, welchem Wein wie viel Luftdusche zuzumuten ist. Als Faustregel gilt: Je jünger und robuster der Wein ist, desto mehr Sauerstoff benötigt er. Bei leichten Rotweinen ist das Dekantieren ebenso überflüssig wie bei Rosés und seichten Weißen. Fruchtprotze, ob trocken oder edelsüß, sollten unbedingt dekantiert werden. Ein Muss ist es bei Jahrgangsportweinen, den sogenannten Vintages.

Technisch ist das Dekantieren keine Affäre: Nebst einer ruhigen Hand bedarf es eines klaren Auges. Man nimmt die Flasche aus dem Regal, behutsam und so, dass der Bodensatz nicht aufgewirbelt wird, legt sie in ein Körbchen, zieht den Korken und lässt den Wein leise an der Innenwand der Karaffe entlang fließen. Bei jungen, noch robusten Weinen kann man den Wein auch etwas plätschern lassen.

Die Karaffe und die Portzange

Es gibt noch einen anderen Grund, warum Süßweine wie Vintage-Ports dekantiert werden müssen: In ihrer Flasche befindet sich ein unansehnlicher Bodensatz, der ansonsten beim Einschenken in das Glas gelangen würde.

Ein Vintage wird nach zweijähriger Fasslagerung ungefiltert in Flaschen gefüllt, wo er mit der Zeit ein erhebliches Depot bildet, das den Wein, direkt aus der Flasche eingeschenkt, trüben würde. Um das zu verhindern, lässt man die Flasche vor dem Öffnen bis zu 24 Stunden senkrecht stehen, sodass sich das kristalline bis staubige Depot am Flaschenboden konzentrieren kann und beim Dekantieren weitgehend in der Flasche verbleibt.

Für einen ungetrübten, depotlosen Genuss sorgt zudem ein Metalltrichter aus Silber mit einem Siebeinsatz. Der ist in jedem Fall bei sehr alten Ports von Nutzen, wenn der Korken bereits bröselt (alternativ kann auch ein sauberes Leinentuch benutzt werden). Ist von einem brüchigen Korken auszugehen, verwenden Portweinkenner die Portzange: Sie wird glühend erhitzt und knapp unterhalb des Korkens für etwa eine halbe Minute rund um den Flaschenhals angesetzt. Unmittelbar danach lässt sich das obere Flaschenstück samt Korken mittels einer in kaltem Wasser angefeuchteten Schnur sauber durchtrennen.

Unabhängig von der Notwendigkeit, einen Wein zu Dekantieren, liebt jeder edelsüße Wein die Karaffe. In ihr schimmert das Goldgelb einer Rieslingauslese, das Rubingeglitzer eines Ports oder eines Banyuls besonders verheißungsvoll. Sie ist ein elegantes Zubehör, das den Tisch schmückt und den Genuss des Trinkens bereits über das Auge einleitet.

Der Reifeprozess

Viele Edelsüße werden zu jung getrunken, noch bevor sie ihren Höhepunkt erreicht haben. Der beginnt bei hochwertigen Edelsüßen frühestens nach zwanzig Jahren; dann erreichen diese Weine eine Art Hochplateau ihres Geschmacks, auf dem sie sich in der Regel mühelos weitere Jahrzehnte halten, ohne an Finesse einzubüßen.

Voreilig entkorkt werden nicht nur rote, sondern mehr noch weiße Gewächse wie vor allem edelsüße. Wer einen 2005er Sauternes, eine 2003er Trockenbeerenauslese vom Rhein, einen 2004er Vintage-Port einfach so wegschlabbert, ist als Täter freilich auch sein eigenes Opfer, denn er beraubt sich des unglaublichen Genusses, den ihm solche Weine ausgereift bieten würden. Alles Laute und Raue wird sich in den nächsten zehn bis zwanzig Jahren ins Feine und Geschmeidige gerundet haben, der Duft nuancierter, der Geschmack reicher sein. Das ist wie die Wandlung vom ungeschliffenen Stein zum brillanten Solitär.

Gewiss gibt es Stimmungen, in denen man einen Wein auch blutjung trinken mag. Und natürlich ist es spannend, den Werdegang eines Gewächses wie den eines Kindes vom Baby über die Pubertät bis zum Beginn des Erwachsenseins zu verfolgen. Aber zu spüren, wann ein Wein auf seinem eigentlichen Höhepunkt ist und ihn dann zu genießen, das ist angewandte Trinkkultur. Dann ist es Zeit für die Muße. Dann stöpselt man am besten das Telefon aus, legt eine CD von Errol Garner auf – dessen Klavierläufe passen besonders gut zu einem älteren edelsüßen Riesling, weil beide klar strukturiert sind und doch von einem Geheimnis umweht – und gibt sich vielleicht einer lohnenden Beschäftigungen hin, nämlich der Frage, welche Speise zu einem 30jährigen Portwein oder 100 Jahre alten Madeira am besten passt.

Naturgemäß gleicht es immer wieder einem Abenteuer ungewissen Ausgangs, ältere Kreszenzen zu trinken. Die bange Frage vor dem ersten Schluck lautet, ob der Wein, ein Methusalem gar, wirklich Freude bereiten wird oder nur noch für die Produktion von Essig taugt. Bei einer Rarität spürt man die berühmten Schmetterlinge besonders intensiv im Bauch, aber auch normale Kreszenzen lösen einen Kitzel aus.

Das Aufbewahren angebrochener Flaschen

Verkorkt und kühl gelagert lassen sich edelsüße Weine ohne gravierenden Qualitätsverlust mehrere Tage lang aufbewahren. Tawny-Port, PX-Sherry, Madeira, Málaga und weitere alkoholverstärkte Edelsüße können auch über Wochen hinweg gut gekühlt stehen, ohne sich nachteilig zu verändern. Ein gewisser Reifeprozess findet naturgemäß statt. Bei sehr jungen Gewächsen kann sich dies innerhalb einiger weniger Tage sogar vorteilhaft auswirken. Ältere Kreszenzen und vor allem solche mit geringer Säure können in dieser

Zeitspanne eine dunklere Farbe annehmen. Oxidiert ausgebaute Weine wie Tokajer, diverse Moscatels, PX-Sherry und Madeira halten sich in der entkorkten Flasche gewöhnlich länger ohne Nachteil als reduktiv ausgebaute Weine wie deutsche Auslesen und edelsüße Sauternes. Im Fachhandel gibt es übrigens preisgünstige Geräte, die Luft aus der Flasche absaugen und ein Vakuum schaffen, das den Wein für längere Zeit konserviert.

Die Flaschengröße

Es ist kein Geheimnis, dass Wein in Großformaten gemächlicher reift und länger hält. Der Vorteil der Großflasche ab der Magnum (1,5 Liter) gründet darin, dass der Wein im voluminöseren Format über eine besonders kompakte Abwehrfläche gegenüber der Luft und somit der Oxydation verfügt. Außerdem sind große Flaschenformate für den Sammler auch deshalb interessant, weil sie als Rarität ein Mehrfaches an Wert derselben Menge Wein in Normalflaschen akkumulieren. Einzig bei edelsüßen Weinen scheint die Bedeutung großer Flaschen weniger ausgeprägt zu sein. Weniger bedeutet, dass edelsüße Kreszenzen auch in einer Großflasche langsamer reifen, aber der Effekt ist offenbar nicht so dramatisch wie bei trockenen Weißweinen und großen Roten. Entsprechend selten werden edelsüße Weine in Großformate wie Magnums und voluminöser gefüllt. Im Gegenteil: Viele Edelsüße sind in halben Flaschen von 0,375 sowie auch 0,5 Liter zu haben.

Gläser machen Getränke

Ein Weinglas weckt Erwartung. Noch ehe eingeschenkt worden ist, macht es Lust auf den ersten Schluck. Niemand weiß, wer erstmals Wein aus Glas getrunken hat – das älteste gläserne Stück, gefunden in Ägypten, soll 7.500 Jahre alt sein. Zwischen diesem Relikt und Weinkelchen der Gegenwart spannt sich die Glaskunst als wichtiger Teil der Tafelkultur in einem breiten Bogen vom Protzentum der alten Römer über die Formenvielfalt der Renaissance, die Lust am Vergolden im Rokoko und den floralen Schmuck des Jugendstils bis zur schlichten Sachlichkeit der Moderne. Schnörkel sind auf dem elegant gedeckten Tisch der Gegenwart ebenso verpönt wie der nur auf den Ernst der Linie bedachte Stil à la Bauhaus, dem die Form alles und der Zweck wenig war. Das zeitgemäße Glas vereint zwei Eigenschaften in Harmonie: Ästhetik und Funktion.

Dass Gläser auch Getränke machen, ist kein wohlfeiler Spruch aus dem Werberepertoire der Glasbranche, sondern die gebündelte Erkenntnis aus zahlreichen Weinproben mit unterschiedlich geformten Gläsern. Der gleiche Wein riecht und schmeckt aus einem bauchigen Glas anders als aus einem zylindrisch geformten. Für jeden Weintyp gibt es eine Glasform, die Bukett und Geschmack optimal zur Geltung kommen lässt. Zwar macht kein Glas aus einem

schlechten einen guten Wein, aber aus einem falsch gewählten Glas trinkt sich guter Wein schlecht. Die in Weinzirkeln oft entflammte Diskussion um das rechte Glas birgt wohl das Risiko, dass sie in akademische Höhe abhebt, sich auch ins Prätentiöse zerfasert. Unbestreitbar bleibt jedoch, dass es bei einem so reich nuancierten Stoff wie dem Wein vom Glas abhängt, ob die Aromen ideal zur Geltung gebracht werden. Es ist ausgeschlossen, dass ein edelsüßes Gewächs aus einem zylindrisch geformten Glas schmeckt. Und ein feinfruchtiges Möselchen vom Typ Auslese, serviert in einem wulstigen Glas, würde das Auge verletzen und die Sinne betrügen. Ein Riesling bleibt wohl auch im Bierhumpen ein Riesling, würde darin jedoch zum Witz degradiert.

Das Glas ist keine Religion, aber auch keine Nebensache, sondern ein Werkzeug, das die guten Eigenschaften eines Weins ebenso zu fördern wie zu unterdrücken und zu verfälschen vermag, wobei der hauptsächliche Einfluss über die Nase erfolgt. Ist der Wein im Mund, hat das Glas seine Pflicht getan. Bei allem Respekt vor der Suche nach dem ideal passenden Glas für jedes Gewächs sollte man nicht außer Acht lassen, dass der Wein die Hauptrolle spielt. Wer jeden Schluck nach der perfekten Abstimmung zwischen Wein und Glas abschmeckt, läuft Gefahr, dass der Oberbuchhalter in ihm den Genießer erschlägt. Und die zum Service passenden Gläser aus dem Biedermeier oder Jugendstil braucht man nicht auf ewig im Schrank zu lassen, weil sie dem vorgesehenen Wein vielleicht nicht hundertprozentig dienen.

Generell gilt freilich: Ein Glas soll farblos sein und ohne Dekor, um Brillanz und Farbe des Weins ungefälscht wahrnehmen zu können. Lange Stiele verhindern, dass die Hand den Wein wärmt. Auch auf die Größe kommt es an: Je dichter die Frucht und je komplexer die Struktur, desto voluminöser darf das Glas sein. Junge, kraftvolle Weine, die noch nicht auf ihrem Höhepunkt sind, erblühen in einem großen Glas schöner als in einem kleinen. Alte, zumal hochreife Gewächse, deren Aromen bereits gebrechlich werden und sich zu vergeistigen beginnen, sind in mittelgroßen Gläsern mit kompakter Eiform am besten aufgehoben.

Edelsüße Weißweine entfalten ihre markanten Fruchttöne am besten in einem leicht bauchig gerundeten Gefäß, das die Delikatesse der Aromen konzentriert.

Das passende Glas zum edelsüßen Wein

Edelsüße Weine sind besonders reich an Duftstoffen. Vor allem hochwertige Beerenauslesen, Trockenbeerenauslesen und Eisweine bedürfen eines Glases von leicht bauchiger und sich nach oben hin verjüngender Form. Darin wird die Fülle an Bukettstoffen am besten zusammen gehalten und vom Geruchssinn aufgenommen. Die subtile Fruchtsüße darf sich nicht verzetteln, sie muss eingefangen werden und im Glas konzentriert bleiben. Die bauchige Form bewirkt zudem, dass die Zungenspitze bereits beim ersten Schluck signaturhaft mit dem Aromenkomplex bekannt wird. Gläser mit weit ausladenden Rändern lassen den Duft nach allen Seiten hin verströmen und minimalisieren den Genuss.

Von wesentlicher Bedeutung für die Glas-Wein-Genuss-Harmonie ist auch die Größe der Form. Ist der Kelch zu klein, wie bei vielen für Süßwein gereichten Gläsern, lässt er zu wenig Raum für die Bündelung und Entfaltung der Aromastoffe. Ist das Glas zu voluminös, zu bauchig, wird sich der Wein darin verlieren mit dem fatalen Ergebnis, dass die grazilen Duft- und Aromenstoffe eher zerfasert als kompakt wahrgenommen werden. Für sehr alte Edelsüße, die schon fragil geworden sind, aber immer noch einen Hochgenuss bieten, werden kleinvolumige Gläser mit leicht bauchiger Tulpenform dann die rechte Wahl sein.

Alkoholarme Edelsüße mit hoher Säure, wie die großen deutschen Trockenbeerenauslesen, kommen in einem sanft bauchig gerundeten Glas mittlerer Größe am schönsten zur Geltung (wie Glas Cru Classic 3 – die Frucht entfaltet sich sauber, die Aromen wirken konzentriert). Auslesen (wenig Alkohol, mittlere Süße, relativ hohe Säure) vertragen ein großzügig gerundetes Glas, das nach oben hin ganz leicht ausschwingt (wie Bar Special 132 – lässt die Weine weicher erscheinen, alkoholstarke Gewächse schmecken daraus allerdings breiter). In elegant gerundeten Gläsern à la Enoteca 3 (Aromen sind differenziert wahrnehmbar) entfalten sich hochsüße Weine mit viel Alkohol und geringer Säure wie Sauternes. Auch für Tokajer geeignet. Für Süßweine, die mit Alkohol angereichert worden sind (wie Port, Sherry, Madeira & Co), empfehlen sich Gläser von schlanker Tulpenform (wie Glas The First 4 oder Fine 2). Darin bleibt der Alkohol gezähmt, doch die prägnanten Duft- und Aromenstoffe von Dörrobst, gerösteten Mandeln, Bitterschokolade, auch Sauerkirsche, schwarzer Trüffel, Pfeffer, Lakritze und Gewürzen sind präzise verfügbar.

Die Farben des Weins

Das Bild ist als Sujet so beliebt wie der röhrende Hirsch: Ein feister Mönch hält ein Weinglas prüfend gegen das Kerzenlicht. Nichts gegen diese Idylle, aber sie taugt wenig, will man die Farbe erkennen. Zu diesem Zweck neigt man das halbgefüllte Glas lieber über eine weiße Unterlage, egal ob Serviette, Tischtuch oder Papier, und die Farbe lässt sich bis in ihre Schattierungen hinein bestimmen. Sie ist das erste, augenfällige Indiz für den Zustand des Weins. Weißwein ist ja nicht wirklich weiß und Rotwein keineswegs schlicht rot. Junge edelsüße Rieslinge der Kategorie Auslese sind von Jugend an weizengelb mit grünlichem Schimmer. Höherwertigere Prädikate ab

der Beerenauslese und zumal Trockenbeerenauslese kommen bereits goldfarben zur Welt.

Mit den Jahren dunkeln Weißweine nach. Sie werden farbintensiver, das Grün (ein Rest von Chlorophyll) weicht dem Gelb. Die Skala reicht vom blassen Strohgelb übers Goldgelb bis zum tiefen Gold. Ist ein Weißer bernsteinfarben, handelt es sich entweder um ein überaltertes Gewächs kleiner Herkunft, bitterlich, säuerlich, ungut schmeckend. Oder es ist ein in Würde gereifter Dessertwein von 30, 50 und mehr Jahren: genießbar, vielleicht sogar eine Wonne trotz seiner Hustensaftfarbe.

Beim Rotwein reicht die Palette von Lila – dem Zeichen für Jugend – bis zum schwarzdunklen Rot. Wenn das Violette verfliegt, werden die Weine rubinfarben. Die nächste Stufe ist ein Weinrot, wie es speziell bei Portweinen, Banyuls und edelsüßen Spätburgundern zu finden ist. Anders als Weißweine werden Rote im Alter heller. Die Farbe wird transparenter, sie wandelt sich nach Rubin und Ziegelrot ins Rotbraune bis hin zu Mahagoni. Als erstes kommt ein Stich ins Gelbe, auch Orangenrand genannt – ein Alterungssignal.

Solche Weine, beste Herkunft vorausgesetzt, können durchaus noch ein Genuss sein. Erst dann, wenn das geheimnisvolle Glühen erloschen ist, wenn der Wein matt, glanzlos und seltsam ergeben im Glas liegt, hat er das Zeitliche gesegnet, ist er nur noch für den Historiker interessant, nicht mehr für den Genusstrinker.

Schott Zwiesel
Bar Special 132

Zwiesel 1872
The First 4

Schott Zwiesel
Cru Classic 3

Zwiesel 1872
Enoteca 3

Schott Zwiesel
Fine 2

Lexikon

A

Abgang – Endgeschmack. Der Eindruck, den ein Wein nach dem Schlucken am Gaumen hinterlässt. Er kann nichtssagend sein, leer, kurz, mittelstark, auch elegant, würzig, kraftvoll, intensiv, lang anhaltend. Ein guter, positiver Abgang ist ein wesentliches Qualitätsmerkmal eines Spitzenweins. Schon beim Schlucken darf nichts kratzen oder beißen, der Wein muss den Rachen „streicheln" und dann die ganze Fülle und Vielfalt seiner Aromen als Mitgift hinterlassen. Einen ungenügenden Abgang erkennt man durch einen rasch verschwindenden Endgeschmack.

Abgebaut – Ausdruck für einen Wein jenseits seines Höhepunktes.

Adstringenz – Von Gerbsäure (Tannin) ausgelöster rauer Effekt, der einem den Mund zusammenzieht, verursacht durch hohen Gehalt an Tannin (Gerbstoff) und Säure (ersteres ist hauptsächlich ein Zeichen junger Weine). Verschwindet im Normalfall mit dem Altern, der Wein wird milder, die Gerb- und Farbstoffe fällen aus. Ein volkstümlicher Ausdruck für adstringierend ist „pelzig".

Alterungsfähigkeit – Ob ein Wein alterungs- und reifefähig ist, ob er bei diesem Prozess an Qualität gewinnt, hängt von einer Reihe von Faktoren ab. Dazu gehören der ursprüngliche Säure- und Tanningehalt, die Menge an Salzen, Mineralstoffen und anderen Extrakten, die in ihm enthalten sind. Auch der Gehalt an Alkohol kann eine Rolle spielen. Edelsüße Weine verfügen in der Regel über eine sehr hohe Alterungsgüte. Sie können nach zehn, zwanzig und mehr Jahren immer noch weitere Geschmacks- und Geruchselemente entwickeln, sich somit ständig verfeinern und verbessern. Auf ihrem Höhepunkt vermag sich eine große Trockenbeerenauslese oder ein Port mühelos viele weitere Jahre ohne Qualitätsverlust halten.

Aroma – Geruchskomponenten, die vom Traubenmaterial, den Anbau- und Reifebedingungen, der Art der zur Gärung benutzten Hefen und den Keltermethoden, vom Ausbaustil und der Reifezeit abhängen. Die Geruchsstoffe können entweder schon in der Trau-

be vorhanden sein, bei der Gärung entstehen oder sich durch einen langen Reifeprozess im Fass, besonders aber in der Flasche, bilden. Junger Wein hat meist einen noch unentwickelten Duft, beim alternden und reifenden Wein wird das Aroma – das offene und entfaltete Bukett – immer wichtiger und komplexer, vor allem, wenn es sich um große Weine handelt.

Ausbau – Der Begriff fasst die Kellerarbeiten zusammen, die den Wein von der Gärung bis zur Abfüllung begleiten.

Ausgewogen – Harmonie von Frucht, Säure und Alkohol. Ein anderer Begriff dafür ist gute Balance.

Auslese – In Österreich und Deutschland versteht man darunter ein Qualitätskriterium innerhalb der Prädikatsweine.

B

Barrique – Name für die einst nur im Bordeaux-Gebiet üblichen Eichenfässer mit 225 Litern Inhalt (barrique bordelaise). Heute erfreut sich das Barrique auch außerhalb des Bordelais weltweit großer Beliebtheit.

Beerenauslese – Spitzenwein aus überreifen oder edelfaulen, einzeln verlesenen Traubenbeeren. Eine Beerenauslese liegt qualitativ unter einer Trockenbeerenauslese und unterscheidet sich von dieser durch ein niedrigeres Mostgewicht. Allerdings gibt es hochqualitativ arbeitende Winzer, die eine Trockenbeerenauslese, sofern die ihnen nicht groß genug erscheint, zur Beerenauslese herabstufen.

Blumig – Duft nach Blumen. In der dezenten Ausführung angenehm. Typisch für manche Moselweine. Bei zu starker Ausprägung negativ zu beurteilen, dann wirkt der Wein wie parfümiert.

Bodensatz – Auch Depot genannt. Farbpigmente, Mineralien und besonders Gerbstoffe sondern sich im Laufe der Jahre ab. Sie sammeln sich in kristalliner oder staubiger Form am Boden der Flasche. In der Regel müssen diese Weine dekantiert werden, damit der Wein im Glas klar bleibt.

Böckser – Geruch nach faulen Eiern oder nach Dünger. Grob fehlerhaft. Mitunter verfliegt der unangenehme Duft durch Kontakt mit der Luft. Man kann zunächst einige Minuten warten, ehe man den Wein zurückweist (im Restaurant) oder wegschüttet. Vorsicht ist geboten bei Weinen, die man nicht kennt. Es gibt Sorten mit eigenwilligem Aroma, das der unerfahrene Amateur nicht selten als „Böckser" oder „Korkfehler" diagnostiziert.

Brandig – Begriff für einen Wein mit einem unharmonisch hohen Alkoholgehalt. Am Gaumen spürbar als strenger, mehr oder weniger brennender Ton.

Breit – Ein Wein ohne jegliche Finesse; ausladend, meist säurearm und stark parfümiert.

Bukett – Auch Bouquet genannt. Im weiteren Sinn versteht man darunter die Summe aller Duftstoffe. Ergänzend zum Begriff Aroma zu verwenden und mit diesem nicht zu verwechseln. Umfasst all die subtilen Elemente eines Duftes, die je nach Zusammensetzung neue Sinneseindrücke hervorrufen können. Das Bukett eines reifen Spitzengewächses ist ein von Liebhabern hoch geschätztes Charakteristikum.

C

Charakter – Weist ein Qualitätswein auf, wenn er ein unverwechselbares, deutlich erkennbares Bild ergibt und beim Weingenießer vorzugsweise eine positive Reaktion auslöst.

Cuvée – Komposition von Weinen verschiedener Lagen, Rebsorten und Jahrgänge. Damit werden der gleichmäßige, für ein Haus typische Geschmack einer Marke erzielt und jahrgangsbedingte Qualitätsschwankungen ausgeglichen.

Cru – Gewächs; steht auch für Lage.

D

Degustation – Weinprobe, Weinkost, Verkostung. Prüfung und anschließende Bewertung eines Weines nicht mit technischen Hilfsmitteln, sondern ausschließlich durch die Sinnesorgane (Auge, Nase, Gaumen, Zunge). Man nennt es auch organoleptische Prüfung.

Delikat – Wein mit charmanter, zarter Würze.

Dünn – Weinchen mit kleinem, wässrig wirkendem Körper. Es fehlt an allem, an Frucht ebenso wie an Alkohol.

Duftig – Angenehm nach natürlichen Aromen riechend.

Dumpf – Riecht und schmeckt wie ein altes Fass oder ein ungelüfteter Keller. Fehlerhaft. Negativ, vergleichbar mit muffig.

E

Eckig – Einzelne Stoffe treten stark hervor. Muss nicht negativ sein, denn junge Weine, die noch der Reife bedürfen, haben oft „Ecken und Kanten". Besser als gefällige Weinchen ohne Charakter.

Edelfäule – Die erwünschte Fäule durch den Pilz namens Botrytis cinerea. Der Pilz perforiert die Beerenhaut, worauf Feuchtigkeit entweicht und die Beeren zu schrumpfen beginnen. Der Zuckergehalt konzentriert sich. In der Nase und am Gaumen vor allem als honigähnlich spürbar.

Edelsüß – Feine Traubensüße bei hochwertigen Auslesen, die von Haus aus über einen hohen Fruchtzuckergehalt verfügten, der nicht komplett durchgärte. Folgende Bezeichnungen besagen, dass der Wein Edelsüße hat: Botrytis, Late harvest, Late Picked, Vendange tardive, Moelleux, Liquoreux, Doux, Dulce, Passito. Und natürlich Prädikate wie Auslese, Beerenauslese, Strohwein, Trockenbeerenauslese, Ausbruch (für TBA in Rust), Eiswein.

Elegant – Wein mit Stil, der nichts Grobes hat.

Erdig – Schwer zu definierender Bodenton. Hat nichts mit dem Geschmack von Erde zu tun. Frankenweine und Barolos werden gerne als erdig beschrieben.

Essigton – Sticht scharf in die Nase. Die Vorstufe von Essig, hervorgerufen durch Verunreinigung oder zu viel Luft. Dem Wein ist dann nicht mehr zu helfen, er ist ungenießbar.

Extrakt – Es handelt sich um nichtflüchtige, lösliche Stoffe wie Glyzerin, stickstoffhaltige Verbindungen, Gerb- und Farbstoffe, Alkohole und Mineralstoffe, jedoch nicht um Zucker. Sie tragen zum Reichtum eines Gewächses bei und stammen im Wesentlichen von reifen Trauben. Zeichen von Qualität.

Extraktreich – Wein mit starkem Fruchtkörper.

F

Fad – Ausdrucksloser, charakterschwacher Wein.

Fest – Wein mit geradliniger Struktur bei gesunder Säure. Kompakt.

Feurig – Wein mit höherem Alkoholgehalt, der jedoch nicht brandig wirkt, sondern temperamentvoll wärmt.

Fett – Schwerer Wein mit einer anmutigen Rasse. Delikat, apart in Duft und Geschmack.

Finesse – Abstrakter Qualitätsbegriff, mit dem verfeinerte Qualität ausgedrückt werden soll.

Firne – Altersgeschmack, Säure des Weins ist weitgehend abgebaut. Die Traubenaromen sind abgeklungen. Man mag den firnen Ton oder nicht. Rieslinge entwickeln im Alter eine Edelfirne.

Frisch – Junger Wein mit lebendiger Säure (auch Kohlensäure). Duftend nach Hefe, grünen Äpfeln, Gras. Wein mit natürlichem, jugendlichem Charme und Vitalität.

Fruchtig – Wein mit attraktivem Duft und Geschmack nach Früchten, speziell Beeren, Kirschen, Pflaumen.

G

Grasig – Grüne Note, erinnernd an Gras, Brennnessel, Erbsen, Spargel. Typisch für Sauvignon blanc, teilweise auch Welschriesling.

Gefällig – Technisch sauber gemachter Wein, der die Zunge anstandslos passiert, aber schmeckt wie im Dutzend. Diese gestylten Weine haben keine Fehler, es mangelt ihnen allerdings an Charakter.

Groß – Spitzenwein, reich an Duft und Geschmack. Perfekte Harmonie. Frucht, Säure, Alkohol stehen zueinander in schönster Balance. Entweder jung und zukunftsträchtig oder ausgereift und bereits auf seinem Höhepunkt.

Grün – Unreif, auch rau, jung.

H

Hart – Ein Wein, dessen Säuren markant und dominant hervortreten. Kann sich durch Reife glätten.

Hefe – Die Gärstoffe aus der Hefe verwandeln Zucker in Alkohol und Kohlensäure. Hefeton: Entweder positiv bei bestimmten Weinen, die lange auf der Hefe lagen – wie Muscadet sur lie. Ist dann gewollt, die Hefe duftet. Kann jedoch auch durch ungewollte Nachgärung entstehen. Der Hefeton dringt dann eher ungustiös in die Nase, negativ, Hinweis auf eine bevorstehende oder kürzlich erfolgte zweite Gärung.

Herb – Weine mit lebendiger Fruchtsäure, typisch für leichte Rieslingweine von Mosel, Saar und Ruwer.

Honigton – Bei fülligen Weißweinen wie Ruländer, Weißburgunder oder Chenin blanc. Hochwertige Ausleseweine bekommen ebenfalls ein feines Honigaroma.

Herzhaft – Kräftiger Wein mit deutlich schmeckbarem, doch mit dem Fruchtkörper gut korrespondierendem Säuregehalt.

Hübsch – Ausdruck für einen netten Wein, der gepflegt ist, doch ohne jegliche Größe.

K

Kernig – Bezeichnung für einen trockenen Wein mit kräftigem, angenehm säuredurchwobenem Geschmack; mehr rustikal als elegant.

Klein – Der Name sagt's: wenig Duft, wenig Geschmack; unausgeprägt im Charakter, brav und unauffällig.

Klosterneuburger Mostwage (KMW) – Österreichische Maßeinheit für das Mostgewicht, die von August M. Freiherr von Babo im Jahr 1869 entwickelt wurde. 1° KMW entspricht 1% Zucker im Most. Multipliziert man die Klosterneuburger Grade mit dem Faktor Fünf erhält man ziemlich präzise das Mostgewicht in Oechsle.

Kochapfelgeruch – Zeichen für junge, unreife Weine.

Klotzig – Alkoholschwerer, dicker Wein, dem es an Harmonie und Finesse mangelt.

Körper – Die Summe der geschmacklichen Eigenschaften. Körperreich ist ein Wein mit viel Frucht und damit korrespondierendem hohen Anteil an Alkohol. Ein dünner Wein ist körperarm.

Komplex – Positiv für einen vielschichtigen, dabei fest strukturierten Wein. Nicht selten wird ein Wein als komplex bezeichnet, den man wohl sehr gut findet, ihn jedoch nicht näher zu definieren weiß.

Korkig – Leider immer häufiger auftretender Geschmacksfehler. Ursache ist ein fehlerhafter Korken. Dem Wein fehlt die Frucht; er riecht muffig bis streng, auch scharf und kann am Gaumen einen kratzenden Eindruck hinterlassen. Der Korkgeruch ist bereits mit der Nase feststellbar, die Frucht ist wie ausradiert. Ein untrügliches Zeichen dafür, dass der Wein krank, ja kaputt ist. Schuld daran ist nicht der Winzer, sondern der Korkproduzent.
Kork oder nicht Kork ist eine immer wieder auftretende Streitfrage. Selbst Weinexperten sind sich keineswegs einig. Erstens gibt es Grenzfälle, bei denen es schwer zu orten ist, ob der Fehlton nun von einem faulen Korken herrührt oder sonst wie durch Verunreinigung entstanden ist. Und zweitens gibt es Weine mit einem charakteristischen Aroma, das von Laien oft als Korkfehler fehlinterpretiert wird. Mitunter verschwinden angebliche Korkfehler durch die Korrespondenz mit der Luft, weshalb anzuraten ist, im Zweifelsfalle den Wein einige Minuten im Glas stehen zu lassen. Echte Korkfehler entwickeln sich in der Luft freilich immer stärker.

Kratzig – Weinfehler, in der Regel verursacht durch zu viel Schwefel.

Krautig – Unreifer, nach grünem Holz oder tatsächlich wie Sauerkraut schmeckender Wein.

Kurz – Bezeichnung für einen Wein, dessen Duft und Geschmack rasch abklingt. Nach dem Schlucken verflüchtigen sich die Aromen.

L

Lang – Wein mit intensivem Abgang; die Geschmacksaromen bleiben lange am Gaumen haften. Es handelt sich um einen Wein „mit Schwanz", wie der Volksmund sagt. Zeichen für Qualität.

Leer – Wein, dem es an Inhalt mangelt; kaum duftend, dünn schmeckend kein Nachklang am Gaumen.

Leicht – Wein mit geringem Alkoholgehalt, etwa unter zehn, elf Volumenprozent. Positiv gemeint bei Weinen, die einen schlanken, doch fest gefügten Körper haben – wie beispielsweise rassige, finessenreiche Kabinettweine von Mosel, Saar, Ruwer.

Lieblich – In Österreich und Deutschland gilt dieses Eigenschaftswort oft als Synonym für „leicht süß", eine Süße auf der Basis von eher weniger als hohem Gehalt an Restzucker. In der Schweiz wird es im Sinne von „schön", „reizend", „angenehm" gebraucht und kann auf jede Art von Wein angewendet werden.

Luftfeuchtigkeit – Ausreichende Luftfeuchtigkeit im Keller (60 bis 70 Prozent) ist wichtig, damit die Korken nicht austrocknen. Die bei zu hoher Feuchtigkeit bestehende Gefahr, dass die Etiketten schimmeln, kann man bannen: geruchlose Haarsprays oder Fixiermittel für Ölbilder sind Konservierungsmittel, die man in jedem Malergeschäft bekommt. Wer es sich leisten kann, sollte seinen Keller gut isolieren und eine Klimatür einbauen lassen, die Temperatur und Luftfeuchtigkeit immer auf dem gewünschten Niveau hält.

M

Mächtig – Ausdruck für einen Wein mit hohem Alkoholgehalt und zugleich intensivem Geschmack.

Maderisiert – Überreifer Wein, der bereits jenseits seines Höhepunktes ist. Frucht und Säure sind abgebaut, durch die Oxydation bekam der Wein einen schweren, alkoholischen, an Lack erinnernden Duft und Geschmack. Ähnlichkeit mit Madeira und Sherry.

Mager – Kleiner, ärmlicher Wein von geringer Herkunft.

Markant – Wein mit deutlich feststellbaren Eigenschaften.

Matt – Fader Wein, geschmacklich völlig nichtssagend; er schmeckt wie abgestanden.

Metallisch – Kann unangenehm sein, auch ein Fehler, wenn zu stark spürbar. Andererseits gibt es Weine – wie Chablis – denen eine zarte „metallische" Note gut steht.

Mild – Rund. Weicher Wein ohne Kanten. Wein mit geringer Säure.

Mollig – Eher eine Stammtischvokabel für einen hübsch gerundeten Wein von warmer Art. Vorzugsweise für Rotweine verwendet. Kein Zeichen großer Gewächse.

Most – Noch nicht vergorener Traubensaft auf dem Weg zum Wein.

Mostig – Geruch und Geschmack eines Weines, der wie ein feuchter Keller riecht. Kann durch Kontakt mit der Luft verfliegen.

Muffig – Steigerung von dumpf. Zeichen für einen fehlerhaften und überalterten Wein.

N

Nachgeschmack – Das, was die Sinnesorgane nach dem Schlucken des Weins wahrnehmen. Große Weine verfügen ausnahmslos über einen ebenso angenehmen wie intensiven Nachgeschmack (auch Nachklang, Abgang oder umgangssprachlich „Schwanz" genannt).

Nase – Der allgemeine Geruch des Weins. Siehe auch Bukett.

Nervig – Ausdruck für einen Wein mit guter Frucht und Säure.

Nobel – Wein mit fein gerundeter Eleganz.

Nussig – Aromatisches Merkmal bestimmter Rebsorten (wie z. B. Weißburgunder).

O

Oechsle (Oe) – In Deutschland, der Schweiz und Luxemburg gebräuchliche Maßeinheit für das Mostgewicht, benannt nach dem Pforzheimer Physiker, Goldschmied und Optiker Christian Ferdinand Oechsle. Ein Most, der 80 Grad Oechsle hat, ergibt einen Wein mit ungefähr 80 Gramm Alkohol. Da jeder Alkoholgrad etwa einem Gewicht von knapp acht Gramm entspricht, enthält dieser Wein etwas über 10 Volumenprozent Alkohol.

Odeur – Geruch.

Oxidiert – Verbrauchter, alt wirkender Wein mit flachem bis strengem Ausdruck. Brauntönung. Riecht nach altem Stroh. Durch zu große Luftzufuhr zerstört, sei es im Fass oder in der Flasche; letzteres entweder durch einen fehlerhaften Korken oder durch allzu lange Flaschenlagerung ohne Neuverkorkung.

P

Parfüm – Das Bukett eines Weines. Kann angenehm sein in Form eines Traubenaromas, aber auch übertrieben.

Pikant – Ausdruck für frischen, säurebetonten (nicht: sauren) Wein mit gleichzeitig fruchtig-würziger Note.

Plump – Wein, der breit ist, gewöhnlich, ohne Finesse.

R

Rancio – Entsteht durch die lange Oxidation der Fettstoffe; auch „Madeiraduft" genannt. Erwünscht bei manchen edelsüßen Weinen, speziell solchen, die mit Alkohol angereichert worden sind.

Rasse – Eine abstrakte Qualitätsbezeichnung. Ein feines Gewächs von guter Herkunft sollte Rasse haben, von feiner Art sein.

Rassig – Ausdrucksvoller Wein mit einer lebhaften, guten Säure, die aufbauend wirkt.

Reich – Wein, der alle guten Eigenschaften im Übermaß besitzt.

Reif – Wein auf dem Höhepunkt.

Reintönig – Die charakteristischen Eigenschaften einer Rebsorte sind deutlich erkennbar, ohne fälschenden Beiton.

Robust – Körperreicher, muskulöser Wein, dem es etwas an Schliff fehlt. Geht in Richtung rustikal.

Roh – Wein mit zu viel Gerbsäure, jung, ungeschliffen, ungerundet.

Rund – Harmonischer Wein. Säure, Frucht und Alkohol sind gut ausbalanciert. Alle jugendlichen Kanten haben sich abgeschliffen.

S

Saftig – Pikanter Wein mit betonter Frucht.

Samtig – Speziell angewandt für Rotweine mit einer weichen und geschmeidigen Note.

Sans année – Ohne Jahrgang.

Sauber – Frei von fremden oder gar unangenehmen Beitönen.

Säure – Der saure Geschmack von Wein entsteht durch eine Reihe von Säuren, die zum größten Teil schon in der Traube enthalten sind. Zur Wein-, Äpfel- und Zitronensäure aus der Beere gesellen sich während der Gärung noch erwünschte und weniger erwünschte Säuren wie die Bernstein- und die Essigsäure. Die Säuren verleihen dem Wein seine Frische und tragen zusammen mit dem Alkohol zu seiner Struktur bei.
Ein hoher Säuregehalt verringert den Eindruck der Süße, verstärkt aber den bitteren und rauen Geschmack der Tannine, weshalb besonders bei tanninreichen Rotweinen der biologische Säureabbau höchst erwünscht ist.
Ein Säuremangel führt zu flachen, ausdruckslosen Weinen. Säure ist aber nicht gleich Säure. Die verschiedenen Säuregrade, ausgedrückt als pH-Wert, machen sich natürlich auch am Gaumen bemerkbar. Die Äpfelsäure etwa hat einen niedrigen pH-Wert, ist also sehr sauer und hat deshalb einen härteren Geschmack als die Weinsäure. Die Essigsäure zeigt sich vor allem im Rachen: Weine mit hohem Essigsäuregehalt schmecken besonders unangenehm, mager und dürr und haben einen brennenden und kratzigen Nachgeschmack.

Sauersüß – Hohe Säure kontrastiert mit deutlich schmeckbarer Süße. Merkmal etlicher halbtrockener Weine.

Seidig – Wein mit sehr feiner Struktur.

Schimmelig – Unschöner Duft und Geschmack nach faulen Trauben oder/und unsauberen Holzfässern.

Schlank – Nervig. Ein Wein hat Nerven, wenn seine Säuren und Extraktstoffe gut ausgebildet und ausgewogen sind. Am Gaumen zu beurteilen. Oft das Zeichen für einen sehr langlebigen Wein.

Spitz – Starke Säure von stechendem Charakter.

Stark – Alkoholreicher Wein.

Stumpf – Wein ohne Temperament. Meist ein Zeichen für einen überalterten Wein, der Frucht und Säure abgebaut hat.

Schwer – Extrakt- und alkoholreicher Wein. Muss nicht negativ sein, doch ein eleganter Wein ist nie schwer.

Spritzig – Nasen- und Gaumencharakteristikum vorwiegend von alkoholverstärkten Weinen. In jungen Erzeugnissen hervorragend, wenn zu viel Weinalkohol beigegeben wurde, in alten spürbar, wenn der Körper müde geworden ist und das Alkoholgerüst durchscheint. Erfassbar, wenn kleine Luftbläschen im Wein aufsteigen und am Gaumen ein Prickeln der Kohlensäure spürbar ist.

Sortentypisch – Ausgeprägtes Aroma in Nase und Gaumen, von der entsprechenden Rebsorte herrührend.

Süffig – Ausdruck für einen netten Wein von leichter Struktur und ohne nennenswerte Eigenschaften. Jausenwein.

Süß – Ein Wein mit einem hohen natürlichen oder beigefügten Zuckergehalt schmeckt süß. Eine Eigenschaft von Dessertweinen. Wein kann süß riechen, doch wird diese Eigenschaft in erster Linie am Gaumen entdeckt. Die Süße von Auslesen, Beerenauslesen, Trockenbeerenauslesen ist das Resultat aus der Vergärung von überreifen Trauben, die einen besonders hohen natürlichen Zuckergehalt aufweisen und oft von der sogenannten Edelfäule befallen sind.

T

Tannin – Gerbsäure, die in den Häuten, Kernen und Stielen der Trauben sitzt. Neben Säure und Alkohol ein wesentliches Haltbarkeitsmittel, welches während der Gärung aus den Beerenhäuten und -kernen extrahiert wird. Ein Teil des Reifeprozesses besteht in der Reduktion des Tanningehalts. Es wird ausgefällt durch die Tätigkeit von Proteinen und lagert sich zusammen mit Farbstoff am Flaschenboden ab, wo es den Bodensatz bildet. Die Anwesenheit von Tannin trocknet den Gaumen aus, beschlägt die Zähne und erinnert manchmal an einen „Kellergeschmack".

Terroir – Eigenart der Böden, die Rebe optimal mit Wasser und Nährstoffen zu versorgen, wurzeln und wachsen zu lassen; eine Unmenge von Faktoren spielt mit, zu denen vor allem auch Klima und Mikroklima gehören.

Tiefe – Wein mit reichem Duft und Geschmack. Nase und Gaumen erforschen jedes Mal neue Aromen. Ein großer Wein hat Tiefe.

Todessäure – Starke, essighafte Säure, die nicht aufbauend wirkt, sondern signalhaft den bereits erfolgten Abbau des Weines begleitet.

Todessüße – Große Weine, zumal Rotweine, bekommen im hohen Alter, kurz nach dem Höhepunkt, doch noch vor dem Abstieg, eine ganz feine Süße.

Trockenbeerenauslese – Rosinenartig eingeschrumpfte, edelfaule und einzeln verlesene Beeren, die „zum richtigen Zeitpunkt" sehr spät gelesen werden. Das Resultat ist ein edelsüßer Wein von höchstem Wert.

V

Vendange – Weinlese.

Vendange tardive – französische Bezeichnung für Spätlese. Wein, der aus überreifen Trauben erzeugt wird; eine erst seit 1984 verwendete offizielle Bezeichnung. Unterliegt extrem strengen Produktionsbedingungen; beim Zuckergehalt der Trauben sind es sogar die höchsten

vorgeschriebenen Werte überhaupt. Nur die Rebsorten Gewürztraminer, Pinot gris, Riesling, und – seltener – Muscat dürfen diese spezielle Bezeichnung tragen.

Vieilles vignes – Alte (ungepfropfte) Reben.

Vinifikation – Vorgang der Weinbereitung: Vorbereitung des Traubengutes und Gärprozess

Vollmundig – Ausdruck für einen reichen Wein. Der Geschmack bleibt lange am Gaumen haften.

W

Weich – Runder Wein ohne Ecken. Frucht und Säure sind miteinander verschmolzen.

Weinig – Umstrittener Begriff. Wein kann nur weinig sein, egal wie er schmeckt, sagen die einen. Anderen dient der Begriff als positiver Ausdruck für Gewächse voller Harmonie.

Weinstein – Kleine, transparente, allenfalls leicht pastellig gefärbte Kristalle, die sich am Korken oder/und am Flaschenboden sammeln. Es handelt sich um überschüssige Säuren und Mineralien, die sich insbesondere bei niedrigen Lagertemperaturen bilden können. Sie sind geschmacksneutral und stellen keineswegs eine Beeinträchtigung des Weines dar.

Wuchtig – Schwerer, voller Wein.

Würzig – Bezeichnung für Aromen nach Gewürzen und Kräutern, die von Nase und Gaumen gleichermaßen wahrgenommen werden.

Z

Zart – Wein mit feingewobener Struktur. Das kann für junge Weine mit dezenter Sortencharakteristik gelten wie für fein gereifte Weine.

Zurückhaltend – Meint dasselbe wie verschlossen: Der Wein ist noch nicht entwickelt, zeigt jedoch bereits Ansätze für gute Qualität. Duft und Geschmack sind zum Teil überlagert von jugendlichen „grünen" Elementen.

Zedernholz – Der Geruch, der auch einer Zigarrenschachtel anhaftet, ist ein Merkmal manch eines klassischen Bordeauxweines, findet sich aber auch in älteren edelsüßen Weinen mediterraner Herkunft (Port, Madeira, Málaga).

Jahrgangsbeurteilungen

In den folgenden Jahrgangslisten finden Sie die Bewertungen von edelsüßen Weinen aus den Regionen Mosel, Saar, Ruwer, Rheingau, Burgenland, Wachau, Sauternes, Tokaj und Portugal/Madeira.

Jahrgangsbeurteilungen können ein nützlicher Wegweiser bei der Weinauswahl sein. Schließlich ist die Natur launenhaft und tut, was sie will. Und weil jeder Weinjahrgang vom vorherrschenden Klima abhängt, gibt es von Jahrgang zu Jahrgang Unterschiede in der Qualität.

Betrachten Sie diese Jahrgangsbeurteilungen bitte als Richtwerte und Kompass für eine grobe Orientierung. Dass sie nicht ultimativ gelten können, zeigen folgende Beispiele aus dem Burgenland. Obwohl die beiden Hauptgebiete für edelsüße Weine, Rust im Nordwesten des Neusiedler Sees und der Seewinkel im Südosten auf der anderen Seeseite, nur wenige Kilometer Luftlinie auseinander liegen, können die Bedingungen für Auslesen unterschiedlich ausfallen. Wenn Gerhard Kracher in Illmitz über einen Jahrgang jubelt, zeigt sich Hans Feiler in Rust vielleicht nur zufrieden. Hinzu kommt, dass sich die Botrytis als begehrte und ersehnte Edelfäule nicht jedes Jahr gleich gut einstellt – und in manchen Jahren wie 1984, 1992, 1994 im Burgenland gänzlich ausbleibt. Dann gibt es keine klassischen Trockenbeerenauslesen, aber es können Auslesen, Eisweine und Schilfweine gewonnen werden. 1980 wird als passabel gewertet, doch gab es in diesem Jahr bemerkenswerte Eisweine – wie auch 2003.

Mosel, Saar, Ruwer
Ausgezeichnet: 2007, 2005, 2001, 1994, 1990, 1989, 1976, 1975, 1971, 1959, 1953, 1949, 1945, 1937, 1934, 1921, 1920, 1911, 1897, 1893

Sehr gut: 2010, 2009, 2008, 2006, 2004, 2003, 2002, 1999, 1998, 1997, 1996, 1995, 1993, 1986, 1985, 1983, 1979, 1973, 1969, 1966, 1947, 1938, 1933, 1917, 1908

Gut: 2000, 1992, 1991, 1982, 1970, 1967, 1964, 1963, 1952, 1946, 1943, 1942, 1935, 1929, 1928, 1924, 1919, 1910, 1904

Mittel: 1984, 1981, 1978, 1977, 1974, 1961, 1955, 1936, 1932, 1931, 1930, 1927, 1925, 1915, 1913, 1909, 1901

Unbefriedigend: 1988, 1987, 1980, 1972, 1968, 1965, 1962, 1960, 1958, 1957, 1956, 1954, 1951, 1950, 1948, 1944, 1941, 1940, 1939, 1926, 1923, 1922, 1918, 1916, 1914, 1912, 1902

Rheingau
Ausgezeichnet: 2010, 2009, 2003, 2000, 1996, 1992, 1990, 1989, 1976, 1975 (verkannt als edelsüßer Jahrgang, weil im Schatten des 1976er stehend), 1971, 1959, 1953, 1937, 1921, 1920, 1911 (sogenannter Kometenwein), 1904, 1896, 1893 (das Jahr mit der ersten offiziellen Trockenbeerenauslese), 1886, 1875

Sehr gut: 2008, 2007, 2005, 2004, 2002, 2001, 1999, 1998, 1997, 1993, 1970, 1969, 1966, 1964, 1955, 1949, 1947, 1945, 1935

Gut: 2007, 1995, 1994, 1991, 1986, 1983, 1981, 1973, 1952, 1946

Mittel: 2006, 1987, 1979, 1974, 1956, 1955

Unbefriedigend: 1988, 1985, 1984, 1982, 1981, 1980, 1978, 1977, 1972, 1968, 1965, 1963, 1961, 1960, 1958

Burgenland
Ausgezeichnet: 2010, 2008, 2007, 2000, 1999, 1997, 1995, 1991, 1986, 1981, 1973, 1971, 1969, 1963, 1953, 1947, 1934, 1921, 1917, 1894

Sehr gut: 2006, 2005, 2004, 2003, 2002, 2001, 1998, 1996, 1993, 1992, 1989, 1988, 1985, 1983, 1979, 1977, 1975, 1967, 1964, 1962, 1961, 1959, 1958, 1956, 1942

Gut bis befriedigend: 2009, 1994, 1987, 1982, 1976, 1974, 1968, 1966, 1960, 1957, 1955, 1954, 1952, 1951, 1950, 1932

Passabel: 1980, 1978

Mäßig: 1992, 1990, 1984, 1972, 1970, 1965

Wachau
Ausgezeichnet: 2009, 2006, 2005, 2002, 2000, 1999, 1997, 1995, 1993, 1991, 1990, 1986, 1985, 1981, 1979, 1977, 1969, 1963, 1947, 1934, 1921, 1917, 1894

Sehr gut: 2010, 2008, 2007, 2003, 2001, 1998, 1994, 1992, 1988, 1975, 1973

Wachau

Gut: 2002, 1996, 1989, 1983, 1981

Mittelmäßig: 1987, 1984, 1982, 1980

Barsac-Sauternes

Ausgezeichnet: 2009, 2001, 1990, 1989, 1988, 1967, 1949, 1947, 1945, 1937, 1929, 1928, 1921, 1914, 1904, 1900, 1896, 1893, 1875, 1971, 1870, 1869, 1861, 1858, 1848, 1811

Sehr gut: 2010, 2008, 2007, 2006, 2005, 2003, 1999, 1998, 1997, 1996, 1986, 1983, 1982, 1980, 1976, 1975, 1971, 1970, 1961, 1959, 1955, 1953, 1929, 1892, 1851, 1847, 1840, 1834, 1831, 1814

Gut: 2002, 2000, 1999, 1995, 1985, 1981, 1979, 1978, 1962, 1948, 1952, 1943, 1934

Mittel: 2004, 1995, 1991, 1966, 1948

Unbefriedigend: 1994, 1993, 1992, 1991, 1987, 1984, 1977, 1974, 1973, 1972, 1969, 1968, 1964, 1963, 1958, 1957, 1956, 1954, 1951, 1950, 1946

Herausragende Jahrgänge Chateau d'Yquem

2009 (unendliche Tiefe und Finesse), 2005 (monumental, Tiefe und Eleganz), 2003 (mächtig, konzentrierte Süße), 2001 (kraftvoll, opulent mit klar akzentuierter Aromatik, ein perfekter Yquem), 2000 (Dank rigoroser Selektion entstand ein kräftiger Wein mit großzügigem Gefüge und delikater Süße), 1998 (ein sämig fließender Wein, füllig, ja opulent), 1997 (groß, körperreich, vielschichtig mit schwelgerischen Aromen, verführerische Süße), 1996 (kraftvoll, aber nicht füllig, ein ernster Wein mit viel Potenzial), 1990 (mächtig, ausgewogen mit Liebreiz, enorm starker Fruchtkörper, ausgestattet mit einem Lebenswechsel für die nächsten 100 Jahre), 1989 (prachtvoll, viel Honigsüße, konzentriert) 1988 (wuchtig, herrische Süße, raffiniert, klassisch), 1986 (kräftig, elegant, brillante Fruchtnoten, ausgewogen), 1983 (intensiv, grazil, raffiniert), 1980 (ölig, reich, komplex geschichtet, facettenreich)

Tokaj

Ausgezeichnet: 2006, 2003, 2002, 2001, 2000, 1999, 1997, 1993, 1988, 1983, 1975, 1972, 1968, 1964, 1963, 1959, 1957, 1956, 1952, 1950, 1949, 1947, 1942, 1937, 1936, 1934, 1932, 1931, 1927, 1924, 1923, 1920, 1919, 1916, 1915, 1912, 1906, 1904, 1901, 1900, 1895, 1888, 1886, 1884, 1880, 1876, 1874, 1871, 1870, 1868, 1866, 1863, 1862, 1858, 1852, 1848, 1846, 1845, 1841, 1827, 1823, 1822, 1812, 1811, 1806

Tokaj

Sehr gut bis gut: 2010, 2009, 2008, 2007, 2005, 2004, 1996, 1995, 1992, 1991, 1990, 1989, 1982, 1981, 1979, 1976, 1973, 1971, 1969, 1966, 1962, 1961, 1958, 1955, 1953, 1948, 1946, 1944, 1943, 1935, 1930, 1922, 1921, 1914, 1910, 1907, 1903

Sehr gute Jahre aus dem 19. Jahrhundert: 1890, 1889, 1885, 1869, 1867, 1839, 1838, 1837, 1836, 1835, 1834, 1832, 1831, 1830, 1829, 1828, 1825

Mittelmäßig: 1998, 1987, 1986, 1985, 1984, 1977, 1967, 1954, 1951, 1945, 1939, 1938, 1933, 1929, 1926, 1925, 1918, 1913, 1911, 1909, 1908, 1902, 1899, 1898, 1897, 1892, 1891, 1887

Schwach: 1994, 1980, 1978, 1974, 1970, 1965, 1960, 1941, 1940, 1928, 1917, 1905, 1896, 1894, 1893

Portwein

Ausgezeichnet: 2007, 2005, 2003, 2000, 1994, 1985, 1977, 1970, 1963, 1955, 1948, 1945, 1935, 1931, 1927, 1912, 1908, 1904, 1900, 1812, 1815, 1834, 1847, 1862, 1868, 1870, 1872, 1873, 1875, 1878, 1880, 1881, 1884, 1887, 1890, 1891, 1892, 1894, 1896, 1897, 1734, 1765, 1767, 1775, 1792

Sehr gut bis gut: 2009, 2008, 2006, 2004, 2002, 2001, 1997, 1995, 1992, 1991, 1983, 1982, 1978, 1976, 1975, 1974, 1966, 1960, 1958, 1957, 1954, 1952, 1951, 1950, 1949, 1947, 1944, 1942, 1940, 1938, 1934, 1926, 1925, 1924, 1922, 1920, 1918, 1917, 1916, 1911, 1909, 1906, 1901

Befriedigend: 1998, 1980, 1972, 1971, 1969, 1968, 1967, 1965, 1964, 1962, 1956, 1953, 1946, 1943, 1937, 1939, 1936, 1933, 1932, 1930, 1929, 1928, 1923, 1915, 1913, 1905, 1902, 1903

Durchschnittlich bis mäßig: 1987, 1981, 1973, 1971, 1956, 1939, 1936, 1932, 1930, 1928, 1913, 1903

Madeira

Ausgezeichnet: 1970, 1969, 1968, 1966, 1965, 1960, 1958, 1957, 1956, 1954, 1950, 1920, 1914, 1910, 1905, 1902, 1900, 1880, 1870, 1868, 1865, 1862, 1851, 1846, 1844, 1836, 1822, 1815, 1806, 1795, 1789

Adressen

Die Adressen sämtlicher im Buch genannter Weingüter finden Sie auf unserer Homepage www.edelsuesseweine.de

KÖCHE UND

RESTAURANTS

Restaurant Amador
Küchenchef: Juan Amador
Floßwörthstraße 38
D-68199 Mannheim
Tel.: 00 49 (0) 62 18 54 74 96
www.restaurant-amador.de

Hotel Bareiss
Restaurant Bareiss
Küchenchef: Claus-Peter Lumpp
Gärtenbühlweg 14
D-72270 Baiersbronn-Mitteltal
Tel.: 00 49 (0) 7 44 24 70
www.bareiss.com

Burgstuben-Residenz
Gourmetrestaurant St.Jacques
Küchenchef: Rainer Hensen
Feldstraße 50
D-52525 Heinsberg-Randerath
Tel.: 00 49 (0) 2 45 38 02
www.burgstuben-residenz.de

Döllerer's Genusswelten Genießerhotel
Döllerer's Genießerrestaurant
Küchenchef: Andreas Döllerer
Am Marktplatz 56
A-5440 Golling
Tel.: 00 43 (0) 6 24 44 22 00
www.doellerer.at

Dorint Söl'ring Hof
Küchenchef: Johannes King
Am Sandwall 1
25980 Sylt / OT Rantum
Tel.: 00 49 (0) 46 51 83 62 00
www.soelring-hof.de

Rheinhotel Fischerzunft
Küchenchef: André Jaeger
Rheinquai 8
CH-8200 Schaffhausen
Tel.: 00 41 (0) 5 26 32 05 05
www.fischerzunft.ch

Wald & Schlosshotel Friedrichsruhe
Küchenchef: Boris Benecke
Kärcherstraße
D-74639 Friedrichsruhe / Zweiflingen
Tel.: 00 49 (0) 7 94 16 08 70
www.schlosshotel-friedrichsruhe.de

InterContinental Hotel Berlin
Gourmetrestaurant Hugos
Küchenchef: Thomas Kammeier
Budapester Straße 2
D-10787 Berlin
Tel.: 00 49 (0) 3 02 60 20
www.hugos-restaurant.de

Ketschauer Hof
Restaurant Freundstück
Küchenchef: Jens Fischer
Ketschauerhofstraße 1
D-67146 Deidesheim
Tel.: 00 49 (0) 6 32 67 00 00
www.ketscher-hof.com

Kreuzwirt am Pössnitzberg
Küchenchef: Gerhard Fuchs
Pössnitz 168
A-8463 Leutschach
Tel.: 00 43 (0) 34 54 20 56 00
www.poessnitzberg.at

Kronenschlösschen – Hotel & Restaurant
Küchenchef: Patrik Kimpel
Rheinallee
D-65347 Eltville-Hattenheim
Tel.: 00 49 (0) 6 72 36 40
www.kronenschloesschen.de

Landhaus Stricker
Gourmetrestaurant Bodendorf's
Küchenchef: Holger Bodendorf
Boy-Nielsen-Straße 10
D-25980 Sylt / OT Tinnum
Tel.: 00 49 (0) 4 65 18 89 90
www.landhaus-stricker.de

L'Arnsbourg – Hotel & Restaurant
Küchenchef: Jean Georges Klein
18, Untermuhlthal
F-57230 Baerenthal
Tel.: 00 33 (0) 3 87 06 50 85
www.arnsbourg.com

Schlosshotel Lerbach
Gourmetrestaurant Lerbach
Küchenchef: Nils Henkel
Lerbacher Weg
D-51465 Bergisch Gladbach
Tel.: 00 49 (0) 22 02 20 40
www.schlosshotel-lerbach.com

Schloss Prielau
MAYER's Restaurant
Küchenchef: Andreas Mayer
Hofmannsthalstraße
A-5700 Zell am See
Österreich
Tel.: 00 43 (0) 65 42 72 91 10
www.schloss-prielau.at

The Ritz-Carlton Wolfsburg
Gourmetrestaurant AQUA
Küchenchef: Sven Elverfeldt
Parkstraße 1
D-38440 Wolfsburg
Tel.: 00 49 (0) 53 61 60 60 56
www.restaurant-aqua.de

Victor's Gourmetrestaurant Schloss Berg
Küchenchef: Christian Bau
Schlossstraße 27
D-66706 Perl / Nennig
Tel.: 00 49 (0) 6 86 67 91 18
www.christian-bau.de

Steirereck im Stadtpark
Restaurant Steirereck
Küchenchef: Heinz Reitbauer
Am Heumarkt 2A / Im Stadtpark
A-1030 Wien
Tel.: 00 43 (0) 17 13 31 68
www.steirereck.at

ADRESSEN

DER WICHTIGSTEN

WEINGÜTER

DEUTSCHLAND

Mosel, Saar, Ruwer

Weingut Clemens Busch
Kirchstrasse 37
D-56862 Pünderich
Tel.: 00 49 (0) 65 42 2 21 80
www.clemens-busch.de

Weingut Clüsserath-Weiler
Brückenstrasse 9
D-54349 Trittenheim
Tel.: 00 49 (0) 65 07 50 11
www.cluesserath-weiler.de

Weingut Dr. Hermann
Moselufer 22
D-54539 Ürzig Deutschland
Tel.: 00 49 (0) 65 32 25 42
www.weingut-drhermann.de

Weingut Dr. Loosen
St. Johannishof
D-54470 Bernkastel-Kues
Tel.: 00 49 (0) 65 31 34 26
www.drloosen.de

Weingut Egon Müller
D-54459 Wiltingen Scharzhof
Tel.: 00 49 (0) 6 50 11 72 32
www.scharzhof.de

Weingut Erben von Beulwitz
Eitelsbacher Straße 4
D-54318 Mertesdorf
Tel.: 00 49 (0) 6 51 9 56 10
www.von-beulwitz.de

Weingut Forstmeister Geltz-Zilliken
Heckingstraße 20
D-54439 Saarburg
Tel.: 00 49 (0) 65 81 24 56
www.zilliken-vdp.de

Weingut Fritz Haag – Dusemonder Hof
Dusemonder Straße 44
D-54472 Brauneberg
Tel.: 00 49 (0) 65 34 4 10
www.weingut-fritz-haag.de

Weingut Grans-Fassian
Römerstraße 28
D-54340 Leiwen
Tel.: 00 49 (0) 65 07 31 70
www.grans-fassian.de

Weingut Heymann-Löwenstein
Bahnhofstr. 10
D-56333 Winningen
Tel.: 00 49 (0) 26 06 19 19
www.heymann-loewenstein.com

Weingut Joh. Jos. Christoffel Erben
Mönchhof
D-54539 Ürzig
Tel.: 00 49 (0) 65 32 9 31 64
www.moenchhof.de

Weingut Joh. Jos. Prüm
Uferallee 19
D-54470 Wehlen / Mosel
Tel.: 00 49 (0) 65 31 30 91
www.jjpruem.com

Weingut Jos. Christoffel Jun.
Moselufer 1
D-54539 Ürzig
Tel.: 00 49 (0) 65 32 21 13

Weingut Karl Erbes
Würzgartenstraße 25
D-54539 Ürzig
Tel.: 00 49 (0) 65 32 21 23
www.weingut-karlerbes.de

Weingut Karthäuserhof
D-54292 Trier-Eitelsbach
Tel.: 00 49 (0) 6 51 51 21
www.karthaeuserhof.com

Weingut Markus Molitor
Haus Klosterberg
D-54470 Bernkastel-Wehlen
Tel.: 00 49 (0) 65 32 95 40 00
www.markusmolitor.com

Weingut Maximin Grünhaus
Schlosskelerei C. von Schubert
Hauptstr. 1
D-54318 Mertesdorf
Tel.: 00 49 (0) 6 51 51 11
www.vonschubert.com

Weingut Reichsgraf von Kesselstatt
Schlossgut Marienlay
D-54317 Morscheid
Tel.: 00 49 (0) 6 50 09 16 90
www.kesselstatt.com

Weingut Reinhard und Beate Knebel
August-Horch-Straße 24
D-56333 Winningen
Tel.: 00 49 26 06 26 31
www.weingut-knebel.de

Weingut Reinhold Haart
Ausoniusufer 18
D-54498 Piesport
Tel.: 00 49 (0) 65 07 20 15
www.haart.de

Weingut Sankt Urbans-Hof
Nik Weis
Urbanusstraße 16
D-54340 Leiwen
Tel.: 00 49 (0) 6 50 79 37 70
www.urbans-hof.de

Weingut Selbach-Oster
Uferallee 23
D-54492 Zeltingen
Tel.: 00 49 (0) 65 32 20 81
www.selbach-oster.de

Weingut Schloss Lieser
Thomas Haag
Am Markt 1–5
D-54470 Lieser
Tel.: 00 49 (0) 65 31 64 31
www.weingut-schloss-lieser.de

Weingut Schloss Saarstein
D-54455 Serrig an der Saar
Tel.: 00 49 (0) 65 81 23 24
www.saarstein.de

Weingut von Othegraven
Weinstraße 1
D-54441 Kanzern
Tel.: 00 49 (0) 65 01 15 00 42
www.von-othegraven.de

Weingut Vollenweider
Wolfer Weg 53
D-56841 Traben-Trarbach
Tel.: 00 49 (0) 65 41 81 44 33
www.weingut-vollenweider.de

Weingüter Wegeler-Gutshaus Bernkastel
Friedensplatz 9–11
D-65375 Oestrich-Winkel
Tel.: 00 49 (0) 6 72 39 90 90
www.wegeler.com

Weingut Willi Schaefer
Hauptstraße 130
D-54470 Bernkastel-Graach
Tel.: 00 49 (0) 65 31 80 41
E-Mail:
weingut-willi-schaefer@t-online.de

Rheingau

Domänenweingut Schloss Schönborn
Schlossplatz 1
D-97353 Wiesentheid
Tel.: 00 49 (0) 9 38 39 75 30
www.schoenborn.de

Kloster Eberbach
D-65346 Eltville am Rhein
Tel.: 00 49 (0) 6 72 36 04 60
www.kloster-eberbach.de

Schloss Johannisberg
D-65366 Geisenheim
Tel.: 00 49 (0) 6 72 27 00 90
www.schloss-johannisberg.de

Schloss Reinhartshausen
Hauptstr. 41
D-65346 Eltville-Erbach
Tel.: 00 49 (0) 61 23 67 63 33
www.schloss-reinhartshausen.de

Weingut August Eser
Friedensplatz 19
D-65375 Oestrich-Winkel
Tel.: 00 49 (0) 67 23 50 32
www.eser-wein.de

Weingut August Kesseler
Lorcher Straße 16
D-65385 Assmannshausen
Tel.: 00 49 (0) 67 22 25 13
www.august-kesseler.de

Weingut Balthasar Ress
Rheinallee 7
65347 Eltville am Rhein
Tel.: 00 49 (0) 6 72 39 19 50
www.balthasar-ress.de

Wein- und Sektgut F.B. Schönleber
Obere Roppelsgasse 1
D-65375 Oestrich-Winkel
Tel.: 00 49 (0) 67 23 34 75
www.fb-schoenleber.de

Weingut Franz Künstler
Geheimrat-Hummel-Platz 1a
D-65239 Hochheim
Tel.: 00 49 (0) 6 14 68 38 60
www.weingut-kuenstler.de

Weingut Freiherr Langwerth von
Simmern
Kirchgasse 6
D-65343 Eltville am Rhein
Tel.: 00 49 (0) 6 12 39 21 10
www.langwerth-von-simmern.de

Weingut Fritz Allendorf
Kirchstrasse 69
D-65375 Oestrich-Winkel
Tel.: 00 49 (0) 6 72 39 18 50
www.allendorf.de

Weingut Georg Breuer
Steingasse 10
D-65385 Rüdesheim am Rhein
Tel.: 00 49 (0) 6 72 29 05 00
www.georg-breuer.com

Weingut Hans Lang
Rheinallee 6
D-65347 Eltville am Rhein
Tel.: 00 49 (0) 67 23 24 75
www.weingut-hans-lang.eu

Weingut Jakob Jung
Eberbacher Str. 22
D-65346 Erbach im Rheingau
Tel.: 00 49 (0) 61 23 90 06 20
www.weingut-jakob-jung.de

Weingut Johannishof
Grund 63
D-65366 Johannisberg / Rheingau
Tel.: 00 49 (0) 67 22 82 16
www.weingut-johannishof.de

Weingut Josef Spreitzer
Rheingaustraße 86
D-65375 Oestrich-Winkel
Tel.: 00 49 (0) 67 23 26 25
www.weingut-spreitzer.de

Weingut Peter Jakob Kühn
Mühlstraße 70
D-65375 Oestrich-Winkel
Tel.: 00 49 (0) 67 23 22 99
www.weingutpjkuehn.de

Weingut Prinz von Hessen
Grund 1
D-65366 Geisenheim
Tel.: 00 49 (0) 67 22 40 91 80
www.prinz-von-hessen.de

Weingut Robert Weil
Mühlberg 5
D-65399 Kiedrich
Tel.: 00 49 (0) 61 23 23 08
www.weingut-robert-weil.com

Weingut Schloss Vollrads
Vollradser Allee
D-65375 Oestrich-Winkel
Tel.: 00 49 (0) 6 72 36 60
www.schlossvollrads.de

Weingüter Wegeler – Gutshaus Oestrich
Friedensplatz 9–11
D-65375 Oestrich-Winkel
Tel.: 00 49 (0) 6 72 39 90 90
www.wegeler.com

Ahr

Deutzerhof
Deutzerwiese 2
D-53508 Mayschoß
Tel.: 00 49 (0) 26 43 72 64
E-Mail: info@deutzerhof.de
www.deutzerhof.de

Winzergenossenschaft
Mayschoß-Altenahr
Ahrrotweinstraße 42
D-53508 Mayschoß
Tel.: 00 49 (0) 26 43 9 36 00
E-Mail: info@wg-mayschoss.de
www.wg-mayschoss.de

Baden

Gräflich Wolff Metternich'sches Weingut
Grol 4
D-77770 Durbach
Tel.: 00 49 (0) 78 14 27 79
www.weingut-metternich.de

Weingut Andreas Laible
Am Bühl 6
D-77770 Durbach
Tel.: 00 49 (0) 78 14 12 38
www.weingut-laible.de

Weingut Bercher
Mittelstadt 13
D-79235 Vogtsburg-Burkheim
Tel.: 00 49 (0) 7 66 22 12
www.weingutbercher.de

Weingut Heger
Bachenstraße 19/21
D-79241 Ihringen
Tel.: 00 49 (0) 7 66 82 05
www.heger-weine.de

Weingut Karl H. Johner
Sinnweg
D-79235 Vogtsburg im Kaiserstuhl
Tel.: 00 49 (0) 76 62 60 41
www.johner.de

Weingut Schloss Neuweier
Mauerbergstraße 21
76534 Baden-Baden / Neuweier
Tel.: 00 49 (0) 7 22 39 66 70
www.weingut-schloss-neuweier.de

Franken

Weingut Bürgerspital zum Heiligen Geist
Theaterstraße 19
D-97070 Würzburg
Tel.: 00 49 (0) 93 13 50 34 41
www.buergerspital.de

Fürstlich Castell'sches Domänenamt
Schlossplatz 5
D-97355 Castell
Tel.: 00 49 (0) 9 32 56 01 60
www.castell.de

Weingut Horst Sauer
Bocksbeutelstr. 14
D-97332 Escherndorf
Tel.: 00 49 (0) 93 81 43 64
www.weingut-horst-sauer.de

Weingut Juliusspital
Klinikstr. 1
D-97070 Würzburg
Tel.: 00 49 (0) 93 13 93 14 00
www.weingut-juliusspital.de

Weingut Schmitt's Kinder
Am Sonnenstuhl 45
D-97236 Randersacker
Tel.: 00 49 (0) 93 17 05 91 97
www.schmitts-kinder.de

Nahe

Schlossgut Diel
Burg-Layen 16
D-55452 Rümmelsheim
Tel.: 00 49 (0) 6 72 19 69 50
www.schlossgut-diel.com

Weingut Dr. Crusius
Hauptstraße 2
D-55595 Traisen
Tel.: 00 49 (0) 67 13 39 53
www.weingut-crusius.de

Weingut Emrich-Schönleber
Soonwaldstraße 10a
D-55569 Monzingen
Tel.: 00 49 (0) 67 51 27 33
www.emrich-schoenleber.de

Weingut Hermann Dönnhoff
Bahnhofstraße 11
D-55585 Oberhausen an der Nahe
Tel.: 00 49 (0) 6 75 52 63
www.doenhoff.com

Weingut Hexamer
Sobernheimerstraße 3
D-55566 Meddersheim
Tel.: 00 49 (0) 67 51 22 69
www.weingut-hexamer.de

Weingut Jakob Schneider
Winzerstraße 15
D-55585 Niederhausen/Nahe
Tel.: 00 49 (0) 6 75 89 35 33
www.schneider-wein.de

Weingut Korrell-Johanneshof
Parkstraße 4
D-55545 Bad Kreuznach
Tel.: 00 49 (0) 67 16 36 30
www.korrell.com

Weingut Schäfer-Fröhlich
Schulstraße 6
D-55595 Bockenau
Tel.: 00 49 (0) 67 58 65 21
www.weingut-schaefer-froehlich.de

Pfalz

Weingut August Ziegler
Bahnhofstraße 5
D-67487 Maikammer
Tel.: 00 49 (0) 6 32 19 57 80
www.august-ziegler.de

Weingut Christmann
Peter-Koch-Straße 43
D-67435 Gimmeldingen
Tel.: 00 49 (0) 6 32 16 60 39
www.weingut-christmann.de

Weingut Dr. Bürklin-Wolf
Weinstraße 65
D-67157 Wachenheim an der Weinstraße
Tel.: 00 49 (0) 6 32 29 53 30
www.buerklin-wolf.de

Weingut Geheimer Rat Dr. von
Bassermann-Jordan
Kirchgasse 10
D-67146 Deidesheim
Tel.: 00 49 (0) 63 26 60 06
www.bassermann-jordan.de

Weingut Georg Mosbacher
Weinstraße 27
D-67147 Forst
Tel.: 00 49 (0) 6 32 63 29
www.georg-mosbacher.de

Weingut Josef Biffar
Niederkircher Straße 15
D-67146 Deidesheim
Tel.: 00 49 (0) 63 26 70 13 00

www.weingut-biffar.de

Weingut Koehler-Ruprecht
Weinstraße 84
D-67169 Kallstadt
Tel.: 00 49 (0) 63 22 18 29

Weingut Knipser Johannishof
Hauptstraße 47
D-67229 Laumersheim
Tel.: 00 49 (0) 62 38 43 37
www.weingut-knipser.de

Weingut Müller-Catoir
Mandelring 25
D-67433 Haardt an der Weinstraße
Tel.: 00 49 (0) 63 21 28 15
www.mueller-catoir.de

Weingut Ökonomierat Rebholz
Weinstraße 54
D-76833 Siebeldingen
Tel.: 00 49 (0) 63 45 34 39
www.oekonomierat-rebholz.de

Weingut Pfeffingen Fuhrmann-Eymael
Pfeffingen 2
D-67098 Bad Dürkheim
Tel.: 00 49 (0) 63 22 86 07
www.pfeffingen.de

Weingut Philipp Kuhn
Großkarlbacherstraße 20
D-67229 Laumersheim
Tel.: 00 49 (0) 6 23 86 56
www.weingut-philipp-kuhn.de

Weingut Reichsrat von Buhl
Weinstraße 16
D-67146 Deidesheim
Tel.: 00 49 (0) 6 32 69 65 00
www.reichsrat-von-buhl.de

Weingut Weegmüller
Mandelring 23
D-67433 Neustadt
Tel.: 00 49 (0) 6 32 18 37 72
www.weegmueller.de

Weingut von Winning
Weinstraße 10
D-67146 Deidesheim
Tel.: 00 49 (0) 63 26 96 68 70
www.von-winning.de

Rheinhessen

Weingut Battenfeld-Spanier
Bahnhofstraße 33
D-67591 Hohen-Sülzen
Tel.: 00 49 (0) 6243 906515
www.battenfeld-spanier.de

Weingut Dreißigacker
Untere Klinggasse 4
D-67595 Bechtheim
Tel.: 00 49 (0) 62 42 24 25
www.dreissigacker-wein.de

Weingut Gunderloch
(Carl-)Gunderloch-Platz 1
D-55299 Nackenheim
Tel.: 00 49 (0) 61 35 23 41
www.gunderloch.de

Weingut Jean Buscher
Wormserstraße 4
D-67595 Bechtheim
Tel.: 00 49 (0) 6 24 28 72
www.jean-buscher.com

Weingut Keller
Bahnhofstraße 1
D-67592 Flörsheim-Dalsheim
Tel.: 00 49 (0) 6 24 34 56
www.keller-wein.de

Weingut Kühling-Gillot
Ölmühlstraße 25
D-55294 Bodenheim
Tel.: 00 49 (0) 61 35 23 33
www.kuehling-gillot.de

Weingut Manz
Lettengasse 6
D-55278 Weinolsheim
Tel.: 00 49 (0) 62 49 79 81
www.manz-weinolsheim.de

Weingut Schales
Alzeyer Straße 160
D-67592 Flörsheim-Dalsheim
Tel.: 00 49 (0) 62 43 70 03
www.schales.de

Weingut Seehof
Seegasse 20
D-67593 Westhofen
Tel.: 00 49 (0) 62 44 49 35
www.weingut-seehof.de

Weingut Spiess-Riederbacherhof
Gaustraße 2
D-67595 Bechtheim
Tel.: 00 49 (0) 62 42 76 33
www.spiess-wein.de

Weingut Wagner-Stempel
Wöllsteiner Straße 10
D-55599 Siefersheim
Tel.: 00 49 (0) 67 03 96 03 30
www.wagner-stempel.de

Weingut Wittmann
Mainzerstraße 19
D-67593 Westhofen
Tel.: 00 49 (0) 62 44 90 50 36
www.weingutwittmann.de

Saale-Unstrut

Harzer Weingut Kirmann
Gartenstraße 532
D-06484 Westerhausen
Tel.: 00 49 (0) 39 46 70 14 66
www.harzer-weingut.de

Winzerhof Gussek
Kösenerstraße 66
D-06618 Naumburg
Tel.: 00 49 (0) 3 44 57 81 03 60
www.winzerhof-gussek.de

Weingut Pawis
Auf dem Gut 2
D-06632 Freyburg-Zscheiplitz
Tel.: 00 49 (0) 34 46 42 83 15
www.weingut-pawis.de

Sachsen

Sächsisches Staatsweingut
Schloss Wackerbarth
Wackerbarthstraße 1
D-01445 Radebeul
Tel.: 00 49 (0) 35 18 95 50
www.schloss-wackerbarth.de

Weingut Drei Herren
Weinbergstraße 34
D-01445 Radebeul
Tel.: 00 49 (0) 35 17 95 60 99
www.dreiherren.de

Weingut Klaus Zimmerling
Bergweg 27
D-01326 Dresden
Tel.: 00 49 (0) 35 12 61 87 52
www.weingut-zimmerling.de

Weingut Schloß Proschwitz
Dorfanger 19
D-01665 Zadel über Meißen
Tel.: 00 49 (0) 3 52 17 67 60
www.schloss-proschwitz.de

Weingut Vincenz Richter
Inhaber Thomas Herrlich
Kapitelholzsteig 1
D-01662 Meißen
Tel.: 00 49 (0) 35 21 73 16 06
www.vincenz-richter.de

Württemberg

Staatsweingut Weinsberg
Traubenplatz 5
D-74189 Weinsberg
Tel.: 00 49 (0) 71 34 50 41 67
www.sw-weinsberg.de

Weingut Dautel
Lauerweg 55
D-74357 Bönnigheim
Tel.: 00 49 (0) 71 43 87 03 26
www.weingut-dautel.de

Weingut Drautz-Able
Faißstraße 23
D-74076 Heilbronn
Tel.: 00 49 (0) 71 31 17 79 08
www.drautz-able.de

Weingut Gerhard Aldinger
Schmerstraße 25
D-70734 Fellbach
Tel.: 00 49 (0) 7 11 58 14 17
www.weingut-aldinger.de

Weingut Graf Adelmann
Auf Burg Schaubeck
D-71711 Steinheim-Kleinbottwar
Tel.: 00 49 (0) 71 48 92 12 20
www.graf-adelmann.com

Weingut Jürgen Ellwanger
Bachstraße 21
D-73650 Winterbach
Tel.: 00 49 (0) 7 18 14 45 25
www.weingut-ellwanger.de

Weingut Karl Haidle
Hindenburgstraße 21
D-71394 Kernen-Stetten im Remstal
Tel.: 00 49 (0) 71 51 94 91 10
www.weingut-karl-haidle.de

Weingut Rainer Schnaitmann
Untertürkheimer Straße 4
D-70734 Fellbach
Tel.: 00 49 (0) 7 11 57 46 16
www.weingut-schnaitmann.de

Weingut Wöhrwag
Grunbacher Straße 5
D-70327 Stuttgart-Untertürkheim
Tel.: 00 49 (0) 7 11 33 16 62
www.woehrwag.de

ÖSTERREICH

Burgenland/ Ruster Ausbruch

Hammer Wein
Hauptstraße 9
A-7071 Rust
Tel.: 00 43 (0) 2 68 52 31
www.hammerwein.at

Weingut Ernst Triebaumer
Raiffeisenstraße 9
A-7071 Rust
Tel.: 00 43 (0) 2 68 55 28
www.triebaumer.com

Weingut Feiler-Artinger
Hauptstraße 3
A-7071 Rust
Tel.: 00 43 (0) 2 68 52 37
www.feiler-artinger.at

Weingut Giefing
Hauptstraße 13
A-7071 Rust
Tel.: 00 43 (0) 2 68 53 79
www.wein-rust.at

Weingut Heidi Schröck
Rathausplatz 8
A-7071 Rust
Tel.: 00 43 (0) 2 685 229
www.heidi-schroeck.com

Weingut Peter Schandl
Haydngasse 3
A-7071 Rust
Tel.: 00 43 (0) 2 68 52 65
www.schandlwein.com

Neusiedler See und Seewinkel

Weingut Familie Gesellmann
Langegasse 65
A-7301 Deutschkreutz
Tel.: 00 43 (0) 26 13 8 036 00
www.gesellmann.at

Weingut Franz und Elisabeth Lentsch
Neusiedlerstraße 40
A-7141 Podersdorf am See
Tel.: 00 43 (0) 21 77 23 98
www.weingut-lentsch.com

Weingut Gerhard Nekowitsch
Urbanusgasse 2
A-7142 Illmitz
Tel.: 00 (0) 43 (0) 21 75 20 39
www.nekowitsch.at

Weingut Hans und Christine Nittnaus
Untere Hauptstraße 105
A-7122 Gols
Tel.: 00 43 (0) 21 73 21 86
www.nittnaus.net

Weingut Haider
Seegasse 16
A-7142 Illmitz
Tel.: 00 43 (0) 21 75 23 58
www.weinguthaider.at

Weingut Heiss
Untere Hauptstraße 12
A-7142 Illmitz
Tel.: 00 43 (0) 21 75 33 32
www.fr-heiss.at

Weingut Horst und Georg Schmelzer
Neubaugasse 29
A-7122 Gols
Tel.: 00 43 (0) 21 73 34 90
www.wein-schmelzer.at

Weingut Kollwentz
Hauptstraße 120
Büro & Verkauf: Gartengasse 4 b
A-7051 Großhöflein
Tel.: 00 43 (0) 26 82 65 15 80
www.kollwentz.at

Weinlaubenhof Kracher
Apetlonerstraße 37
A-7142 Illmitz
Tel.: 00 43 (0) 21 75 33 77
www.kracher.at

Weingut Josef Leberl
Hauptstraße 91
A-7051 Großhöflein
Tel.: 00 43 (0) 26 82 6 78 00
www.leberl.at

Weingut Josef Lentsch-Dankbarkeit
Hauptstraße 39
A-7141 Podersdorf
Tel.: 00 43 (0) 21 77 22 23
www.dankbarkeit.at

Weingut PMC Münzenrieder
Triftgasse 31
A-7143 Apetlon
Tel: 00 43 (0) 21 75 2 67 00
www.weingut-pmc.at

Weingut Salzl-Seewinkelhof
Zwischen den Reben
A-7142 Illmitz
Tel.: 00 43 (0) 21 75 2 43 42
www.salzl.at

Weingut Schönberger
Hauptstraße 82
A-7072 Mörbisch am See
Tel.: 00 43 (0) 26 85 82 66
www.weingut-schoenberger.com

Weingut Sepp Moser
Wallerner Straße 59
A-7143 Apetlon
Tel.: 00 43 (0) 6 64 8 46 91 60
www.sepp-moser.at

Weingut Tinhof
Gartengasse 8
A-7000 Eisenstadt
Tel.: 00 43 (0) 26 82 6 26 48
www.tinhof.at

Weingut Toni Hartl
Florianigasse 7
A-2440 Reisenberg
Tel.: 00 43 (0) 22 34 80 63 65
www.toni-hartl.at

Hans Tschida-Angerhof
Angergasse 5
A-7142 Illmitz
Tel.: 00 43 (0) 21 75 31 50
www.angerhof-tschida.at

Weingut Umathum
St. Andräer Straße 7
A-7132 Frauenkirchen
Tel.: 00 43 (0) 21 72 2 44 00
www.umathum.at

Weingut Velich
Seeufergasse 12
A-7143 Apetlon
Tel.: 00 43 (0) 21 75 31 87
www.velich.at

Weingut Willi Opitz
St. Bartholomäusgasse 18
A-7142 Illmitz
Tel.: 00 43 (0) 21 75 2 08 40
www.willi-opitz.at

Weingut Zantho
Dammweg 1 a
A-7163 Andau
Tel.: 00 43 (0) 21 76 2 70 77
www.zantho.com

Steiermark

Weingut Erich und Walter Polz
Grassnitzberg 54a
A-8471 Spielfeld
Tel.: 00 43 (0) 34 53 23 01
www.polz.co.at

Weingut Lackner Tinnacher
Steinbach 12
A-8462 Gamlitz
Tel.: 00 43 (0) 34 53 21 42
www.tinnacher.at

Domäne Müller
Grazerstrasse 71
A-8522 Gross St. Florian
Tel.: 00 43 (0) 34 64 21 55
www.domaene-mueller.com

Weingut Tement
Zieregg 13
A-8461 Berghausen
Tel.: 00 43 (0) 3 45 34 10 10
www.tement.at

Wachau

Weingut Domäne Wachau
A-3601 Dürnstein 107
Tel.: 00 43 (0) 2711 371
www.domaene-wachau.at

Weingut Franz Hirtzberger
Kremserstraße 8
A-3620 Spitz
Tel: 00 43 (0) 27 13 22 09
www.hirtzberger.at

Weingut F.X. Pichler
Oberloiben 27
A-3601 Dürnstein
Tel.: 00 43 (0) 2 73 28 53 75
www.fx-pichler.at

Weingut Josef Jamek
Joching 45
A-3610 Weißenkirchen
Tel.: 00 43 (0) 27 15 22 35
www.weingut-jamek.at

Weingut Knoll
Unterloiben 10
A-3601 Dürnstein
Tel.: 00 43 (0) 27 32 79 35 50
www.loibnerhof.at

Weingut Lagler
Rote Torgasse 10
A-3620 Spitz
Tel.: 00 43 (0) 27 13 25 16
www.weingut-lagler.at

Weingut Prager
Wachaustraße 48
A-3610 Weißenkirchen in der Wachau
Tel.: 00 43 (0) 27 15 22 48
www.weingutprager.at

Kamptal und Kremstal

Weingut Bründlmayer
Zwettlerstraße 23
A-3550 Langenlois
Tel.: 00 43 (0) 27 34 21 72 0
www.bruendlmayer.at

Schloss Gobelsburg
Schlossstraße 16
A-3550 Gobelsburg
Tel.: 00 43 (0)27 34 24 22
www.gobelsburg.at

Weingut Jurtschitsch Sonnhof
Rudolfstraße 39
A-3550 Langenlois
Tel.: 00 43 (0) 27 34 21 16
www.jurtschitsch.com

Weingut Mantlerhof
Brunn im Felde Hauptstraße 50
A-3494 Gedersdorf
Tel.: 0043 (0) 2735 8248
www.mantlerhof.com

Weingut Salomon Undhof
Undstraße 10
A-3504 Stein/Donau
Tel.: 0043 (0) 2732 83226
www.salomonwines.com

Weingut Sepp Moser
Untere Wiener-Straße 1
A-3495 Rohrendorf
Tel.: 00 43 (0) 27 32 7 05 31
www.sepp-moser.at

Thermenregion

Weingut Karl Alphart
Wienerstraße 46
A-2514 Traiskirchen
Tel.: 00 43 (0) 22 52 5 232 8
www.alphart.com

Weingut Johanneshof Reinisch
Im Weingarten 1
A-2523 Tattendorf
Tel.: 00 43 (0) 22 53 8 14 23
www.j-r.at

Weingut Stadlmann
Wiener Straße 41
A-2514 Traiskirchen
Tel.: 00 43 (0) 22 52 5 23 43
www.stadlmann-wein.at

FRANKREICH

Sauternes

Château Yquem
F-33210 Sauternes
Tel.: 00 33 (0) 5 57 98 07 07
www.chateau-yquem.fr

Château Climens
F-33720 Barsac
Tel.: 00 33 (0) 5 56 27 15 33
www.chateau-climens.fr

Château Coutet
F-33720 Barsac
Tel.: 00 33 (0) 5 56 27 15 46
www.chateaucoutet.com

Château de Fargues
F-33210 Fargues de Longon
Tel.: 00 33 (0) 5 57 98 04 20
www.chateau-de-fargues.com

Château Gilette, Preignac
Julie Gonet-Medeville
4, Rue du Port
F-33210 Preignac
Tel.: 00 33 (0) 5 56 76 28 43
www.gonet-medeville.com

Château Guiraud
F-33210 Sauternes
Tel.: 00 33 (0) 5 56 76 61 01
www.chateauguiraud.fr

Château La Tour Blanche
F-33210 Bommes
Tel.: 00 33 (0) 5 57 98 02 73
www.tour-blanche.com

Château Lafaurie-Peyraguey
F-33210 Bommes
Tel.: 00 33 (0) 5 56 76 60 54
www.lafaurie-peyraguey.com

Château Raymond-Lafon
F-33210 Sauternes
Tel.: 00 33 (0) 5 56 63 21 02
www.chateau-raymond-lafon.fr

Château Rieussec
F-33210 Fargues
Tel.: 00 33 (0) 5 57 98 14 10
www.lafite.com

Château Suduiraut
F-33210 Preignac
Tel.: 00 33 (0) 5 56 63 61 93
www.suduiraut.com

Bordeaux

Cadillac

Château Cayla
Le Cayla
F-12160 Moyrazès
Tel.: 00 33 (0) 5.65.69.36.41
www.lecayla.fr

Château du Juge
Route de Branne
F-33410 Cadillac-sur-Garonne
Tel.: 00 33 (0) 5 56 62 17 77
www.chateau.du.juge.free.fr

Cérons

Clos Bourgelat
Dominique Lafosse
4, Caulet-Sud
F-33720 Cérons
Tel.: 00 33 (0) 5 56 27 01 73
www.vins-graves.com

Château Chantegrive
F-33720 Podensac
Tel.: 00 33 (0) 5 56 27 17 38
www.chantegrive.com

Château de Cérons
Jean Perromat, Xavier Perromat
F-33720 Cerons
Tel.: 00 33 (0) 5 56 27 01 13
www.chateaudecerons.com

Loupiac

Château de Ricaud
Route de Sauveterre
F-33410 Loupiac
Tel.: 00 33 (0) 5 56 35 53 00
www.chateau-de-ricaud.com

Château du Cros
94, Route St Macaire
F-33410 Loupiac
Tel.: 00 33 (0) 5 56 62 99 31
www.chateauducros.com

Château Les Roques
Château du Pavillon
F-33410 Sainte Croix du Mont
Viviane et Alain Fertal
Tel.: 00 33 (0) 5 56 62 01 04
www.chateau-du-pavillon.com

Château Loupiac-Gaudiet
Vignobles Marc Ducau
F-33410 Loupiac
Tel.: 00 33 (0) 5 56 62 99 88
www.chateau-loupiacgaudiet.com

Clos Jean
SCEA Vignobles Bord
F-33410 Loupiac
Tel.: 00 33 (0) 5 56 62 99 83
www.vignoblesbord.com

Sainte-Croix-du-Mont

Château de Taste
F-33410 Sainte Croix du Mont
Tel.: 00 33 (0) 5 56 62 01 39
www.sainte-croix-du-mont.fr

Château du Mont
Claire & Hervé Chouvac
F-33410 Sainte-Croix-du-Mont
Tel.: 00 33 (0) 5 56 62 07 65
www.chateau-du-mont.com

Château Loubens
F-31460 Loubens-Lauragais
Tel.: 00 33 (0) 5 61 83 12 08
www.chateaudeloubens.com

Elsass

Clos St Landelin
René Muré
F-68250 Rouffach
Tel.: 00 33 (0) 3 89 78 58 00
www.mure.com

Domaine Marcel Deiss
15, Route du Vin
F-68750 Bergheim
Tel.: 00 33 (0) 3 89 73 63 37
www.marceldeiss.com

Domaine Paul Blanck
32, Grand-rue, BP 55
F-68240 Kientzheim
Tel.: 00 33 (0) 3 89 78 23 56
www.blanck-alsace.com

Domaine Weinbach
25, Route du Vin
F-68240 Kaysersberg
Tel.: 00 33 (0) 3 89 47 13 21
www.domaineweinbach.com

Domaine Zind-Humbrecht
4, Route de Colmar
F-68230 Turckheim
Tel.: 00 33 (0) 3 89 27 02 05
www.zindhumbrecht.com

Domaines Schlumberger
100, Rue Théodore Deck
F-68501 Guebwiller Cedex
Tel.: 00 33 (0) 3 89 74 27 00
www.domaines-schlumberger.com

F. E. Trimbach
15, Route de Bergheim
F-68150 Ribeauville
Tel.: 00 33 (0) 3 89 73 60 30
www.maison-trimbach.com

Hugel et Fils
3, Rue de la première armée
F-68340 Riquewihrtel
Tel.: 00 33 (0) 3 89 47 92 15
www.hugel.com

Josmeyer & Fils S.A.
76, Rue Clémenceau
F-68920 Wintzenheim
Tel.: 00 33 (0) 3 89 27 91 90
www.josmeyer.com

Marc Kreydenweiss
12, Rue Deharbe
F-67140 Andlau
Tel.: 00 33 (0) 3 88 08 95 83
www.kreydenweiss.com

Banyuls und Maury

Domaine de la Rectorie und Domaine de
la Préceptoire
65, Avenue Puig del Mas
F-66650 Banyuls-sur-Mer
Tel.: 00 33 (0) 4 68 88 13 45
www.la-rectorie.com

Domaine du Mas Blanc
F-66650 Banyuls-sur-Mer
Tel.: 00 33 (0) 4 68 88 32 12
www.domaine-du-mas-blanc.com

Domaine du Traginer
7, Rue St Pierre
F-66650 Banyuls-sur-Mer
Tel.: 00 33 (0) 4 68 88 15 11
www.traginer.fr

Domaine la Tour Vieille
12, Route de Madeloc
F-66190 Collioure
Tel.: 00 33 (0) 4 68 82 44 82
www.latourvieille.com

Château de Jau
F-66600 Cases de Pène
Tel.: 00 33 (0) 4 68 38 90 10
www.chateaudejau.com

Domaine de la Coume du Roy
13, Route de Cucugnan
F-66460 Maury
Tel.: 00 33 (0) 4 68 59 67 58
www.lacoumeduroy.com

Domaine Pouderoux
2, Rue Emile Zola
F-66460 MAURY
Tel.: 00 33 (0) 4 68 57 22 02
www.domainepouderoux.fr

Mas Amiel
F-66460 Maury
Tel.: 00 33 (0) 4 68 29 01 02
www.masamiel.fr

Weingüter mit Muscat de Beaumes-de-Venise

Domaine de Coyeux
Route Lafare
F-84190 Beaumes de Venise
Tel.: 00 33 (0) 4 90 12 42 42

Domaine de Durban
F-84190 Beaumes-de-Venise
Tel.: 00 33 (0) 4 90 62 94 26
www.domainedurban.com

Vignerons de Beaumes-de-Venise
Balma Vénitia
Quartier Ravel
228, Route de Carpentras
F-84190 Beaumes-de-Venise
Tel.: 00 33 (0) 4 90 12 41 00
www.beaumes-de-venise.com

Loire

Vouvray

Château Gaudrelle
12, Quai de la Loire
Clos de l'Olivier
F-37210 Rochecorbon
Tel.: 00 33 (0) 2 47 25 93 50

Clos de Nouys
46, Rue de la Vallée de Nouys
F-37210 Vouvray
www.vouvray-closdenouys.com

Domaine Bourillon
30, Rue de Vaufoynard
F-37210 Rochecorbon
Tel.: 00 33 (0) 6 07 08 06 06
www.bourillon.com

Domaine Champalou
7, Rue du Grand Ormeau
F-37210 Vouvray
Tel.: 00 33 (0) 2 47 52 64 49
www.champalou.com

Domaine des Aubuisières
Bernard Fouquet
Vallée de Nouy
F-37210 Vouvray
Tel.: 00 33 (0) 2 47 52 67 82
www.vouvrayfouquet.com

Domaine Huet l'Echansonne
11/13, Rue de la Croix Buisée
F-37210 Vouvray
Tel.: 00 33 (0) 2 47 52 78 87
www.huet-echansonne.com

Domaine Marc Bredif
87, Quai de la Loire
F-37210 Rochecorbon
Tel: 00 33 (0) 2 47 52 50 07

Domaine Villain
Claude et Colette Villain
30, Rue Saint Georges
F-37210 Rochecorbon
Tel.: 00 33 (0) 2 47 52 50 72

Philippe Foreau
14, Rue de la Croix-Buisée
F-37210 Vouvray
Tel.: 00 33 (0) 2 47 52 71 46

ITALIEN

Toskana

Weingüter mit Vin Santo

Avignonesi
Fattoria Le Capezzine
I-53045 Valiano di Montepulciano
Tel.: 00 39 05 78 72 43 04
www.avignonesi.it

Badia a Coltibuono
Loc. Monti di Sotto
I-53013 Gaiole in Chianti
Tel.: 00 39 05 77 74 61 10
www.coltibuono.com

Bindella s.r.
Società Agricola
Via delle Tre Berte, 10/A,
I-53040 Montepulciano
Tel.: 00 39 05 78 76 77 77
www.bindella.it

Castello di Ama S.R.L.
Società Agricola
Località Ama
I-53013 Gaiole in Chianti
Tel.: 00 39 05 77 74 60 31
www.castellodiama.com

Fattoria Castello di Volpaia
Località Volpaia
I-53017 Radda in Chianti
Tel.: 00 39 05 77 73 80 66
www.volpaia.com

Fattoria Felsina
Via del Chianti, 101
I-53019 Castelnuovo Berardenga
Tel.: 00 39 05 77 35 51 70
www.fattoriafelsina.com

Tenuta da Capezzana
Via Capezzana, 100
I-59015 Carmignano
Tel.: 00 39 05 58 70 60 05
www.capezzana.it

Veneto

Fausto Maculan
Via Castelletto, 3
I-36042 Breganze
Tel.: 00 39 04 45 87 37 33
www.maculan.net

Südtirol

Rosenmuskateller und Gewürztraminer

Weingut J. Hofstätter
Rathausplatz 7
I-39040 Tramin
Tel.: 00 39 04 71 86 01 61
www.hofstatter.com

Kellerei Schreckbichl Gen. Landw. Ges.
Weinstraße 8
I-39057 Girlan
Tel.: 00 39 04 71 66 42 46
www.colterenzio.it

Kellerei St. Michael Eppan Gen.m.b.H.
Umfahrungsstraße 17/19
I-39057 Eppan
Tel.: 00 39 04 71 66 44 66
www.stmichael.it

Alois Lageder
Grafengasse 9
I-39040 Margreid an der Weinstrasse
Tel.: 00 39 04 71 80 95 00
www.aloislageder.eu

Elena Walch
Andreas Hoferstraße 1
I-39040 Tramin
Tel.: 00 39 04 71 86 01 72
www.elenawalch.com

Kellerei Girlan
St. Martinstrasse 24
I-39057 Girlan
Tel.: 00 39 04 71 66 24 03
www.girlan.it

Kellerei Tramin
Weinstraße 144
I-39040 Tramin
Tel.: 00 39 04 71 09 66 33
www.kellereitramin.it

UNGARN

Tokaj

Disznókő Szőlőbirtok és Pincészet Rt.
Disznókő dűlő
H-3931 Mezözombor
Tel.: 00 36 (0) 47 56 94 10
www.disznoko.hu

Gróf Degenfeld Pincészet
Degenfeld Bt.
Terézia kert 9
H-3915 Tarcal
Tel.: 00 36 (0) 47 38 01 73
www.grofdegenfeld.com

István Szepsy Pincészet
Batthyány út 59.
H-3909 Mád
Phone: 00 36 (0) 47 34 83 49
www.szepsy.hu

Tokaj-Oremus Pincészet
Bajcsy-Sz. út 45.
H-3934 Tolcsva
Tel.: 00 36 (0) 47 38 45 05
www.tokajoremus.com

Royal-Tokaji Borászati Zrt.
Rakoczi út 35.
H-3909 Mád
Tel.: 00 36 (0) 47 54 85 00
www.royal-tokaji.com

PORTUGAL

Weingüter mit Madeira-Weinen

Artur de Barros e Sousa Lda.
Rua dos Ferreiros, 109
P-9000-082 Funchal, Madeira
Tel.: 0 03 51 (0) 2 91 22 06 22
www.vinhosmadeira.com

Henriques & Henriques Vinhos, SA
Sitio de Belém
P-9300-138 Cãmara de Lobos, Madeira
Tel.: 0 03 51 (0) 2 91 94 15 51
www.henriquesehenriques.pt

Vinhos Justino Henriques Filhos, Lda.
P.I. Cancela
P-9125-042 Caniço, Madeira
Tel.: 0 03 51 (0) 2 91 93 42 57
www.justinosmadeira.com

Madeira Wine Company
Avenida M. Arriaga
P-9000-064 Funchal, Madeira
Tel.: 0 03 51 (0) 2 91 74 01 10
www.madeirawinecompany.com

Pereira d'Oliveira (Vinhos), Lda.
Rua dos Ferreiros, 107
P-9000-082 Funchal, Madeira
Tel.: 0 03 51 (0) 2 91 22 07 84
www.vinhomadeira.pt

Vinhos Barbeito
Estrada da Ribeira Garcia
Parque Empresarial de Cãmara de Lobos
– Lote 8
P-9300-324 Cãmara de Lobos, Madeira
Tel.: 0 03 51 (0) 2 91 76 18 29
www.vinhosbarbeito.com

Impressum

© 2011 Neuer Umschau Buchverlag GmbH, Neustadt an der Weinstraße

Alle Rechte an der Verbreitung, auch durch Film, Funk, Fernsehen, fotomechanische Wiedergabe, Tonträger aller Art, auszugsweisen Nachdruck oder Einspeicherung und Rückgewinnung in Datenverarbeitungsanlagen aller Art, sind vorbehalten. Die Inhalte dieses Buches sind von Herausgeber und Verlag sorgfältig erwogen und geprüft, dennoch kann eine Garantie nicht übernommen werden. Eine Haftung von Herausgeber und Verlag für Personen-, Sach-, und Vermögensschäden ist ausgeschlossen.

Text: August F. Winkler, Bonn
Lektorat: Sabine Rumrich, Nieder-Olm
Layout: Robert Weissenbacher, München
Gestaltung und Satz: Sylvia Wähler, Dielheim
Herstellung: Birgit Wucher, Neustadt a. d. W.
Reproduktion: Blaschke Vision, Freigericht
Karten: Thorsten Trantow, Herbolzheim
Druck: Nino Druck GmbH, Neustadt a. d. W.

Printed in Germany
ISBN: 978-3-86528-700-7

Bitte besuchen Sie uns im Internet
www.umschau-buchverlag.de

Umfangreiche Degustationsnotizen, sämtliche Adressen und viele aktuelle Informationen finden Sie auf www.edelsuesseweine.de.

Bildnachweis:

August F. Winkler auf den Seiten 5, 74; Armin Faber auf den Seiten 12, 14, 21, 25, 26, 27, 29, 30, 31, 32, 35, 37 om, ul, ur, 38 ol, 41 or, um, ur, 44, 72, 115 l, 122–123, 147 ul, 148 ul, ur, 153, 159, 186, 193, 194, 195, 205, 209, 225, 227, 230, 240, 279, 280; Ralf Scholze auf den Seiten 17, 18, 19, 50 o, m l, ul, 54, 102–103, 147 ur, 148 o, 200, 253, 282; Fotolia auf den Seiten 22 (georg); 28 (beatuerk), 52 (Markus Monreal), 59 o (Klaus MJan), 68–69 (Liane M), 71 (clearlens), 75 (Liane M), 115 or (Alaska-Tom), 116–117 (Alexander Reitter), 133 (openlens), 143 (Anibal Trejo), 163 (sobin), 167 (Cyril5555), 168–169 (corepics), 202–203 (falk), 229 (Lagui), 231 (Vinvia), 247 u (Ina Schoenrock), 283 (ExQuisine); Rebschule Freytag auf den Seiten 37 or, um, 38 om, or, ul, um, 41 ol, om, ul, 179 u; Bildagentur 123rf.com auf den Seiten 94–95 (irish1983), 145 (Richard Semik), 151 (Richard Semik), 174–175 (Richard Semik), 214–215 (Olegiwit), 233 (Gerard Azar), 237 (Danila Krylov), 239 (Rudmer Zwerver), 242 (Andrew Zarivny), 243 (Salvatore Mantia), 247 o (Lavina Natalia); Handelskammer Bozen / Rosenzweig auf den Seiten 37 ol, 38 ur, 178; Weingut Egon Müller Scharzhof auf den Seiten 50 ur, 64–65; Weingut Joh. Jos. Prüm auf den Seiten 56–57, 61; Weingut Fritz Haag / Dusemonder Hof auf den Seiten 58, 59 mr; Weingut Dr. Loosen auf den Seiten 60, 61 ur; Weingut Karthäuserhof auf den Seiten 62–63; Weingut Wegeler auf den Seiten 66, 80–81 (FINE. Das Weinmagazin: Johannes Grau, Hamburg); Weingut Maximin Grünhaus – Schlosskellerei C. von Schubert auf der Seite 67; Weingut Robert Weil auf den Seiten 78–79; Weingut August Kesseler auf den Seiten 82–83; Weingut Johannishof auf der Seite 84; Domäne Schloss Johannisberg auf den Seiten 85, 86 o; Hessische Staatsweingüter Kloster Eberbach auf der Seite 86 m l, u; Weingut Heinrich Männle auf der Seite 89; Weingut Dr. Heger auf den Seiten 90–91; Weingut Korrell-Johanneshof auf den Seiten 8–9, 97; Fürstlich Castell'sches Domänenamt/Pia Vogel auf der Seite 93; Weingut Geheimer Rat Dr. von Bassermann-Jordan auf der Seite 99; Weingut Schales auf der Seite 105; Weingut Dreissigacker auf der Seite 106–107; Weingut Dautel auf der Seite 109; Schloss Esterházy Management auf der Seite 113; Cercle Ruster Ausbruch auf der Seite 118;

Weingut Feiler-Artinger auf den Seiten 120–121; Wein Burgenland auf der Seite 125; Weinlaubenhof Kracher auf den Seiten 126–127; Weingut Lackner Tinnacher auf den Seiten 128–129, 131; Vinea Wachau / riha auf der Seite 135; Weingut Emmerich Knoll auf den Seiten 136–137; Weingut Sepp Moser auf den Seiten 138–139; Benjamin Zingg auf der Seite 147 o; Château La Tour Blanche auf den Seiten 147 mr, 155 ol; Château Gilette auf der Seite 155 or; Château Coutet / muktet auf der Seite 155 u; Hardy Rodenstock auf der Seite 156; JM Rosier / Honpage auf der Seite 158; Château de Cérons auf der Seite 161 o; Château Loupiac-Gaudiet auf der Seite 161 u; Domaine Vial-Magnères auf der Seite 165; Martial Garcia auf der Seite 170; Colangelo auf der Seite 179 o; Bruce Gilardi auf der Seite 181; Bella Bionda auf der Seite 183 o; Turismo Piemontese auf der Seite 183 u; Gastronomy Travel auf der Seite 185; Fritz Auster auf der Seite 187; IndigoReisen auf der Seite 188; Reto Liniger auf der Seite 189; Cantine Rallo auf den Seiten 190–191; Dr. Peter Baumann auf den Seiten 199, 206; Niepoort (Vinhos) S.A. auf den Seiten 213, 220, 222 o (Pedro Lobo), 222 u, 223; Croft Port auf der Seite 217; Graham's Port House auf den Seiten 219, 221; Villa Clos La Plana auf der Seite 232; Avan Juan Burgos auf der Seite 233; Wine Estate Groot Constantia auf der Seite 241; Björn Kray Iversen auf den Seiten 254–258, 260, 263–264, 268, 271–273; Zwiesel 1872 und Schott Zwiesel auf der Seite 287

Der Verlag war bestrebt sämtliche Urheber der Bilder zu ermitteln, dennoch möchte sich der Verlag für mögliche Fehler entschuldigen. Hinweise und Korrekturen sind jederzeit willkommen.

Für die freundliche Unterstützung bedanken wir uns bei: